Los Últimos Sutras de Oro del Dhammapada

Siddhartha Gautama Buda

Published by Dhamma Buddha, 2024.

LOS ÚLTIMOS SUTRAS DE ORO DEL DHAMMAPADA

First edition. July 26, 2024.

ISBN: 979-8224540914

Written by Siddhartha Gautama Buda.

Tabla de Contenido

Cállate

NO TE EXALTES, PERO ILUMINA EL CAMINO PORQUE TUS PALABRAS SON DULCES.

SIGUE LA VERDAD DEL CAMINO.

REFLEXIONA SOBRE ELLO.

HAZLO TUYO.

VÍVELO.

SIEMPRE TE SOSTENDRÁ.

NO RECHACES LO QUE SE TE DA, NI ALCANCES LO QUE SE DA A OTROS, NO SEA QUE PERTURBES TU TRANQUILIDAD.

DA GRACIAS POR LO QUE SE TE HA DADO, POR POCO QUE SEA.

SÉ PURO, NUNCA VACILES.

La vida está llena de complicaciones. Incluso cuando nacemos hay una cuerda atada. La mayor complicación, la fuente de todas las complicaciones, es el desconocimiento, la inconsciencia.

Estamos centrados en el mundo objetivo y desconocemos totalmente quiénes somos.

Todo el mensaje de Gautama el Buda consiste en entregarse. El mensaje es sencillo, pero su puesta en práctica es ardua. Es ardua porque durante muchas muchas vidas hemos vivido hacia fuera, hemos vivido la vida de un extrovertido. Hemos olvidado completamente cómo relacionarnos con nuestro propio ser, cómo estar con nosotros mismos. Hemos olvidado el camino, el lenguaje, el método. No sólo eso, nos hemos vuelto completamente inconscientes de que hay una interioridad en nosotros. Pensamos como si sólo tuviéramos un exterior. Eso es estúpido. El exterior sólo puede existir con un interior; sin el interior, el exterior es imposible. Si podemos ver hacia fuera, también podemos ver hacia dentro. De hecho, ver hacia dentro es más fácil porque es ahí donde estamos arraigados.

Pero sin ver dentro, seguimos corriendo en todas direcciones, haciendo todo tipo de cosas, sin saber por qué, sólo porque otros las hacen. Estamos imitando, siguiendo. Nos convertimos en copias al carbón. Eso es lo más feo de la vida: ser un calco. El hombre nunca puede ser dichoso a menos que sea original, a menos que conozca su rostro original.

He oído una historia muy bonita. Puede ser verdad, puede no ser verdad. Su verdad no es histórica sino, lo que es mucho más significativo, metafórica.

La historia es: Alejandro Magno se dirigía a la India. Se encontró con un faquir sentado al borde del camino con un objeto redondo, pequeño y parecido a un cristal en la mano.

"¿Qué es eso?", preguntó Alexander.

"No te lo diré", dijo el faquir, "pero te apuesto a que pesa más que todo tu oro, tu plata y tus joyas".

Alejandro ordenó traer una enorme balanza con todos sus tesoros.

En un lado de la balanza amontonó todos los tesoros; el faquir puso su pequeño cristal redondo en el otro lado y, ¡he aquí que pesaba más! Cayó y los enormes tesoros se elevaron en el aire. Alejandro estaba asombrado.

Entonces el faquir dijo: "Te mostraré una cosa más". Cogió un poco de polvo y lo esparció sobre el cristal. Inmediatamente se convirtió en luz, se elevó en el aire y los tesoros descendieron.

Alejandro no pudo contener más su asombro y preguntó al faquir: "Por favor, debe decírmelo. ¿Qué es este objeto?"

Dijo el faquir: "No es nada especial. Es sólo un ojo humano".

El hombre también tiene la capacidad de verse a sí mismo, pero esa capacidad está llena de polvo. También tenemos un ojo interior -el tercer ojo-, pero ese ojo no funciona, y llevamos tanto tiempo sin utilizarlo que ha dejado de funcionar por completo; se ha convertido en una parte paralizada de nuestro ser.

Ahora incluso los fisiólogos han descubierto una parte del cerebro humano que parece absolutamente superflua. Están perplejos porque la naturaleza nunca crea nada superfluo. Debe tener un propósito, pero parece que no lo tiene. Se puede eliminar y no te afectará en absoluto.

Pero todos los místicos a lo largo de los tiempos han dicho lo mismo, por supuesto, no en terminología científica; tienen su propia forma de decirlo. Lo llaman el tercer ojo. Cierta parte de tu mente es capaz de funcionar sólo de forma introvertida. La meditación crea la atmósfera y el clima adecuados para que funcione.

Meditar significa simplemente quitar el polvo que el faquir arrojó sobre el ojo. Y el polvo no es otra cosa que todo el proceso mental de pensamientos, deseos, imaginación, memoria.

Si llegas a ser capaz de unos pocos intervalos, lagunas, cuando todos los procesos de pensamiento cesan...

de repente estás y no hay nada que ver dentro. Entonces se produce el giro; inmediatamente hay un cambio radical en tu visión, tu gestalt cambia. El mundo exterior desaparece y aparece el mundo interior.

Por eso los místicos dicen que el mundo exterior es ilusorio. No es que no exista; existe, pero es ilusorio porque el místico conoce cierto estado de conciencia en el que simplemente se evapora, ya no se encuentra. Entras en una dimensión totalmente diferente: la dimensión de la dicha, la dimensión de la paz, la dimensión de Buda, de Cristo, de Krishna.

Estos sutras de hoy son muy especiales. Toda esta serie... esta es la última serie de sutras de Buda. Hasta ahora estaba hablando a los discípulos que se estaban preparando. Ahora esta última parte de sus sutras está dirigida a los BODHISATTVAS, a aquellos que se han preparado, a aquellos que han experimentado algo de lo interno. No es para los iniciados, no es para los adeptos. De ahí que esta última parte sea la más importante.

Buda dice que hay dos clases de iluminados en el mundo; es muy científico en su planteamiento. Sus categorías son muy significativas; nadie lo ha hecho antes ni después. Dice que la primera categoría de iluminados se llama ARHATAS. El arhata es un místico; ha conocido, ha realizado, pero se despreocupa totalmente de los demás.

Ha encontrado el camino. Ha llegado a su hogar y no se preocupa por los demás que buscan y buscan, porque entiende que si buscan y buscan auténticamente encontrarán el camino por sí mismos. Y si no son verdaderos buscadores, nadie puede hacerlos verdaderos buscadores; por lo tanto, no necesitan ayuda. El arhata no ayuda a nadie. Ha viajado solo y sabe que todo el mundo tiene que viajar solo.

Cuando Buda se iluminó, su primera idea fue convertirse en arhata. Durante siete días permaneció en absoluto silencio, sin decir una sola palabra.

La historia es: Vinieron los dioses del cielo. Estaban muy preocupados porque sólo de vez en cuando una persona se despierta, y si permanece en absoluto silencio el mundo se perderá su mensaje. Y su mensaje es una medicina para los que se están muriendo; su mensaje es un alimento para los que están hambrientos de verdad. Su mensaje puede ser un barco hacia la otra orilla. Su mensaje TIENE que ser entregado, tiene que ser persuadido. Vinieron y discutieron.

Pero Buda dijo: "Debes estar de acuerdo conmigo en que nadie fue capaz de ayudarme -por supuesto, llamé a muchas puertas- porque es algo intransferible.

Aunque lo tuvieran, no podían dármelo; tenía que encontrarlo con mi propio esfuerzo. Por eso creo que es la única manera: la gente tiene que buscar y buscar; no se puede pedir prestado".

Tenía razón y los dioses tenían que estar de acuerdo. Y dijo: "Aunque lo diga yo, sólo lo entenderá una de cada diez mil personas. Los restantes no lo entenderán; al contrario, lo MALENTENDERÁN. Entonces, ¿por qué crear tanta incomprensión en el mundo? El mundo ya está confundido, ¿por qué crear más confusión? Me callo por compasión. Y el que lo entienda lo encontrará por sí mismo de todos modos. El hombre que puede entender lo que digo es tan inteligente que realmente no necesita ayuda. Entonces, ¿qué sentido tiene? ¿Por qué debería molestarme?"

Los dioses enmudecieron. Se internaron en el bosque para reflexionar sobre el asunto. "¿Cómo convencer al Buda? Parece tener razón, es lógico, pero hay que encontrar alguna manera". Es bueno que fueran capaces de encontrar alguna manera, de lo contrario nos habríamos perdido EL DHAMMAPADA; nos habríamos perdido estos hermosos sutras. El mundo habría sido mucho más pobre. Todo el mérito es de esos dioses anónimos que persuadieron a Buda.

Reflexionaron sobre el asunto durante horas; encontraron una manera. Volvieron y dijeron: "Estamos de acuerdo contigo, pero sólo en un punto no podemos estarlo. Y ese punto es que entendemos que sólo una persona lo entenderá entre diez mil, así que no necesitas preocuparte por esa única persona; se encontrará a sí misma tarde o temprano. Es sólo una cuestión de tiempo, y el tiempo no importa porque la existencia es eterna. Entonces, ¿qué importa, cómo importa, si uno lo consigue hoy y otro lo consigue mañana o pasado mañana? Todos los que se han despertado son contemporáneos; no hay mucha diferencia en absoluto".

Por eso digo que soy contemporáneo de Buda, contemporáneo de Jesús, contemporáneo de Zaratustra, contemporáneo de Lao Tzu. Una vez que conoces, te conviertes en contemporáneo de todos los conocedores. Todas las pequeñas brechas temporales simplemente desaparecen, son tan diminutas.

Dos mil quinientos años no marcan ninguna diferencia.

Por eso en Oriente no nos preocupamos mucho por el tiempo. Nadie sabe cuándo nació Krishna. También podríamos haber creado un calendario en nombre de Krishna -antes de Krishna, después de Krishna- podríamos haber hecho una historia. Y Krishna ciertamente precedió a Jesús por al menos tres mil años, por lo que su calendario ya tendría cinco mil años. Pero nunca nos hemos preocupado de ello. Nadie sabe cuándo nació ni cuándo murió el fundador del jainismo, Adinatha. Debe haber precedido incluso a Krishna en al menos cinco mil años. Si entonces tuviéramos un calendario, el suyo tendría ya al menos diez mil años. Digo "al menos" porque los jainas dicen que es mucho más antiguo. Según ellos, tiene casi noventa mil años; es posible.

Pero no hemos creado la historia, no hemos escrito la historia, por la sencilla razón de que las personas sobre las que merece la pena escribir van más allá del tiempo; para ellas el tiempo se vuelve irrelevante. Y las personas sobre las que no merece la pena escribir, sólo hacen mucho ruido en el mundo del tiempo. Genghis Khan, Tamerlane, Adolf Hitler, Joseph Stalin, Ayatollah Khomeiniac, estas personas hacen mucho ruido en el mundo del tiempo. Un Buda, un Krishna, un Jesús, un Zaratustra simplemente no dejan huella en el tiempo; desaparecen sin dejar rastro, como si no formaran parte de la historia, o formaran parte de un tipo de historia totalmente diferente que no es temporal.

Los dioses discutieron con Buda. Dijeron: "Estamos de acuerdo sobre esa única persona: lo encontrará tanto si se lo dices como si no, es tan inteligente; si puede entenderte inmediatamente, entonces lo encontrará por sí mismo. Y también estamos de acuerdo sobre los demás, que miles no te entenderán en absoluto; al contrario, te malinterpretarán. Pero ya le están malinterpretando, ¿qué más malentendidos puede haber? Así que no debes preocuparte por eso. Ya están confundidos, no puedes confundirlos más".

Y esta es también mi experiencia: ¡por más que lo intento no puedo confundirte más! Ya has tocado fondo; no hay nada más abajo, no puedes ir más profundo. Estás completamente seguro.

Entonces los dioses dijeron: "No podéis confundirlos más. Son tan hábiles para confundirse que ya lo han hecho al máximo. Así que en eso no estamos de acuerdo.

"Y una cosa más: puede haber una o dos personas entre diez mil que estén justo entre estas dos clases de personas -la que puede entenderte y los millones que no pueden entenderte y están destinados a malinterpretarte. Entre estos dos, ¿crees que no hay posibilidad de que haya unas pocas personas, una, dos o tres -sí, serán muy pocas, se pueden contar con los dedos de la mano- que estén justo en el medio, ni tan confundidas que no se les pueda ayudar en absoluto, ni tan claras que puedan encontrar su camino por sí mismas? Habla por ellos; tú les ayudarás".

Y Buda tuvo que estar de acuerdo; no era una discusión por discutir. La gente como Buda no discute por discutir; él vio la verdad. Dijo: "Tengo que estar de acuerdo contigo. Sí, hay algunas personas que están exactamente en el medio, en la línea divisoria. Si no les digo nada, pueden perderse en la multitud; si se les da alguna ayuda, una pequeña mano, pueden ser sacados de su fango. Yo hablaré por ellos".

Iba a ser un arhata. Arhata significa alguien que ha llegado pero no se preocupa por los demás, casi frío, no le importa nada. Se convirtió en bodhisattva; ésa es la segunda categoría.

Bodhisattva significa aquel que no sólo es un místico, sino también un maestro, que no sólo se ha conocido a sí mismo, sino que trata de darlo a conocer a los demás. Por supuesto, el trabajo del bodhisattva es mucho más difícil; el arhata está en mejor posición. El bodhisattva tiene que luchar con todo tipo de locuras: dementes, desdoblados, esquizofrénicos, neuróticos, psicóticos. La humanidad está llena de estas personas. El bodhisattva tiene que adentrarse en la multitud, en el fango donde se encuentran, porque es la única forma de ayudarles a salir.

A menos que venga entre vosotros, a menos que viva con vosotros, a menos que se relacione con vosotros, se comunique con vosotros, os seduzca de mil y una maneras, cree en vosotros el anhelo de la verdad, no podrá ayudaros. Y esto no es fácil.

A la gente no le preocupa en absoluto la verdad. Les preocupa el dinero, les preocupa el poder, el prestigio. No les interesa liberarse, no quieren estar cuerdos. Protegen su locura de todas las maneras posibles porque han invertido mucho en su locura. Es SU locura y están muy orgullosos de ella.

¿No estás orgulloso de ser cristiano, hindú o mahometano?

¿No estás orgulloso de ser alemán, británico o indio? Estás orgulloso de todas estas locuras. Estas divisiones han sido destructivas. Estas divisiones han sido maldiciones para la humanidad. Han sido calamidades, pero usted está muy orgulloso. Todo el mundo parece estar orgulloso.

Lo he oído:

Un inglés estaba hablando con un italiano. Y el inglés le preguntó al italiano: "Si te hubieran dado a elegir antes de nacer, ¿qué nacionalidad habrías elegido?".

Me dijo: "¡Claro que habría sido británico!".

Y el inglés preguntó: "¿Cómo te habrías sentido tú?".

Y añadió: "¡Me habría sentido muy orgulloso!".

Eran los días de la segunda guerra mundial y los italianos y los alemanes estaban siendo derrotados. Estaban perdiendo su prestigio y su poder, estaban condenados en todo el mundo.

El italiano preguntó al inglés: "Si no hubiera nacido británico, ¿cómo se habría sentido?".

Y el inglés dijo: "Me habría sentido avergonzado".

Por eso los británicos parecen ser los más neuróticos de todos: muy obsesionados con ser británicos, como si fuera algo muy grande.

Lo mismo ocurre con los indios, que también padecen la misma enfermedad crónica.

Se sienten muy orgullosos de ser indios. No creen que nadie más en el mundo sea realmente humano; todos están un poco por debajo. Pero así es como piensan todos en el fondo.

Cuando los primeros occidentales llegaron a China, escribieron en sus diarios que no podían creer que los chinos fueran humanos. Al encontrarse por primera vez con una raza tan diferente, debió de resultarles difícil aceptarlos como humanos. ¿Y qué decir de los chinos? Según sus crónicas, al ver a los occidentales se quedaron muy perplejos: ¡nunca habían pensado que los monos pudieran hablar como los seres humanos!

Todo el mundo intenta proteger su locura; de ahí que sea un trabajo difícil.

"La psiquiatría es un montón de basura", le dijo un hombre a otro.

"¿Ah?", dijo su compañero. "¿Por qué dices eso?"

"Bueno, hoy mi psiquiatra me ha dicho que estoy enamorado de mi paraguas. ¿Has oído alguna vez algo tan tonto?".

"Suena bastante tonto".

"Quiero decir, mi paraguas y yo ciertamente nos tenemos un afecto sincero. ¿Pero amor?

Eso es ridículo".

El afecto está bien: "... Un cierto afecto entre mi paraguas y yo, está bien, pero ¿amor? Eso es ridículo".

Sólo obsérvate a ti mismo, el funcionamiento de tu mente, cómo sigues protegiéndote, cómo sigues defendiéndote. ¿Y qué eres tú? ¡Nada más que un manojo de locuras!

Estos sutras son para los bodhisattvas, para los que van a trabajar con las multitudes, con los locos. Son sugerencias para ellos. Intenta comprender cada uno de los sutras tan profundamente como te sea posible.

CONTENGA LA LENGUA.

Buda dice: Habla, pero habla sólo cuando sea absolutamente necesario. Habla, pero habla sólo a aquellos que estén dispuestos a escuchar. No hables a todo el mundo; eso es un auténtico despilfarro. Habla sólo a los discípulos, porque sólo un discípulo está dispuesto a arriesgarse. Es realmente un riesgo transformarse. Es un riesgo encontrarse a uno mismo. Es un riesgo encontrarte a ti mismo, conocerte a ti mismo. Es un riesgo porque al conocerte a ti mismo todos tus viejos proyectos se vendrán abajo, y toda la vida que has pasado trabajando para ellos se irá por el desagüe. Tendrás que empezar de cero.

A menos que seas muy valiente, no puedes esforzarte por conocerte a ti mismo. Sí, te gustaría saber ACERCA de ti mismo; eso es barato. Conocer sobre es barato porque es sólo información, no es transformación. Pero conocerse a uno mismo es transformación; duele, te corta. Tiene que cortar muchos trozos de tu ser que son innecesarios, que sólo son un lastre para ti, que sólo son un peso innecesario y una barrera para tu crecimiento. Y duele porque va en contra de la idea que tienes de ti mismo, de la imagen que tienes de ti mismo.

De ahí que Buda diga: Habla, pero estate alerta - habla sólo a aquellos que estén dispuestos a escuchar.

Habla sólo a los que están entregados a escuchar. Por lo demás: CALLA.

Buda recibe miles de preguntas de todo tipo de personas; rara vez responde. Sólo responde cuando un discípulo le pregunta.

Esto también ocurre aquí todos los días. Pregunta mucha gente que ha venido sólo un día, visitantes, turistas, y enseguida hacen grandes preguntas. Nunca respondo a sus preguntas; se sienten ofendidos. Escriben cartas enfadados: "¿Por qué no contestas a mis preguntas?". No puedo responder a tus preguntas a menos que estés dispuesto a escuchar, a menos que seas un discípulo.

Un discípulo es alguien que está dispuesto a aprender. Si tu pregunta proviene de tu conocimiento, no voy a responderla; si proviene de tu inocencia, ciertamente estoy aquí para responderla. Si sólo preguntas para que te confirmen que lo que piensas es correcto, no voy a responder porque no estoy aquí para confirmar todo tipo de ideologías estúpidas.

Alguien cree en los ovnis y sigue preguntando: "¿Qué opinas de los ovnis?".

¿Por qué debería pensar? No pienso en absoluto.

Hace unos días estuvo aquí alguien que preguntaba sobre la teoría de la tierra hueca. Me reí de su pregunta, bromeé sobre su pregunta. Pero la gente está tan encapsulada en sus conocimientos. De vuelta en América me escribió una carta dándome las gracias, diciendo: "Diga lo que diga, sé que cree en la teoría de la tierra hueca".

¿Cómo sabe que creo en la teoría de la tierra hueca? Da la razón de que es imposible que una persona iluminada NO crea. Ahora bien, para ser un iluminado, tengo que creer en la teoría de la tierra hueca. Buda nunca oyó hablar de ella y fue iluminado; Jesús nunca supo de ella y fue iluminado. Pero este hombre escribe una carta diciendo: "Puedes bromear, puedes reírte de ello, porque no quieres decir nada al respecto. Puede haber algunas razones por las que no quieras hablar de ello, pero estoy absolutamente seguro de que sabes que es así."

Aunque lo niegues, aunque te rías y bromees, la gente que está convencida de una determinada idea, sea la que sea, por descabellada y absurda que sea, encontrará formas y medios de conseguir apoyo para ella. Si no respondes, pensarán que no respondes porque los demás, la gente corriente, no lo entenderá; es un asunto tan sutil que sólo muy pocas personas pueden entenderlo.

Ahora una mujer ha preguntado: "Amado Maestro, ¿qué me dices? Siento que me he iluminado". Nunca se lo he preguntado a nadie. ¿Por qué habrías de preguntármelo? Si estás iluminado, ¡muy bien! ¡Piérdete! ¿Qué haces aquí? Ahora conviértete en un bodhisattva y ayuda a otros a iluminarse. Vete a California porque allí encontrarás a mucha gente iluminada, ¡y todos confirmándose unos a otros!

Buda dice: Lo primero que hay que recordar cuando uno se dirige a las masas es que hay que morderse la lengua.

Una vez convencido de que la gente necesita una gran ayuda, insistió toda su vida en que, a menos que te parezca absolutamente contrario a tu naturaleza más íntima, te conviertas en bodhisattva. Pero hay algunas personas para las que puede ir en contra de su naturaleza interior; entonces tienen que seguir siendo arhatas. No les obligues. Recuerda: la gente necesita ayuda. Si puedes ser de alguna ayuda, haz lo que puedas, pero si no puedes, si te parece simplemente algo totalmente contrario a tu naturaleza intrínseca, a tu voz interior, entonces olvídalo todo.

Un arhata también ayuda a su manera; sin ayudar, ayuda: con su presencia. Permanece en su silencio, vive su vida ordinaria sin decir nada a nadie, sin manifestar su experiencia, sin expresar su alegría. Vive alegremente, pero no hace ningún esfuerzo deliberado por comunicarse. Sin embargo, algunas almas sensibles se sentirán atraídas por él. Empezarán a seguirle en silencio, se sentarán a su lado. No dirá nada, escucharán su silencio. Si ha llegado, entonces hay un aura a su alrededor; se nutrirán de esta aura. Si ha encontrado su hogar, irradiará tanta paz que te bañarás en ella, serás bendecido por estar con él.

Sólo podrá ayudarte indirectamente.

Un hombre de ciudad, acalorado y nervioso, se perdió en un laberinto de caminos rurales. Al ver a un lugareño sentado en una verja, mascando un trozo de paja, se acercó y gritó: "Dígame, buen hombre, ¿podría decirme adónde va esta carretera?".

"No", fue la respuesta.

"¿Puede decirme adónde va esa carretera que se desvía a la izquierda?".

"No."

Bastante irritado, el urbanita gritó: "Bueno, ¿a dónde va esa carretera que sale a la derecha?".

"No lo sé", fue la respuesta.

"¡Debes de ser idiota!", gritó el frustrado caballero.

"Puede", dijo el hombre frío, "pero al menos sé dónde estoy".

Este es el camino del arhata: sabe dónde está. No dirá nada sobre ningún camino, nada sobre ninguna vía, pero sabe dónde está y está completamente satisfecho con ello. Puedes sentarte a su lado, puedes nutrirte de su presencia, pero él no va a hacer ningún esfuerzo directo. Indirectamente... si puedes beber de su presencia eres bienvenido, pero él no te llamará, no te buscará ni te buscará.

Buda dice: La mayoría de las veces sucede que el cincuenta por ciento de los iluminados son arhatas y el cincuenta por ciento son bodhisattvas. Así es como la naturaleza mantiene su equilibrio en cada plano.

Así que no te preocupes si un día sientes que has llegado, pero no hay deseo de ayudar a nadie; entonces no lo fuerces. Forzarlo será feo, será violento, será destructivo. Si no está ahí, no está ahí. Entonces Dios es feliz contigo tal y como eres.

Pero si sientes que surge en ti el deseo de ayudar, de ser compasivo, de coger a alguien de la mano, de hacer una barca y llevar a la gente a la otra orilla, entonces no te preocupes por los problemas. Los problemas ESTÁN ahí, pero el mundo necesita algunas personas que puedan mostrar el camino, y sólo aquellos que saben pueden mostrar el camino. Incluso para ellos es difícil. Y el mundo tiene una inmensa necesidad porque está siendo dirigido por gente estúpida. Está siendo guiado por políticos y sacerdotes, todo tipo de personas que no saben lo que están haciendo. Por eso siempre es un caos.

El hijo de Mulla Nasruddin llegó tarde de la escuela. El Mulla lo agarró y le dio una paliza, diciéndole: "¡Que esto te sirva de lección para no llegar tarde a casa!".

Al día siguiente, el niño llegó a casa con la ropa sucia de jugar. El Mulla le dio una buena bofetada, diciéndole: "¡Que esto te sirva de lección para no ensuciarte la ropa!".

Al día siguiente, el chico volvió a casa con malas notas. El Mulla volvió a pegarle, diciéndole: "¡Que esto te sirva de lección para no sacar malas notas!".

Al cuarto día, en cuanto el hijo llegó a casa, el Mulla lo agarró y lo golpeó.

"¿Qué pasa, padre?", preguntó el niño llorando. "¡Hoy he venido puntual, con la ropa limpia y con buenas notas!".

"Que esto os sirva de lección", dijo Mulla Nasruddin. "¡No hay justicia en el mundo!"

Ahora bien, estas son las personas que han creado el mundo y que lo dirigen y que enseñan y que crían a nuevos niños, para crear más caos en el mundo.

Sí, los bodhisattvas son necesarios, pero su camino es mucho más arduo que el de los arhatas. El místico disfruta de su dicha. Es como una hermosa flor de rosa, fragante, bailando al viento, al sol, bajo la lluvia, pero despreocupado de todo lo demás. El bodhisattva lleva sobre sus hombros la carga de los demás. Intenta ayudar a personas que, en su mayoría, son incapaces de aceptar ayuda alguna, que no sólo son incapaces de aceptar ayuda alguna, sino que además son muy obstinadas en rechazarla, que se sienten ofendidas si intentas ayudarlas.

Por eso Buda dice: SUJETAD LA LENGUA.

Sé muy consciente de lo que dices y a quién se lo dices, por varias razones.

La primera: la verdad que has encontrado no se puede decir; el lenguaje es inadecuado. Sólo se puede indicar, sólo se pueden hacer algunos gestos: dedos apuntando a la luna. No se puede argumentar. Puedes persuadir, pero no puedes convencer a nadie. No es su experiencia, así que no te enfades si no te escuchan. Si te llevan la contraria, no pienses que son unos desagradecidos. Simplemente se comportan como pueden comportarse. Tienes que ser muy, muy paciente con ellos. Tienes que aceptar todo tipo de abusos que te lancen. Tienes que aceptar sus piedras como flores. Aunque te maten, tienes que morir amándoles.

Así murió Jesús: con una oración en los labios a Dios: "Perdónalos, porque no saben lo que hacen."

En segundo lugar: decir la verdad es falsificarla, así que intenta decirla indirectamente; nunca hagas afirmaciones directas sobre ella. No digas "Dios es" o "Dios no es". Estas afirmaciones directas han creado mucha confusión en el mundo; en lugar de ayudar a la gente han creado conflictos, guerras, asesinatos. No hagas ninguna afirmación directa sobre Dios o la verdad o el nirvana.

Hay que ser muy, muy sutil. Tienes que vivir de tal manera que la gente se dé cuenta de que has conseguido algo que falta en sus vidas, que hay algo más en la vida que no está a su alcance. Eso es todo lo que puedes hacer.

No hables en prosa, sino en poesía. Canta una canción, no hace falta ningún silogismo. Deja que tu risa y tu alegría desencadenen algún proceso en ellos para que también empiecen a buscar y a buscar. Deja que TÚ seas la prueba en lugar de dar grandes argumentos. Un bodhisattva no es un teólogo, no argumenta nada. Él ES la prueba; no da ninguna otra prueba.

La verdad es algo que está más allá de las palabras e incluso del significado. Está más cerca de la música. Así que deja que haya música a tu alrededor: SUJETA TU LENGUA... de lo contrario tus palabras pueden destruir la música. El silencio es más musical, más elocuente. Las palabras dan a la verdad un cierto significado, naturalmente, porque las palabras tienen significados. El significado da un marco a la verdad que es infinita.

Es como cuando miras desde la ventana hacia el cielo estrellado y tu ventana le da un marco al cielo. El cielo no tiene marco; no empieza en ninguna parte, no termina en ninguna parte, pero ahora tu ventana está haciendo un marco en el cielo. Ese marco pertenece a la ventana, pero la persona que siempre ha vivido dentro de la ventana y nunca ha salido de ella pensará que el cielo es cuadrado como la ventana, que tiene la misma forma y figura.

La gente vive en palabras, nunca han conocido nada sin palabras, así que dales una experiencia sin palabras. Ayúdales a meditar. En lugar de darles una doctrina, dales una experiencia.

Tercero: recuerda siempre que todo lo que digas será malinterpretado por millones de personas. Así que no te sientas ofendido, ni enfadado, ni juzgado. Cuando te malinterpretan, simplemente están diciendo algo sobre sí mismos, no sobre ti. A menos que seas capaz de mantener la calma ante todo tipo de malentendidos, no podrás ayudarles; entonces tú mismo necesitarás ayuda.

Dos hippies muy hippies caminaban por un camino rural.

Un hippie se volvió hacia el otro y le preguntó: "¿Te has cagado en los pantalones?".

"No", respondió el otro.

Un poco más adelante, el primer hippie volvió a preguntar al otro: "¿Seguro que no te has cagado en los pantalones?".

"Bastante seguro", dijo el otro.

Más adelante, el primer hippie dijo: "Vamos, bájate los pantalones y déjame ver".

Cuando el otro hippie hubo cumplido, el primero exclamó: "¡Ya está, te lo dije!".

"Oh", dijo el otro, "¡pensaba que te referías a hoy!".

La gente entiende según sí misma.

Mulla Nasruddin se iba a Italia, así que le dije: "Nasruddin, aprende un poco de italiano".

Él dijo: "Lo he hecho. He estado tomando lecciones de Radha".

Cuando volvió de Italia estaba muy enfadado. Le dije: "¿Qué pasa?".

Un día fui a una gran ciudad, a un gran hotel. Por la mañana, bajé a desayunar. Le dije a la camarera: 'Quiero dos tostadas'.

"Sólo me trajo una meada. Le dije, 'Quiero dos meadas.'

"Ella dijo: 'Ve al baño'.

"Digo: 'No, no lo entiendes, quiero dos meadas en mi plato'.

"Me dijo: '¡Será mejor que no mees en el plato, hijo de puta!

"Más tarde salgo a comer a un gran restaurante. La camarera me trae una cuchara y un cuchillo, pero no un pito. Le dije: 'Quiero comer'.

"Ella dice: 'Todo el mundo quiere follar'.

Le dije: "No lo entiendes, quiero follar en la mesa".

"Me dijo: '¡Será mejor que no te tires sobre la mesa, hijo de puta!

"Así que voy a mi habitación en un hotel y no hay mierda en mi cama. Llamo al gerente y le digo: 'Quiero cagar'.

"Me dijo: 'Ve al baño'.

"Le dije: 'No lo entiendes, quiero cagar en la cama'.

"Me dijo: '¡Será mejor que no cagues en la cama, hijo de puta!

"Voy a facturar y el hombre del mostrador me dice: 'Paz a ti'.

"Yo digo: 'Mea en ti también, hijo de puta. Cuando estés aprendiendo italiano, ¡evita a Radha! Yo también he estado aprendiendo de ella, pero desde que Mulla Nasruddin me lo dijo he dejado de hacerlo, ¡es peligroso!

La gente tiene su propio lenguaje, sus propias mentes, sus propios prejuicios, sus propios conceptos, sus propios sistemas de filosofía, religión. Cuando hablas con ellos estás hablando con una mente que está llena de basura; no estás hablando con alguien que está en silencio. Y a menos que uno esté en silencio, está destinado a malinterpretar. Por eso Buda dice: CONTENGA LA LENGUA.

Y la cuarta razón es: la verdad es algo existencial, no es filosófico.

Se puede hablar de filosofía; de hecho, no se puede hacer nada con la filosofía excepto hablar de ella. Da vueltas y más vueltas. La palabra "sobre" significa girar y girar. Pero la verdad es existencial. Tienes que ayudar a la gente a saborearla. Así que habla sólo si ves que a través de la conversación puedes persuadir a una persona a meditar, a estar en silencio.

Es un esfuerzo muy paradójico, de ahí su dificultad. Hay que hablar con la gente para ayudarla a hacer silencio. Hay que hablar del silencio porque la gente no puede entenderlo directamente. Es muy absurdo, hablar del silencio y enseñar a la gente a guardar silencio, pero hay que hacerlo, sobre todo al principio.

Segundo: NO SE EXALTE....

Es muy natural cuando te iluminas. No es egoísta, sucede muy naturalmente. No tiene nada que ver con el ego, porque si el ego sigue ahí, no puedes iluminarte.

Buda dice: SUJETAD LA LENGUA. NO TE EXALTES... porque cuando te iluminas el ego HA DESAPARECIDO -sólo puedes iluminarte cuando has cumplido esa condición- pero ahora la experiencia es tan vasta, tan desbordante, tan extática que empieza a expresarse. Tienes que aprender....

Se dice de al-Hillaj Mansoor -que fue crucificado como Jesús, de forma mucho más inhumana y cruel que el propio Jesús- que el día que se iluminó gritó: "ANA'L HAQ - ¡Yo soy la verdad! Yo soy Dios!"

Su maestro, Junnaid, estaba presente. Se acercó a él y le susurró al oído: "Mansoor, mantenlo dentro de ti. Por favor, mantenlo dentro de ti. Conténlo. Sé que es muy difícil contenerlo, es tan vasto, casi incontenible. Se expresa por sí mismo. Sé que no lo estás pronunciando tú, que lo está pronunciando una fuerza desconocida, Dios mismo, pero aun así te digo: ¡mantén la lengua!".

Y Mansoor prometió: "Me callaré". Entendía lo que quería decir, pero una y otra vez lo olvidaba. Una y otra vez entraba en el mismo estado de luz interior, de alegría, de dicha, y de nuevo el grito -el rugido del león, como solía llamarlo Buda- salía de él a pesar suyo.

Venía y se disculpaba con Junnaid, su maestro, pero éste le decía: "Mansoor, hay que hacer algo; de lo contrario te vas a meter en problemas innecesariamente. Podrías ser de gran ayuda para la humanidad, pero así te meterás en problemas innecesariamente. Y no sólo tú, sino que tú también detendrás mi trabajo. A mí también me pasó, pero tuve que contenerlo y tú también tienes que contenerlo".

Pero Mansoor no era capaz de hacerlo. Junnaid lo envió a la Kaaba para una peregrinación de tres años. "Quizá en este viaje de tres años, al estar con muchos místicos, se tranquilice. La experiencia es tan nueva; con el tiempo se acostumbrará". Pero no pudo acostumbrarse; cuando regresó estaba de nuevo en el mismo estado. Fue capturado por el rey, por la gente... porque era un país mahometano y era uno de los mayores crímenes, de los mayores pecados, llamarse a uno mismo Dios, declararse Dios. Lo mataron.

Durante siglos se ha discutido entre los sufíes quién era más grande, Junnaid o Mansoor.

Normalmente se diría Mansoor: fue realmente un gran mártir: sufrió y padeció riendo. Murió entre risas. Hasta Jesús se había ido un poco desamparado. Cuando le pusieron el último clavo en las manos miró al cielo y dijo: "Dios, ¿me has abandonado? ¿Me has olvidado? ¿Por qué me sucede todo esto?". Debió de haber una pequeña duda, sólo una sombra de duda.

Lo comprendió inmediatamente, se disculpó. Dijo: "No, perdóname. Que se haga tu voluntad". Pero por un momento vaciló. Mansoor nunca vaciló.

Y lo mataron tan despiadadamente que la crucifixión de Jesús parece muy humana comparada con la de Mansoor. Primero le cortaron las piernas, luego las manos, después le destrozaron los ojos, después le cortaron la lengua, después le cortaron la cabeza. Pero a pesar de todo este sufrimiento era todo risa.

Antes de que le cortaran la lengua, alguien preguntó: "¿Por qué te ríes?".

Dijo: "Me río porque no puedes destruir mi experiencia; hagas lo que hagas es irrelevante. Y me río porque vosotros matáis a una persona y yo soy otra. Sois unos tontos, ¡por eso me río! Y también me río de Dios. Me río de él: "No puedes engañarme. En cualquier forma que vengas te reconoceré. Te reconozco en el carnicero que me ha cortado los pies, que me ha cortado las manos.

De hecho, Junnaid parece un poco cobarde; mucha gente piensa que era un poco cobarde. ¿Por qué iba a decirle a Mansoor que se lo guardara? Pero eso no es cierto: no era un cobarde. De hecho, se sacrificó mucho más que Mansoor. El sacrificio de Mansoor es aparente; el de Junnaid no lo es, es muy sutil.

Contener la verdad cuando sucede es una hazaña sobrehumana, es un milagro. Y él intenta contenerla para poder ayudar a la gente. Es un bodhisattva y Mansoor es un arhata.

No le importa el trabajo, no le importa nadie más. Lo ha logrado, ahora no hay problema. La muerte no es un problema en absoluto, sabe que es inmortal.

Junnaid trabaja en silencio, en la oscuridad, para ayudar a los ciegos. Y tú no conoces SU sufrimiento. Su sufrimiento es que tiene que contener algo que es incontenible.

Buda dice: NO TE EXALTES A TI MISMO.... Evita cualquier exaltación, evita cualquier declaración, a menos que encuentres que va a ayudar, a menos que encuentres que va a preparar el camino; entonces está bien.

Buda mismo declaró: "Yo soy el iluminado más perfecto". Él sabía que esto iba a ayudar. Pero si Jesus le hubiera preguntado le hubiera dicho: "No, contenlo", porque Jesus estaba en un pais equivocado con gente equivocada. Declarar alli que, "Yo soy Dios" era solo pedir su muerte, nada mas.

Jesús sólo pudo trabajar tres años. Por eso el cristianismo es tan pobre, porque el maestro solo vivió tres años. Hasta su trigésimo año estuvo trabajando para su propia iluminación. Cuando estuvo preparado, salió de los monasterios, empezó a trabajar, y entonces sólo vivió tres años. A la edad de treinta y tres años fue crucificado. Ahora bien, tres años no son suficientes en absoluto. Buda trabajó durante cuarenta y dos años; ni siquiera eso es suficiente.

Si Jesús le hubiera preguntado a Buda, Buda le habría dicho: "Quédate callado, trabaja en silencio.

Sé un rabino normal y corriente. No hay necesidad de declarar que eres el Hijo de Dios. Tú lo sabes, eso es suficiente; y Dios lo sabe, eso es suficiente".

Pero en la India, el mismo Buda lo declaró. Es un medio totalmente diferente, es un clima totalmente diferente. Durante siglos los budas han pasado por este país, han preparado el camino; de ahí que sea muy sencillo declararlo, no hay problema.

Aún así Buda dice: Sé muy cauteloso, porque tu función es ILUMINAR EL CAMINO.

No crees más problemas a la gente que te sigue. Ya tienen problemas, viven en el infierno. Tienes que hacer que su carga sea ligera.

PORQUE TUS PALABRAS SON DULCES.

Si tus palabras proceden del silencio, de la compasión, de la comprensión, del vacío absoluto -si tus palabras no proceden de alguien extraordinario, sino de alguien corriente-, entonces serán dulces y ayudarán a la gente mucho más profundamente que cualquier otra cosa.

SEGUIR LA VERDAD DEL CAMINO.

¿Cuál es la verdad del camino? Buda es siempre para experimentar y nunca para creer.

Él dice: Lo que hayas experimentado, síguelo ahora. No lo creas porque te lo hayan dicho otros budas; síguelo sólo cuando lo hayas experimentado y síguelo sólo en la medida en que lo hayas experimentado. Si lo sigues hasta ese punto, tu luz caerá un poco más adelante y podrás seguir en esa luz un poco más y un poco más. Y sólo con una pequeña lámpara se pueden recorrer miles de kilómetros; se puede pasar la noche oscura del alma muy fácilmente, por larga que sea.

Y recuerda que nunca debes buscar un atajo. La creencia es un atajo; la experiencia no lo es.

Hace unos días, mi samurái en jefe, Shiva, se cayó de un muro. Ahora, ¡un samurai no se supone que sea un Humpty-Dumpty! Así que le pregunté: "¿Qué ha pasado?". Me enteré de que estaba tratando de encontrar un atajo de una casa a otra cruzando la pared. Y el atajo resultó ser un largo corte: ¡le dieron doce puntos de sutura!

Evita los atajos; los atajos no ayudan. En la vida no hay atajos. La vida hay que vivirla en su totalidad. Un atajo significa que estás evitando algunas cosas. Te precipitas a la conclusión, evitas el proceso, evitas algunos pasos. Puede que llegues a la conclusión, pero no será tu conclusión. Y si no es tu conclusión, no tiene valor, es algo prestado. Eres como un loro. Incluso un loro puede tener muchos conocimientos, pero eso no le convierte en un buda.

Rastus, el galán negro de Harlem, decidió que necesitaba un loro exótico para su elegante apartamento.

Después de buscar durante algún tiempo, por fin encontró una tienda de animales que vendía loros parlantes. El tendero le enseña uno por veinticinco dólares.

"¿Polly quiere una galleta?" preguntó Rastus, a lo que el loro no respondió. "Este loro no habla", dijo Rastus, "quiero un loro que hable. ¿Tienes otros?"

El dueño dijo que había uno por setenta y cinco dólares. Sacó una jaula de detrás del mostrador y descubrió un pájaro de lo más atractivo.

"¿Polly quiere galleta?" volvió a preguntar Rastus, y de nuevo no hubo respuesta. "¡Este loro no habla!" gritó Rastus con fastidio. "¿No tienes ningún pájaro que hable?"

El tendero le dijo que tenía otro en la trastienda, pero que era bastante caro: doscientos cincuenta dólares.

Sacó el pájaro más bonito que Rastus había visto nunca y preguntó emocionado: "¿Polly quiere una galleta?". No hubo respuesta. Rastus se indignó. "¿Tienes o no tienes pájaros que hablen?", preguntó.

El tendero dudó y luego respondió que tenía un pájaro excepcional y que, aunque no pensaba venderlo, por dos mil dólares lo consideraría. Condujo a Rastus a una habitación al fondo de la tienda. Allí, rodeado de una de las bibliotecas más completas que Rastus había visto nunca, estaba el loro.

Estaba sentado en una silla acolchada bajo una lámpara de lectura, con un libro en el regazo, gafas, chaqueta de fumador y zapatillas. Fumaba en pipa, absorto en su lectura.

"¿Polly quiere una galleta?", preguntó Rastus sin aliento desde la puerta.

Poco a poco, el loro levantó la vista de su lectura y respondió irónicamente: "¿Negro quieres una sandía?".

Aun así, ¡un loro es un loro!

A menos que hayas experimentado, cualquier creencia que tengas carece absolutamente de valor.

De ahí que Buda diga: SIGUE LA VERDAD DEL CAMINO. Quiere decir que lo que has experimentado al avanzar por el camino de la meditación, REFLEXIONA SOBRE ELLO. Antes de empezar a ayudar a los demás, reflexiona sobre la experiencia que te ha ocurrido a través de la meditación, porque una cosa es experimentar y otra totalmente distinta es expresar.

Meditar no es tan difícil como expresar la experiencia de la meditación y persuadir a la gente para que medite. Místicos ha habido muchos, maestros muy pocos.

Un maestro tiene un toque de oro. En cuanto te toca, algo empieza a crecer en ti. Es como un jardinero con dedos verdes.

REFLEXIONAR SOBRE ELLO.

HAZLO TUYO.

Absórbela totalmente. Al principio, la meditación es sólo una experiencia y tú eres el experimentador. Poco a poco, la distancia entre el experimentador y la experiencia desaparece; lleva su tiempo. A menos que la experiencia y el experimentador se conviertan en uno, no podrás ayudar a los demás. A menos que la meditación se convierta en el latido de tu corazón, no podrás persuadir a nadie. Es casi una seducción. HAZLA TUYA.

VÍVELO.

Antes de empezar a ayudar a los demás, vívelo de todas las formas posibles. Camina meditativamente, come meditativamente, siéntate meditativamente, incluso duerme meditativamente. Deja que la meditación se extienda por toda tu vida. Debe convertirse en un fenómeno de veinticuatro horas, como respirar, tanto que no necesites acordarte de meditar. Se convierte en algo tan tuyo que siempre está ahí como una corriente subterránea. Sólo entonces podrás ayudar.

VÍVELO.

SIEMPRE TE SOSTENDRÁ.

NO RECHACES LO QUE SE TE DA....

Recuerda, la meditación te dará muchas alegrías, muchas bendiciones, muchos regalos descenderán sobre ti.

NO RECHACES LO QUE SE TE DA. No seas avaro al recibir. La gente es avara al dar, también lo es al recibir. Cuando grandes regalos descienden sobre ti, te encoges, retrocedes; te asustas porque esos grandes regalos son tan grandes que sientes que puedes ahogarte. Cuando la dicha llega a ti es como una inundación.

De ahí que Buda diga NO RECHAZES LO QUE TE DEN... porque si lo rechazas perderás la oportunidad, y puede que no vuelva a llamar a tu puerta en mucho tiempo. Nunca se sabe cuándo volverá a llegar el momento. Así que siempre que te ocurra algo en la meditación, abre tu corazón. Aunque tengas miedo a lo desconocido, ve hacia lo desconocido. Y vete bailando, vete alegremente, porque en la meditación nunca puede pasarte nada malo. En la meditación, sólo son posibles las bendiciones.

NI ALCANZAR LO QUE SE DA A LOS DEMÁS....

Pero así es como funcionan nuestras mentes. Incluso cuando las mentes desaparecen, incluso cuando la serpiente ya no existe, deja su rastro en la arena. La gente se interesa más por lo que les pasa a los demás. En lugar de recibir lo que les ocurre a ellos, empiezan a interesarse por lo que les ocurre a los demás; empiezan a esforzarse por conseguir esas cosas.

Recuerda, lo que te está sucediendo es tuyo y lo que no te está sucediendo, aún no estás maduro para ello; y no puede suceder antes de tiempo, así que no lo anheles.

Espere. Sé lo más paciente posible. Recibe lo que venga y no anheles lo que no se cruza en tu camino; ya llegará.

... NO SEA QUE PERTURBE SU TRANQUILIDAD.

Puedes perturbar tu tranquilidad de dos maneras. Una: rechazando lo que te llega, por miedo. Y dos: pidiendo lo que no te ha llegado, por ambición.

DAR LAS GRACIAS....

Agradece todo lo que te llegue.

... POR LO QUE SE TE HA DADO, POR POCO QUE SEA.

SÉ PURO, NUNCA VACILES.

Siempre que Buda utiliza la palabra "puro" quiere decir inocente. No te conviertas en un entendido. Aunque hayas llegado a conocerte a ti mismo, no te conviertas en un entendido.

Aunque hayas encontrado a Dios, no te vuelvas un entendido. Todo lo que has conocido, olvídalo. Vuelve a ser inocente. Permanece siempre en el estado de no-saber, entonces mucho más te sucederá.

Lo que sucede normalmente cuando entras en meditación es que ocurre algo, pero no te sientes agradecido; al contrario, sientes que es lo que te corresponde, de hecho debería haber ocurrido hace mucho tiempo. Eres una persona tan digna, tan virtuosa, tan santa, y has hecho tanto; ¿por qué deberías estar agradecido?

Ese es un enfoque equivocado; significa que estás deteniendo el proceso. En el agradecimiento vendrá mucho más a ti. Así que incluso si te llega un pequeño destello, siéntete agradecido. Sólo un rayo de luz y siéntete agradecido, como si todo el sol hubiera venido a ti. Y todo el sol vendrá, siguiendo el rayo. Pero si no estás agradecido, te cierras; incluso el rayo desaparecerá y volverás a estar en la oscuridad, de nuevo en la oscuridad.

Y recuerda permanecer siempre en el estado de no-saber. No empieces a adquirir conocimientos, no empieces a filosofar, no empieces a crear sistemas de pensamiento. Esto ocurre; por eso Buda alerta a sus bodhisattvas.

Me gustaría que recordarais estos sutras porque muchos de vosotros -al menos el cincuenta por ciento- vais a convertiros en bodhisattvas tarde o temprano. Así que recordad estos sutras: SON para vosotros. No me interesa EL DHAMMAPADA, ¡me interesas TÚ! Hablo por ti. EL DHAMMAPADA es sólo una excusa. Me gustaría decirte las mismas cosas, pero Buda las ha dicho de una forma tan bella, tan poética, que no veo la necesidad de decirlas por mí mismo; sólo puedo comentarlas con él, porque la verdad es eterna y permanece siempre igual.

Evita filosofar cuando entres en el mundo de la meditación. Surge, surge inevitablemente -la comezón de filosofar- porque están ocurriendo muchas cosas hermosas y te gustaría crear sistemas de pensamiento en torno a ellas. Todas las filosofías del mundo han surgido así. Algo, sólo un poco, había sucedido, y empezaron a crear un gran palacio a partir de eso. Sólo un ladrillo estaba allí e hicieron una gran casa, un palacio, sólo un palacio imaginario, a partir de él. Incluso el ladrillo se perdió en ese palacio imaginario.

Tres ratoncitos estaban sentados frente a sus agujeros en un campo. Estaban tristes, mientras observaban en silencio a los pájaros que volaban de un árbol a otro. Al cabo de un rato, un ratón dijo: "Debe de ser maravilloso ser pájaro y volar por el cielo".

Los tres ratones reflexionaron largo rato y se entristecieron aún más.

Finalmente, el segundo ratón dijo: "Sería muy bonito ser un pájaro, pero sería aún más bonito ser dos pájaros. Si fueras dos pájaros podrías volar detrás de ti mismo".

Los ratones se lo pensaron aún más y se pusieron aún más tristes que antes.

Después de un largo rato, el tercer ratón dijo: "La sensación más hermosa debe de ser ser tres pájaros, ¡porque entonces podrías verte volar detrás de ti mismo!".

Esto es la filosofía. La gente sigue pensando cosas que no están en ninguna parte. Pero se puede disfrutar. La filosofía la disfruta mucha gente por la sencilla razón de que todo el mundo puede permitírsela. Si estos tres ratones pueden permitírselo, ¿qué pasa con el hombre? Todo hombre es un filósofo.

Buda está muy en contra de la filosofía. Dice que la filosofía corrompe, te hace conocedor - sin hacerte conocedor te hace conocedor. Trae impureza; contamina tu ser interior.

Sé puro y nunca vaciles de tu pureza.

Si quieres ayudar a la gente, hay que recordar constantemente estos sutras. Medítalos, hazlos tuyos, vívelos. Siempre te sostendrán; son un gran alimento.

Suficiente por hoy.

En el momento justo

La primera pregunta:
Pregunta 1:
AMADO MAESTRO,
¿POR QUÉ NO PUEDO TOMAR SANNYAS? SIGO PENSANDO Y PENSANDO Y PENSANDO

Richard, sannyas no tiene nada que ver con el pensamiento en absoluto. Es el camino del loco hacia la iluminación. Pensando nunca puedes llegar a una decisión en lo que se refiere a sannyas. Pensar, a lo sumo, sólo puede ayudarte a posponerlo, y puedes seguir posponiéndolo ad infinitum. Pensar, de hecho, es un proceso de aplazamiento.

Sannyas no es algo en lo que puedas pensar. No lo conoces, no lo has experimentado. El pensamiento se mueve dentro del mundo de lo conocido; no tiene ningún acercamiento hacia lo desconocido, ningún puente con lo desconocido. Y sannyas es desconocido para ti.

Puede que hayas visto sannyasins; eso no significa que sepas lo que es sannyas. Viendo amantes no puedes saber lo que es el amor. Viendo meditadores no puedes saber lo que es la meditación. Hay cosas que sólo se conocen existencialmente.

Sannyas no es un fenómeno filosófico, es algo existencial. Tienes que dar el salto... y pensar después, y pensar todo lo que quieras, hasta la saciedad. Pero una vez que lo has probado, ya no hay vuelta atrás.

Pensar forma parte de la cabeza y sannyas sucede en el corazón; es una cuestión de amor. Es una locura total, tan loca como el amor o incluso más, porque el amor ocurre biológicamente y sannyas ocurre espiritualmente.

Sannyas sólo le ocurre a unos pocos y raros seres humanos. El amor es ordinario; les ocurre a los animales, a los pájaros, incluso a los árboles. No es nada especial. La religión es absolutamente sobrenatural:

supera su mundo instintivo. Pero nuestro corazón no funciona, y la cabeza no puede funcionar en lugar del corazón.

Eso es lo que estás haciendo, Richard. Puedes seguir haciéndolo, pero nunca llegarás al mundo de sannyas. La cabeza es impotente; no puede actuar porque nunca es espontánea. Sólo el corazón actúa. La cabeza sólo reacciona; la cabeza sólo repite el pasado. Tú no has sido sannyasin antes, así que ¿cómo puedes pensar en ello? ¿Qué puedes pensar al respecto? Para empezar, no hay base.

Sólo el corazón es lo suficientemente valiente como para dar un salto a lo desconocido, a lo no familiar. Pero con lo desconocido se abren millones de posibilidades. Con lo desconocido empiezas a crecer. Con lo conocido sigues moviéndote en círculos. Ten un poco de corazón, no seas tan reflexivo.

Richard, tu nombre significa duro. Trasciende la dureza, vuélvete un poco blando, un poco más femenino, un poco más redondo. Perder algunas esquinas te será de gran ayuda. La lógica es dura, el amor es blando. La lógica es cuadrada, el amor está a la moda. La lógica es siempre cobarde; piensa y reflexiona antes de actuar. Y, de hecho, cuando llega el momento de actuar ya es demasiado tarde; el momento ha pasado.

La vida no es estática. No se detendrá por ti, no te esperará. ¿Quién sabe?

Puede que mañana deje de dar sannyas, ¿y entonces qué? ¡Entonces habrás perdido el tren! Y recuerda, el sannyas que te estoy dando nadie más te lo puede dar.

Reúne un poco de valor. Hoy es el día.

Los dos esqueletos del armario de la esquina refunfuñaban por el calor, el polvo y el aburrimiento.

"¿Para qué nos quedamos aquí?", preguntó uno.

"Maldita sea si lo sé", respondió el segundo esqueleto. "Me iría en un minuto si tuviera agallas".

La segunda pregunta:

Pregunta 2:

AMADO MAESTRO,

TENGO MÁS MIEDO DE VIVIR QUE DE MORIR. ¿ES POSIBLE?

Yogananda, ¡debe ser posible si te está sucediendo a ti! ¿Crees que estás logrando lo imposible? De hecho, es un fenómeno muy común, no tiene nada de extraordinario, es muy normal. Nadie tiene más miedo a morir que a vivir.

El miedo a la muerte no es nada comparado con el miedo a la vida.

Por eso miles de personas en todo el mundo se suicidan, y muchas más piensan muchas veces en su vida en suicidarse. Muchos lo intentan pero se lo impiden; muchos lo intentan pero a medias. Pero muy pocas personas intentan vivir. El número de personas que intentan vivir la vida es mucho menor que el de las que intentan suicidarse o realmente se suicidan.

El hombre que vive la vida se convierte en un buda. ¿Cuántos budas tienes? Se pueden contar con los dedos de las manos. Sólo de vez en cuando hay un hombre como Jesús, Zaratustra, Lao Tzu. Pasan los siglos, millones de personas van y vienen, y sólo entonces aparece un hombre que vive de verdad, que vive auténticamente, que vive al máximo, que vive sin miedo. Entonces, ¿qué hacen los demás? Su vida no es vida; al contrario, es una constante evasión de la vida. Simplemente se protegen de la vida. Se esconden en sus agujeros negros en nombre de la seguridad, la protección y la comodidad. Simplemente intentan eludir la vida.

Puedes observarte a ti mismo: ¿has vivido? Puedes observar a los que te rodean: ¿están realmente vivos? La gente sólo se da cuenta de que estaba viva cuando muere. Cuando la muerte llama a tu puerta, de repente te das cuenta: "¡Dios mío, estaba vivo! Y ahora ha llegado la muerte". Pero cuando llega la muerte, millones de personas se sienten aliviadas: aliviadas de la carga, de la ansiedad, del miedo constante a la vida.

La muerte no tiene miedo. Cuando ya no estás, ¿qué miedo puede haber? La muerte no puede hacerte daño, la vida sí. La vida duele porque uno necesita ser muy inteligente, estar alerta, para vivir. Si vives inconscientemente, la vida será una experiencia dolorosa, una agonía. La vida también puede ser extática, pero sólo cuando estás alerta, consciente. La vida es una oportunidad, pero exige; es un reto, es una aventura, una aventura momento a momento hacia lo inexplorado.

No podéis ser imitadores si realmente queréis vivir. No podéis ser cristianos, hindúes o mahometanos. Si realmente queréis vivir, tenéis que ser vosotros mismos, simplemente vosotros mismos. No puedes ser nadie más; esa es una forma de evitar la verdadera vida.

Dios nunca repite. Él crea a cada individuo único, absolutamente único.

No sois fabricados como coches en una cadena de montaje. Por eso Jesús nunca volverá a serlo, Krishna nunca volverá a serlo, por muy bellos que fueran. Dios no cree en las copias al carbón; siempre crea individuos. Es un creador y a ningún creador le gustaría repetir.

Pero eso es lo que te han dicho que hagas, y lo estás haciendo. Alguien está intentando ser como Krishna o como Confucio o como Mahoma; éstos se han convertido en tus ideales. Entonces te pierdes lo que eres, y esa es la única forma en que puedes serlo. Te conviertes en pseudo. Sí, ser pseudo parece ser un poco más cómodo que ser original, porque puedes adaptarte a una pseudo sociedad más fácilmente, más cómodamente.

Cuando todo el mundo es falso como tú, puedes convertirte fácilmente en parte de la multitud. Cuando eres verdadero y auténtico, viviendo tu vida por ti mismo, en tu propia luz, sin planos que te hayan dado los demás -los padres, los curas, los políticos-, cuando te mueves cada día hacia lo desconocido sin tener ni idea de lo que va a pasar, con gran creatividad, sensibilidad, conciencia, pero sin ideología fija; cuando exploras nuevos pastos, nuevas cimas del ser, entonces ciertamente ya no formas parte de la multitud.

Y la multitud odia a los individuos por la sencilla razón de que son tan diferentes. Los odia porque son rebeldes. Los odia porque no pueden ser esclavizados fácilmente; de hecho, es imposible esclavizarlos. Los odia por su inteligencia, los odia por su alegría, los odia por su creatividad. Quiere destruirlos.

Yogananda, por eso la gente tiene miedo de la vida: la vida tiene muchos peligros. El camino de la vida está lleno de peligros. Uno nunca sabe lo que va a ocurrir en el momento siguiente; todo es posible. No puedes vivir con expectativas porque la vida no tiene la obligación de cumplir tus deseos. Puedes vivir con el corazón abierto, pero no puedes vivir con expectativas. Cuantas más expectativas tengas, más frustrado te sentirás.

Y entonces puedes extraviarte. En la muerte, nadie puede extraviarse; en la vida puedes extraviarte. En la vida puedes cometer errores, equivocaciones. De hecho, si realmente quieres vivir tendrás que cometer muchos errores y muchas equivocaciones. Recuérdalo: nunca tengas miedo de cometer errores y equivocaciones; de lo contrario, el miedo te paralizará. Sigue cometiendo errores y equivocaciones. Recuerda sólo una cosa: no vuelvas a cometer el mismo error. Una vez es suficiente. Inventa nuevos errores, descubre nuevos errores. No sigas cayendo en la misma zanja, ¡encuentra zanjas nuevas! Cometiendo errores, extraviándote, creces. Sólo así se crece.

La vida es peligrosa; la muerte es muy acogedora, muy cómoda. Acostado en tu tumba, ¿qué peligro hay? No hay ningún problema, ninguna ansiedad. No puedes arruinarte, tu mujer no puede dejarte, ya no puedes morir. ¡Estás tan seguro en la muerte! La vida no es segura, todo es posible. La vida está llena de accidentes. ¡Algún loco puede cortarte la cabeza...!

Lo he oído:

Un gran psicoanalista estaba leyendo, sentado en su jardín bajo un árbol, y su única hija, de apenas ocho o nueve años, jugaba con una de sus amigas en el césped.

De repente, golpeó a su amiga en la cabeza con un palo tan fuerte que empezó a salirle sangre de la cabeza. El psicoanalista se acercó corriendo, pero antes de que pudiera decir nada su hija se volvió hacia él y le preguntó: "¡Papá, ahora dime por qué he hecho esto!".

Debe haber estado oyendo una y otra vez que su padre sigue encontrando razones para cada acto, razones inconscientes y esto y lo otro, así que ahora pregunta: "Ahora dime POR QUÉ he hecho esto".

La vida puede hacer cualquier cosa y ni siquiera puedes preguntar por qué: tienes que aceptarlo. No hay nadie para responder. De ahí el miedo, Yogananda. Dices: "Tengo más miedo de vivir que de morir".

Todo el mundo tiene más miedo de vivir; por eso la gente está muerta. La gente muere cerca de los treinta años. Por supuesto, no se les lleva a la tumba en ese momento; van a la tumba cerca de los setenta, ochenta años. Los cincuenta años que transcurren entre la muerte y la entrada en la tumba son una lata. Es un milagro ver a los muertos caminando, hablando, haciendo todo tipo de cosas. Es un milagro.

Amo la vida. Por eso para mí la vida es la única religión, el único dios. Vive la vida en su totalidad.

Y lo bonito es que si vives la vida en su totalidad no hay muerte. El cuerpo está destinado a morir un día, pero tú no eres el cuerpo. Si has vivido tu vida totalmente, si has amado tu vida totalmente, te habrás encontrado con lo eterno que hay en ti. Ese es el encuentro con Dios. Ese es el encuentro con la verdad que trasciende el tiempo. Y conocerla es conocer la dicha; conocerla es conocer todo lo que vale la pena conocer.

La tercera pregunta:

Pregunta 3:

AMADO MAESTRO,

¿LLAMAS A ESTE LUGAR UN PUB? ¡UN PUB! ¡LLEVO DOS AÑOS DANDO VUELTAS POR ESTE PUB Y TODAVIA NO CONSIGO LA CERVEZA ADECUADA!

Niranjan, Perce entró donde se celebraba la Última Cena, se sentó a la mesa y le dijo al camarero: "¡Dame un whisky con soda!".

"Lo siento, señor", dijo el camarero, "sólo servimos vino".

"Vale, dame un buen filete con una patata asada y ensalada".

"Lo siento, pero sólo servimos pan".

"¡Santa caballa! ¡Sólo pan y vino! El que da esta fiesta debería ser crucificado".

¡Niranjan, por favor, no me crucifiques! ¡Esto no es la Última Cena! Y si no puedes encontrar la cerveza adecuada, la razón es porque no eres la persona adecuada. Ya estás tan lleno de cerveza, ¿cómo puedes encontrar la cerveza adecuada? ¿Cómo puedes saber lo que está bien y lo que está mal? No creo que en las venas de Niranjan haya sangre, ¡sólo cerveza! Ve al Centro Médico y que te examinen. No puedes tener sangre en las venas: ¡realmente estás lleno de cerveza!

Si algún día te encuentran unos caníbales, bailarán de alegría. Habrán encontrado la cerveza adecuada. Y no te matarán ni te cocinarán, ¡te darán un sorbo!

Michael conoció a una rubia en un bar y, tras unas cuantas copas, se fueron a una habitación de hotel e hicieron el amor. En mitad de la noche, Michael se despertó para ir al baño y se dio cuenta de que la mujer se había quitado una pata de palo y la había dejado junto a la cama.

Mientras la niña dormía, Michael empezó a juguetear con los muelles y los tirantes y al final se dio cuenta de que había desmontado la pata de palo y no podía volver a montarla.

Salió al pasillo y detuvo a un hombre perfumado de alcohol, diciendo: "¿Puede ayudarme? Tengo a una mujer en mi habitación con una pierna separada y no consigo recomponerla".

"¡Diablos!", dijo el borracho, "¡Tengo a una mujer en mi habitación con AMBAS piernas abiertas y ni siquiera puedo encontrar la maldita habitación!".

La cuarta pregunta:

Pregunta 4:

AMADO MAESTRO,

¿TIENE EL BUSCADOR QUE SUFRIR INEVITABLEMENTE EN EL CAMINO?

Deva Louis, todo depende. El crecimiento en sí mismo no conlleva sufrimiento; el sufrimiento viene de tu resistencia al crecimiento. El sufrimiento lo creas tú porque te resistes continuamente, no permites que suceda. Tienes miedo de ir totalmente con él; vas sólo a medias. De ahí el sufrimiento, porque te divides, te separas. Una parte de ti coopera y otra está en contra, se resiste. Este conflicto dentro de ti crea sufrimiento.

Así que abandona la idea -mucha gente tiene esa idea- de que tienes que sufrir si quieres crecer. No tiene sentido. Si cooperas totalmente no hay sufrimiento en absoluto. Si estás en un let-go, en lugar de sufrir te regocijarás. Cada momento será un momento de dicha y bendición.

Así que no eches la responsabilidad sobre el crecimiento. Nuestra mente es muy tramposa y astuta: siempre echa la responsabilidad sobre alguien, sobre algo; nunca asume la responsabilidad sobre sí misma. TÚ eres la causa del sufrimiento.

Si puedes recordar tres cosas.... La primera es: deja el pasado si quieres crecer, porque es del pasado de donde surge la resistencia. Siempre estás juzgando desde el pasado.

El pasado ya no existe, es absolutamente irrelevante, pero sigue interfiriendo. Sigues juzgando según él; sigues diciendo: "Esto está bien y aquello está mal", y todas esas ideas de lo que está bien y lo que está mal, todos esos juicios proceden de algo que está muerto. Tu pasado muerto sigue pesando tanto sobre ti que no te permite moverte.

Abandona por completo el pasado y te sorprenderás: gran parte del sufrimiento ha desaparecido.

La segunda cosa que debes recordar es: no crees expectativas para el futuro. Si estás esperando, de nuevo crearás sufrimiento, porque las cosas no van a suceder de acuerdo a TI; las cosas van a suceder de acuerdo al todo. La ola, la pequeña ola en el océano, no puede ser el factor decisivo. El océano decide; la ola tiene que estar en un estado de let-go. Si la ola quiere ir hacia el este, habrá problemas, habrá dolor. Si los vientos no van hacia el este, si el océano no está dispuesto, ¿qué va a hacer la ola? Sufrirá. Lo llamará destino, lo llamará circunstancias, condiciones sociales, la estructura económica, la sociedad capitalista, la cultura burguesa, el inconsciente freudiano... y ahora lo llamará dolores de crecimiento.

Pero simplemente estás trasladando la responsabilidad.

Lo real es que sufres por tus expectativas. Cuando no se cumplen -y nunca se van a cumplir- surge la frustración, el fracaso, y te sientes desatendido, como si la existencia no se preocupara por ti.

Abandona las expectativas de futuro. Permanece abierto, permanece disponible a lo que ocurra, pero no hagas planes. No te hagas ideas psicológicas fijas sobre el futuro -que las cosas deberían ser así- y desaparecerá mucho más sufrimiento.

Estas dos son las causas fundamentales del sufrimiento.

Y la tercera es: al movimiento Potencial Humano le falta algo esencial. Intenta ayudarte a crecer, pero aún no ha sido capaz de crear un espacio meditativo en ti. Así que hay lucha constante, esfuerzo, voluntad, pero no relajación, no descanso. De ahí la tercera cosa que hay que recordar y todo el sufrimiento desaparecerá: crea energía meditativa, crea un espacio meditativo dentro de ti. Los métodos occidentales carecen de ese algo que es muy esencial.

Por eso aquí en mi comuna el esfuerzo es utilizar todos los métodos occidentales al lado de todos los métodos orientales. Este puede ser el único lugar del mundo en el que Oriente y Occidente se reúnen REALMENTE, y no de forma diplomática como en la ONU. Aquí se están fusionando realmente, no políticamente, no diplomáticamente, porque una reunión diplomática no es una reunión, es sólo una fachada, es pseudo. Lo que está ocurriendo aquí es un encuentro amoroso. Por primera vez, Oriente y Occidente mantienen una relación amorosa.

Occidente ha desarrollado algunos métodos muy importantes: gestalt, encuentro, primal, bioenergética y muchos más. Oriente también ha desarrollado muchos métodos: zazen, vipassana, torbellino sufí, yoga, tantra. Sus enfoques son diferentes, tan diferentes que ambos son sólo mitades de un todo; de ahí que a ambos les falte algo. Los métodos orientales pueden crear un espacio meditativo, pero te vuelven tan introvertido que empiezas a escapar de la vida; todos los métodos orientales han demostrado ser escapistas en el pasado. Quieres ir a un monasterio, quieres ir al Himalaya, quieres ir a una cueva en algún lugar y vivir solo. Te enseñan a estar solo, alegremente solo, pero entonces se pierde algo.

La vida también es relación, la vida también es unión, la vida también es comunión. Es hermoso ser feliz cuando estás solo, pero eso es sólo la mitad de la historia; también debes ser feliz cuando estás con alguien. Y cuando eres feliz con alguien, la felicidad alcanza un nivel superior. Cuando estás solo, eres como un flautista solista; cuando te sientes feliz con alguien, la música es más parecida a la de una orquesta.

Occidente ha creado métodos que te impulsan a ser más extrovertido. Te permiten métodos, habilidades para relacionarte y disfrutar de las relaciones. Son métodos de amor, pero falta algo. Disfrutáis de la relación, pero siempre que estáis solos... y esencialmente estáis solos. Naces solo y morirás solo, y en lo más profundo de tu ser siempre estás solo. Así que en la superficie sigues siendo feliz, pero en el fondo continúa una sutil corriente de miseria. No puedes encontrarte contigo mismo, no puedes enfrentarte a ti mismo, no puedes encontrarte contigo mismo.

Occidente ha fracasado porque todo lo que ha desarrollado es extroversión; Oriente ha fracasado porque todo lo que ha desarrollado es introversión. Y el hombre no es ni extrovertido ni introvertido.

Me gustaría que constara en acta que la tipología de Carl Gustav Jung es absolutamente errónea.

El hombre no puede dividirse tan fácilmente en categorías -que alguien sea extrovertido y que alguien sea introvertido- porque el hombre es una totalidad, un todo. Tiene un interior y un exterior, y ambos deben alimentarse y realizarse.

Así que si sólo sigues los métodos occidentales sufrirás mucho porque no podrás crear un espacio meditativo a través de ellos. Si sólo sigues los métodos orientales, podrás crear un espacio meditativo, pero te volverás absolutamente inútil en el mundo y te perderás el enriquecimiento que supone la comunión con otros seres humanos.

Mi esfuerzo aquí es crear la primera síntesis entre extroversión e introversión y ayudar al hombre a ser tan capaz de ambas, juntas, simultáneamente, tan fácilmente capaz de pasar de la extroversión a la introversión y de la introversión a la extroversión, que no haya necesidad de dividir al hombre en tales categorías. El hombre puede llegar a ser tan fluido.

Es tan sencillo como cuando sales de tu casa: no piensas que te estás volviendo extrovertido al salir de tu casa. Cuando sientes que hace frío dentro y fuera no hay nubes y hace mucho sol, sales, pero no piensas en absoluto.

No decides: "Ahora quiero ser extrovertido". O cuando el sol calienta demasiado y empiezas a sentir el calor, no tomas una decisión deliberada: "Debería meterme dentro".

Ahora quiero ser introvertido". No, cuando el sol calienta demasiado simplemente te metes dentro. Y cuando dentro hace frío sales. Salir de casa o entrar en casa no es ningún problema, porque estás libre de lo interior y de lo exterior.

Mi esfuerzo aquí es ayudarte a liberarte de lo interno y lo externo, porque tú no eres ni lo interno ni lo externo, eres algo trascendental a ambos. Lo interior y lo exterior son sólo partes de tu personalidad; es la casa en la que vives que tiene un exterior y un interior. Pero tu conciencia no tiene interior ni exterior.

Así que hay que recordar estas tres cosas: dejar el pasado, dejar las expectativas de futuro, y tercero, crear una síntesis entre extroversión e introversión... y toda la miseria desaparece.

Deva Louis, no es inevitable que un buscador espiritual sufra. Sufres porque no eres consciente de tu propia responsabilidad. No es por el crecimiento por lo que sufres.

Sufres porque eres inconsciente de tu resistencia, de tu orientación al pasado, de tus expectativas de futuro, y no eres consciente de que no tienes ningún espacio meditativo dentro de ti.

La quinta pregunta:

Pregunta 5:

AMADO MAESTRO,

¿ES POSIBLE PERDERSE LA JOYA PERFECTA? ¿ES POSIBLE?

Prem Maitri, depende de lo consciente que seas. Si eres consciente es imposible no verlo. Si realmente conoces la joya perfecta, si la reconoces, si es tu propia visión, tu propio entendimiento, es imposible perdérsela. Pero puede que no sea así. Puede que hayas oído a otros decir: "Esta es una joya perfecta"; puede que sea una comprensión prestada. En ese caso, no sólo es posible que te lo pierdas, sino que es absolutamente inevitable que te lo pierdas: es imposible no perdérselo.

Si te encuentras con un buda y le rindes pleitesía sólo porque otros le rinden pleitesía, porque otros dicen: "Es un buda, está iluminado, está despierto", fallarás. Pero si vislumbras por ti mismo el ser del buda, sólo una pequeña muestra de su entorno, sólo una pequeña experiencia de su perfume, eso es suficiente; es imposible fallar. Entonces ninguna fuerza del mundo puede distraerte. Pero tiene que ser tu propia experiencia. Y somos tan inconscientes que nada parece ser nuestra propia experiencia.

La gente dice que Jesús es Cristo, así que tú lo crees. Pero la gente que lo crucificó, no podía ver nada en él; de lo contrario, ¿crees que les hubiera sido posible crucificar a un hombre como Jesús? Lo crucificaron tan fácilmente. No sintieron ningún problema; no les remordía la conciencia. Lo hicieron como solían matar a los criminales todos los años. El día que crucificaron a Jesús crucificaron también a dos ladrones. Trataron a las tres personas de la misma manera; de hecho, trataron a los ladrones de una manera mucho más humana, porque los ladrones eran más parecidos a ellos.

Miles de personas se habían reunido para verlo. Nadie lloraba, nadie lloraba, nadie tenía dolor en el corazón. Incluso los propios discípulos de Jesús habían escapado, temiendo que los atraparan.

Cuando la gente se había ido - cuando el espectáculo había terminado - y Jesús estaba casi muerto en la cruz, tres soldados estaban allí jugando a las cartas. Estaban de guardia para que nadie pudiera robar el cuerpo muerto de Jesús. Así que, sentados bajo la cruz, ¡estaban jugando a las cartas!

Y Maitri, preguntas: "¿Es posible perderse la joya perfecta?".

Aquellos tres soldados eran personas como tú. Por supuesto, ahora pensarás: "Aquellos soldados debían de ser completamente estúpidos, grandes pecadores, inconscientes, no sabían lo que hacían; nosotros no podríamos haberlo hecho", porque ahora llevas dos mil años oyendo propaganda continua de que Jesús era Cristo. Pero los judíos siguen pensando que no era Cristo; siguen pensando que era un charlatán, que era un engañador, que era un falso mesías. Dos mil años de propaganda continua no han ayudado en nada; han seguido aferrándose a su idea.

¿Crees que habrías reconocido a Buda? Ahora, por supuesto -porque ahora han pasado veinticinco siglos y Buda se ha hecho cada vez más grande, tan enorme; asoma en el horizonte como un hermoso amanecer-, no puedes creer que la gente pudiera no haberlo visto. Pero lo echaban de menos. Ni siquiera su propio padre podía reconocer que estaba iluminado; ni siquiera su propia esposa podía reconocer que estaba iluminado. Sólo había unas pocas personas que tenían el valor de reconocerlo, porque reconocerlo significa que tienes que cambiar tu estilo de vida, reconocerlo significa que ya no puedes seguir siendo el mismo. Reconocer a un buda como buda significa que estás despertando.

La gran cafetería estaba abarrotada. Una larga fila de personas cargadas con bandejas avanzaba lentamente a lo largo del mostrador cuando alguien gritó: "¡Fuego! La casa de McGinty está ardiendo".

Se oyó el estruendo de una bandeja de platos cuando un italiano que estaba al principio de la cola salió a toda prisa del restaurante, dobló la esquina y subió por la calle lateral, chocando con la gente y derribando a varios de ellos mientras se dirigía a casa.

Entonces, igual de repentinamente, después de haber escapado de la muerte por los pelos varias veces, el hombre se detuvo en seco, se llevó la mano a la cabeza y gimió: "Eh, ¿qué estoy haciendo? No me llamo McGinty".

La gente vive en tal inconsciencia. ¿Qué decir de reconocer a un buda? - ¡ni siquiera sabes quien eres TU!

Maitri, es posible perderse la joya perfecta si no eres consciente. Pero si eres consciente, entonces es imposible. Todo depende de tu conciencia.

La sexta pregunta:

Pregunta 6:

AMADO MAESTRO,

¿HIZO DIOS REALMENTE EL MUNDO, Y SÓLO EN SEIS DÍAS?

Sujata, mirando el mundo, una cosa es cierta: se ha hecho con prisas. Quienquiera que lo haya hecho, está tan desordenado que debe haberse hecho en seis días. No puedo decir si lo hizo Dios o no, porque si miras el mundo parece más una creación del Diablo que de Dios.

El hombre es tan destructivo, tan violento, tan loco, que es muy improbable que Dios hiciera este tipo de mente. O la hizo el Diablo o era la primera vez que Dios la hacía, así que cometió muchos errores. Y se asusto tanto de su propia creacion que no lo ha vuelto a intentar. Parece que ha escapado. Viendo lo que ha hecho debe haberse asustado.

La historia cuenta que hizo árboles, montañas, ríos y animales. El sexto día hizo al hombre y desde entonces no ha hecho nada. Parece que el hombre le hizo recapacitar: "¿Qué estás haciendo?" Simplemente se detuvo por completo.

Pero, Sujata, ¿por qué te molestan a TI esas preguntas? No es asunto tuyo. Una cosa es cierta: tú no lo has conseguido, así que ¿por qué deberías preocuparte? Tú no eres responsable, yo tampoco, yo no lo he hecho. Entonces, ¿por qué perder el tiempo con ello? Hay muchos locos que no tienen otra cosa que hacer. Estos son grandes temas; se puede seguir pensando en ellos por los siglos de los siglos; son interminables. Por eso la filosofía empieza pero nunca acaba, la teología empieza pero nunca acaba. Todo da vueltas. Cada respuesta trae más preguntas de las que responde.

Si digo: "Sí, Dios lo hizo", inmediatamente surgirán muchas preguntas: "¿Por qué lo hizo en primer lugar? ¿Por qué no nos preguntó si queríamos que lo hiciera o no?

Parece un acto tan dictatorial, nada democrático: ¡se está haciendo a la gente sin preguntarle siquiera! ¿Y por qué creó este tipo de mundo si es omnipotente, omnipresente y omnisciente? Debió ver lo que iba a pasar, debió ver el futuro. Debió haber visto que habría Genghis Khan y

Tamerlane y Adolf Hitler y Mussolini y Tojo; debió haber visto a toda esa gente. Debió ver que el hombre libraría miles de guerras. Debió ver que tarde o temprano el hombre descubriría las bombas atómicas y las bombas de hidrógeno y los rayos de la muerte y todo eso. Entonces, ¿por qué creó este mundo? ¿Es un sádico? ¿Disfruta con toda esta miseria? Y millones de personas viven en tal miseria - ¿y qué sigue haciendo? ¿No puede venir a ayudar?".

En las escrituras se dice... en el SRIMAD BHAGAVADGITA Krishna declara: Vendré cuando haya demasiada miseria. ¿No es suficiente la miseria en la que vive el hombre ahora? ¿Cuándo vendrá? ¿Y qué hizo cuando realmente vino? No ayudó a nadie. De hecho, en sus días se libró la mayor guerra de la India. Si creemos en las escrituras, tanta gente murió en esa guerra... toda la India no podría haber contenido tanta gente. Incluso ahora el mundo entero contiene sólo tres veces más. ¡Debe haber sido una gran guerra! Hoy habría sido una de cada tres personas; en aquellos días, hace cinco mil años, la población no era tan numerosa. Podría haber sido el fin de toda la humanidad. ¿Qué clase de ayuda fue ésa?

Y Dios viene en Jesús: envía a su Hijo unigénito para salvar a la humanidad. Nadie parece haberse salvado. Jesús ni siquiera pudo salvarse a sí mismo: ¡fue crucificado! El salvador fue crucificado por aquellos por los que había venido; había venido para salvarlos.

Surgirán miles de preguntas. Deja estas preguntas para los locos.

Dos internos de una institución mental de Michigan estaban charlando en la sala de recreo. El primer chiflado dijo: "¡No me hables, soy Napoleón!".

"¿Cómo que eres Napoleón?", preguntó el segundo loco.

"Te dije que no me hablaras. Soy Napoleón".

"¿Cómo sabes que eres Napoleón?"

"Dios me dijo que soy Napoleón".

Una vocecita desde la esquina dijo: "¡No!".

¡Deja esos problemas teológicos para los locos!

Unos visitantes de un manicomio estaban siendo mostrados por un guardia.

"¿Ves a ese hombre de ahí?", dijo el guardia. "Se cree que es el Señor".

Uno de los visitantes se acercó al lunático y le preguntó: "¿De verdad hiciste la Tierra en siete días?".

El loco le espetó: "¡No estoy de humor para hablar de negocios!".

Sujata, en realidad no son cuestiones religiosas, aunque los religiosos llevan siglos hablando de ellas, porque la religión ha estado dominada por lunáticos durante siglos.

Las cuestiones realmente religiosas tienen que ver contigo, con tu inconsciencia y con cómo transformar tu inconsciencia en consciencia. La verdadera religión no es metafísica; tiene sus raíces en la psicología, es psicológica, porque la verdadera religión significa una forma de trascender la mente. A menos que comprendas la mente, no podrás trascenderla.

La séptima pregunta:

Pregunta 7:

AMADO MAESTRO,

"CIERRA LA BOCA", DIJISTE.

DIFÍCIL CASI IMPOSIBLE PARA UN ITALIANO. MI APROXIMACIÓN AL BODHISATTVA EN ESTOS DÍAS ESTÁ CONTENIDA EN ESTA PEQUEÑA HISTORIA QUE ME HA ESTADO ATORMENTANDO DURANTE MESES:

HAY UN HOMBRECITO (CUALQUIERA) QUE ME ENCUENTRO EN UNA CALLE (DONDE SEA) Y PARECE MUY MISERABLE, COMO TODOS LOS HOMBRECITOS DE TODAS PARTES...

Y AL VERME DESPUÉS DE MUCHO TIEMPO, ME DICE: "¡EH, ESTÁS ESTUPENDA!".

"HMM", RESPONDO, "ME GUSTARÍA DECIR LO MISMO DE TI, ¡PERO PARECES TAN TRISTE!".

"BUENO, YA CONOCES MI VIDA... ME SIENTO TAN MISERABLE. ¿PERO QUÉ HAY DE TI?

¿CÓMO ES QUE ESTÁS TAN RADIANTE?"

"BUENO", LE DIGO CON UNA SONRISA, "HE ENCONTRADO UN MAESTRO".

"¡AH!" ME MIRA CON TRISTEZA. "¿Y POR QUÉ NO ME LO DIJISTE?"

POR FAVOR, TU Y EL OTRO, BUDA, NO ME DIGAN QUE ME CALLE LA BOCA. NO SOPORTO QUE ESTE HOMBRECILLO

LLAME A LA PUERTA INCLUSO CUANDO ESTOY BAILANDO Y PREGUNTE: "¿POR QUÉ NO ME LO DIJISTE?".

Sarjano, ahora que se lo has dicho, ¿qué ha pasado? El hombrecito aún no ha venido a verme. Que tú se lo digas no va a cambiar nada; simplemente pensará que estás loco.

Los miserables piensan que si te ves dichoso estás loco. No pueden creer que alguien pueda ser dichoso; eso está fuera de su alcance. Toda su vida es una miseria, ¿cómo pueden creer que hay alguna posibilidad de ser dichoso? - a menos que estés loco. Si les dices que has encontrado un maestro, puede que no te digan nada a la cara, pero a tus espaldas se reirán de ti; pensarán que algo ha ido mal. No te creerán. ¿Cómo puede uno ser dichoso encontrando un maestro? No pueden ver ninguna relacion entre sus problemas y encontrar un maestro.

Si sus esposas les están regañando hasta la muerte, ¿cómo va a cambiar eso encontrar un amo?

¡Ahora el maestro les dará más la lata! Si sufren pesadillas -y todo el mundo las sufre, día tras día-, ¿cómo va a ayudarles encontrar un maestro? No le encuentran sentido a la afirmación.

Comprendo tu dificultad, Sarjano. Es muy difícil guardar silencio cuando conoces la respuesta, pero parte de ser un bodhisattva consiste en aprender el arte de guardar silencio. Deja que pregunten una y otra vez. Deja que sientan que tu dicha no es una locura, que tu dicha es algo real, auténtico. Deja que lo sientan por sí mismos. Deja que vengan y llamen a tus puertas una y otra vez.

Sólo en el momento oportuno, cuando veas que pueden comprender, cuando sientas que sus corazones están abiertos, cuando veas una verdadera sed, un anhelo en ellos, cuando haya surgido en ellos una búsqueda, sólo entonces díselo; de lo contrario, simplemente estarás malgastando tu aliento.

Y si sigues contándoselo a todo el mundo y nadie te escucha, tarde o temprano te sentirás muy cansado de todo el asunto.

Buda tiene razón: ese tipo casi siempre tiene razón. Por supuesto, ¡no hablaba con italianos! Ese no era su problema, ¡ese es MI problema! Pero sé cómo gestionarlo.

La verdad insiste en que se hable, aunque no se pueda hablar -esa es la paradoja-, pero insiste en que se hable.

Cuando sabes y ves que se puede ayudar a los demás, es imposible resistir la tentación de decírselo, pero eso forma parte de ser un bodhisattva.

Otra persona ha preguntado: "Amado Maestro, usted dice que el cincuenta por ciento de los iluminados se convierten en arhatas y el cincuenta por ciento en bodhisattvas. Aun así, usted dice una y otra vez que hay muchos místicos pero muy pocos maestros -¿parece haber una contradicción en ello?".

No hay contradicción en ello. Sí, aparentemente la hay, pero sólo aparentemente. No todos los bodhisattvas son maestros. El bodhisattva es el que intenta ayudar a los demás; el maestro es el que LOGRA ayudar a los demás. El mero hecho de intentarlo no significa que vaya a tener éxito.

Muchos lo intentan, muy pocos lo consiguen. Quienquiera que alcance la verdad está obligado a tener la tentación de decirla. Si no es un arhata por naturaleza, intentará decírsela a todo el mundo, y le tomarán por loco. La comunicación es un arte difícil, y comunicar la verdad última es el fenómeno más difícil del mundo. Un maestro es aquel que espera el momento oportuno.

Muchas personas me han preguntado por qué guardé silencio a pesar de haberme iluminado en 1953.

Durante casi veinte años nunca dije nada de ello a nadie, a menos que alguien lo sospechara por sí mismo, a menos que alguien me dijera por su cuenta: "Sentimos que algo te ha ocurrido. No sabemos lo que es, pero una cosa es cierta: ese algo ha pasado y ya no eres el mismo que nosotros... y lo estás ocultando."

En esos veinte años no me lo pidieron más de diez personas, e incluso entonces las evité todo lo que pude a menos que sintiera que su deseo era genuino. Y sólo se lo conté cuando me habían prometido guardar el secreto. Y todos lo cumplieron. Ahora todos son sannyasins, pero todos lo cumplieron, lo mantuvieron en secreto. Les dije: "Esperad. Esperad al momento oportuno. Sólo entonces lo declararé".

He aprendido mucho de los budas del pasado. Si Jesús se hubiera callado un poco más lo de ser el Hijo de Dios habría sido mucho más beneficioso para la humanidad. Me había propuesto que hasta que no dejara de viajar por el país no iba a declararlo; de lo contrario, me habrían matado... tú no estarías aquí.

Una vez que terminé de viajar, de mezclarme con las masas, de trasladarme de una ciudad a otra.... Durante veinte años seguidos estuve moviéndome, y no había ni un solo guardaespaldas. ¡Shiva y sus samurai no habían llegado todavía! Y yo estaba en constante peligro.

Me tiraban piedras, me tiraban zapatos.

Llegaba a una ciudad después de viajar veinticuatro horas en tren y la multitud no me permitía bajar en la estación; me obligaban a volver. Se producía una pelea entre los que querían que bajara del tren y los que no querían que bajara, al menos en su ciudad.

Si lo hubiera declarado me habrían matado muy fácilmente. No habría habido ningún problema; habría sido muy sencillo. Pero durante veinte años guardé absoluto silencio al respecto. Sólo lo declaré cuando vi que había reunido a suficientes personas que podían entenderlo. Había reunido suficientes personas que eran mías, que me pertenecían. Lo declaré sólo cuando supe que ahora podía crear mi propio pequeño mundo y ya no me preocupaban las multitudes, las masas y la estúpida muchedumbre.

Sarjano, hay una dificultad. Puedo entender tu dificultad. Pero, por favor, mantén tu bocaza cerrada - ¡italiana o no italiana! De lo contrario, se le tendrá por loco. Y si no puedes mantener la boca cerrada, entonces declararé: "¡Está loco!". Entonces nadie te escuchará. Entonces podrás seguir diciendo a estos hombrecillos: "He encontrado al maestro", pero ellos dirán: "¡El maestro dice que estás loco!".

La última pregunta:

Pregunta 8:

AMADO MAESTRO,

¿POR QUÉ ESTÁ TODO PATAS ARRIBA AQUÍ?

Anurati, ¡debe ser por los italianos! Hay que encontrar alguna razón....

El italiano murió y se dirigió a las Puertas Perladas, donde fue recibido por San Pedro y su impresionante Libro de Oro. Tras observar atentamente el rostro cetrino, la barbilla débil y los ojos temblorosos del nuevo aspirante, San Pedro declaró en tono atronador: "Confío en que no seas italiano."

La voz de San Pedro se hizo estentórea: "¿Eres italiano?".

La respuesta del italiano fue mansa: "No, señor, soy puertorriqueño".

San Pedro sonrió. "Pasa, amigo", dijo, "entra".

Hasta San Pedro tiene miedo.

Y había una italiana tan fea que cuando entraba en una habitación todos los ratones saltaban sobre las sillas.

¿Puede alguien dudar de que Nueva York es una gran ciudad?

Los judíos la poseen, los irlandeses la dirigen... ¡y los italianos, después de cincuenta años, siguen preguntándose qué ha pasado!

¿Cómo descubrió Colón América?

Intentaba huir de Italia.

¿Qué dijo Dios cuando hizo el primer italiano?

"¡Mierda! ¡La he vuelto a cagar!"

Suficiente por hoy.

El camino tranquilo al país feliz

NO TIENES NOMBRE NI FORMA.

¿POR QUÉ ECHAR DE MENOS LO QUE NO SE TIENE? EL BUSCADOR NO SE ARREPIENTE.

AMA Y SIGUE ALEGREMENTE EL CAMINO, EL CAMINO TRANQUILO HACIA EL PAÍS FELIZ.

¡BUSCADOR!

VACIAR EL BARCO, ALIGERAR LA CARGA, LA PASIÓN Y EL DESEO Y EL ODIO.

Y NAVEGAR RÁPIDAMENTE.

HAY CINCO EN LA PUERTA PARA RECHAZAR, Y CINCO MÁS, Y HAY CINCO PARA ACOGER.

Y CUANDO CINCO HAN QUEDADO VARADOS EN LA ORILLA, AL BUSCADOR SE LE LLAMA OGHATINNOTI - "EL QUE HA CRUZADO".

Un nuevo recluso ingresó en un manicomio de California. Parecía muy contento; de hecho, se reía a carcajadas. "¿Pariente más cercano?", preguntó el médico.

"Hermano gemelo", respondió el tipo. "Éramos gemelos idénticos. No se nos podía distinguir.

En el colegio lanzaba un escupitajo y el profesor me echaba la culpa a mí. Una vez le detuvieron por exceso de velocidad y el juez me multó. Yo tenía una chica y él se fugó con ella".

"¿Entonces por qué te ríes?"

"Porque me desquité con él la semana pasada".

"¿Qué ha pasado?"

"Morí y lo enterraron".

El hombre ESTÁ loco. La locura no es una enfermedad, es la condición normal de la humanidad. Sí, las personas difieren en grados, pero eso no es una gran diferencia. El hombre tal como existe en la tierra está loco.

El esfuerzo de todos los budas es traerte cordura, disipar tu locura. Pero como todo el mundo está loco, igual que tú, no te das cuenta de ello en toda tu vida. A menos que te encuentres con un buda, nunca serás consciente de que estás loco. El buda se convierte en un espejo: refleja tu realidad, te muestra tu cara tal y como es, y está totalmente distorsionada. No es como deberías ser. Algo ha ido fundamentalmente mal, falta algo muy básico.

El hombre nace en tal estado de inconsciencia que todo lo que hace le trae más y más miseria a él y a los demás. Sigue culpando al destino, sigue culpando a la naturaleza, sigue culpando a la sociedad, pero siempre sigue culpando a los demás, nunca se culpa a sí mismo. En el momento en que reúnes el valor suficiente para culparte a ti mismo, en el momento en que aceptas la responsabilidad de lo que eres, un rayo de luz entra en tu ser. Estás en el camino de la transformación interior.

Estos sutras son para los bodhisattvas. Ahora Buda está diciendo a sus bodhisattvas -a aquellos discípulos que van a convertirse en ayudantes de la humanidad, que están preparados para ir al mundo y ayudar a la gente que se ahoga en su propia locura-, Buda está diciendo a sus bodhisattvas: "Estas son las cosas básicas con las que tenéis que empezar vuestra enseñanza."

Lo primero que dice: Dile a la gente que... NO TIENES NOMBRE NI FAMA - - porque ahí es donde millones están atascados. La gente vive y muere por el nombre y la fama. Parece que el propósito de su vida es tener un nombre conocido por todo el mundo, un nombre que va a ser escrito en letras de oro en la historia, un nombre que seguirá resonando por los pasillos del tiempo por los siglos de los siglos.

Y todo esto es tan estúpido, tan ridículo, porque en primer lugar no tienes nombre. Naces sin nombre, no tienes nombre. Todos los nombres son arbitrarios. No sacrifiques tu vida por un nombre. No sacrifiques lo real por algo irreal. Estamos sacrificando algo verdadero por algo que es falso y que no puede convertirse en verdadero.

Cuando nace un niño, sabes que no lleva nombre; nace sin nombre. Pero, por supuesto, un nombre es necesario; tiene cierta utilidad, pero no realidad. Es arbitrario. Se le puede llamar cualquier cosa, cualquier nombre sirve: X, Y, Z. En una era más científica, es muy posible que abandonemos estos viejos nombres. Alguien será O-11, alguien será X-13. Algún día los nombres serán más matemáticos porque serán más precisos. Y no hay necesidad de tener el mismo nombre para dos personas; los ordenadores pueden decidir. El ordenador puede decir que éste es un nombre nuevo, nadie lo tiene en todo el mundo. Ahora mismo hay tanta gente con el mismo nombre que es normal que ocurra. No es muy científico, pero funciona.

Buda quiere que sus bodhisattvas le digan a la gente lo primero: No tienes nombre. Así que no te preocupes por tu nombre o tu fama. También eres informe: tu ser más íntimo no tiene forma. Tu cuerpo tiene una forma, pero tu cuerpo sigue cambiando; cada día cambia. En siete años tu cuerpo es completamente nuevo, totalmente nuevo. Ni siquiera existe una sola célula del antiguo, todo sigue cambiando.

Si te encuentras con el primer espermatozoide de tu padre que inició tu vida, ¿serás capaz de reconocerlo como tú mismo? Imposible. ¿Serás capaz de reconocer el óvulo de tu madre como tú mismo? Imposible. Ésa fue tu forma un día, pero no eras tú. Y luego, durante nueve meses en el vientre de tu madre, pasaste por muchas formas.

Los científicos dicen que cada niño pasa rápidamente, muy rápidamente, por toda la evolución de la humanidad. Desde el pez hasta el mono y el hombre, pasa por todas las fases, por supuesto en una sucesión muy rápida porque tiene que completar toda la evolución en nueve meses. Por eso un niño prematuro es un poco retrasado, porque aún no ha evolucionado completamente; no ha podido completar todo el ciclo de la evolución. Todo niño comienza como un pez en el vientre de su madre. ¿Serás capaz de reconocer a ese pez como tú? Pero un día esa fue tu forma. ¿Serás capaz de reconocer tu cara el día que naciste? Si te enseñan una foto será imposible que nadie reconozca que: "Este soy yo". Ahora mismo tienes una forma determinada; esa forma también se irá por el desagüe de la misma manera. Cada momento está cambiando.

Pero hay algo eterno en ti: tu conciencia, tu ser, tu consciencia.

Puedes llamarla tu alma, como quieras llamarla; los nombres no importan. Pero una cosa es cierta: que no tienes ninguna forma en particular; pasas por muchas formas.

Puedes pasar a través de muchas formas sólo porque no tienes ninguna forma, así que no te apegues a ninguna forma. No te apegues a ningún nombre ni a ninguna forma.

Este es el comienzo de sannyas. Este es el comienzo de la iniciación en el camino.

De hecho, no tienes padre, no tienes madre; no puedes tener. El padre engendró tu cuerpo y la madre engendró tu cuerpo; ambos contribuyeron a tu cuerpo, a tu forma, pero no a tu núcleo esencial. Tu cuerpo es accidental. Has estado antes en muchos cuerpos, en miles de cuerpos. Has pasado, has vivido en muchas muchas casas, y cuando vivías en una casa determinada te identificabas con ella.

De ahí el dolor de la muerte. No es a causa de la muerte, recuérdalo; es sólo a causa de tu identificación con el cuerpo, con la forma. Si comprendes el mensaje de Buda, no hay dolor en la muerte. Si no te identificas con ningún nombre o forma, no hay nadie que nazca ni nadie que muera.

De hecho, ese debería ser el verdadero significado del nacimiento virginal de Jesús. Todo el mundo nace de la misma manera. No es sólo que no tengas padre, tampoco tienes madre.

El día que descubras tu ser original sabrás que pasas por la madre y el padre, vienes a través de ellos, pero no eres creado por ellos.

Un fisgón asistente social que investigaba las condiciones de vida en una vieja casa de vecinos detuvo a un joven harapiento y descuidado y le preguntó dónde vivía su madre.

"No tengo madre", respondió el niño.

"¿Qué hay de tu padre, entonces?"

"No tengo ninguna, señora."

"¡Qué, tu padre y tu madre muertos!", exclamó la trabajadora social.

"No, nunca tuve ninguno".

"¡Por Dios, pero eso es imposible, muchacho!"

"Si tiene que saberlo, señora", dijo el golfillo despectivamente, "algún maldito chantajista le jugó una mala pasada a mi tía".

De hecho, nadie tiene padre ni madre, y tampoco ningún sucio chantajista le ha jugado ninguna mala pasada a tu tía. Sois seres eternos: nunca nacéis y nunca morís. La muerte y el nacimiento son episodios del largo viaje, del viaje eterno de vuestra vida. La vida no empieza con el nacimiento ni termina con la muerte.

Pero esto sólo es posible saberlo si te desprendes un poco de la forma a la que te has apegado tanto. No eres hombre y tampoco eres mujer; tu cuerpo es masculino o tu cuerpo es femenino. No eres hombre, no eres animal, no eres vegetal. Todo eso son formas, formas accidentales, sólo circunferencias, no los centros de tu ser. Los centros de tu ser son totalmente diferentes de las circunferencias. Y nos hemos apegado tanto a las circunferencias que hemos olvidado por completo los centros.

Esta es la causa básica y fundamental de nuestra locura. Un hombre que no conoce su centro está loco.

Buda dice, dile a la gente:

NO TIENES NOMBRE NI FORMA.

¿POR QUÉ ECHAR DE MENOS LO QUE NO SE TIENE?

¡Cuánto sufre la gente si no es famosa, si no es conocida! Ser anónimo es muy humillante. Si nadie te conoce, te sientes como si ya no estuvieras vivo. Cuanta más gente te conoce, más vivo te sientes. Si te conoce todo el mundo, tu ego se hincha hasta el extremo, revienta.

Por eso la política tiene tanto interés para la gente, porque es la forma más fácil de hacerse mundialmente famoso. No necesitas ser muy inteligente para ser político; de hecho, si eres muy inteligente no puedes ser político. Se necesita cierta estupidez, en buena cantidad, para ser político. Tienes que ser terco, tienes que ser violento, tienes que ser completamente mediocre, para que no puedas ver lo que estás haciendo, para que no puedas ver cómo estás desperdiciando tu vida, y así sucesivamente .... Tienes que estar completamente ciego, tienes que ser muy bruto. La política tiene un gran atractivo porque puede darte tanto un gran nombre como una gran fama; puede convertirte en una figura mundial.

Lo he oído:

Un Papa y un político se presentaron un día en el cielo. San Pedro les saludó y condujo al Papa a la habitación donde pasaría la eternidad. Al abrir la puerta, el Papa encontró una habitación pequeña y sencilla, con una sola ventana. Al asomarse, vio que el político era conducido a los lujosos apartamentos de enfrente, equipados con jacuzzis, saunas, piscinas, pistas de tenis y demás.

Lleno de justa indignación, se dirigió a San Pedro y protestó con vehemencia: "¡Soy Papa! ¿Por qué se trata así a este político mientras yo no recibo casi nada?".

"Bueno", replicó San Pedro, "aquí arriba tenemos más de doscientos papas, ¡pero es la primera vez que vemos a un político!".

Pero aquí en la tierra los políticos arman mucho alboroto. La política se ha convertido en el centro de la vida; los periódicos están llenos de ella, los programas de radio están llenos de ella. Todo parece estar teñido por la política por la sencilla razón de que estas personas tienen algo que todos ustedes anhelan: tienen nombre y fama.

Pero Buda dice: ¿POR QUÉ AÑORAR LO QUE NO TIENES? Y, de hecho, ¿por qué echar de menos lo que no tienes y nunca podrás tener? Creer que eres famoso es vivir en el paraíso de los tontos. Y aunque tu nombre vaya a escribirse en la historia... puedes molestar tanto que tendrán que escribirlo en la historia. Adolf Hitler y Joseph Stalin y Mao Zedong, por supuesto que sus nombres quedarán en la historia, pero no en letras de oro. La historia no se escribe con letras de oro en absoluto, y sus nombres estarán sólo en algunas notas a pie de página. E incluso si están ahí, ¿qué importa? Toda vuestra historia es una patraña. Es menos historia y más histeria. Por supuesto, si eres muy histérico te convertirás en histórico. Pero, ¿qué sentido tiene? Habrías perdido una gran oportunidad.

Al hombre auténtico no le importa el nombre ni la fama. El hombre auténtico vive su vida independientemente del nombre y la fama; no le importa lo más mínimo si alguien le conoce o no.

EL BUSCADOR NO SE ARREPIENTE.

Buda dice: Enseña a la gente que la búsqueda de la verdad no debe ser una búsqueda triste. Esta es una de las cosas que ha sido muy malinterpretada. De alguna manera, la gente triste ha dominado toda la escena religiosa a través de los tiempos. Sólo de vez en cuando encuentras a un Buda, a un Jesús o a un Zaratustra que habla de alegría, que habla de vivir en felicidad. Sólo de vez en cuando se encuentra un Krishna, que no sólo enseña a bailar, sino que baila él mismo, que no sólo enseña a cantar, sino que canta él mismo. Por lo demás, la escena está dominada por gente patológica, ya sean masoquistas o sádicos.

El 99% de las personas supuestamente religiosas están enfermas, gravemente enfermas. Se han metido en la religión porque han fracasado en la vida, se han metido en la religión porque no podían hacer frente a la vida. Es un escape, y el escapista nunca puede ser feliz.

Los cristianos dicen que Jesús nunca se rió. Ahora, no puede haber una mentira más grande que esa.

Jesús, y nunca se rió? Entonces, ¿quién podrá reír? Entonces, ¡nadie podrá reír en absoluto! Y toda la vida de Jesús demuestra que debió ser un hombre de naturaleza muy alegre. Debía de ser realmente espiritual, en el sentido en que los franceses utilizan la palabra SPIRITUEL. En francés esta palabra 'spirituel' significa tanto "espiritual" como "humorístico". Parece haber una gran perspicacia en ello - la misma palabra significando ambas cosas. Seguro que se reía con sus compañeros. Es bien sabido que solía disfrutar comiendo y bebiendo, y cuando un hombre disfruta comiendo y bebiendo es difícil pensar que nunca se ría. La gente que disfruta comiendo y bebiendo, la gente que disfruta de las fiestas, también disfruta bailando y cantando y bromeando. Seguro que se reía, seguro que bromeaba. No se puede creer que las veinticuatro horas del día se dedicara sólo a repartir evangelios: ¡debía de cotillear!

Pero a la gente que está triste, le gustaría que él también lo estuviera. Todas las figuras, estatuas, pinturas de Jesús parecen falsas. Y han ido cambiando a lo largo de los siglos. En los primeros cuadros aparecía sin barba ni bigote. Al cabo de dos siglos, de repente aparecieron la barba y el bigote, porque sin barba ni bigote no parecía un profeta; parecía demasiado joven, no lo bastante maduro. Un rostro sin barba y sin bigote parece un poco infantil... de repente apareció la barba.

En Oriente ha ocurrido justo lo contrario. Nunca se pinta a Buda con barba, ni a Krishna ni a Mahavira, ni a Rama ni a Patanjali... a nadie. ¿Por qué? - Porque la idea oriental es que estas personas eran tan jóvenes, espiritualmente jóvenes, que es mejor que parezcan jóvenes también por fuera. El exterior debe representar el interior.

Buda llegó a ser muy viejo, murió cuando tenía ochenta y dos años, pero aun así nunca se le representa con barba. Jesús murió cuando sólo tenía treinta y tres años, pero la barba apareció después de dos siglos. Sin embargo, su rostro no era triste. Al cabo de dos siglos, incluso ese rostro cambió. Se volvió cada vez más triste, como si llevara toda la carga de la tierra. Ahora lo han convertido en el salvador; lleva la cruz. Ha venido a liberaros de vuestros sufrimientos, está cargando con vuestros sufrimientos. Y han falsificado a este hermoso hombre que solía disfrutar de la compañía de gente muy corriente: carpinteros, obreros, jardineros, pescadores, jugadores, prostitutas, borrachos, recaudadores de impuestos, todo tipo de gente, ¡incluso recaudadores de impuestos! Lo hacen cada vez más abstracto, pierde su terrenalidad. Se está convirtiendo cada vez más en un concepto que en un ser humano real; está perdiendo su humanidad. Ya no es el Hijo del Hombre, sino sólo el Hijo de Dios.

Estas son las personas tristes que proyectan su tristeza en él. Dicen que nunca se reía. No puedo creerlo. Puedo creer una cosa mucho más imposible....

Los seguidores de Zaratustra dicen que se rió en el mismo momento en que nació; puedo creerlo, que nació riendo. Parece absolutamente imposible -ningún niño nace riendo-, pero tiene algo de hermoso. Zaratustra saliendo del útero, riendo, me atrae más. ¡Qué espíritu tan alegre! Por eso Zaratustra no pudo convertirse en una religión mundial. Los seguidores de Zaratustra se limitan sólo a Bombay. Y son buena gente - no religiosos en el sentido ordinario, en absoluto.

Nadie piensa que los parsis sean religiosos; en la India nadie piensa que sean religiosos. Disfrutan comiendo, disfrutan de la ropa bonita, disfrutan de las cosas bonitas de la vida, disfrutan de las casas bonitas... ¡disfrutan de todo! Y tenemos la idea de la religión como renuncia.

Puedo creer que Zaratustra viniera al mundo riendo, pero no puedo creer que Jesús nunca riera, porque para mí la tristeza nunca puede convertirse en la fuente de la búsqueda -aunque millones de personas van en busca de Dios sólo porque están tristes-. Sólo te acuerdas de Dios cuando eres infeliz, miserable; cuando estás sumido en una profunda angustia entonces te acuerdas de Dios, de lo contrario, ¿a quién le importa?

Pero déjame decirte: si recuerdas a Dios sólo cuando te sientes miserable, tu recuerdo no vale nada. Es casi una queja; no es una oración, no puede serlo. No puedes estar agradecido por ser desgraciado, y la oración tiene que ser esencialmente gratitud.

Buda dice: EL BUSCADOR NO SE ARREPIENTE. Se lo dice a sus bodhisattvas: Id a la gente y decidles que si no dejáis de lamentaros nunca podréis convertiros en verdaderos buscadores. Busca a Dios desde la felicidad, busca a Dios desde la alegría, busca a Dios porque la llamada del cuco es tan hermosa, porque los cantos de los pájaros son tan alegres, porque las flores son tan extasiantes, porque la vida es una bendición. Observa la bendición que es la vida y luego busca la fuente de ella. ¿De dónde nacen todas estas canciones y todas estas flores y todas estas estrellas? ¿Cuál es la causa de todo ello, de esta misteriosa existencia?

No vayas en tu búsqueda porque te sientes triste, miserable, fracasado. Si vas con el fracaso en tu corazón estarás simplemente reprimiendo tu tristeza. Puede que empieces a sonreír, pero esa sonrisa será sólo una sonrisa pintada. Puedes ver a los curas sonriendo, pero esa sonrisa no es verdadera, no puede ser verdadera. Nunca han amado la vida lo suficiente como para que su sonrisa sea verdadera, nunca han vivido la vida lo suficiente como para que su sonrisa sea verdadera. Son escapistas, tienen miedo a la vida. Y las personas que tienen miedo a la vida, su búsqueda es errónea desde el principio. Pero este malentendido se ha producido y hay que disiparlo.

Un policía que patrulla por la calle de los enamorados a altas horas de la noche ilumina con su linterna la ventanilla de un coche y ve a una pareja haciendo el amor. Da unos golpecitos en la ventanilla y dice: "¡Soy el siguiente!". A los diez minutos vuelve a pasar y la pareja sigue haciendo el amor, así que vuelve a golpear la ventanilla y dice: "¡Sigo yo!".

A los veinte minutos vuelve a pasar y la pareja sigue haciendo el amor. De nuevo da unos golpecitos en la ventana y dice: "Soy el siguiente. ¿Por qué tardas tanto?".

El hombre levanta la vista y dice: "Tío, estoy muy nervioso. Nunca me había tirado a un policía".

Malentendidos y equívocos....

Se ha malinterpretado tanto a los budas que, pienses lo que pienses de Jesús, Krishna, Buda o Lao Tzu, sé muy cauto: el noventa y nueve por ciento será un malentendido. Si me preguntas: "¿Quiénes son los cristianos?". Yo digo: "Las personas que han malinterpretado a Cristo". Si me preguntan: "¿Quiénes son los budistas?". Diré: "La gente que ha malinterpretado a Buda".

Entender mal es muy fácil porque si quieres entender a un buda tendrás que elevarte un poco más para ver lo que está mostrando. Pero si quieres malinterpretar, no hace falta que te muevas; estés donde estés, quédate allí y podrás malinterpretar.

Malinterpretar es tan cómodo, tan acogedor. Puedes malinterpretar sin ningún esfuerzo; no requiere ningún cambio por tu parte. Pero se notará en tu vida.

La gente va a los templos, pero no hay danza en sus ojos. Si vas al templo y no hay danza en tus pies ni en tus ojos, ¿para qué vas? ¿Qué sentido tiene? ¿Por qué pierdes el tiempo? La gente reza, pero no hay alegría, no hay luz en sus rostros. Entonces, ¿por qué pierdes tu tiempo y el tiempo de Dios? Pero una cosa es buena: que Dios es completamente sordo, sordo a todas las lenguas. Sólo escucha el silencio, sólo está disponible para el silencio. Así que puedes seguir rezando, nadie te escucha. Es un monólogo.

Martin Buber dice que la oración es un diálogo. Yo digo que no, a menos que una oración sea absolutamente silenciosa no es un diálogo. Martin Buber dice que una oración significa un diálogo Yo/Tú. Si hay Yo, entonces no puede haber Tú; estas dos cosas no pueden existir juntas. Si hay Yo y Tú, entonces el Tú es sólo una proyección y no hay diálogo en absoluto; es un monólogo. Puedes creer que alguien te escucha, pero nadie te escucha. Simplemente estás perdiendo el tiempo, el aliento. Haz otra cosa, cualquier cosa será mejor. Incluso jugar a las cartas será mucho mejor, beber Coca-Cola será mucho mejor.

Tus oraciones no tienen sentido. No puedes ocultarlo. Si avanzas hacia Dios o hacia la verdad en la tristeza, en la miseria, de una forma u otra, tu vida lo mostrará. La verdad no puede ser reprimida.

Los Gladwell tuvieron un bebé que nació sin orejas. Lo llevaron a casa y sus vecinos, los Peterson, se disponían a visitarlo. "Ten cuidado, por favor", dijo la señora Peterson a su marido. "No digas nada de que el bebé no tiene orejas".

"No te preocupes", dijo Peterson. "No haré nada que hiera sus sentimientos".

Así que subieron a la habitación del bebé y se quedaron junto a la cuna con los Gladwell. "Es tan mono", dijo la Sra. Peterson a la madre del bebé.

"Sí", convino el Sr. Peterson. "Que brazos y piernas tan fuertes tiene el chico - va a crecer para ser un bruiser."

"Gracias", dijo el padre del bebé.

"¿Cómo están los ojos del chico?"

"¡Son perfectos!", dijo Gladwell.

"Más vale que lo sean, ¡no podrá llevar gafas nunca!".

De un modo u otro, va a surgir. ¿Cómo puedes evitarlo? Cuanto más lo evites, más posibilidades tendrás de tropezar con él. De hecho, el propio esfuerzo por evitarlo hace que te centres en él; entonces no puedes ver nada más.

Un hombre muy santo entró un día en una óptica para encargar unas gafas nuevas.

Detrás del mostrador había una chica extremadamente guapa, lo que redujo al cliente a una confusión total.

"¿Puedo ayudarle, señor?", preguntó con una sonrisa encantadora.

"Er - sí - er... Quiero un par de rim-speckt hornicles... Quiero decir que quiero un par de heck- rimmed spornicles... er... Quiero decir...."

En ese momento, el propio óptico acudió al rescate.

"Está bien, señorita Jones. Lo que el hombre santo quiere es un par de hectacles con esporas en los bordes".

De ahí que Buda diga que el buscador tiene que iniciar su viaje no desde la miseria, sino desde la alegría.

Alégrate de la vida. Él dice:

AMA Y SIGUE ALEGREMENTE EL CAMINO, EL CAMINO TRANQUILO HACIA EL PAÍS FELIZ.

Cuando uno se encuentra por primera vez con estas palabras se siente un poco sorprendido. Buda, y diciendo: AMA Y SIGUE ALEGREMENTE EL CAMINO, EL CAMINO TRANQUILO HACIA EL PAÍS FELIZ...? Sí, uno se queda un poco sorprendido porque los sacerdotes budistas han estado evitando estas hermosas palabras, las han estado obviando. Han estado enfatizando esas palabras de Buda que enfatizan el pesimismo. Y él no era pesimista en absoluto, no podía serlo. El que sabe, ¿cómo puede ser pesimista? Es imposible. Ni siquiera es optimista, recuerda, porque el optimista está relacionado con el pesimista; es el otro extremo.

Buda está más allá de ambas cosas; no es ni pesimista ni optimista. Simplemente quiere que veas lo que es, y eso basta para que ames la vida. Es suficiente, más que suficiente, para hacerte bailar de alegría, de gratitud.

Y el camino es silencioso, muy silencioso. De ahí que Buda no haya enseñado ninguna oración, sólo enseña meditación. Cuando la oración es silenciosa es meditación; cuando la meditación se vuelve elocuente es oración. Pero primero tienes que aprender meditación; de lo contrario te moverás en una dirección equivocada. Sin conocer la meditación todas tus oraciones serán falsas.

Verterás tu basura sobre Dios: ¡basura sagrada, pero todo es estiércol de vaca sagrada!

Primero aprende a estar en silencio. Y sí, del silencio nacen algunas canciones, del silencio florecen algunas flores. Luego ofrece esas canciones, esas flores a Dios. Pero serán de alegría, de tremenda alegría.

¡BUSCADOR!

VACIAR EL BARCO, ALIGERAR LA CARGA, LA PASIÓN Y EL DESEO Y EL ODIO.

Permítanme recordárselo una y otra vez: Buda está hablando a sus bodhisattvas, a sus mensajeros, a sus apóstoles, que van a las masas. Les está ayudando a saber qué decir, por dónde empezar. Él está diciendo que lo primero que un buscador tiene que cumplir es, el primer requisito de un verdadero buscador es, que no debe tener ningún sistema de creencias, que no debe tener ninguna filosofía, ninguna ideología. Si ya crees, entonces no es cuestión de buscar, de indagar. Indagar significa que empiezas con un estado de no-saber.

Por lo tanto: ¡BUSCADOR! VACIAR EL BARCO.... Vacía tu mente de todo el equipaje que has estado cargando todo el tiempo. Vuélvete completamente vacío. Entonces la misma mente que te ha estado causando tanta locura, tanta agitación, tanta angustia... la misma mente cuando se vacía se convierte en el barco para la otra orilla, para la orilla más lejana. Vacía, se convierte en un vehículo; cargada con todo tipo de pensamientos, con todo tipo de creencias, escrituras, que cada generación va pasando a la siguiente generación.... Estamos tan cargados que llevamos casi Himalayas de peso sobre nuestras cabezas; no es posible moverse con tal carga. Hay que desaprender. Ya tienes demasiados conocimientos; todos estos conocimientos deben ser abandonados.

VACIAR LA BARCA, ALIGERAR LA CARGA.... Cuando estás completamente vacío, cuando dices: "No sé nada", entonces comienza la indagación. Es fresca, es joven, es auténtica, porque hay una ley fundamental de la vida que dice que si te encuentras en un estado de no-saber, surgirá en ti un gran impulso de saber. Así como la naturaleza aborrece el vacío y se apresura a llenarlo, exactamente de la misma manera si tu mente está totalmente vacía, la verdad se apresura y la llena.

Pero ahora mismo no hay espacio. Tu mente está tan llena que ni siquiera TÚ puedes entrar. Tienes que vivir en algún lugar en el exterior. La gente está viviendo en sus porches; sus casas están tan llenas de trastos que tienen miedo de entrar. Pueden perderse, y tampoco hay espacio.

Y tres cosas menciona Buda en particular que te están cargando, demasiado cargando. A la primera la llama pasión, a la segunda, deseo y a la tercera, odio.

Pasión significa lujuria animal, lujuria biológica, inconsciente. Todos los animales la tienen, no tiene nada de especial. Si el hombre la tiene, simplemente sigue formando parte del reino animal; es una herencia animal. No te conviertes realmente en humano a menos que vayas más allá de la lujuria. Crees que es tu amor y tienes grandes y románticas palabras para describirlo y utilizas una gran poesía, pero todo eso es basura. Si miras en el fondo, es biología, es química, son hormonas y nada más. Si tus hormonas cambian ya no estarás interesado en ninguna mujer, o si eres una mujer y tus hormonas cambian ya no estarás interesada en ningún hombre, y toda la poesía y todo el romanticismo desaparecerán. El Don Juan sólo necesita una pequeña operación... y desaparecerá.

Buda dice que lo primero que mantiene tu mente llena de basura es la lujuria. Y es, en cierto modo, natural porque durante millones de años hemos estado en cuerpos animales; todavía llevamos esas huellas, estamos llenos de herencia animal. Somos noventa y nueve por ciento animales; sólo un uno por ciento quizás -eso también es un quizás- somos seres humanos. Sólo una pequeña parte de nosotros se ha elevado un poco por encima.

Un cura italiano de lengua ardiente estaba soltando rollos sobre sexo y moralidad. Apuntando con su huesudo dedo a su congregación de Little

Italy, el padre de la guinea bramó: "¡El sexo es sucio! Quiero ver sólo chicas buenas esta noche. Quiero que todas las vírgenes de la iglesia se pongan de pie".

Furioso por la falta de respuesta de sus feligreses, repitió la exhortación.

Tras una larga pausa, una chica de aspecto sexy con un bebé en brazos se puso en pie.

"¡Vírgenes es lo que quiero!", dijo el indignado predicador.

"Oiga, padre", preguntó la señora, "¿espera que un bebé de dos meses se levante solo?".

Se dice que por eso Jesús eligió nacer dos mil años antes que nosotros, porque ahora ¿dónde vas a encontrar una virgen? Y, además, ¿dónde vas a encontrar tres reyes magos? Aunque encuentres una virgen -un bebé de dos meses, vale-, pero ¿tres reyes magos? Las condiciones no se pueden cumplir ahora.

La gente me dice una y otra vez: "Jesús ha prometido que volverá". Yo les digo: ¡Olvídense de eso! - no puede venir. Las condiciones no pueden cumplirse. Si abandona sus condiciones, entonces está bien. Pero entonces no será un Jesús, recuerden - será sólo otro hippie, tal vez un fanático de Jesús, ¡pero no Jesús!

Recuerda, Buda no quiere que reprimas tu lujuria, quiere que la comprendas, quiere que medites sobre ella. Quiere que no la reprimas, porque la represión nunca ha ayudado. Es la represión la que ha creado esta triste situación en la que vive la humanidad. Es la represión la que ha vuelto loca a la humanidad.

Buda quiere que transformes la energía sexual, no que la reprimas, porque es la única energía que tienes. Puede ser refinada, puede ser elevada, puede ser canalizada en nuevas direcciones; puede ser movida hacia planos más elevados del ser. Y todo ello ocurre a través de un sencillo proceso de meditación.

El proceso de meditación no es complicado en absoluto. Si tu mente puede soltar su carga y si puede quedar absolutamente vacía, inmediatamente tu energía sexual empieza a subir para llenar el vacío, como si el vacío tirara de ella hacia arriba. Una nueva ley comienza a funcionar: la ley de la levitación. Normalmente vivimos bajo la ley de la gravitación: todo va hacia abajo. Y tú estás tan arriba que nada puede ir hacia arriba; la cima ya está llena, todo va hacia abajo. Haz que la cima sea ligera.

En Japón fabrican un muñeco DARUMA. Daruma es el nombre japonés de Bodhidharma, uno de los mayores discípulos de Buda, fundador del Zen en China; es el primer patriarca del Zen. Bodhidharma era su nombre indio, Daruma es su nombre japonés. Han hecho una muñeca en su nombre, en su memoria; durante siglos se ha hecho la muñeca. Es una de las muñecas más hermosas y tiene un gran mensaje. Puedes lanzar el muñeco como quieras, pero siempre se queda sentado en la postura de Buda; no puedes ponerlo boca abajo. Puedes lanzarlo, puedes inclinarlo, puedes hacer cualquier cosa con él, pero no puedes sacudirlo ni hacer que Daruma se caiga.

Siempre vuelve a sentarse en la postura del loto, como solía sentarse Buda.

El secreto es: su parte superior no es pesada, su parte inferior es pesada. Tiene la cabeza hueca, vacía; no hay nada dentro. La cabeza está tan vacía y la parte inferior es tan pesada que, naturalmente, se acomoda de nuevo en la postura de Buda. Es un muñeco precioso. Lo inventaron los monjes zen para que los niños jugaran con él, y los niños están obligados a preguntar: "¿Cuál es el secreto?". Y el secreto es que la cabeza está totalmente vacía: el secreto es la meditación.

Lo segundo es el deseo. El deseo es psicológico; igual que la lujuria es biológica, el deseo es psicológico. Deseo significa más y más, siempre por más. Nada te satisface, nada te llena; sigues corriendo a por más y más. Y lo sabes, porque muchas veces has conseguido tu objetivo pero tu descontento sigue siendo el mismo. De nuevo surge el deseo de más, y empiezas a correr sin pensarlo dos veces.

Buda dice: Espera, contempla. ¿Dónde va a terminar? Estás persiguiendo una ilusión.

El deseo de más nunca puede satisfacerse. Puedes tener diez mil rupias y tu mente te pide cien mil; puedes tener cien mil, la mente empieza a pedir más - y así sucesivamente. Tengas lo que tengas, la distancia entre lo que tienes y lo que la mente pide sigue siendo la misma. Es irrealizable.

Está volviendo loca a la gente. Al verlo, al ver su sentido, uno lo abandona. O sería mejor decir: en el momento en que se ve su inutilidad, se abandona por sí solo.

Y lo tercero es el odio. El odio surge debido a estos dos primeros, la pasión y el deseo. Quienquiera que se interponga en el camino de tu pasión o en el camino de tu deseo, quienquiera que se convierta en un obstáculo, quienquiera que se convierta en un competidor, se convierte en tu enemigo. Cualquiera que intente apoderarse de algo que tú deseas crea odio en ti. Si desaparecen los dos primeros, el tercero desaparece por sí solo.

Los dos primeros son como el fuego y el tercero es sólo humo. Si todavía sientes odio por algo, por alguien, entonces recuerda que en algún lugar todavía hay fuego. Donde hay humo hay fuego. El odio y la ira simplemente muestran que todavía estás viviendo a través de la lujuria y el deseo, consciente o inconscientemente. Pero tu humo muestra que el fuego no se ha apagado. Vuelve a lo profundo de tu ser y apaga el fuego. Y no se puede apagar reprimiendo, sino comprendiendo.

La comprensión es el mensaje más fundamental de Gautama el Buda. Si ocurre, podrás NAVEGAR RÁPIDAMENTE.

HAY CINCO EN LA PUERTA PARA RECHAZAR, Y CINCO MÁS, Y HAY CINCO PARA ACOGER.

Y CUANDO CINCO HAN QUEDADO VARADOS EN LA ORILLA, AL BUSCADOR SE LE LLAMA OGHATINNOTI - "EL QUE HA CRUZADO".

Hay que entender estos cincos. HAY CINCO EN LA PUERTA....

Los cinco primeros: Buda dice que la primera es el egoísmo, la segunda es la duda, la tercera es la pseudo espiritualidad, la cuarta es la pasión y la quinta es el odio. Siempre están en la puerta. Tienes que ser muy consciente; de lo contrario, saltarán sobre ti.

Incluso las personas que piensan que están haciendo un servicio desinteresado, su servicio es egoísta. Esperan obtener alguna recompensa en el otro mundo, en el paraíso; por eso están sirviendo.

Su servicio no es sólo por amor, su servicio es una ganga. Es una búsqueda de una gran recompensa: el cielo, el paraíso y las alegrías celestiales. Cuidado con el egoísmo.

La segunda es la duda. Incluso la gente que cree está llena de dudas; de hecho, si no estás lleno de dudas no hay necesidad de creer. Creer significa simplemente que has encubierto una duda.

Tienes una herida, la cubres con una hermosa flor, pero la herida permanece.

La tercera es la pseudoespiritualidad. Cuando la gente quiere ser espiritual es más fácil ser pseudoespiritual porque no cuesta nada. Puedes ser cristiano, puedes ser hindú, puedes ser mahometano; es tan fácil, es tan formal. Vas y haces ciertos rituales en un templo y eres hindú, o vas a la iglesia todos los domingos y eres cristiano, ¡y es tan fácil!

Pero la verdadera espiritualidad es atravesar el fuego. La verdadera espiritualidad es rebelión contra todo lo podrido, contra todo lo pasado, contra todo lo que te imponen los demás, contra todos los condicionamientos. La verdadera espiritualidad es la mayor rebelión que existe. Es arriesgada, es aventurera, es peligrosa.

Así que cuidado con la pseudo espiritualidad que siempre está ahí, disponible, fácilmente a la puerta.

Y pasión.... Puedes dejar caer la pasión aquí, puedes reprimirla aquí, pero entonces la estarás pidiendo en otra parte. En el cielo, todas las religiones han previsto tu pasión: allí hay mujeres hermosas. Por supuesto, como estas historias han sido escritas por hombres, sólo hablan de mujeres hermosas. Ahora creo que alguna mujer liberada va a escribir algunas escrituras; entonces se las arreglarán con algunos hombres hermosos, hombres muy hermosos que siempre permanecen jóvenes, nunca envejecen, siempre son agradables....

Tus llamados mahatmas y santos, todos han estado esperando que mujeres hermosas estén esperando; es sólo cuestión de unos pocos días. Tortúrense un poco más y conseguirán una aún mejor. Sólo tienes que ir a las escrituras de tus religiones y mirar y serás capaz -está tan claramente allí- de ver las proyecciones.

En el cielo hindú las chicas nunca pasan de los dieciséis años, porque en la India se cree que esa es la mejor edad. Así que han pasado miles de años, pero en el cielo las mismas mujeres hermosas siguen rondando los dieciséis años. No transpiran; en el cielo no se necesitan desodorantes, no es necesario usar perfumes, etcétera. Sus cuerpos son de oro. Creo que si ahora mismo vuelves a escribir las escrituras no harás los cuerpos de oro porque serán demasiado pesados. ¡Llevar una mujer de oro te dará un ataque al corazón! Uno de plástico será mucho mejor - ¡con partes lavables e intercambiables! Y sólo unos pocos botones... así que aprietas un botón y la mujer sonríe y aprietas otro botón y la mujer entra en un orgasmo y aprietas otro botón... y será mucho más científico ahora. En los viejos tiempos esos viejos tontos no podían pensar en nada mejor - ¡cuerpos de oro! Y si es de oro macizo va a ser realmente difícil.

Pero puedes ver el deseo.... Así que Buda dice: ¡Cuidado! Puedes reprimir aquí, pero estarás deseando en otra parte. La pasión no te abandonará tan fácilmente.

Y odio: todos sus santos están llenos de odio - odio hacia los pecadores. Por eso han creado el infierno: el cielo para ellos y el infierno para los pecadores; el cielo para ellos y el infierno para la gente que no sigue su religión. Si eres católico irás al cielo, según los sacerdotes católicos. El hindú no tiene esperanza. Primero tiene que hacerse católico, entonces puede tener esperanza; de lo contrario, está destinado a ir al infierno. Y pregunta a los hindúes:

se ríen de la idea. Sus escrituras son mucho más antiguas y tienen una tradición más larga - y una propaganda más larga. Piensan que, salvo los hindúes, nadie va a ir al cielo; y ni siquiera todos los hindúes: los SUDRAS, los intocables, no tienen sitio allí.

Esto es odio. Esta sigue siendo la misma mente, la misma mente fea jugando nuevos juegos, pero nada ha cambiado.

HAY CINCO EN LA PUERTA PARA DAR LA VUELTA.... Estos son los cinco. Buda dice: Aléjalos. Vigila para que no te atrapen.

Y CINCO MÁS.... Estos cinco son muy visibles, y hay cinco más que no son tan visibles, pero también están ahí escondidos detrás de estos cinco. Esos cinco son: primero, la lujuria por la vida.... Es fácil abandonar la lujuria por una mujer o la lujuria por un hombre, pero es muy difícil abandonar la lujuria por la vida misma. Todo el mundo quiere vivir y vivir el mayor tiempo posible.

Puedes preguntar en la India: los yoguis se esfuerzan por vivir el mayor tiempo posible. ¿Qué es eso? ¿Por qué deberían preocuparse tanto por vivir mucho tiempo? ¿Y qué va a pasar incluso si vives mucho tiempo?

Antes de morir, Bernard Shaw dejó un mensaje para que fuera grabado como epitafio en su tumba.

El mensaje era: "Siempre supe que si vivía lo suficiente, algo así iba a ocurrir".

Así que, tanto si vives noventa años como cien o doscientos, ¿qué sentido tiene? La muerte va a suceder. Pero la lujuria por la vida.... Buda dice que la gente corriente ansía el dinero, el poder, el prestigio, y los llamados santos ansían la vida, una larga vida.

Y los yoguis siguen fingiendo que son más viejos de lo que son.

Lo he oído:

Un yogui decía a la gente que su edad era setecientos años, y todos los indios asentían con la cabeza. También había allí un occidental, un turista, que no se lo podía creer. El hombre no aparentaba más de setenta años, ¿y decía que tenía setecientos? Era imposible. Quería averiguarlo y se quedó allí.

Vio a un hombre que servía al viejo; sobornó al joven. Y en la India es tan fácil sobornar a cualquiera. De hecho, nadie se siente ofendido por ello; está absolutamente aceptado. Es una forma de vida en la India, no hay ningún problema.

Y el joven estaba feliz. Él dijo: "¿Qué quieres?"

El occidental dijo: "Sólo quiero saber una cosa. ¿Tu maestro tiene realmente setecientos años? - porque sólo tú puedes decírmelo; tú has estado con él".

Me dijo: "Sí, sólo puedo decirte una cosa, más que eso no sé. He estado con él sólo trescientos años".

Y el hombre no tenía más de treinta años.

Y hay libros -ahora se están traduciendo a todos los idiomas del mundo- que dicen que si practicas yoga prolongarás tu vida. Y si comes esto y si comes aquello, y si haces esta ASANA, esta postura, tu vida se prolongará. Si respiras de ésta o aquella manera....

Buda dice que es la misma lujuria. Así que la primera cosa sutil es la lujuria por la vida.

Y segundo: anhelo de nacer en planos superiores. Incluso si lo dejas aquí - "Vale, no quiero vivir mucho tiempo aquí"-, entonces tienes un profundo deseo de nacer en algunos planos sutiles, algunos planos superiores, planos sin cuerpo. Os gustaría ser ángeles. ¡Cuidado con todos estos juegos!

La tercera es la vanidad. Las personas virtuosas son muy vanidosas, no son humildes. De hecho, pueden haber practicado la humildad durante años, pero su práctica de la humildad sólo les ha dado un nuevo tipo de vanidad, un nuevo tipo de ego.

Cuarto: inquietud. Estas personas están inquietas, no están a gusto ahora, no pueden estarlo. Todas sus esperanzas están en otra parte, más allá de la muerte, en el cielo, en el paraíso. ¿Cómo pueden estar tranquilos ahora?

Un hombre realmente espiritual está absolutamente tranquilo ahora. No tiene otro tiempo; su único tiempo es ahora, y su único lugar es aquí. Y está completamente a gusto, en casa. No anhela nada.

Y la quinta es la autoignorancia. Esta gente sigue practicando yoga... hay mil y un métodos disponibles. Puedes distorsionar tu cuerpo de esta o aquella manera -puedes convertirte en un buen artista de circo- pero eso no te ayudará a saber quién eres.

Y a menos que sepas "¿Quién soy yo?", todo tu conocimiento y todas tus virtudes y prácticas cultivadas son simplemente inútiles, ejercicios de inutilidad absoluta.

Y HAY CINCO A LOS QUE DAR LA BIENVENIDA. ¿Y cuáles son esos cinco? Fe....

Recuerda, por fe Buda no entiende creer; por fe entiende confiar, una confianza amorosa, una confianza en la existencia -no en teorías, no en escrituras, no en dogmas y credos, sino en la existencia misma, una confianza- porque ésta es nuestro hogar, somos parte de ella. Si vivimos en la duda, vivimos desconectados del todo; si vivimos en la confianza, se tiende lentamente un puente entre la parte y el todo. Sólo con confianza se puede saber lo que uno es y lo que es el todo; y no son diferentes. La gota de rocío contiene todo el océano; exactamente del mismo modo, cada hombre contiene todo Dios.

Segundo: vigilancia. Hay que estar muy alerta. La vigilancia es el método de Buda; el único yoga que ha enseñado es el de estar alerta. Vivimos casi mecánicamente, como robots.

Mantente alerta a tus acciones, a tus pensamientos, a tus sentimientos.

Y la tercera es la energía. Seguimos disipando energía en cosas estúpidas: peleas, discusiones, sin ninguna razón. Conserva tu energía porque a menos que tengas una energía desbordante no serás capaz de dar el salto definitivo. El salto definitivo significa el río entrando en el océano, el río desapareciendo en el océano y convirtiéndose en el océano. Si no estás lleno de energía no podrás llegar al océano; estarás perdido en algún lugar del desierto.

Y la cuarta es la meditación. Por "meditación" se refiere a permanecer cada vez más en silencio, de modo que poco a poco se produce un cambio de la mente a la no-mente, de modo que poco a poco la gestalt cambia del ruido al silencio.

Y quinto: sabiduría. La sabiduría no es conocimiento. El conocimiento es prestado, la sabiduría es tuya. El conocimiento se puede recoger de una biblioteca; puedes contener toda la biblioteca en tu mente. Aun así seguirás siendo tan ignorante como antes; de hecho, serás mucho más ignorante que antes porque ahora la carga es mayor. La sabiduría viene de tu propio corazón; es la voz de nuestro propio ser interior. Ocurre en la meditación: cuando estás en silencio, empiezas a oír la vocecita interior. Eso es sabiduría.

Y CUANDO CINCO SE HAN QUEDADO TIRADOS EN LA ORILLA.... ¿Cuáles son esos cinco? Avaricia, ira, engaño, ego, falsas enseñanzas. ... EL BUSCADOR ES LLAMADO OGHATINNOTI - "EL QUE HA CRUZADO".

Este es el mensaje de Buda para los buscadores. Les dice a sus bodhisattvas que vayan y se lo den a la gente que está lista, a la gente que está preparada, a la gente que está dispuesta a escuchar, a comprender, a seguir el camino.

Medita sobre estos sutras, son para ti. Todo lo que dice Buda es muy significativo. No es una religión ordinaria, es pura religiosidad.

Suficiente por hoy.

¡He vuelto a meter la pata!

La primera pregunta:

Pregunta 1:

AMADO MAESTRO,

HAY ALGO QUE NI SIQUIERA TÚ PUEDES HACER. NO PUEDES PONER UN ITALIANO EN UN CHISTE IRLANDES. VA EN CONTRA DEL DHARMA.

Dharma Chetana, es verdad, ¡he metido la pata otra vez! Sigue recordándomelo. ¡Estas malditas bromas son peligrosas! Y quiero tanto a los italianos que allí donde puedo encontrarles un sitio intento apañármelas. A veces lo consigo, a veces fracaso, pero me has pillado.

Para que conste, el chiste es:

Dos caballeros están sentados en un jardín, uno británico y otro irlandés.

El caballero británico preguntó a los irlandeses: "Si no fueran irlandeses, ¿qué serían?".

El irlandés dice: "Por supuesto que sería británico".

Y luego pregunta a los británicos: "Si no fuerais británicos, ¿qué seríais?".

Y el británico dijo: "Me avergonzaría".

Pero me confundí. Por eso tengo todos mis chistes mecanografiados conmigo. Ese no lo escribí yo. Sobre Dios y sobre la verdad y sobre la religión no hay ningún problema - los conozco por mi experiencia personal. ¡Pero estos chistes!

Sí, Chetana, va en contra del Dharma. Y espero que no vuelva a ocurrir.

La segunda pregunta:

Pregunta 2:

AMADO MAESTRO,

¿POR QUÉ NO PUEDO VER MIS PROPIOS DEFECTOS MIENTRAS QUE SOY INMENSAMENTE CAPAZ DE VER LOS DE LOS DEMÁS, INCLUSO LOS MÁS PEQUEÑOS?

Prageeta, es muy normal. No es algo excepcional. Nuestros ojos se centran en los demás; estamos orientados hacia los demás. Sólo vemos a los demás -no es sólo una cuestión de defectos-, nunca nos vemos a nosotros mismos. Incluso si queremos vernos a nosotros mismos tenemos que mirarnos en un espejo, tenemos que crear la imagen. Cuando la imagen está ahí, el otro ha aparecido. El espejo nos ayuda a vernos porque crea al otro. Si no, somos absolutamente extrovertidos; hemos olvidado el lenguaje de cómo mirarse. De ahí que, como consecuencia, no puedas ver tus propios defectos; nadie puede.

En el momento en que empiezas a ver tus defectos, empiezan a caer como hojas secas. Entonces no hay que hacer nada más; verlas es suficiente. Todo lo que necesitas es ser consciente de tus defectos. En esa conciencia empiezan a desaparecer, se evaporan. Uno puede seguir cometiendo un determinado error sólo si permanece inconsciente de él. La inconsciencia es necesaria para seguir cometiendo los mismos errores. Aunque intentes cambiar, cometerás el mismo error de otra forma. Y los hay de todos los tamaños y formas. Cambiarás, sustituirás, pero no puedes dejarlo porque en el fondo no ves que es un fallo. Puede que otros te lo digan porque lo ven.

Por eso todo el mundo se cree tan bello, tan inteligente, tan virtuoso, tan santo - - ¡y nadie está de acuerdo con él! La razón es simple: miras a los demás, ves su realidad, y sobre ti mismo llevas ficciones - bellas ficciones. Sobre ti mismo eres muy ficticio. Todo lo que sabes de ti mismo es más o menos un mito; no tiene nada que ver con la realidad.

En el momento en que uno ve sus defectos, se produce un cambio radical. De ahí que todos los budas, a lo largo de los tiempos, hayan dicho una sola cosa: conciencia. No te enseñan el carácter.

El carácter lo enseñan los sacerdotes, los políticos, pero no los budas. Los budas te enseñan la conciencia, no la conciencia. La conciencia es un truco que te hacen los demás. Otros te dicen lo que está bien y lo que está mal; te imponen sus ideas.

Y siguen forzándolas desde tu misma infancia, cuando eras tan inocente, tan vulnerable, tan delicado, que existía la posibilidad de hacer cualquier impresión en ti, cualquier huella en ti. Te han condicionado desde el principio. Ese condicionamiento se llama conciencia y esa conciencia sigue dominando toda tu vida. La conciencia es una estrategia de la sociedad para esclavizarte.

Los Budas enseñan conciencia. Conciencia significa que no debes aprender de los demás lo que está bien y lo que está mal; no hay necesidad de aprender de nadie. Simplemente tienes que adentrarte; el viaje interior es suficiente. Cuanto más profundizas, más conciencia se libera. Cuando llegas al centro estás tan lleno de luz que la oscuridad desaparece. Cuando traes luz a tu habitación no tienes que expulsar la oscuridad de la habitación. La presencia de la luz es suficiente porque la oscuridad es sólo una ausencia de luz. Así son todas tus locuras.

Pero todo el mundo puede ver los defectos de los demás, así que no te preocupes, Prageta. Esta es la situación en la que todo el mundo vive.

Un hombre disfrazado de Adolf Hitler visitó a un psiquiatra.

"Ya ves que no tengo problemas", dijo. "Tengo el mayor ejército del mundo, todo el dinero que necesitaré y todos los lujos imaginables".

"Entonces, ¿cuál parece ser su problema?", preguntó el médico.

"Es mi esposa", dijo el hombre. "Cree que es la Sra. Weaver".

No te rías del pobre hombre. No es nadie más que tú.

Un hombre entró en una sastrería y vio a un hombre colgado de un brazo del centro del techo.

"¿Qué hace ahí?", preguntó al sastre.

"Oh, no hagas caso", dijo el sastre, "se cree que es una bombilla".

"Bueno, ¿por qué no le dice que no lo es?", preguntó el sorprendido cliente.

"¿Qué?", respondió el sastre. "¿Y trabajar en la oscuridad?"

En el momento en que sabes que estás loco dejas de estarlo. Ese es el único criterio de cordura. En el momento en que sabes que eres ignorante te has vuelto sabio.

El Oráculo de Delfos declaró a Sócrates el hombre más sabio de la tierra. Unas cuantas personas corrieron hacia Sócrates y le dijeron: "Alégrate, regocíjate: el Oráculo de Delfos te ha declarado el hombre más sabio del mundo."

Sócrates dijo: "Todo eso son tonterías. Sólo sé una cosa: que no sé nada".

La gente estaba perpleja y confusa. Volvieron al templo y le dijeron al Oráculo: "Dices que Sócrates es el hombre más sabio del mundo, pero él mismo lo niega.

Al contrario, dice que es un completo ignorante. Dice que sólo sabe una cosa: que no sabe nada".

El Oráculo se rió y dijo: "Por eso le he declarado el hombre más sabio del mundo, el mayor sabio del mundo. Por eso, precisamente porque sabe que es un ignorante".

Los ignorantes se creen sabios. Los locos se creen los más cuerdos.

Sí, Prageeta, sucede; forma parte de la naturaleza humana que sigamos mirando al exterior. Observamos a todo el mundo menos a nosotros mismos. De ahí que sepamos más de los demás que de nosotros mismos; no sabemos nada de nosotros mismos. No somos testigos de nuestro propio funcionamiento de la mente, no vigilamos nuestro interior.

Necesitas un giro de ciento ochenta grados: en eso consiste la meditación. Tienes que cerrar los ojos y empezar a observar. Al principio sólo encontrarás oscuridad y nada más. Y mucha gente se asusta y sale corriendo porque fuera hay luz. Sí, hay luz fuera, pero esa luz no te va a iluminar, esa luz no te va a ayudar en absoluto. Necesitas luz interior, una luz que tenga su fuente en tu propio ser, una luz que no pueda extinguirse ni siquiera con la muerte, una luz que sea eterna. Y tú la tienes, ¡el potencial está ahí! Naces con él, pero lo guardas detrás de ti; nunca lo miras.

Y como durante siglos, durante muchas vidas, has mirado fuera, se ha convertido en un hábito mecánico. Incluso cuando estás dormido estás mirando sueños. Los sueños significan reflejos del exterior. Cuando cierras los ojos vuelves a soñar despierto o a pensar; eso significa que vuelves a interesarte por los demás. Esto se ha convertido en un hábito tan crónico que ni siquiera hay pequeños intervalos, pequeñas ventanas a tu propio ser desde las que puedas vislumbrar quién eres.

Al principio es una lucha dura, ardua, difícil, pero no imposible. Si eres decidido, si te comprometes con la exploración interior, tarde o temprano sucede. Sólo tienes que seguir cavando, tienes que seguir luchando contra la oscuridad. Pronto pasarás la oscuridad y entrarás en el reino de la luz.

Y esa luz es luz verdadera, mucho más verdadera que la luz del sol o de la luna, porque todas las luces que están fuera son temporales; son sólo para el momento.

Incluso el sol va a morir algún día. No sólo las pequeñas lámparas agotan sus recursos y mueren por la mañana, sino que incluso el sol, con tan inmensos recursos, muere cada día. Tarde o temprano se convertirá en un agujero negro; morirá y no saldrá luz de él. Por mucho que viva, no es eterno. La luz interior es eterna, no tiene principio ni fin. Es sinónimo de Dios.

Y no estoy interesado en decirte que abandones tus defectos, que te hagas bueno, que mejores tu carácter - no, en absoluto. No me interesa en absoluto tu carácter; sólo me interesa tu conciencia.

Vuélvete más alerta, más consciente. Adéntrate más y más en ti mismo hasta que encuentres el centro de tu ser. Estás viviendo en la periferia, y en la periferia siempre hay agitación. Cuanto más profundizas, más profundo es el silencio que prevalece. Y en esas experiencias de silencio, luz, alegría, tu vida empieza a moverse hacia una dimensión diferente. Los errores, las equivocaciones empiezan a desaparecer.

Así que no te preocupes por los errores y las faltas. Preocúpate de una sola cosa, de un solo fenómeno; pon toda tu energía en un solo objetivo, que es cómo ser más consciente, cómo estar más despierto. Si pones toda tu energía en ello, sucederá, es inevitable. Es tu derecho de nacimiento.

La tercera pregunta:

Pregunta 3:

AMADO MAESTRO,

¿QUÉ QUIERE DECIR CON LLAMAR BOCAZAS A SARJANO?

Nirmal, exactamente eso: ¡un bocazas!

Te contaré una historia ficticia:

Yo iba al Himalaya; Radha me acompañaba. El tren se detuvo en mitad de la noche en la selva y todo el tren fue asaltado. Los ladrones vinieron también a nuestro compartimento.

Les dije: "No nos molestéis. Coged lo que queráis".

Así que se llevaron las dos maletas. Yo estaba preocupado por Radha, por si se asustaba o se preocupaba mucho por sus cosas, pero me llevé una sorpresa. Cuando se fueron, se echó a reír: "¡Ja, ja! ja, ja!"

Le dije: "¿Qué pasa, Radha? ¿Qué pasa?"

Ella dijo: "¡Los he engañado! He salvado su reloj de diamantes de cincuenta mil dólares, he salvado mi Rolex, he salvado mis pendientes, he salvado mi anillo de oro y diamantes, y todos los objetos de valor".

Le dije: "¿Cómo te las has arreglado?".

Ella dijo: "Me los guardé todos en la boca".

Le dije: "Eso me pone muy triste".

Ella dijo: "¿Por qué?"

Le dije: "¡Si hubiéramos traído a Sarjano con nosotros, se habría ahorrado las dos maletas! La próxima vez que vengamos al Himalaya no lo olvidéis: Sarjano tiene que acompañarnos".

La cuarta pregunta:

Pregunta 4:

AMADO MAESTRO,

¿SIGNIFICA LO MISMO LLEVAR UN MALA O UNA CRUZ?

Jan, no significa lo mismo - son polos opuestos. Las personas que se han interesado por la cruz son patológicas. No se interesan por Cristo, se interesan por la cruz. Si realmente estuvieran interesados en Cristo, también lo estarían en Buda, en Lao Tzu, en Krishna, en Kabir. Pero no están interesados en Cristo, están interesados en la cruz.

Por eso no llamo al cristianismo "cristianismo", lo llamo "crucianismo". Si Jesús no hubiera sido crucificado no habría existido lo que se encuentra por todo el mundo en nombre del cristianismo. Esta gente se interesó por la muerte; este interés es morboso.

Se interesaron en adorar a la muerte. Jesús es secundario, la cruz se convirtió en primaria. Porque fue crucificado, porque sufrió, captó su atención. Hay gente que siempre está interesada en el sufrimiento, en la miseria, en la muerte.

Mi interés no es la muerte, mi interés es la vida. Amo la vida incondicionalmente. También celebro la muerte, simplemente porque forma parte de la vida, no como muerte sino como parte de la vida, como el toque final, como el crescendo, como el florecimiento último de la vida. Si has vivido bien, tu muerte es un fenómeno hermoso. Pero mi interés básico, intrínseco, es la vida.

El mala representa la vida, la cruz representa la muerte. El mala representa cierto arte de hacer de la vida una guirnalda. Las cuentas son los momentos. Cada cuenta tiene que ser perfecta; cada momento tiene que vivirse en su perfección. Y hay un hilo invisible que las atraviesa, que pasa a través de cada cuenta; ese hilo es de eternidad. Cada momento está enhebrado con la eternidad.

A menos que tu vida sepa lo que es la eternidad, tu vida será sólo un montón de cuentas o un montón de flores, pero no será una guirnalda, no será un mala. No tendrá ninguna armonía interior, las cuentas seguirán sin estar relacionadas. Será un caos, no será un cosmos; no habrá orden ni disciplina. Pero la disciplina debe ser invisible como el hilo.

¿Y cómo se llega a conocer la eternidad? La única manera de conocer el hilo es ir al interior de la cuenta. Allí, en el centro mismo de la cuenta, encontrarás el hilo que pasa.

Profundizando en cada momento, adentrándote totalmente en él, encontrarás la eternidad. Cada momento forma parte de una procesión eterna, de una celebración eterna.

El mala representa el tiempo como cuentas, lo visible, y el hilo como la eternidad, lo invisible.

Hay ciento ocho cuentas en el mala. Ciento ocho cuentas representan ciento ocho métodos de meditación; todos los métodos de meditación pueden reducirse a ciento ocho - ciento ocho métodos son los métodos fundamentales de meditación. Luego pueden haber miles con pequeñas diferencias, pequeños cambios - uniendo dos métodos o tres métodos o algunas partes de un método y algunas partes de otro método. Uno puede hacer tantos métodos como sea posible, pero los métodos fundamentales son ciento ocho.

El mala tiene ciento ocho cuentas y un medallón con la foto de alguien...

nadie sabe quién es. Alguien anónimo, alguien que es más un nadie que un alguien; un hombre que ha muerto hace mucho tiempo como entidad separada, que ya no existe como un "yo" sino que es sólo un espacio abierto.

Ahí es donde tienes que llegar, ahí es donde tienes que llegar. Ese es tu hogar definitivo.

La mala no es una cruz. El cristianismo rinde culto a la muerte y ahí es donde se ha equivocado. Ha perdido la alegría de vivir, la risa, el humor. Ha perdido el contacto con Jesús. Sigue adorando a Jesús crucificado, pero no es capaz de adorar a Jesús vivo.

Y mi esfuerzo aquí es ayudarte a adorar la vida, a vivir tan alegremente, con tanto humor, que tu vida se convierta en una danza. No quiero que te vuelvas triste y serio - sincero, por supuesto, pero serio, nunca. Quiero que profundices en la existencia. Baila con las flores. ¡Dialoga con las estrellas! Mira a los ojos de la gente y ama y no te contengas. Las únicas personas no espirituales son las que se contienen, las que viven de forma mezquina, las que viven sólo parcialmente, fragmentariamente, las que no están integradas.

Y no vivas una vida accidental; que haya un hilo que la atraviese. La palabra sánscrita para hilo es SUTRA. Por eso estos grandes dichos de Buda, Patanjali, Krishna, Mahavira se llaman sutras: son hilos. Si los comprendes, tu vida no será sólo un montón, un montón accidental. No serás sólo madera a la deriva a merced de fuerzas inconscientes. Tu vida se convertirá en un movimiento consciente, tu vida se convertirá en un arte. Tendrá un sentido de dirección, y cada acto estará conectado con todos los demás actos de tu vida. No serás accidental. Si eres accidental, sólo serás un ruido; si no eres accidental, puedes convertirte en música.

El mala representa la música, la armonía. Muestra que has encontrado el sutra, el hilo que hace de tu vida un todo, una pieza. La vida es bella cuando es una pieza; la vida es fea cuando es fragmentaria, cuando no eres más que una multitud y cuando la multitud siempre está luchando dentro de ti, cuando siempre hay una guerra civil.

Por supuesto, la cruz ha influido mucho en la humanidad, porque millones de personas encuentran sentido en la cruz, porque encaja con sus vidas. Sus vidas están casi en la cruz: viven en agonía, nunca han probado lo que es el éxtasis.

No es casualidad que el mensaje de Krishna no haya llegado a millones. Justo el otro día te decía que Zaratustra no ha llegado a millones por la simple razón de que amaba la vida. Jesús ha llegado a millones no por sí mismo, sino por un accidente en su vida. Se debe a los judíos y a los romanos: si no le hubieran crucificado, si le hubieran tolerado, habría muerto solo y entonces nadie habría oído hablar de él. Todas estas iglesias y miles de monjes y monjas no se habrían visto en absoluto: se reunieron en torno a la cruz. La cruz se hizo significativa porque se sincroniza con algo en su vida. Su vida es de sufrimiento y la cruz lo representa. Ellos también están en la cruz. Toda su vida es agonía, toda su vida es un infierno.

Lo que estoy diciendo no va a gustar a mucha gente. Sólo va a gustar a unos pocos inteligentes, valientes, a unos pocos realmente sanos e íntegros.

Es lamentable, pero así ha sido hasta ahora.

Cada vez que alguien viene aquí a enseñarte la vida parece estar muy lejos; parece que no hay diálogo entre él y tú. Habla de danza y tú ni siquiera sabes andar. Habla de éxtasis y tú no sabes lo que significa esa palabra.

Una de mis sannyasins acaba de llegar de Grecia. Me ha informado de que en Grecia "éxtasis" -EKSTASIS- significa ¡parada de autobús! Eso parece tener más sentido. Y en cierto sentido es una parada de autobús, de hecho la terminal, la última parada. Más allá no hay camino que recorrer: la última parada de autobús. Oyes la palabra "éxtasis", te llega el sonido, pero te pierdes el significado. Pero cuando oyes la palabra "sufrimiento", no sólo te llega el sonido, también conoces el significado. Cuando sabes lo que es la cruz, estás perfectamente de acuerdo; tu vida está de acuerdo con ella.

Pero tu vida está equivocada. Tu vida aún no es vida, aún no has nacido. Por eso Jesús repite una y otra vez: A menos que nazcas de nuevo....

Todo mi esfuerzo aquí es darte un renacimiento. El mala no es una cruz.

La quinta pregunta:

Pregunta 5:

AMADO MAESTRO,

¿POR QUÉ LOS PERIODISTAS SIEMPRE ESCRIBEN CONTRA USTED?

Sudarshan, siéntete feliz de que siempre estén escribiendo; no te preocupes por lo que escriban. Si están escribiendo significa que algo está sucediendo aquí. Y sólo pueden escribir en contra porque cuando escribes algo a favor tienes que experimentar lo que está ocurriendo aquí; sin experimentarlo no puedes escribir un informe favorable sobre ello.

Tienes que estar aquí unos meses.

Vienen sólo un día, miran a su alrededor, ven a los meditadores... pero viendo a los meditadores no pueden ver la meditación. Ven que está ocurriendo algo tan nuevo para ellos que no encaja con su idea de un ashram, de un monasterio. De ahí que, naturalmente, se vuelvan contra mí, se vuelvan antagónicos.

Si son hindúes, se opondrán rotundamente a mí, por la sencilla razón de que éste no es un ashram hindú; no encaja con su idea de un ashram. El ashram hindú tiene que ser muy aburrido y muerto. Y aquí hay tanta danza y tanta canción y tanta alegría y tanto amor, que se escandalizan. Y las cosas son tan intensas aquí.

Durante siglos han creado un cierto ideal del ashram hindú. Allí la gente no debe ser activa; se rinde culto a la inacción. La gente debe renunciar a la vida, y aquí nos alegramos de la vida. ¿Cómo pueden escribir a favor? Les parece que estoy destruyendo todo su ideal. Les parece que durante siglos han rendido culto a un determinado ideal y que yo lo estoy saboteando. Y en cierto modo tienen razón.

Quiero sabotear esa estúpida idea de un ashram: que debe estar muerto, que la gente debe estar inactiva, que debe ser aburrida, poco creativa, contraria a la vida, al amor, a todo lo que huela a alegría... ¡que deben ser cadáveres andantes!

Y la idea hindú de sannyas es que uno debe convertirse en sannyasin sólo después de setenta y cinco años. Eso significa que en la India nadie puede convertirse en sannyasin. La edad media es de treinta y seis años, así que en lo que respecta al hombre medio no parece haber posibilidad de que nadie se convierta nunca en sannyasin. Setenta y cinco años, entonces sannyas: la cuarta etapa de la vida, cuando la muerte empieza a llamar a tus puertas, cuando ya tienes un pie en la tumba, entonces debes convertirte en sannyasin.

Y aquí ven a gente joven, tan joven que no pueden creer lo que ven sus ojos. ¿Por qué estas personas se han convertido en sannyasins? ¡Este no es el momento para sannyas!

Estoy tratando de crear un concepto totalmente nuevo de sannyas. Porque están en contra de la vida... por supuesto, si estás en contra de la vida setenta y cinco años parece ser el momento adecuado. Porque la vida ya te ha dejado ahora puedes renunciar, al menos puedes disfrutar de la idea de que estás renunciando a la vida. La vida ya te ha dejado, ¿qué sentido tiene renunciar ahora? ¿A qué estás renunciando? Toda la idea es estúpida. Entonces, ¿por qué no tomar sannyas cuando estés muerto? Sólo espera unos días más, tal vez una semana. ¿Por qué tanta prisa? ¡Sólo un poco más!

En la India, cuando un hombre muere, lo cubren con ropa naranja. No sé a quién engañan; cubren el cadáver con las ropas de un sannyasin. Y cantan el nombre de Dios cuando se llevan el cadáver para incinerarlo. Ahora no sé quién está escuchando sus cánticos, ese pobre hombre ya no está allí. Simplemente se están engañando a sí mismos.

Los hindúes están obligados a estar en mi contra. Los jainas que vienen aquí, están obligados a estar en mi contra - - esto no es un ashram jainista. De hecho, los Jainas siempre han estado en contra de los ashrams; no existe tal cosa como un ashram Jaina. Ellos quieren que sus sannyasins sean vagabundos. Tienen mucho miedo de que si una persona se queda en un lugar pueda apegarse al lugar; a la casa, a la gente que le rodea. Y tienen tanto miedo de la vida que es mejor seguir moviéndose. El monje Jaina no debe permanecer más de tres días en un lugar; al cuarto día debe marcharse. Así que no hay apegos, ni amistades, ni amoríos posibles; a lo sumo se hace conocido. En tres días no se puede tener intimidad con la gente. Un día llegas, de hecho sólo un día te quedas en el pueblo, el tercer día te preparas para irte. ¡Esto es miedo a la vida! Y para mi, un sannyasin debe ser intrépido.

Así que cuando un Jaina viene aquí, ve a tanta gente viviendo junta con tanta alegría, con tanto amor, en profundos compromisos mutuos, en grandes intimidades, amistades, aventuras amorosas.... En estas seis hectáreas hay mucho más amor del que pueda haber en todo el mundo. De hecho, a veces me pregunto cuánto amor pueden contener seis acres. Parece que la capacidad de contener amor es infinita.

Y cualquiera que venga... si viene un cristiano no puede encontrar la idea de su monasterio.

Hay monasterios cristianos en los que no se permite la entrada a las mujeres; desde hace mil años nunca ha entrado una mujer. Ni siquiera se permite la entrada de un bebé de dos meses. ¿Qué clase de personas viven dentro, monjes o monstruos? Tienen miedo de un bebé de dos meses. ¿Qué puede hacerles un pobre bebé de dos meses? Tienen miedo de sí mismos, pueden hacer algo. ¡Están hirviendo! Y cometen todo tipo de perversiones, se vuelven pervertidos. Si a la gente no se le permite ser natural, sus energías se pervierten.

Todas las perversiones sexuales surgieron de los monasterios, recuérdalo. Todas tienen orígenes religiosos, son muy muy espirituales y santas. Todas las perversiones sexuales tienen sus fuentes en algún lugar de la religión. Ahora sólo los monjes viven en un monasterio... ¿cuánto tiempo crees que pueden evitar la homosexualidad? Sólo las monjas viven en un convento; ¿cuánto tiempo pueden evitar el lesbianismo? - Es imposible evitarlo. Es natural, algo va a pasar.

Así que cuando estas personas vienen aquí son alguien. Es muy difícil encontrar un periodista que no tenga prejuicios propios; viene con sus prejuicios. Y este lugar es totalmente nuevo, así que naturalmente se sienten ofendidos, indignados. Y mis declaraciones son escandalosas, tienen que serlo. Son descargas eléctricas para esta gente. Se molestan mucho y se vengan.

Recuerda una cosa: si informas de algo bueno nunca se convierte en noticia. A nadie le interesan las cosas buenas; a la gente le interesa algo malo, algo sensacionalista. Por eso buscan sensaciones. Y aquí puedes encontrar suficientes cosas sensacionales, más de las que puedes encontrar en cualquier otro sitio. No hace falta que te las inventes, ¡nosotros te las proporcionamos!

El padre Murphy era sacerdote en una parroquia muy pobre. Pidió sugerencias sobre cómo podía recaudar dinero para su iglesia, y le dijeron que los propietarios de caballos siempre tenían dinero.

Fue a una subasta de caballos, pero hizo una compra muy mala, ya que el caballo resultó ser un burro.

Sin embargo, pensó que podría inscribir al burro en una carrera. El burro quedó tercero, y a la mañana siguiente los titulares del periódico decían: "El asno del padre Murphy se exhibe".

El arzobispo vio el periódico y se enfadó mucho.

Al día siguiente, el burro llegó primero y los titulares decían: "El culo del padre Murphy al frente".

El arzobispo se levantó en armas y pensó que había que hacer algo.

El Padre Murphy inscribió al burro por tercera vez y quedó segundo. Ahora el periódico decía: "El culo del padre Murphy vuelve a su sitio". El arzobispo pensó que esto era demasiado, así que prohibió al sacerdote entrar en el burro al día siguiente, lo que inspiró al editor a escribir el titular: "El arzobispo le rasca el culo al padre Murphy".

Finalmente, el arzobispo se enteró y ordenó al padre Murphy que se deshiciera del burro.

Pero como no podía venderlo, se lo dio a sor Ágata como animal de compañía. Cuando el arzobispo se enteró, ordenó a sor Ágata que se deshiciera inmediatamente del animal. Lo vendió por diez dólares.

Al día siguiente los titulares decían: "La hermana Agatha vende su culo por diez dólares".

No te preocupes por los periodistas. Disfruta de lo que escriban y ayúdales a encontrar cosas para que puedan seguir escribiendo. Ahora mismo me preocupa mucho más que sigan escribiendo, porque escriban a favor o en contra me traen cada vez más gente. Y una vez que una persona viene aquí, ¡es muy difícil escapar! Así que estoy absolutamente agradecida a los periodistas, hagan lo que hagan. Hacen una labor humanitaria, ¡me prestan un gran servicio!

Así que cuando vengan aquí, no te sientas antagonista. Ayúdenles en todo lo posible.

La sexta pregunta:

Pregunta 6:

AMADO MAESTRO,

ESTOY SENTADO EN SILENCIO SIN HACER NADA, Y LAS MALAS HIERBAS CRECEN A MI ALREDEDOR.

Roderick, las malas hierbas son divinas. No las llames malas hierbas. Son tan espirituales como los budas. Participan de Dios tanto como las rosas. Quita a los hombres de la tierra, ¿habrá alguna diferencia entre las malas hierbas y las rosas? Todas estas distinciones son hechas por la mente.

No estás realmente sentado en silencio; si no, ¿quién te dice que crecen malas hierbas?

Tu mente sigue funcionando, susurrándote cosas. Es tu mente. Si estás realmente en silencio, no hay mente; entonces, tanto si crecen malas hierbas como si crecen rosas, todo es lo mismo para ti. ¿Qué diferencia hay? ¿No puedes disfrutar de las malas hierbas? Son personas hermosas. Mira las malas hierbas balanceándose, bailando en el viento, en el sol.... ¿Qué crees que les falta a las rosas? No les falta nada. Esto es sólo una idea, y las ideas cambian. Es posible que un día las rosas pasen de moda y las malas hierbas se pongan de moda.

Hace cien años nadie pensaba que los cactus fueran a gustar a la gente, pero ahora el cactus está "de moda" y la rosa está "de moda". Hablar de la rosa parece anticuado, parece ortodoxo, convencional; hablar de cactus es vanguardista, demuestra que eres moderno, contemporáneo. La gente tiene cactus en sus dormitorios, cactus peligrosos, cactus venenosos, que pueden matarte. Pero se han puesto de moda, y cuando algo se pone de moda hay muchos tontos que empiezan a apreciarlo.

La gente simplemente sigue lo que ponen de moda unas cuantas personas inteligentes y astutas. Hace sólo cien años a nadie le habrían gustado los cuadros de Picasso, y ahora Picasso es el artista más grande, no sólo de este siglo, sino de toda la historia.

¿Qué ha pasado? Simplemente ha cambiado la moda. La gente se cansa de una cosa y se va al extremo opuesto.

¡Roderick, no hay nada malo en las malas hierbas! No hay nada malo en nada. La idea de lo correcto y lo incorrecto significa que la mente está ahí. No estás sentado en silencio y no estás sentado sin hacer nada. Estás discriminando, y eso es acción. Estás etiquetando, y eso es pensar. Y estás juzgando.

Deja de juzgar, de etiquetar, de discriminar... y observa cómo crecen las malas hierbas. ¿Y qué? ¡Déjalas crecer! Cuando no tienes mente en absoluto, también eres una mala hierba; así que la mala hierba que crece a tu alrededor no es algo extraño: ¡la mala hierba rodea a la mala hierba!

¡Que aproveche!

Una vez, un rey le pidió a un maestro zen -porque el maestro era un gran pintor- que pintara un cuadro de un bambú.

El maestro dijo: "Llevará tiempo".

"¿Cuánto tiempo?", preguntó el rey.

El maestro dijo: "Es difícil de decir, pero al menos dos o tres años".

El rey le dijo: "¿Estás loco o qué? Eres uno de los mejores pintores. Estaba pensando que podrías dibujarlo ahora mismo".

Dijo: "Ese no es el problema, dibujar un bambú no es el problema, pero primero tengo que ser un bambú; si no, ¿cómo voy a saber lo que es un bambú? Quiero conocer el bambú desde dentro. Así que tendré que irme a vivir a un bosque de bambúes. Nunca se sabe cuánto tiempo llevará. Si no conozco el bambú desde dentro, no podré pintarlo. Ésa ha sido mi práctica toda la vida: sólo pinto lo que he conocido desde lo más profundo".

El rey dijo: "De acuerdo, esperaré".

Pasó un año. Envió a algunas personas a ver qué pasaba, si el hombre estaba vivo o muerto. Volvieron y dijeron: "El hombre está vivo, pero no creemos que sea un hombre, ¡es un bambú! Se balanceaba con los bambúes al viento.

Pasamos a su lado; no nos hizo caso. Le dijimos: "¡Hola!" No nos oyó. Queríamos hablar con él. Le miramos a los ojos: estaban tan vacíos que nos asustamos; o se ha vuelto loco o le ha pasado algo. Y puede hacer cualquier cosa, así que escapamos. Puede matar o, ¿quién sabe? - puede saltar sobre nosotros. Ya no es el mismo hombre".

El rey en persona fue a ver, y el maestro se balanceaba al viento, al sol. Y el rey preguntó: "Señor, ¿qué pasa con mi cuadro?". Él no respondió.

Al cabo de tres años se presentó ante el tribunal y dijo: "Ahora traed el lienzo y las pinturas. Ya estoy listo. ¿Por qué me molestáis una y otra vez? Si no me hubierais molestado, habría venido un poco antes. Esos tontos de tu corte me decían cosas. Decían: "¡Hola! ¿Le dices hola a un bambú? Lo perturbaron todo. Me llevó meses volver a ser un bambú y olvidar que soy un hombre. Y entonces llegaste tú y dijiste: "Señor". ¿Es esa la forma de dirigirse a un bambú? "¿Cuándo vas a pintar?" ¿Alguien ha oído alguna vez que los bambúes pintan? ¡Eres un tonto, estás rodeado de tontos! Te había dicho que vendría cuando estuviera listo".

Trajeron el lienzo, los pinceles y el color, y en cuestión de segundos dibujó el bambú. Y se dice que el rey lloró de alegría. Nunca había visto un cuadro así: ¡estaba tan vivo! No era una pintura ordinaria. No provenía del exterior, sino del bambú: como si un bambú hubiera brotado en el lienzo, sin haber sido pintado.

Roderick, siéntate en silencio sin hacer nada, y deja que las cosas sucedan - lo que sea que esté sucediendo.

Si crecen malas hierbas, déjalas crecer. Tienen derecho a crecer tanto como tú tienes derecho a crecer. Y si permites todo sin ningún juicio, si no juzgas, crecerás a tales pináculos de alegría y bendición que no puedes imaginar ahora mismo.

La séptima pregunta:

Pregunta 7:

AMADO MAESTRO,

ES TERRIBLE LO QUE DICES DE LOS ITALIANOS. CIERTO, CLARO, PERO TERRIBLE.

Adi, sé que es terrible, pero ¿qué puedo hacer? Me encantan los italianos y quiero hablar de ellos todo lo que pueda. Son gente hermosa. Golpeo sólo cuando amo. Deberías preocuparte por aquellos a los que no golpeo. Por ejemplo, aún no he golpeado a los holandeses. Estoy esperando: cuando haya reunido suficiente amor por ellos, ¡les pegaré también! Es mi forma de mostrar y derramar amor.

¿Por qué los italianos no creen en la reencarnación?

Bueno, míralo de esta manera: ¿quién querría volver a la vida como un italiano?

Una mujer con un bebé en brazos estaba sentada en la sala de espera de una estación de ferrocarril en Italia, sollozando amargamente. Se acerca un portero y le pregunta qué le pasa.

"Oh, Dios mío", gritó, "algunas personas estaban aquí y fueron muy groseros conmigo acerca de mi hijo. Estoy muy disgustada. ¡Dijeron que era muy feo!".

"Ya está, ya está, cariño", dijo el portero tranquilizador. "No te preocupes. Te diré algo, ¿qué tal una buena taza de té?"

"Es usted muy amable", dijo ella, secándose los ojos. "Eso estaría muy bien".

"Y ya que estoy", dijo, "¿qué tal un plátano para tu mono?".

Un italiano con un hombre de un palmo de altura sentado sobre su hombro entró en un bar y pidió un whisky con soda. El camarero se quedó estupefacto, pero le sirvió la bebida como había pedido.

Justo cuando iba a bebérsela, el hombrecillo se la quitó de la mano. Pidió otra, y de nuevo el hombrecillo tiró la bebida al suelo. Esta escena se repitió tres veces.

Finalmente, el camarero no pudo aguantar más. "¿Qué está pasando aquí?", preguntó.

"Es una larga historia", dijo el italiano, "pero hace muchos años estaba en Egipto y encontré una lámpara mágica. La froté y un genio me ofreció tres deseos. Primero pedí diez millones de dólares. Luego pedí la vida eterna".

"Suena genial", dijo el camarero. "¿Cuál era tu tercer deseo?"

"Deseaba una polla de doce pulgadas de largo."

¿Lo pillas? Recuerda que si alguna vez te cruzas con un genio, nunca le pidas el tercer deseo.

Busca en el diccionario el verdadero significado de "pinchazo".

La última pregunta:

Pregunta 8:

AMADO MAESTRO,

ME ESCANDALIZO CUANDO USAS LA PALABRA 'JODER'. ¿QUÉ HACER?

Sargamo, es una de las palabras más bellas. La lengua inglesa debería estar orgullosa de ella. No creo que ningún otro idioma tenga una palabra tan hermosa.

Un tal Tom de California ha hecho una gran investigación al respecto. Creo que debe ser el famoso Tom de Tom, Dick y Harry fama.

Dice:

Una de las palabras más interesantes del inglés actual es "fuck". Es una palabra mágica: sólo con su sonido puede describir el dolor, el placer, el odio y el amor. En el lenguaje entra en muchas categorías gramaticales. Puede utilizarse como verbo, tanto transitivo (John se folló a Mary) como intransitivo (Mary fue follada por John), y como sustantivo (Mary es una buena folladora). Puede utilizarse como adjetivo (Mary is fucking beautiful). Como puedes ver, no hay muchas palabras con la versatilidad de "follar".

Además del significado sexual, también existen los siguientes usos:

Fraude: Me jodieron en el lote de autos usados.

Ignorancia: Que me jodan si lo sé.

Problemas: ¡Supongo que ahora estoy jodido!

Agresión: ¡Vete a la mierda!

Disgusto: ¿Qué coño está pasando aquí?

Dificultad: No puedo entender este maldito trabajo.

Incompetencia: Es un cabrón.

Sospecha: ¿Qué coño estás haciendo?

Disfruté: Me lo pasé jodidamente bien.

Petición: ¡Lárgate de aquí!

Hostilidad: ¡Voy a volarte la puta cabeza!

Saludos: ¿Cómo coño estás?

Apatía: ¿A quién coño le importa?

Innovación: Consigue un puto martillo más grande.

Sorpresa: ¡Joder! ¡Me has dado un susto de muerte!

Ansiedad: Hoy está realmente jodido.

Y también es muy saludable. Si cada mañana lo haces como Meditación Trascendental - justo cuando te levantas, lo primero, repites el mantra "¡Que te jodan!" cinco veces - aclara la garganta. ¡Así es como mantengo mi garganta limpia!

Suficiente por hoy.

Qué dulce es ser libre

¡BUSCADOR!

NO SEAS IMPRUDENTE.

MEDITA CONSTANTEMENTE O TRAGARÁS FUEGO Y GRITARÁS: "¡NO MÁS!"

SI NO ERES SABIO, ¿CÓMO PUEDES ESTABILIZAR LA MENTE?

SI NO PUEDES TRANQUILIZARTE, ¿QUÉ APRENDERÁS?

¿CÓMO SERÁS LIBRE?

CON UNA MENTE TRANQUILA ENTRA EN ESA CASA VACÍA, TU CORAZÓN, Y SIENTE LA ALEGRÍA DEL CAMINO MÁS ALLÁ DEL MUNDO.

MIRAR HACIA DENTRO: LA SUBIDA Y LA BAJADA.

¡QUÉ FELICIDAD!

¡QUÉ DULCE ES SER LIBRE!

ES EL COMIENZO DE LA VIDA, DE LA MAESTRÍA Y LA PACIENCIA, DE LOS BUENOS AMIGOS A LO LARGO DEL CAMINO, DE UNA VIDA PURA Y ACTIVA.

ASÍ QUE VIVE EN EL AMOR.

HAGA SU TRABAJO.

PON FIN A TUS PENAS.

PARA VER CÓMO EL JAZMÍN SUELTA Y DEJA CAER SUS FLORES MARCHITAS.

DEJA CAER LA OBSTINACIÓN Y EL ODIO.

¿ESTÁS TRANQUILO?

TRANQUILIZA TU CUERPO.

TRANQUILIZA TU MENTE.

NO QUIERES NADA.

TUS PALABRAS ESTÁN QUIETAS.

SIGUES SIENDO TÚ.

POR TUS PROPIOS ESFUERZOS DESPIÉRTATE, OBSÉRVATE.

Y VIVIR CON ALEGRÍA.

TÚ ERES EL MAESTRO, TÚ ERES EL REFUGIO.

COMO UN COMERCIANTE DOMINA UN BUEN CABALLO, DOMÍNATE A TI MISMO.

CON QUÉ ALEGRÍA SIGUES LAS PALABRAS DE LOS DESPIERTOS.

CON QUÉ TRANQUILIDAD, CON QUÉ SEGURIDAD TE ACERCAS AL PAÍS FELIZ, AL CORAZÓN DE LA QUIETUD.

POR JOVEN QUE SEA, EL BUSCADOR QUE SE PONE EN CAMINO BRILLA SOBRE EL MUNDO.

COMO LA LUNA, ¡SAL DE DETRÁS DE LAS NUBES!

BRILLA.

El pescador escocés murió, se dirigió al cielo y fue detenido en la puerta por San Pedro, que le dijo: "¡Has dicho demasiadas mentiras para entrar aquí!".

"Ten corazón", respondió el pescador. "¡Recuerda que tú también fuiste pescador una vez!".

Gautama el Buda está recordando a sus bodhisattvas que el camino que ellos mismos han seguido, el principio mismo del camino, puede que ya lo hayan olvidado por completo. ¿Quién recuerda los sueños por la mañana cuando está despierto?

En cuestión de segundos, esos sueños se olvidan.

Lo mismo ocurre cuando te iluminas: toda la miseria, todas las pesadillas, todas las penas que tanto habías sufrido simplemente se vuelven tan insignificantes, tan irrelevantes que desaparecen de tu conciencia. Ya no forman parte de la historia de tu vida, como si le hubieran ocurrido a otra persona y no a ti. De ahí que Buda recuerde a sus bodhisattvas que el viaje comienza desde el principio; sólo entonces pueden ayudar a los demás.

Lo primero que dice: Acuérdate de hablar sólo con buscadores. Hay muchos preguntones que no son buscadores, muchos curiosos que no son buscadores. La persona curiosa es un poco infantil. Todos los niños son curiosos, curiosos por todo, curiosos por mil y una cosas, pero no están realmente interesados en saber. Hace una pregunta y cuando le respondes ya ha empezado a preguntar sobre otra cosa. No escucha en absoluto tu respuesta, ya no le interesa; ha sido un fenómeno momentáneo. Simplemente algo le atrajo: vio una flor y preguntó por ella, después oyó el ruido de un avión y empezó a preguntar por los aviones, y entonces otra cosa le llamó la atención.....

Un buscador es aquel para quien la indagación no es sólo curiosidad, no es un fenómeno infantil, sino una indagación madura, para quien se ha convertido en una cuestión de vida o muerte. A menos que la verdad se convierta en una cuestión de vida o muerte, no eres un buscador.

Buda está diciendo a sus bodhisattvas, sus apóstoles: Habla sólo con buscadores, dirígete sólo a buscadores. No pierdas el tiempo con gente infantil que siente curiosidad por todo. Sus preguntas pueden parecer muy grandes, pero su corazón no está en sus preguntas. Han preguntado sólo por preguntar; no les interesa encontrar la respuesta y no están dispuestos a arriesgar nada. Si pueden obtener la respuesta gratis, tal vez estén dispuestos a escuchar; pero no están dispuestos a pagar. Y las verdaderas preguntas de la vida no se resuelven de forma tan barata. Tienes que pagar y tienes que pagar con todo tu ser. Hay que implicarse, hay que comprometerse.

Cualquiera puede preguntar por Dios, pero muy pocas personas están dispuestas a arriesgarse, a ir hacia lo desconocido, a lanzarse a la aventura, y la aventura por Dios es la mayor aventura que existe. Y exige, es muy exigente, exige tu compromiso total. No te permitirá ninguna otra implicación. No puede ser sólo un compromiso entre muchos otros compromisos; tiene que ser el único compromiso. Sólo entonces existe la esperanza de que algún día encuentres la respuesta que te libere. Por eso dice:

¡BUSCADOR!

NO SEAS IMPRUDENTE.

Y lo primero que hay que enseñar a estas personas que son buscadoras es a no ser imprudentes.

La gente vive muy imprudentemente, vive muy accidentalmente. Sus vidas no tienen sentido de la dirección. No saben a dónde van, de dónde vienen, por qué hacen ciertas cosas. Tal vez otros lo están haciendo, así que están imitando, pero los imitadores no son buscadores. Tal vez otros van a la iglesia o al templo, entonces ellos también van. No son realmente hombres sino ovejas.

Un buscador tiene que ser un león. Tiene que aprender a liberarse de la psicología de la multitud, de la mente mafiosa. Tiene que aprender formas de individualidad, de independencia. Tiene que pensar en lo que hace y por qué lo hace. No debe ser una simple víctima de las fuerzas naturales de la vida; debe tener un cierto sentido de la dirección. Sólo entonces existe la posibilidad de triunfar, de volver a casa, de llegar a alguna parte, de alcanzar la satisfacción, la plenitud, el florecimiento, la fecundidad. De lo contrario, la vida carece de sentido; no es más que un revoltijo de acontecimientos inconexos.

NO SEAS IMPRUDENTE. Lo primero: no seas sólo curioso. Lo segundo: no seas imprudente.

La ciudad de Nueva York estaba abarrotada para la convención. Todos los hoteles y pensiones estaban llenos. Phillips estaba cansado y tenía que encontrar un lugar donde dormir esa noche.

"Cualquier cosa servirá", le dijo al empleado del hotel.

"Puedo dejarle un catre en el salón de baile", contestó el empleado, "pero hay una mujer en la esquina de enfrente. Si no haces ruido, no se dará cuenta".

"Bien", dijo Phillips. Se dirigió al salón de baile, pero cinco minutos después salió corriendo hacia el dependiente.

"Di", gritó, "¡esa mujer de ahí está muerta!"

"Lo sé", fue la respuesta, "¿pero cómo te has enterado TÚ?".

Todo el mundo siente curiosidad sin motivo alguno: no era asunto suyo. Incluso él no puede responder por qué - algún instinto inconsciente, tal vez la biología, tal vez la química, pero no su conciencia.

¿Quién o qué decide tu vida? - ¿Tu biología, tu química, tu psicología, tus hormonas? ¿Quién decide tu vida? ¿Eres tú? - ¿tú como ser consciente?

Un borracho entró en un bar de Glasgow y preguntó: "¿Estuve aquí anoche?".

"Sí, así es", respondió la camarera.

"¿He gastado mucho dinero?"

"Unas treinta libras".

"¡Gracias a Dios, pensé que lo había perdido!"

Angus volvía a casa tambaleándose tras una noche con sus amigos pescadores cuando se encontró con un espantapájaros con los brazos extendidos.

"Oye, Jimmy", dijo, "me niego a creerte. Nunca hubo una trucha de ese tamaño".

Varios soldados escoceses fueron juzgados en consejo de guerra por destrozar una taberna, y a uno de ellos se le pidió que explicara al tribunal cómo se había originado el problema.

"Bien, señor", dijo, "el soldado McSporran llamó mentiroso al soldado McDougall, y el soldado Paterson le golpeó en la cabeza con una silla. El soldado Fraser sacó su puñal y le hizo un corte en la pierna al soldado McDougall. Dos o tres compañeros del soldado McDougall se echaron encima del soldado Fraser y otros dos empezaron a tirar vasos y mesas.

Una cosa llevó a la otra y entonces empezaron los enfrentamientos".

Buda dice: ¡BUSCADOR! NO SEAS IMPRUDENTE.

MEDITAR CONSTANTEMENTE.

O TRAGARÁS FUEGO Y GRITARÁS: "¡NO MÁS!"

MEDITAR CONSTANTEMENTE. La persona que es un buscador no estará realmente interesada en obtener sólo respuestas filosóficas de otros; estará interesada en saber por sí misma. No estará interesado en la filosofía, sino en la religión. Esa es la diferencia entre filosofía y religión. La filosofía es hacer malabarismos con las palabras, el arte de cortar el pelo, discutir sin parar sobre ideas abstractas, sin llegar a ninguna parte. La religión se parece más a la ciencia: experimenta, hace hincapié en la experiencia. La ciencia es la religión del mundo objetivo, y la religión es la ciencia del mundo subjetivo.

La filosofía va a morir algún día; ya está en su lecho de muerte. Puedes ir a las universidades y comprobarlo: cada año acude menos gente a los departamentos de filosofía. Muchos departamentos de filosofía están vacíos, desiertos. La gente se va a la ciencia o a la religión. Quienes están interesados en conocer la verdad sobre el mundo acuden a la investigación científica, a la física, a la química, a las matemáticas, a la biología. O bien, la gente que está interesada en su propia interioridad, en su propia subjetividad, en su propia conciencia, se dirige hacia la religión, cada vez más hacia la religión.

La religión es la ciencia de lo interior. La filosofía no es ni lo uno ni lo otro: no es ni la ciencia de lo exterior ni la ciencia de lo interior; está justo en medio. Sólo piensa; piensa en todo -en ciencia, en religión- pero sólo piensa. Y sólo pensando, nunca ocurre nada. Puedes dar respuestas muy inteligentes, pero no van a resolver tus problemas reales; los problemas son reales y las respuestas son sólo abstractas. Los problemas reales sólo pueden resolverse con respuestas reales.

De ahí que Buda diga: El buscador puede ser persuadido a meditar - sólo el buscador puede ser persuadido a meditar. Meditar significa que empiezas a cambiar tu mundo interior. Empiezas a quitar el polvo del mundo interior, empiezas a quitar todo lo que es innecesario en el mundo interior. Eliminas todo el desorden, toda la basura de la que estás lleno. Meditar significa vaciarte de todo lo que la sociedad ha puesto dentro de ti para que puedas tener una visión limpia y clara, para que puedas tener la cualidad de un espejo. Cuando un espejo no tiene polvo, refleja la realidad; lo mismo ocurre con la meditación.

Meditar significa hacer de tu conciencia un espejo. Los pensamientos son como el polvo, hay que quitarlos. Y los pensamientos contienen todo lo que pertenece a la mente: deseos, ambiciones, recuerdos, fantasías, sueños... todas las cosas de la mente son diferentes formas de pensamientos, diferentes tipos, diferentes capas de polvo. Y el polvo es tan espeso que el espejo no funciona en absoluto, de ahí que tengas que preguntar a otros. Una vez quitado el polvo no necesitas preguntar a nadie, tu mismo puedes ver. La existencia te ha dado el espejo mágico, está dentro de ti.

He oído una hermosa parábola; debe ser una parábola, no puede ser un fenómeno histórico:

Cuando Alejandro Magno llegó a la India, recogió muchos tesoros valiosos. Y cuando se marchaba se encontró con un faquir, un faquir desnudo. Le preguntó: "¿Ves mis tesoros? ¿Has visto alguna vez a alguien con tantos tesoros?".

El faquir le dijo: "Todos tus tesoros no son nada, pero yo puedo darte una cosa que te hará realmente rico".

Alexander no podía imaginar lo que este faquir desnudo podía darle. En su cuenco de mendicidad tenía un pequeño espejo. Le dio el espejo a Alejandro.

Alejandro dijo: "¿Este espejo me hará el hombre más rico del mundo? Debes de estar loco".

El faquir dijo: "Primero mírate en el espejo".

Y Alejandro se miró en el espejo: no mostraba su rostro - mostraba su ser interior, mostraba su interioridad, mostraba su subjetividad. Su ser se reflejaba en el espejo.

Tocó los pies del faquir y le dijo: "Tienes razón, todos mis tesoros no son nada ante este espejo".

Y se dice que llevaba ese espejo consigo continuamente.

La parábola es hermosa. Ese espejo representa la meditación. El faquir debió de darle algo de meditación porque sólo la meditación puede hacerte consciente de quién eres.

Pero Buda dice que la meditación tiene que convertirse en algo constante. Buda aporta al mundo una visión totalmente nueva de la meditación. Antes de Buda, la meditación era algo que había que hacer una o dos veces al día, una hora por la mañana, una hora por la tarde, y eso era todo. Buda dio una interpretación totalmente nueva a todo el proceso de meditación. El dijo: Este tipo de meditación que haces una hora por la mañana, una hora por la tarde, que puedes hacer cinco o cuatro veces al día, no tiene mucho valor.

La meditación no puede ser algo que puedas hacer al margen de la vida sólo durante una hora o quince minutos. La meditación tiene que convertirse en algo sinónimo de tu vida; tiene que ser como respirar. No puedes respirar una hora por la mañana y otra por la tarde, de lo contrario la tarde nunca llegará. Tiene que ser como respirar:

Incluso cuando estás dormido, la respiración continúa. Puedes caer en coma, pero la respiración continúa.

Buda dice que la meditación debe convertirse en un fenómeno constante; sólo entonces puede transformarte. Y desarrolló una nueva técnica de meditación.

Su mayor contribución al mundo es vipassana; ningún otro maestro ha dado un regalo tan grande al mundo. Jesús es hermoso, Mahavira es hermoso, Lao Tzu es hermoso, Zaratustra es hermoso, pero su contribución, comparada con la de Buda, no es nada. Incluso si se los pone a todos juntos, la contribución de Buda es mayor porque dio un método científico tan simple, pero tan penetrante que una vez que estás en sintonía con él, se convierte en un factor constante en tu vida.

Entonces no hace falta que lo hagas; sólo tienes que hacerlo al principio. Una vez que has aprendido a hacerlo, permanece contigo; no necesitas hacerlo. Entonces, hagas lo que hagas, estará ahí. Se convierte en el telón de fondo de tu vida. Caminas, pero caminas meditativamente. Estás comiendo, pero comes meditativamente. Duermes, pero duermes meditativamente. Recuerda, incluso la calidad del sueño de un meditador es totalmente diferente de la calidad del sueño de un no meditador. Todo se vuelve diferente porque ha entrado un nuevo factor que cambia toda la gestalt.

Vipassana significa simplemente observar tu respiración, mirar tu respiración. No es como YOGA PRANAYAMA: no es cambiar tu respiración a un cierto ritmo - respiración profunda, respiración rápida. No, no cambia tu respiración en absoluto; no tiene nada que ver con la respiración. La respiración sólo tiene que ser utilizada como un dispositivo para observar porque es un fenómeno constante en ti. Puedes simplemente observarla, y es el fenómeno más sutil. Si puedes observar tu respiración, entonces te será fácil observar tus pensamientos.

Una cosa inmensamente grande que Buda aportó fue el descubrimiento de la relación entre la respiración y el pensamiento. Fue el primer hombre en toda la historia de la humanidad que dejó absolutamente claro que la respiración y el pensamiento están profundamente relacionados.

La respiración es la parte corporal del pensamiento y el pensamiento es la parte psicológica de la respiración. No están separados, son dos aspectos de la misma moneda. Es el primer hombre que habla del cuerpo-mente como una unidad. Habla por primera vez del hombre como fenómeno psicosomático. No habla de cuerpo y mente, sino de cuerpo-mente. No son dos, por lo que no se necesita "y" para unirlos. Ya son uno -cuerpo-mente- ni siquiera se necesita un guión; cuerpo-mente es un fenómeno. Y cada proceso corporal tiene su contrapartida en tu psicología y viceversa.

Puedes verlo, puedes hacer un experimento. Simplemente deja de respirar un momento y te sorprenderás: en el momento en que dejas de respirar, tu pensamiento se detiene. O puedes observar otra cosa: cada vez que tu pensamiento va demasiado rápido tu respiración cambia. Por ejemplo, si estás lleno de lujuria sexual y tu pensamiento se está calentando demasiado, tu respiración será diferente: no será rítmica, perderá su ritmo. Será más caótica, no será rítmica.

Cuando estás enfadado, tu respiración cambia porque tu forma de pensar ha cambiado. Cuando estás enamorado, tu respiración cambia porque tu pensamiento ha cambiado. Cuando estás en paz, tranquilo, en casa, relajado, tu respiración es diferente. Cuando estás inquieto, preocupado, agitado, angustiado, tu respiración es diferente. Sólo con observar tu respiración puedes saber qué tipo de estado está ocurriendo en tu mente.

Los meditadores llegan a un punto: cuando la mente realmente cesa por completo, también cesa la respiración. Y entonces surge un gran temor: no tengas miedo. Muchos meditadores me han dicho: "Nos asustamos mucho, mucho, porque de repente nos dimos cuenta de que la respiración se había detenido". Naturalmente, uno piensa que cuando la respiración se detiene la muerte está cerca. Es sólo cuestión de momentos: te estás muriendo. La respiración se detiene en la muerte; la respiración también se detiene en la meditación profunda. De ahí que la meditación profunda y la muerte tengan una cosa similar: en ambas la respiración se detiene. Por lo tanto, si un hombre conoce la meditación también ha conocido la muerte. Por eso el meditador se libera del miedo a la muerte: sabe que la respiración puede detenerse y él sigue siendo.

La respiración no es la vida; la vida es un fenómeno mucho mayor. La respiración es sólo una conexión con el cuerpo. La conexión puede cortarse; eso no significa que la vida haya terminado. La vida sigue ahí; la vida no termina por la mera desaparición de la respiración.

Buda dice: Observa tu respiración; que sea normal, tal como es. Sentado en silencio, observa tu respiración. La postura sentada también será útil; la postura de Buda, la postura del loto, es muy útil. Cuando tu columna está erguida y estás sentado en la postura del loto, con las piernas cruzadas, tu columna está alineada con las fuerzas gravitatorias y el cuerpo está en su mejor estado de relajación. Deja que la columna esté erguida y el cuerpo suelto, colgando de la columna, no tenso. El cuerpo debe estar suelto, relajado, la columna erguida, para que la gravitación ejerza la menor fuerza sobre ti.

¿Lo has visto? Si quieres dormirte tienes que tumbarte, por la sencilla razón de que cuando estás tumbado en el suelo estás en contacto con las fuerzas gravitatorias al máximo, porque en todo el cuerpo actúa la atracción gravitatoria, te arrastra. Inmediatamente empiezas a quedarte dormido. Es difícil dormirse de pie. La postura más difícil para dormirse es la postura del loto. El cuerpo está tan relajado que no hay necesidad de dormirse, y las fuerzas gravitatorias están al mínimo; por lo tanto no pueden tirar de ti hacia abajo; no pueden hacerte pesado y aburrido y letárgico. Eres brillante, estás lleno de vida. Eres más inteligente en la postura del loto que en cualquier otra postura. El cuerpo afecta a tu mente.

Los científicos ahora están de acuerdo con esto: que es sólo porque algunos de los monos de alguna manera...

no han sido capaces de encontrar la razón de por qué y cómo sucedió, y los monos son monos - puede que sólo haya sucedido por curiosidad, unos pocos monos intentaron pararse en dos patas y estos son los monos que se convirtieron en los hombres originales; ellos fueron los originadores. Esa fue la mayor innovación; nada ha sido más grande que eso. Unos pocos monos erguidos sobre sus dos piernas crearon una gran revolución; la revolución ocurrió en el crecimiento de la mente. La postura erguida ayudó a la mente a salir del sueño. Se volvió más inteligente, más alerta, más consciente.

Otros animales que se mueven sobre sus cuatro patas no han podido desarrollar la inteligencia, aunque muchos de ellos tienen una mente de casi la misma capacidad que el hombre. Por ejemplo, el elefante tiene una mente de casi la misma capacidad que el hombre, pero no ha podido desarrollarla y no creo que vaya a ocurrir nunca. En los circos se esfuerzan por enseñar al elefante a sentarse en una silla o a mantenerse de pie aunque sólo sea unos segundos, pero el cuerpo es tan pesado que el elefante no consigue mantenerse de pie. De ahí que el cerebro permanezca nublado; la atracción gravitatoria lo mantiene inconsciente.

De ahí que esta postura del loto sea algo valioso. No es sólo un fenómeno corporal; afecta a la mente, cambia la mente. Siéntate en la postura del loto, lo importante es que tu columna vertebral esté erguida y forme un ángulo de noventa grados con la tierra. Ese es el punto en el que eres capaz de ser el más inteligente, el más alerta, el menos dormilón.

Y luego observa tu respiración, la respiración natural. No necesitas respirar profundamente, no cambias tu respiración; simplemente la observas tal y como es. Pero te sorprenderá una cosa: en el momento en que empiezas a observar, cambia, porque incluso el hecho de observar es un cambio y la respiración ya no es la misma.

Los pequeños cambios en tu conciencia afectan inmediatamente a tu respiración. Podrás verlo; siempre que observes verás que tu respiración se ha vuelto un poco más profunda. Si se vuelve así por voluntad propia está bien, pero no debes hacerlo por tu voluntad.

Observando tu respiración, poco a poco te sorprenderás de que a medida que tu respiración se vuelve tranquila y sosegada tu mente también se vuelve tranquila y sosegada. Y observar la respiración te hará capaz de observar la mente.

Eso es sólo el principio, la primera parte de la meditación, la parte física. Y la segunda parte es la parte psicológica. Entonces puedes observar cosas más sutiles en tu mente: pensamientos, deseos, recuerdos.

Y a medida que profundizas en la vigilancia, empieza a ocurrir un milagro: a medida que te vuelves vigilante, cada vez hay menos tráfico en la mente, más y más quietud, silencio; más y más espacios silenciosos, más y más huecos e intervalos. Pasan los momentos y no te encuentras con un solo pensamiento. Poco a poco, pasan los minutos, pasan las horas....

Y hay una cierta aritmética en ello: si puedes permanecer absolutamente vacío durante cuarenta y ocho minutos, ese mismo día te iluminarás, en ese mismo momento te iluminarás. Pero no se trata de tu esfuerzo; no sigas mirando el reloj porque cada vez que miras, ha llegado un pensamiento. Tienes que volver a contar desde el principio; has vuelto a cero. No es necesario que mires la hora.

Pero ésta ha sido la experiencia en Oriente de todos los grandes meditadores: que cuarenta y ocho minutos parecen ser el punto definitivo. Si este intervalo es posible, si durante este intervalo el pensamiento se detiene y permaneces alerta, sin que ningún pensamiento se cruce por tu mente, eres capaz de recibir a Dios en tu interior. Te has convertido en el anfitrión y el invitado viene inmediatamente.

SI NO ERES SABIO, ¿CÓMO PUEDES ESTABILIZAR LA MENTE?

Hay que ser muy inteligente; sólo así se puede estabilizar la mente. ¿Y qué entiende él por inteligencia? De ordinario nos comportamos de un modo muy poco inteligente: nos comportamos según creencias; las creencias nos mantienen poco inteligentes. Nos comportamos según conocimientos prestados; eso nos mantiene poco inteligentes.

Intenta aceptar los retos de la vida directamente; no actúes por creencia o conocimiento. No sigas las escrituras y las tradiciones. Son la causa de que te vuelvas estúpido, porque a menos que te enfrentes a la vida directamente, a menos que te encuentres con esos retos, tu inteligencia no surgirá, porque no habrá oportunidad para que surja. Dale la oportunidad. La vida da muchas oportunidades, pero tú sigues perdiéndolas porque vives de respuestas prestadas.

Afronta la vida y sus preguntas y sus realidades por ti mismo, aunque tus propias respuestas no sean tan grandiosas -no pueden serlo. Por supuesto que no puedes responder como un buda, pero tomando prestada alguna respuesta de Buda nunca serás lo suficientemente inteligente como para convertirte tú mismo en un buda. Sí, cometerás muchos errores, muchas equivocaciones. Sí, te extraviarás muchas veces -¡ve, no te preocupes! La vida está hecha para eso, para que puedas probar. Es a través de las pruebas, de muchos errores, de muchas equivocaciones, como se aprende. Cuando aprendes por tu propio esfuerzo te vuelves inteligente. Y sólo una persona inteligente puede ver la belleza de la meditación, puede comprender el significado de la meditación.

SI NO PUEDES TRANQUILIZARTE, ¿QUÉ APRENDERÁS?

Y todo aprendizaje ocurre a través de la meditación; no ocurre a través del estudio. Eso es acumulación de información, no aprendizaje. Mantente siempre alerta sobre el conocimiento prestado: por muy valioso que parezca, es todo falso, pseudo - para ti. No es pseudo para el hombre que lo ha vivido. Es cierto para Buda, cierto para Jesús, cierto para Krishna, pero no para ti. Tendrás que vivir....

Buda también disponía de las escrituras. Podía haber leído a Krishna; el Gita estaba disponible. Y tenía una buena educación, era hijo de un rey. Todas las escrituras debían de estar a su alcance y grandes eruditos y grandes maestros estaban a su disposición.

Podría haber recitado el Gita todos los días; podría haber aprendido el Gita tan absolutamente que habría sido capaz de repetirlo sólo de memoria, pero entonces se habría perdido la budeidad.

Y en la época de Krishna también estaban disponibles los Vedas, pero Krishna no tomó prestado el conocimiento de los Vedas. En la época de Jesús, el Antiguo Testamento estaba disponible, pero Jesús trató de descubrir la verdad por sí mismo. Esto es algo muy esencial de entender:

La verdad tiene que ser encontrada por uno mismo. Sólo entonces es liberadora; de lo contrario, se convierte en una esclavitud, una hermosa esclavitud, pero una esclavitud al fin y al cabo.

Y si no puedes aprender....

¿CÓMO SERÁS LIBRE?

Sólo experimentando la verdad por ti mismo se produce la libertad. La libertad es la fragancia de la experiencia de la verdad.

CON UNA MENTE TRANQUILA ENTRA EN ESA CASA VACÍA, TU CORAZÓN, Y SIENTE LA ALEGRÍA DEL CAMINO MÁS ALLÁ DEL MUNDO.

Buda dice: Con la mente silenciosa, la mente tranquila... ENTRA EN ESA CASA VACÍA, TU CORAZÓN.

Tu corazón es tu verdadero hogar; está totalmente vacío. Tu cabeza está llena de basura, tu corazón está totalmente vacío. ¡Muévete de la cabeza al corazón! Todo el proceso de meditación es un movimiento de la cabeza al corazón, de la mente a la no-mente.

ENTRA EN ESA CASA VACIA, TU CORAZÓN, Y SIENTE LA ALEGRÍA DEL CAMINO - y te llenarás de alegría - MÁS ALLÁ DEL MUNDO. Una alegría que no es de este mundo, una fragancia que viene del más allá.

MIRAR HACIA DENTRO: LA SUBIDA Y LA BAJADA.

El subir y bajar de tu respiración: esa es la forma de mirar hacia dentro. Muchos han dicho:

Mira en tu interior. Sócrates ha dicho: Mira dentro de ti, conócete a ti mismo, pero nadie ha dado el método exacto. Buda te da el método exacto: el ascenso y descenso de la respiración. Es a través de la respiración que se tiende un puente. La respiración es el puente entre tu alma y tu cuerpo. Si puedes observar tu respiración subiendo y bajando, poco a poco serás capaz de ver el cuerpo como algo separado de ti mismo y también la respiración como algo separado de ti mismo, porque el observador no puede ser lo observado, el observador no puede ser lo observado. De repente un día te darás cuenta de que eres el testigo de todo. Y el testigo es ciertamente trascendental a todo lo que presencia. En ese mismo instante te ha sucedido la libertad. Entonces:

¡QUÉ FELICIDAD!

¡QUÉ DULCE ES SER LIBRE!

ES EL PRINCIPIO DE LA VIDA....

El nacimiento no es el comienzo de la vida. Es el comienzo de la vida, cuando experimentas tu alma testigo. ES EL COMIENZO....

DE MAESTRÍA Y PACIENCIA, DE BUENOS AMIGOS EN EL CAMINO, DE UNA VIDA PURA Y ACTIVA.

Medita sobre estas palabras. Los budistas no han entendido en absoluto estas palabras. ¿Cómo puede este hombre, Gautama el Buda, ser un escapista? Él dice: ES EL PRINCIPIO DE UNA NUEVA VIDA, DE MASTERIA Y PACIENCIA, DE BUENOS AMIGOS A LO LARGO DEL CAMINO....

Te está dando un nuevo mundo, una nueva forma de amar, una nueva forma de ser amable; te está dando nuevos amigos. De hecho, sólo los meditadores pueden ser amistosos entre sí porque no son competidores. Nadie más puede ser amistoso, sólo lo fingen. ¿Cómo pueden ser amistosos los competidores? En el fondo son enemigos porque todos codician las mismas cosas. Tú codicias dinero, tu amigo también codicia dinero. ¿Cómo podéis ser amistosos? Imposible. Toda amistad es falsa.

Tú quieres ser primer ministro y tu amigo también quiere serlo.

¿Quién no quiere ser Primer Ministro? ¿Cómo se puede ser amistoso? De ahí que se diga que en política no hay amistad alguna. Unos pocos son enemigos abiertamente, otros pocos lo son de forma oculta. Por eso en política todos los días se producen cambios: alguien que ayer era amigo, hoy es enemigo; alguien que ayer era enemigo, hoy es amigo. Es un mundo extraño, el mundo de la política.

Maquiavelo, en EL PRÍNCIPE, sugiere a los políticos: "Nunca digas nada a tus amigos que no te gustaría que supieran tus enemigos, porque cualquier amigo puede convertirse en tu enemigo cualquier día". También dice: "Nunca digas nada contra tus enemigos que no te gustaría decir contra tus amigos, porque cualquier enemigo puede convertirse en amigo cualquier día" - entonces habrá dificultades. Entonces tendrás que tragarte algo y será humillante.

Los políticos siguen haciendo eso: siguen escupiendo y tragándoselo una y otra vez. Hoy dicen una cosa, mañana otra; tienen que hacerlo. En política no hay amigos posibles.

Los amigos sólo son posibles en el camino, en el camino hacia Dios, porque no es una competición. Tú puedes tener a Dios, yo puedo tener a Dios; no hay duda de que si tú tienes a Dios yo ya no podré tener a Dios. Millones de personas pueden tener a Dios y no hay problema porque Dios es infinito, la verdad es infinita. Que yo tenga la verdad no significa que ahora tú no puedas tenerla. De hecho, al contrario, ¡que yo tenga la verdad significa que tú también puedes tenerla! Si yo puedo tenerla, ¿por qué no tú? De ahí que, en el camino, surja un tipo de amistad totalmente nuevo.

... DE UNA VIDA PURA Y ACTIVA. ¿Cómo puede llamarse a Buda un escapista? Él dice: ...

DE UNA VIDA PURA Y ACTIVA. Se refiere a la creatividad, una creatividad que surge de la inocencia meditativa, de la pureza meditativa. Y un verdadero creador sólo es posible a través de la meditación. Tus supuestos pintores, el noventa y nueve por ciento de ellos, no son verdaderos pintores.

Vuestros supuestos poetas no son poetas, vuestros supuestos músicos no son músicos, tal vez técnicos. Saben tocar, saben componer, saben pintar, pero saber pintar no te convierte en creador.

Un creador es un fenómeno totalmente distinto. El creador trae algo de Dios al mundo, algo del creador al mundo. Pero, ¿cómo puedes traer algo de Dios al mundo si tú mismo no has conocido a Dios?

Un Buda es un creador, un Jesús es un creador. Sus palabras, sus actos son la única prueba de que Dios existe. Su sola presencia es la prueba de que Dios existe. Su presencia es creadora: en su sola presencia miles de personas se transforman. Buda no es un escapista; no puede serlo. Ninguna persona despierta puede ser escapista. Los cobardes escapan, los valientes son creativos.

Así que VIVAN EN EL AMOR - estas son palabras de Buda, recuerden:

ASÍ QUE VIVE EN EL AMOR.

HAGA SU TRABAJO.

PON FIN A TUS PENAS.

No está en contra del amor, no está en contra de la creatividad, tampoco está en contra del trabajo. HAZ TU TRABAJO - porque a menos que hagas el trabajo que está cerca de tu corazón permanecerás insatisfecho. Y el meditador encuentra inmediatamente cuál es su trabajo. El meditador encuentra intrínsecamente que ese es su trabajo; no tiene que pensar en ello. Es tan claro y tan fuerte que sabe que tiene que ser músico o tiene que ser poeta o tiene que ser esto o aquello. Está tan claro que no hay duda. Y entonces empieza a trabajar; ese trabajo es su meditación.

Aquí hay mucha gente que tiene miedo al trabajo. No saben que el trabajo que se hace aquí es totalmente distinto del que han conocido en su vida. Eso era algo totalmente diferente. Cuando te doy trabajo es para ayudarte a crecer. Hasta que seas capaz de encontrar tu propio trabajo, te lo seguiré dando, sólo hasta el momento en que seas capaz de encontrarlo por ti mismo. Y cualquier trabajo que se te dé aquí no es más que una meditación para ti. Si no es una meditación para ti, entonces no has entendido mi mensaje en absoluto.

PARA VER CÓMO EL JAZMÍN SUELTA Y DEJA CAER SUS FLORES MARCHITAS.

DEJA CAER LA OBSTINACIÓN Y EL ODIO.

Buda dice: Como caen las flores de jazmín cuando se han marchitado o caen las hojas de los árboles cuando mueren, las hojas muertas. Así mismo, DEJA CAER LA VOLUNTAD Y EL ODIO. Lo primero que dice que hay que dejar caer -fácilmente, sin esfuerzo, igual que una flor de jazmín marchita que cae por sí sola- es la voluntariedad, tu voluntad, tu ego.

Así que a veces tengo que ponerte en un trabajo en el que tienes que dejar caer tu ego y piensas que es una especie de castigo. No es un castigo, es un reto, es una situación en la que tarde o temprano tendrás que abandonar el ego porque te estará creando sufrimiento una y otra vez. Te hará claramente consciente de que tu ego está causando tu miseria.

Justo el otro día, Anshumali escribió diciendo: "Amado Maestro, trabajar en Vrindavan bajo Deeksha parece ser un castigo". No lo es, Anshumali. Es una recompensa, no un castigo. Es un castigo si quieres aferrarte a tu ego; si dejas caer el ego, es una recompensa. Y entonces podrás ver la belleza del trabajo, y podrás ver también la belleza de Deeksha. Es una hermosa mamá italiana. Ama a sus trabajadores, ama a su gente; es totalmente devota. Por supuesto, ama tanto que también grita. Su amor es tal que confía en que tú también entenderás sus gritos. Pero es un buen aparato; ha sido de inmensa ayuda para mucha gente.

Aquí hay cien grupos de terapia, ¡pero el de Deeksha es el mejor! Aunque no se le conoce como grupo de terapia, es un grupo de terapia secreto.

Si dejas caer tu obstinación, tu ego, entonces el odio también cae, porque el odio no es más que la sombra de tu ego. Si no hay ego no hay odio; si hay ego, siempre hay odio siguiéndolo. Quienquiera que se interponga en el camino... y todo el mundo se interpondrá porque los egos no pueden ajustarse el uno al otro. Los egos siempre están en conflicto, los egos siempre están peleando, son pendencieros, de ahí el odio.

Deja caer el ego y ve la belleza de la ausencia de ego. Entonces no hay odio, no hay ira. Te vuelves tan silencioso, tu energía se vuelve tan calmada y tranquila, que de repente empiezas a ver el mundo bajo una luz diferente, desde una perspectiva diferente. Entonces este mundo ordinario deja de ser ordinario y se convierte en sagrado.

¿ESTÁS TRANQUILO?
TRANQUILIZA TU CUERPO.
TRANQUILIZA TU MENTE.

Buda dice: Primero empieza con el cuerpo y luego pasa a la mente. Tranquiliza tu cuerpo observando tu respiración, tranquiliza tu mente observando tus pensamientos.

NO QUIERES NADA.
TUS PALABRAS ESTÁN QUIETAS.
SIGUES SIENDO TÚ.

Entonces verás que no hay deseo. ¿Cómo puede existir el deseo en una mente silenciosa?

El deseo es un estado de agitación, el deseo es un estado de inconsciencia, el deseo es una locura. Cuando estás en silencio, la locura desaparece.

Jessie llevó tres veces a Sandy a la vicaría, con la esperanza de convertirse en marido y mujer, pero en todas las ocasiones el ministro se negó debido a la embriaguez del futuro novio.

"¿Por qué te empeñas en traérmelo en ese estado?", preguntó el ministro.

"Por favor, reverendo", explicó Jessie, "¡no vendrá cuando esté sobrio!".

En el momento en que estés sobrio, en silencio, dejarás de hacer muchas cosas que estás haciendo y empezarás a hacer cosas que nunca antes habías pensado. Tu vida ya no será un desperdicio; se convertirá en creatividad, tremenda creatividad. En tu vida no crecerán espinas, crecerán flores. Es la misma energía.

Pero la mente te mantiene ocupado en cosas tan estúpidas, en detalles tan estúpidos sobre cosas estúpidas. Sólo mira lo que tu mente sigue haciendo... y no necesitarás que nadie te diga que estás loco.

Un hombrecillo entra en "The Perfect Stationers", una exclusiva tienda neoyorquina especializada en productos de papel. Se le acerca un elegante vendedor vestido con un traje de Brooks Brothers. "¿Puedo ayudarle, señor?", entona el vendedor con voz culta.

"Sí, quisiera papel para escribir, por favor".

"¿Prefiere papel rayado o sin rayar, señor?"

"Oh, cualquier cosa está bien. No importa".

"Entonces, ¿escribirás con estilográfica o con bolígrafo?".

"La verdad es que no lo sé. Lo que venga a mano...."

"¿Desea papel grueso o papel cebolla, señor?"

"Mira, cualquier cosa está bien. ¡Sólo dame cualquier paquete viejo!"

"¿Quizás preferiría una de las variedades perfumadas?"

"Si quieres. Pero tengo que coger un autobús, ¡dame un poco de papel, POR FAVOR!".

"Será sólo un momento, señor. ¿Desea un papel hecho a mano en una caja de presentación especial o una simple marca comercial?"

La voz del hombrecillo sube una octava. "Mira, por décima vez... ¡cualquier papel sirve!

Hazlo rápido, ¿quieres?"

"Entonces, ¿quizás tengas un color favorito: rojo, azul, amarillo...?".

Justo en ese momento irrumpe otro hombre en la tienda. Tiene ojeras y las mejillas húmedas de lágrimas.

"Mira", solloza, "este azulejo es del color de mi baño y este es del tamaño de mi retrete. Ayer te enseñé mi culo. Ahora, ¿podrías darme papel higiénico?"

Sólo mira tu mente... ¡cosas estúpidas y detalles estúpidos ad infinitum! Sigues y sigues... ¿cuándo vas a parar?... ¡por favor! Eso es lo que dice Buda.

Feinberg, el director de la funeraria, estaba almorzando con su amigo, Weinstein.

"Tengo una buena ganga para ti en un ataúd", dijo.

"No me gusta pensar en esas cosas. ¿Cuánto?"

"Está hecho de caoba con asas de plata y una cerradura. Para ti, sólo dos mil dólares".

"Lo pensaré".

De camino a casa, Weinstein se detuvo en la funeraria Minkis para comparar precios.

"Puedo darte algo bonito", dijo el director. "Tengo un ataúd de caoba con asas de plata e incluso le pondré un candado. El precio es de mil dólares".

Weinstein corrió hacia Feinberg y empezó a gritar. "¡Vaya amigo que eres! Acabo de ver el mismo ataúd que querías venderme y era mil dólares más barato".

"¿Era de caoba con asas de plata y una cerradura?"

"¡Sí!", respondió Weinstein.

"¿Tenía un forro de seda?"

"No miré. Creo que no".

"¡Ya ves!", dijo Feinberg. "En seis meses necesitarás un nuevo forro".

No sólo sobre la vida, sino incluso sobre el más allá, la mente sigue preparándose incluso para eso.

La gente decide sobre sus testamentos, decide sobre sus epitafios, decide cómo deben hacerse sus tumbas, en qué tipo de mármol. El hombre parece tan poco inteligente que sigue malgastando su vida en cosas que no tienen ningún sentido. Pero tienes que mirar dentro de tu propia mente.

NO QUIERES NADA. TUS PALABRAS SIGUEN SIENDO. TÚ ESTÁS QUIESTO. Buda dice que así es como uno debe ser: sin deseos, porque todos los deseos son inútiles. Tienen que ver con el futuro; la vida está en el presente. Todos los deseos te distraen del presente, todos los deseos te distraen de la vida, todos los deseos son destructivos para la vida, todos los deseos son aplazamientos de la vida. La vida es ahora y el deseo te aleja, cada vez más lejos del ahora. Y cuando vemos que nuestra vida es miseria seguimos echando la responsabilidad a los demás, y nadie es responsable excepto nosotros.

"Buen hombre", dijo el visitante al prisionero, "¿cómo ha llegado a este triste lugar?".

"Bien, señor", respondió el condenado, "ve en mí a la infeliz víctima del desafortunado número trece".

"¡En efecto!", dijo el visitante. "¿Cómo fue eso?"

"Doce jurados y un juez, señor."

Nadie quiere cargar con la culpa. Cualquier cosa sirve: número de la mala suerte, quiromancia, destino, astrología... ¡las estrellas, pobres estrellas, están creando desgracias para Anshumali! Aunque busquen a Anshumali, les resultará difícil encontrarlo; ni siquiera pueden encontrar la Tierra, que es muy pequeña. Nuestro sol es doce mil veces más grande que la tierra y nuestro sol es una estrella muy mediocre. Hay estrellas millones de veces más grandes que el sol; comparada con esas estrellas, esta tierra es sólo una partícula de polvo, imperceptible, insignificante.

Se puede descuidar, ignorar. Y hay millones de estrellas que la ciencia ha contado y millones más deben estar más allá porque nuestro alcance es limitado, nuestros instrumentos son limitados.

Y estas estrellas están decidiendo el destino de un empleado de la oficina del recaudador, de un peón en la estación de tren.

El hombre es tan estúpido, increíblemente estúpido. Sigue echándole la responsabilidad a otro. A menos que dejes de hacer esto, nunca serás religioso. Una persona religiosa es aquella que toma la responsabilidad sobre sí misma.

La primera cosa que te está haciendo miserable es tu deseo, el deseo constante de esto y aquello. Detén eso. Y cuando no hay deseo tampoco hay pensamientos. La función de los pensamientos es ayudarte a desear; son instrumentales. Si no tienes deseos, los pensamientos están destinados a desaparecer por sí mismos. Y cuando no hay deseos, no hay pensamientos... ESTÁS TRANQUILO. Estás tranquilo, sereno, centrado, enraizado.

Fue un incendio de madrugada, y el joven reportero italiano tuvo la suerte de que, al llegar al lugar de los hechos, uno de los residentes del edificio de apartamentos que había escapado le contara lo sucedido.

"Fue terrible", narró el hombre. "Imagínate las paredes derrumbándose a tu alrededor, las llamas del fuego lamiéndote prácticamente la mejilla en cualquier dirección a la que te volvieras y el propio hierro de las barandillas humeando bajo tus manos. Pero en medio de todo, quiero que sepas, me mantuve bastante fresco y equilibrado".

"Es una pena, ya que estabas tan tranquilo y sereno", replicó el reportero, "que no se te ocurriera ponerte los pantalones".

Las personas que piensan que son tranquilas y calmadas no son tranquilas y calmadas, sólo lo creen; sólo esperan ser tranquilas y calmadas. Es muy raro que una persona esté tranquila y en calma. Sólo ocurre en la cima de la meditación, no antes.

Así que no te engañes.

POR TUS PROPIOS ESFUERZOS DESPIÉRTATE, OBSÉRVATE.

Y VIVIR CON ALEGRÍA.

Acepta la responsabilidad y eso te dará una gran comprensión. Si eres responsable de toda tu miseria, si eres responsable de todas tus pesadillas, entonces lo otro también es posible: puedes despertar. Si eres responsable de tu sueño, puedes despertarte; si no eres responsable, algunas estrellas son responsables, entonces ¿qué puedes hacer? Sólo eres una víctima y tienes que sufrir. A menos que los astros cambien de opinión, si es que la tienen....

POR TUS PROPIOS ESFUERZOS DESPIÉRTATE, OBSÉRVATE A TI MISMO Y VIVE CON ALEGRÍA. Y la gente dice que Buda es un pesimista... - y él dice: VIVE ALEGREMENTE.

Buda dice: No creas en un salvador porque esa es la vieja mente, la misma mente que quiere echarle la responsabilidad a otro. Ahora los cristianos creen que Jesús salva.

Los hindúes creen que, cuando surja la necesidad, Krishna volverá; tomará otra encarnación para salvar a la humanidad. ¿Cuándo va a sentir su responsabilidad?

Y la gente no piensa que esto es sólo feo, insultante, humillante; es caer por debajo de la dignidad humana.

Un cristiano y un judío estaban paseando. Se encontraron con una iglesia y delante de ella había un gran tablón con las palabras: "¡Jesús salva!".

El judío dijo: "Eso no es nada, Moisés invierte".

Nadie puede salvarte; no esperes a ningún salvador. Puedes salvarte a ti mismo, eso es cierto.

Esta es también una de las grandes intuiciones de Buda sobre la miseria humana, sobre la realidad humana, que dice: No creas que alguien te salvará. Tú eres la causa de tu miseria, tú puedes ser la causa de tu dicha.

TÚ ERES EL MAESTRO, TÚ ERES EL REFUGIO.

COMO UN COMERCIANTE DOMINA UN BUEN CABALLO, DOMÍNATE A TI MISMO.

CON QUÉ ALEGRÍA SIGUES LAS PALABRAS DE LOS DESPIERTOS.

Y si meditas, si te vuelves un poco silencioso, un poco alerta, amarás estas palabras porque tienen el sabor de la verdad - pero sólo para aquellos que están meditando.

CON QUÉ GUSTO SIGUES LAS PALABRAS DE LOS DESPIERTOS. Entonces todos los despiertos se convierten de repente en tus contemporáneos. Sólo entonces puedes comprender a Jesús, Buda, Krishna, Mahavira, Lao Tzu. Sólo entonces, cuando meditas, de repente se abren misterios, se abren puertas cerradas y cosas que nunca estuvieron claras para ti de repente se vuelven claras. Pero esto sucede a través de la meditación y no hay otra manera.

No estudiando, no acumulando más y más conocimiento, no discutiendo, no filosofando, sino sólo volviéndote más y más silencioso. En completo silencio, Dios te habla a través de todos los despiertos.

CON QUÉ TRANQUILIDAD, CON QUÉ SEGURIDAD TE ACERCAS AL PAÍS FELIZ, AL CORAZÓN DE LA QUIETUD.

Y entonces tus pasos tienen confianza porque todos los budas son testigos de ti. A medida que empiezas a saborear las alegrías de la meditación, a medida que empiezas a estar alerta a las bellezas de la meditación, a medida que las flores empiezan a florecer en tu interior, todos los budas se convierten en testigos tuyos. Sabes que estás en el buen camino; surge en ti una gran confianza.

CON QUÉ TRANQUILIDAD, CON QUÉ SEGURIDAD TE ACERCAS AL PAÍS FELIZ, AL CORAZÓN DE LA QUIETUD.

POR JOVEN QUE SEA, EL BUSCADOR QUE SE PONE EN CAMINO BRILLA SOBRE EL MUNDO.

Y no es una cuestión de edad. Buda fue el primero en iniciar a los jóvenes en sannyas. Por lo demás, en la India la tradición era que sólo se permitía tomar sannyas a personas muy ancianas, mayores de setenta y cinco años. Sannyas era para los ancianos.

Buda creó una revolución: inició a los jóvenes.

Y mi propia experiencia es: cuanto más joven seas, mejor, porque a medida que te haces mayor acumulas más y más óxido, más y más polvo. A medida que envejeces te vas cargando cada vez más de experiencia, conocimientos y todo tipo de estupideces. A medida que envejeces empiezas a perder el vigor, la energía, el valor para experimentar con lo desconocido, para explorar lo desconocido. A medida que envejeces tienes tanto miedo a la muerte que por miedo vas a Dios, y los que van a Dios por miedo nunca llegan a Dios. El miedo no es un puente, es un muro. Aquellos que van hacia Dios preguntando por la verdad por amor a la verdad, sólo ellos son puenteados. Se necesita una cierta juventud, un cierto coraje, una cierta capacidad de asumir riesgos. Se necesita energía, frescura, porque la religión es básicamente rebelión.

Buda dice: HOWEVER YOUNG.... No te preocupes por eso. La madurez no tiene nada que ver con la edad; envejecer no es necesariamente madurar. Se puede ser joven y maduro y se puede ser muy viejo y muy infantil. La edad y la madurez no tienen ningún vínculo necesario. La madurez llega a través de la meditación. Envejecer es un proceso ordinario;

todo el mundo envejece. Los animales envejecen, los árboles envejecen, las personas envejecen; eso no tiene nada que ver con la transformación.

POR JOVEN QUE SEA, EL BUSCADOR QUE SE PONE EN CAMINO BRILLA SOBRE EL MUNDO.

COMO LA LUNA, ¡SAL DE DETRÁS DE LAS NUBES!

BRILLA.

Buda dice a sus bodhisattvas, ve y díselo a los buscadores: COMO LA LUNA, ¡SAL DE DETRÁS DE LAS NUBES! BRILLA.

Lo mismo te digo a ti: ¡COMO LA LUNA, SAL DE DETRÁS DE LAS NUBES!

BRILLA.

Suficiente por hoy.

Enamorarse

La primera pregunta:

Pregunta 1:

AMADO MAESTRO,

ME HE ENAMORADO DE UNA MUJER DE LA QUE ME DIVORCIÉ HACE DOS AÑOS.

¿ES POSIBLE?

Shraddhan, el hombre es casi una máquina. El hombre aún no es hombre; funciona inconscientemente, vive dormido. De ahí que todo sea posible. De hecho, siempre te enamoras de la misma mujer, aunque aparentemente te enamores de otra. El tipo es el mismo porque tu gusto es el mismo, tu mente es la misma, tu elección es la misma.

Observa a la gente, observa sus relaciones amorosas y te sorprenderás. Siempre es el mismo hombre o la misma mujer, sí, con una cara diferente o con una máscara diferente, ropa diferente, forma y tamaño diferentes. Pero estas diferencias no son reales.

Si no eres nuevo, ¿cómo puedes enamorarte de alguien nuevo? ¿Quién va a elegir? ¿Cómo va uno a elegir? A la misma mente le gustará el mismo tipo de cara, los mismos ojos, el mismo color, la misma forma, la manera en que la mujer camina, la manera en que habla. De nuevo en pocos días estarás cansado, igual que antes.

De nuevo te encontrarás atrapado, aprisionado, y a la mujer también le ocurrirá lo mismo. Pero el hombre vive en un estado tan inconsciente que no puedes esperar más que eso.

Si el hombre es consciente, muchas cosas se vuelven imposibles. En primer lugar, enamorarse se vuelve imposible. Empiezas a levantarte enamorado, no a enamorarte; la cualidad misma de tu amor se vuelve totalmente diferente. Ya no es una relación, es más bien un estado de tu ser. Estás lleno de amor, compartes tu amor, pero no hay ninguna exigencia por tu parte. Ya no es un negocio, ya no es condicional, no pide nada. Simplemente agradeces que alguien haya aceptado, que alguien no haya rechazado tu amor. Te sientes agradecido. No es una esclavitud para el otro, no lo esclaviza. No es posesivo; es absolutamente no posesivo, incondicional, no exigente. Da libertad. Y cuando el amor da libertad, los amantes comienzan a elevarse, comienzan a moverse hacia Dios. El amor se convierte en una puerta a lo divino.

Ahora mismo el amor simplemente te arrastra hacia abajo. 'Enamorarse' es una frase con sentido - ciertamente caes, gravitas hacia abajo. Al principio te sientes muy bien, pero sólo al principio. Eso es sólo encaprichamiento, porque esperas que ocurra algo nuevo. Al principio estás emocionado, parece una gran aventura, pero pronto descubres que es lo mismo de siempre, nada especial, nada nuevo. Sólo han cambiado los socios, pero el juego es el mismo, y se juega con la misma violencia, con la misma fealdad.

Shraddhan, no sólo tú te has enamorado de la misma mujer; todo el mundo lo hace. En el estado ordinario e inconsciente de la humanidad no se puede esperar más que eso. Tuviste suerte de divorciarte, pero es difícil vivir solo a menos que conozcas las bellezas de estar solo.

En el momento en que estás solo empiezas a sufrir de soledad, empiezas a anhelar la compañía del otro. Y entonces te sirve cualquiera, incluso la misma mujer de la que te habías divorciado; es mejor que estar solo. Aunque sea miserable, la gente prefiere la miseria a la soledad.

A menos que conozcas las alegrías de la meditación, no podrás evitar enamorarte. Una vez que empiezas a disfrutar de tu propio ser, la alegría, el espacio, la libertad absoluta, la conciencia sin obstáculos, nadie ocupando tu atención, nadie tratando de captar tu atención, nadie impidiendo tu libertad, interfiriendo con tu libertad.... Cuando empiezas a disfrutar de tu soledad te has convertido en un meditador. Sí, el amor también será posible después de eso, pero un tipo de amor totalmente diferente.

Seguro que sufrías de soledad y, al volver a encontrar a la misma mujer, habrás pensado que es mejor estar con ella que estar solo. Y habrás olvidado todas las miserias: la memoria de la gente es muy corta.

Y esto hay que entenderlo: la mente tiende a olvidar la parte miserable, tiende a recordar la parte placentera. Esa es una de las estrategias de la mente para mantenerse en control, para seguir siendo tu amo. Siempre tiende a olvidar la miseria; sigue magnificando, realzando, decorando la parte placentera. La realidad es totalmente diferente, pero la mente vive en la imaginación.

Y tus recuerdos no son fiables en absoluto porque tus recuerdos son ficticios. Sólo piensas en lo hermoso que fue, has olvidado toda la miseria; has elegido sólo unos pocos momentos que pueden haber sido hermosos. Debe haber habido algunos momentos hermosos, pero sólo algunos momentos, pocos y distantes entre sí. Y no pueden ser tan hermosos como pensabas; de lo contrario, ¿qué necesidad había de divorciarse de la mujer? La miseria debió de ser mucho mayor, el dolor debió de ser demasiado, insoportable. Tú debes haber sufrido demasiado, la mujer debe haber sufrido demasiado. No se trata de que la mujer tenga la culpa o de que tú la tengas; se trata simplemente de que dos personas inconscientes que están juntas están destinadas a crearse miseria mutuamente.

Si no puedes ser feliz solo, ¿cómo puedes crear felicidad para los demás? Si tú mismo no eres feliz, ¿cómo puedes dar felicidad a los demás? Sólo puedes dar lo que tienes. Puedes fingir que no te sientes desgraciado, pero ¿durante cuánto tiempo? La luna de miel no puede durar para siempre. En una semana, o como mucho en dos, se acaba, y entonces sabes que los dos son unos desgraciados. Y cuando dos miserables viven juntos, la miseria no sólo se duplica, recuerda, se multiplica.

Pero olvidas todo eso. Más tarde borras esas partes que fueron miserables, conservas los momentos hermosos. Y no sólo los conservas, sino que sigues decorándolos, pintándolos, una y otra vez. Poco a poco dejan de tener relación con la realidad. Tu pasado es ficticio, tu futuro es ficticio; sólo tu presente es real. Pero tú no vives en absoluto en el presente; o vives en el pasado o vives en el futuro.

¿Y por qué ha surgido esta pregunta, Shraddhan? ¡La miseria debe haber comenzado de nuevo! Es por eso que usted está preguntando: "¿Es posible?" Lo has hecho, y me preguntas, "¿Es posible?" Tú mismo no puedes creer lo que has hecho.

Cuando las personas están juntas quieren estar solas; cuando están solas quieren estar juntas. La gente es imposible.

Rizzoli, de mediana edad, se sentó en los escalones de la entrada llorando amargamente.

"¿Qué te pasa?", le preguntó su vecino, Pasquale.

"La mujer de Bonnaocchi se acaba de morir", dijo Rizzoli, secándose las lágrimas.

"¿Y qué?", dijo su vecino, "Ella era -sin sangre- pariente tuya".

"Ya lo sé", dijo Rizzoli. "¡Es que todo el mundo parece tener buena suerte menos yo!"

Cuando estás con alguien, enseguida surgen mil y un problemas que antes no existían. Cuando estás solo, esos problemas desaparecen, pero surge uno nuevo: la soledad parece tan vacía. Te sientes perdido, no sabes qué hacer. Pronto empiezas a olvidar toda la miseria que se desprendía de tu relación; empiezas a desear otra relación. Piensas: "Quizá esta vez sea diferente". Quizá ella haya cambiado, quizá tú hayas cambiado. Quizá ambos hayáis aprendido de la experiencia.

Harry y su chica, Francesca, estaban en el sofá viendo una vieja película de Roy Rogers en la tele. Mientras Roy cabalgaba por un paso, Harry dijo: "Te apuesto un tornillo a que su caballo pisa un agujero de topos y se cae".

"Vale", dijo Francesca, "¡te toca!".

Efectivamente, el caballo tropezó.

Una vez pagada la apuesta en su totalidad, Harry dijo: "Debería decirte que vi la película antes.

Así es como lo supe".

"Yo también", dijo la italiana, "pero no creía que un caballo fuera tan tonto como para caerse dos veces en el mismo agujero".

Pero el hombre es más tonto.

Ahora aprovéchalo al máximo. Cuando hayas caído en el hoyo, ¡trata de hacer un hogar allí! Eres americano, y la única religión en la que creen los americanos es: Inténtalo e inténtalo e inténtalo de nuevo.

La segunda pregunta:

Pregunta 2:

AMADO MAESTRO,

NO CONSIGO ENTENDERLE; LO HE INTENTADO CON TODAS MIS FUERZAS PERO HE FRACASADO. ¿QUÉ DEBO HACER AHORA?

Govindo, ¿hay necesidad de entenderme? ¿Qué es la comprensión? Es un esfuerzo intelectual. Lo que intento comunicarte no tiene nada que ver con el intelecto. Puedes sentirlo, pero no puedes comprenderlo. Puedes vivirlo, y sólo viviéndolo serás capaz de comprenderlo.

Pero la gente intenta justo lo contrario: primero quiere entender. La idea es: A menos que entendamos una cosa, ¿cómo podemos probarla, cómo podemos vivirla? Es lógico que primero se entienda y sólo después se intente vivir.

Pero la vida no es lógica; la vida es mucho más profunda que la lógica, y muchas veces la vida es absolutamente ilógica. Si intentas aferrarte a la lógica te perderás muchas cosas, y esas muchas cosas son las más preciosas. Te perderás el amor, te perderás la meditación, te perderás la alegría, te perderás a Dios, te perderás la libertad. Te perderás todo lo que hace que la vida sea significativa, lo que le da belleza y esplendor. Te perderás la presencia de la piedad que te rodea. La lógica es una barrera, no un puente.

Y Govindo, dices: "No puedo entenderte". Debes estar intentándolo desde la cabeza. Es una comunión de corazón a corazón. Si quieres malinterpretarme, entonces la cabeza es el instrumento adecuado; entonces puedes seguir malinterpretándome por los siglos de los siglos. Pero si quieres entenderme, entonces tienes que olvidar todos tus viejos patrones de comprensión de las cosas. No son matemáticas lo que estoy enseñando aquí, no es filosofía lo que estoy enseñando aquí.

Estoy enseñando algo absolutamente existencial. Hay que vivirlo, hay que dar el salto cuántico. Te han dicho una y otra vez que antes de dar el salto, te lo pienses dos veces. Y lo que yo te digo es: Da el salto primero y luego piensa tantas veces como quieras, porque entonces el pensamiento no puede hacer nada, no puede hacer ningún daño. Pero deja que primero se produzca el salto.

La meditación tiene que experimentarse. Si intentas averiguar qué es, no lo entenderás, porque no es en absoluto una cuestión de mente. Meditación significa un estado de no-mente. Yo te empujo constantemente hacia el estado de no-mente, de todas las maneras posibles.

Lo que estoy haciendo aquí es absurdo, no es lógico. Tendrás que dejar a un lado la lógica; de lo contrario, yo diré una cosa y tú entenderás otra.

El juez preguntó al filósofo presentado ante el tribunal: "Ahora dígame, señor, ¿por qué aparcó su coche donde lo hizo?".

El profesor dijo: "Había un cartel que decía: MULTA POR ESTACIONAR".

Pon tu intelecto a un lado. Y recuerda, no te estoy diciendo que dejes de lado tu inteligencia. Al contrario, si puedes dejar de lado el intelecto serás mucho más inteligente, porque inteligencia e intelectualidad no son sinónimos, son antagónicos.

La inteligencia es una claridad; la intelectualidad no es más que un estado nublado. La intelectualidad significa que tienes demasiados conocimientos; tus conocimientos siguen interfiriendo. Tu mente está continuamente interpretando, tu mente está juzgando.

Escúchame sin juzgarme. No digo que estés de acuerdo conmigo, no se trata de estar de acuerdo o en desacuerdo, simplemente escucha.

Cuando vas a la montaña y escuchas el sonido de una cascada, ¿estás de acuerdo o en desacuerdo? Simplemente escucha. Cuando escuchas música hermosa, ¿estás de acuerdo o en desacuerdo? No se trata de estar de acuerdo o en desacuerdo; escuchar no es juzgar.

De ahí que los críticos sigan perdiéndose muchas cosas. Si un crítico va a escuchar música, su escucha no es total; está constantemente comparando, juzgando, interpretando. Hay que ser muy acrítico. Tienes que estar abierto, vulnerable, receptivo, en silencio, para que lo que ocurra penetre en lo más profundo de tu ser.

Si estás lleno de tu propia mente, Govindo, me vas a malinterpretar; eso es seguro.

La señorita Zockwoski, una atractiva pelirroja, subió a un autobús abarrotado y se colocó cerca de un joven.

El muchacho, pensando en cederle su asiento, levantó la vista y dijo: "¿Hasta dónde?".

"¡Tienes valor!", espetó la polaca. "¿Quieres que te pregunte cuánto tiempo?"

Si llevas algo en la cabeza, si estás preocupado, lo que oyes no es lo que se dice, sino lo que eres capaz de oír.

Quizmaster: "Señora, por cincuenta dólares, dígame ¿quién fue el primer hombre en la tierra?"

Señora: "Adam".

Quizmaster: "Correcto. Ahora por doscientos dólares dime las primeras palabras de Eva cuando conoció a Adán".

Señora (atascada por una respuesta, se vuelve hacia el director del concurso y dice): "Vaya, es difícil, ¿verdad?"

Quizmaster: "¡Dale a esta señora doscientos dólares!"

Govindo, no te quedes preocupado con tus propios pensamientos. Debes haber venido con un gran conocimiento, debes haber venido con concepciones propias y estás escuchando a través de una jungla de tus propias ideas.

Lo que digo es muy sencillo, absolutamente sencillo. Mis afirmaciones son absolutamente ordinarias.

No soy un hombre santo, no soy un santo. Soy mucho más ordinario que tú. No tengo nada de especial. No existo en absoluto, ¿cómo puedo ser especial? Así que mis afirmaciones son muy sencillas: un niño puede entenderlas. Pero tú puedes seguir sin entenderlas.

En un autobús de la Tercera Avenida de Manhattan, una solterona muy remilgada se escandalizó al oír a Scarpetti, el inmigrante, decirle a su amigo: "Emma viene primero, yo vengo después, dos asnos vienen juntos, yo vengo otra vez, dos asnos vienen juntos otra vez, yo vengo una vez más, hago pipí dos veces, y luego vengo por última vez".

Cuando Scarpetti terminó, la solterona se volvió hacia un policía que estaba sentado cerca. "¿No va a detener a ese terrible viejo?", susurró.

"¿Por qué?", preguntó el policía. "¿Por deletrear 'Mississippi'?"

Permítanme repetir: "Emma come-a primero, yo ven-a después, dos assa vienen-a juntos, yo ven-a otra vez, dos assa vienen-a juntos otra vez, yo ven-a una vez más, pee-pee dos veces, entonces yo ven-a por última vez".

Me preguntas: "¿Qué debo hacer? Me he esforzado pero he fracasado". Por favor, no te esfuerces. De hecho, deja de intentarlo. Sólo escucha por el puro placer de escuchar. El viento que pasa entre los pinos... escucha. El sonido del agua corriendo... escucha. El canto de los pájaros por la mañana... escucha. No intentes comprender. Y sólo por escuchar algo empezará a llegar a tu corazón. Una canción, una danza comenzará a suceder. Tu corazón empezará a abrirse como una flor y se liberará una gran fragancia, y eso será la verdadera comprensión.

Govindo, te has esforzado innecesariamente. Relájate conmigo, no te esfuerces. Si te esfuerzas estarás tenso, y no hay posibilidad de entenderme a través de la tensión. Relájate, descansa. Estoy aquí para enseñarte relajación y descanso total.

La comprensión se va a producir, pero no a través de la cabeza, sino a través del corazón, no a través de la lógica, sino a través del amor.

La tercera pregunta:

Pregunta 3:

AMADO MAESTRO,

¿POR QUÉ ES TAN DOLOROSA LA CREATIVIDAD?

Prem Sarva, la creatividad es el pico más alto de tu conciencia; por lo tanto es doloroso, es arduo. Vas cuesta arriba. Ser no creativo es muy cómodo; es un viaje hacia abajo. No necesitas hacer nada, no se necesita nada de tu parte; sólo la atracción gravitacional es suficiente. Cuando bajas de la colina hacia la llanura, puedes apagar el motor de tu coche, no necesitas gasolina; el coche seguirá rodando hacia abajo. Pero si vas cuesta arriba, entonces es necesario un esfuerzo, un gran esfuerzo.

La creatividad necesita el mayor esfuerzo porque hay que dejar muchas cosas cuando te mueves hacia arriba; hay que dejar pesos innecesarios. Y llevas mucho equipaje; todo es innecesario, inútil. Pero la gente sigue coleccionando, la gente es una gran coleccionista. Recogen cualquier tipo de basura con la esperanza de que algún día les sea útil. Son codiciosos y se sienten vacíos, así que siguen atiborrándose de todo tipo de cosas. Estás lleno de ego y el ego es un gran peso.

No puedes ascender. Tendrás que dejar de lado el ego, y ése es el mayor dolor.

Ser creador significa que abandonas la idea misma de que "estoy separado de la existencia".

La creación sólo ocurre cuando eres uno con la existencia. La creación ocurre sólo cuando estás tan en sintonía con el creador que no hay ninguna perturbación por tu parte.

Y la mayor perturbación proviene del ego. Se nutre de la perturbación, vive de la perturbación. Ego significa la idea de que "estoy separado". Y si crees que estás separado, estás viviendo en una mentira - y la creatividad fluye de la experiencia de la verdad.

Tienes que saber la verdad, que no estás separado. Ningún hombre es una isla, todos formamos parte de un vasto continente. Toda la existencia es una, es una unidad orgánica; de ahí que todo lo grandioso haya surgido sólo en aquellos momentos en que el creador se disolvió en el todo. Las grandes pinturas, los grandes poemas, la gran música, la gran danza, todo sucede sólo cuando te disuelves, cuando ya no eres. Si lo eres, de repente te conviertes en el bloqueo, detienes el flujo. Entonces Dios no puede usarte como flauta, no puede cantar a través de ti. La flauta tiene que ser sólo un bambú hueco, sólo un espacio abierto, sólo un vehículo. Los grandes poetas, los grandes músicos, los grandes bailarines, son todos vehículos. No bailan, son bailados. No cantan, alguna energía desconocida canta a través de ellos.

Por eso la creatividad es dolorosa, porque nadie quiere fundirse, fusionarse y disolverse.

Nos aferramos a nuestras identidades. De hecho, queremos ser creativos para poder colgarnos unos cuantos premios más alrededor del ego, para que el ego se haga más famoso, para poder decir: "Soy alguien especial. Soy un gran poeta o un gran compositor o un gran autor", o algo así. Y ése es el mayor problema al que se enfrenta cualquier creador: que tiene que dejar de lado su ego.

Y al principio es por el ego que quieres ser creativo. Es un proceso muy paradójico: tienes que dejar caer el mismo ego que fue el ímpetu al principio, que quería ser famoso, que quería dejar su nombre resonando por los pasillos del tiempo, que quería hacer historia. Ese mismo ego se convierte en la causa de detener el flujo de energías desconocidas en ti. Por lo demás, Dios siempre está fluyendo; sólo tienes que estar abierto, disponible. No debes estar separado.

Duele al principio; duele más si te resistes. Si no te resistes mucho, duele menos; si no te resistes en absoluto, no duele nada. Entonces soltar el ego puede ser uno de los actos más gozosos.

En eso consiste sannyas. Todo el mensaje se basa en este único fenómeno: dejar caer el ego alegremente. No se trata de entregarme tu ego. El ego no es algo a lo que puedas renunciar; es sólo una ficción, no es una realidad.

Así que cuando el maestro dice: "Entrégame tu ego", simplemente te está dando un dispositivo, porque vives con la idea de que el ego es muy sustancial. Él sabe que no es nada, así que dice: "Entrégamelo, dámelo, y te liberarás de él". No es que tú estés dando algo -no hay nada que dar-; no es que él esté recibiendo algo -no hay nada que recibir-. Pero para ayudarte a deshacerte de una falsa noción, se crea un dispositivo. Una vez que has abandonado la idea, de repente lo ves todo: nada se ha dado, nada se ha tomado. Eres el mismo, sólo que la vieja noción errónea ha desaparecido. La gente es muy reacia a rendirse.

Justo el otro día un sannyasin me escribió diciendo: "Puedo hacer todo lo que estás diciendo, pero no puedo rendirme". Entonces, ¿cómo puedes hacer todo lo que digo? Eso es lo primero que digo. Y él dice: "Puedo hacer todo lo que dices, pero no puedo rendirme". Y él piensa que está haciendo una declaración muy clara. Eso es lo único que digo: Ríndete al ego. Y no se trata de entregármelo a mí, entregárselo a un árbol, sino de rendirse. Entrégalo al río, ve y ahógalo en el río. Quémalo, entiérralo, incinéralo. Haz lo que quieras, pero termina con ello.

No me interesa coleccionar vuestros egos. ¿Qué voy a hacer con tantos egos? Si tú sufres tanto con uno, ¡yo estaré en el séptimo infierno con tantos egos! No soy un coleccionista de egos. Es sólo un dispositivo, un simple dispositivo. Tú dices: "¿Dónde puedo poner mi ego?". Yo digo: "Vale, dámelo", porque sé que no hay nada que dar, pero serás feliz dándolo. Al menos te sentirás muy bien por haberte rendido; al menos habrás entregado tu ego a las manos adecuadas.

Pero este sannyasin dice: "No puedo rendirme". Y la gente que viene de Occidente, particularmente, lo encuentra muy difícil.

Esto es algo que hay que entender: la educación occidental, la psicología occidental, todas enfatizan el ego; todas enfatizan: "Realza el ego, fortalece el ego". Con diferentes nombres se fortalece el ego. La fuerza de voluntad no es más que otro nombre para el ego. Toda la idea es que el hombre tiene que tener un ego de acero, indoblegable, fuerte, como una roca, duro, porque la vida es una lucha constante por la supervivencia. Hay que luchar, hay que vencer.

Incluso un hombre como Bertrand Russell escribe un libro sobre ciencia y lo titula CONQUISTA DE LA NATURALEZA. Toda la idea, la idea occidental, es cómo conquistar; incluso la naturaleza tiene que ser conquistada. ¿Y quién eres tú? - Una parte de la naturaleza. Una parte intenta conquistar el todo.

Es como si tu mano izquierda intentara conquistar todo tu cuerpo. ¿Es posible? Es ridículo. La ciencia no ha conquistado la naturaleza, pero en su esfuerzo por conquistarla, ha destruido mucho.

En Oriente tenemos una idea totalmente distinta: hay que comprender la naturaleza. Hay que comprender la ley -lo que Buda llama dhamma, la ley fundamental de la vida- para estar en sintonía con ella. No se trata de conquistar, sino de estar en sintonía con ella, de estar en armonía con ella. Estar en armonía con la naturaleza es ser dichoso.

Si Occidente ha perdido toda dicha, toda paz, nada es responsable excepto esta estúpida idea de conquistar la naturaleza. No hay que conquistar la naturaleza. Pero la misma idea persiste de muchas maneras: en la ciencia, e incluso los llamados religiosos siguen hablando de la fuerza de voluntad.

Se han escrito cientos de libros sobre la fuerza de voluntad. Es un auténtico despilfarro, y no sólo un despilfarro, sino que está envenenando la mente de la gente. Gente como Dale Carnegie y Napoleon Hill siguen envenenando: CÓMO GANAR AMIGOS E INFLUIR EN LA GENTE. En el fondo la idea es la misma: cómo ganar, cómo influir. Napoleon Hill ha escrito un libro: PIENSA Y HAZTE RICO. ¿Y cuál es el secreto para hacerse rico? Cuando busques, encontrarás que es la fuerza de voluntad; todo el secreto, el secreto mágico es la fuerza de voluntad. Pero la fuerza de voluntad es sólo otro nombre para el poder del ego, y el ego es impotente, no hay poder en él. Así que la gente sigue luchando innecesariamente, peleando entre sí, compitiendo entre sí, y el resultado final es que todo el mundo es desgraciado. De ahí que a la mente occidental le parezca muy difícil rendirse.

La situación tampoco es mejor en Oriente. En Oriente se ha enseñado durante miles de años que la clave es la entrega, así que la gente está dispuesta a entregarse muy fácilmente, tan fácilmente que se ha convertido en una simple formalidad; no tiene ningún significado. El hombre oriental puede tocar los pies del maestro sin ninguna intención de rendirse. El toca los pies de todos y cada uno; eso es solo formal. Es como dar la mano, no significa nada; es como decir hola. No tiene ningún significado, es formal. Es una especie de saludo a las personas mayores, a cualquiera que sea respetado por los demás, a cualquiera que sea conocido como religioso, santo, santo. La gente toca los pies de sus padres, de sus madres, de sus parientes ancianos; es sólo un condicionamiento.

Así que la persona oriental se encuentra en una dificultad diferente. Su dificultad es que no sabe lo que es la entrega; no tiene suficiente ego para entregarse. Y el occidental tiene demasiado ego, por lo que se resiste. Pero en general, el hombre occidental está en mejor posición, porque si entiende el punto y conscientemente entrega el ego, su entrega es mucho más profunda que la entrega del hombre oriental.

Esa es mi experiencia de miles de sannyasins de Oriente y de Occidente. La entrega del sannyasin occidental es mucho más total. Por supuesto que es difícil para él, le lleva más tiempo, pero siempre que ocurre, ocurre de verdad. La entrega del hombre oriental no lleva tiempo; siempre está dispuesto, está preparado, incluso antes de que se lo pidas, pero eso no le cambia. Ha estado tocando los pies de tanta gente; de hecho, ha empezado a sentir un nuevo y sutil tipo de ego: "Soy tan humilde que estoy dispuesto a rendirme. Estoy tan rendido". Pero ese "yo" persiste ahora de un modo mucho más sutil.

Me preguntas, Sarva: "¿Por qué es tan dolorosa la creatividad?".

Se debe al ego. Y también hay otros problemas. Si tienes demasiados conocimientos, te resultará difícil ser creativo.

En el Zen tienen una antigua tradición. Dicen que si quieres convertirte en pintor, durante doce años aprende lo más perfectamente posible la técnica de cómo pintar, y luego durante doce años olvídate por completo de la técnica y de la pintura; dedícate a otra cosa. Dale la espalda por completo a la pintura; olvídate de ella, como si no tuvieras nada que ver con ella.

Y un día volver a pintar.

Esto es algo significativo. Durante doce años tienes que aprender la técnica, porque sin la técnica tu pintura será infantil; pero si es sólo la técnica, entonces técnicamente será perfecta pero no tendrá vida, no será creativa. Así que tienes que aprender la técnica, dejar que te impregne y olvidarte de ella para que se convierta en parte de tu sangre, de tus huesos, de tu médula. Y después de doce años, un día de repente empiezas a pintar de nuevo. Ahora ya no conoces la técnica. En cierto modo la conoces, existencialmente se ha convertido en parte de ti; ya no es conocimiento. Así que tu pintura no será sólo técnica y tampoco será infantil.

Primero aprende la técnica y luego desaprende la técnica. Sólo entonces un día explota la creatividad. Primero aprende la técnica de cómo bailar, luego olvídate de la técnica y vuélvete espontáneo. Entonces sólo....

Y hay dos tipos de personas: una pensará que no es necesario aprender la técnica: "Quiero ser una persona creativa, no un técnico". Entonces su pintura, su música, su danza, seguirán siendo sólo un esfuerzo infantil, de aficionado; no pueden tener mucho valor. Y luego están las personas contrarias, que aprenderán la técnica todo lo que puedan y luego quedarán atrapadas en ella. Pintan perfectamente, pero les falta algo: les falta el alma, les falta el espíritu; es un cadáver. Así que hay que abandonar todo conocimiento. Tienes que desaprender para volver a ser fresco, inocente.

Y tercero: si intentas ser creativo con un determinado motivo oculto, nunca encontrarás la dirección adecuada para tus energías, porque si los pintores son famosos, entonces habrá muchos pintores. Por ejemplo, en Francia hay muchos pintores. En la India no encontrarás tantos pintores, pero sí muchos santos, sea cual sea la moda. En Francia la pintura está de moda; la gente que se considera inteligente debe ser pintora.

En la India deberían ser santos - ¡los mismos tontos! Si hubieran nacido en Francia serían pintura; en la India los mismos tontos se han convertido en santos.

En cada país la moda es diferente, y en épocas diferentes. Por ejemplo, en la India a ningún santo se le ocurre pintar, pero en Japón todos los santos intentan pintar. Aprenden caligrafía y pintura, es la moda.

Cuando vives según una determinada moda predominante, eso significa simplemente que quieres ser famoso, que quieres ser aceptado por la tradición y por la gente. No te interesas por tu verdadero potencial, sino por la opinión de los demás. También tienes que dejar eso. No te preocupes por las opiniones de los demás; simplemente descubre lo que te hace sentir bien. Puede que nadie lo aprecie, ¿y qué? Puede que no llegues a ser famoso, ¿y qué? No te preocupes. La recompensa no está en ser famoso; la recompensa está en estar involucrado, totalmente involucrado en la creatividad. La recompensa está en el acto mismo; no está más allá del acto, no está después del acto. No es cuando has pintado el cuadro y la gente lo ha apreciado y se expone en todo el mundo. No, la recompensa es cuando lo estás pintando, cuando estás completamente absorto en él. Ese silencio, esa alegría, esa energía, ese momento en el que tú no estás y Dios está: esa es la recompensa.

La cuarta pregunta:

Pregunta 4:

AMADO MAESTRO,

¿QUÉ PASA? SOY ITALIANO Y AUN NO ESTOY ILUMINADO.

Anand Shravan, basta con ser italiano; ya no es necesaria la iluminación.

La iluminación es para otros que no son italianos. Tú tienes el primer premio, la iluminación es el segundo. No hay que codiciar eso. Ser italiano es un gran fenómeno; por eso ningún italiano se ha iluminado nunca. Y no creo que ocurra nunca, por la sencilla razón de que los italianos nacen iluminados. Deja esa codicia. ¿Qué harás con la iluminación? ¡Espagueti es suficiente! Disfrútalos como quieras. Deja la iluminación para los pobres indios, no tienen nada más. Por eso en la India ha habido tanta gente iluminada: cuando no tienes nada más al menos puedes tener la iluminación.

Y la ilustración necesita algunas cosas que básicamente faltan en los italianos. Necesita inteligencia. ¿De dónde la vas a sacar? No es una mercancía; no se puede encontrar en el mercado, no se puede comprar. No está disponible en el mundo exterior. Y los italianos son totalmente extrovertidos, y la iluminación se produce en algún lugar del interior. Se necesita una gran comprensión, y los italianos son muy hábiles para la incomprensión.

Un verano, en Nueva York, un gorila se escapó de un circo ambulante. Mientras Bronzini caminaba por Broadway, el simio apareció de repente y se puso al lado del italiano.

Un atónito policía que dirigía el tráfico se apresuró a acercarse a la insólita visión de Bronzini y el gorila.

"Eh", dijo el policía, "¿qué haces con ese simio?".

"No lo sé", dijo Bronzini, "¡Él sólo vino a pasear conmigo!"

"¡Será mejor que lleves a ese simio al zoo!"

"De acuerdo, jefe", dijo el italiano.

Al día siguiente, el mismo policía vio a Bronzini y al gorila paseando de la mano por Park Avenue. El policía se puso furioso. "Un momento", le gritó a Bronzini, "¡te dije ayer que llevaras a ese simio al zoo!".

"Lo hice", dijo el italiano, "y le gustó tanto que hoy lo llevaré al cine".

Los italianos son tan terrenales, ¡son puros Zorbas! Excepto yo, nadie va a aceptarlos como sannyasins. Pero me encanta hacer cosas absurdas. Quiero hacer este milagro: iluminar a unos cuantos italianos. No hay muchas esperanzas -espero contra toda esperanza-, pero no hay nada que perder. Necesitan un buen intento.

Son personas muy corporales, totalmente orientadas al cuerpo. Los romanos siempre han sido el pueblo más físico de la tierra. Eso tiene su belleza, porque las personas que se creen espirituales se vuelven excéntricas, locas, dementes, muy egoístas, por supuesto, de una manera muy piadosa. Siempre están pensando que son "más santos que tú". Y son vacilantes. Hablan de grandes cosas, pero su vida se vuelve fea.

Eso es lo que le ha ocurrido a Oriente: hablan de Dios, pero falta el pan y la mantequilla. Y sin pan ni mantequilla no hay Dios, no hay posibilidad de Dios.

Así que no hay nada malo en estar orientado hacia el cuerpo; uno debe estar enraizado en el cuerpo. Hay que ser un Zorba, pero no quedarse ahí. Hay que ir un poco más arriba.

Zorba también debería convertirse en Buda. Entonces hay plenitud; ambos se cumplen, el cuerpo y el alma.

Los italianos están demasiado orientados al cuerpo y ahí se quedan.

La mujer de Granaldi acababa de morir y él estaba montando una escena horrible junto a la tumba. Una y otra vez se rasgaba el pelo y gritaba: "¿Qué voy a hacer? ¿Qué voy a hacer? ¿Qué voy a hacer?"

El párroco tomó suavemente el brazo de Granaldi y trató de consolarlo. "Hijo mío, sé que has sufrido una pérdida terrible, pero con el tiempo lo superarás", le dijo, mientras conducía a Granaldi fuera del cementerio.

"¿Qué voy a hacer?", se lamentó Granaldi. "¿Qué voy a hacer?"

"Trata de controlarte", dijo el cura. "Pasarán los meses, se te pasará la pena, y dentro de un año o dos conocerás a alguna buena joven y te casarás con ella y todo irá bien".

"¡Sí, padre, ya lo sé!", dijo el italiano. "Pero, ¿qué voy a hacer esta noche?"

Hay que liberar a los italianos de su excesiva orientación hacia el cuerpo. La iluminación es el máximo florecimiento de la conciencia. Sólo puede ocurrir cuando estás enraizado en el cuerpo, pero no puede ocurrir sólo con el cuerpo. Tienes que moverte hacia dentro, tienes que trascender el cuerpo también. Tus raíces deben estar en el cuerpo y tus alas en el alma.

Shravan, no te preocupes. Aún no ha ocurrido, pero puede ocurrir. Hay tantos italianos aquí; su entrega es más profunda que la de cualquier otro. Su compromiso también es más profundo que el de nadie. Por primera vez, tantos italianos intentan profundizar en la meditación. Pero en mí encuentran algo que no pueden encontrar en ningún otro sitio. Pueden encontrar una conexión conmigo porque no estoy en contra del cuerpo. No estoy en contra de nada. No creo que haya ningún problema si te gustan los espaguetis: ¡puedes seguir siendo espiritual! No hay antagonismo.

Para mí incluso el sexo y el samadhi están relacionados, juntos. Para mí los cotilleos y los evangelios no son diferentes: en algún lugar profundo son aspectos de la misma moneda. De ahí que los italianos encuentren una profunda afinidad conmigo. No pueden interesarse por ningún otro hombre espiritual, pero yo no soy un hombre espiritual en el sentido ordinario. Soy un hombre completo, no soy santo.

Locatelli, Swenson y O'Hara estaban sentados en el salón de la esquina. "No hay duda", dijo Swenson, "¡las italianas son las mejores!".

"Sí", convino O'Hara, "me gustaría pasar un agradable fin de semana largo con Gina Lollobrigida".

"Yo", dijo Swenson, "me llevaré a Sophia Loren".

"Eso está muy bien", dijo Locatelli, "pero yo quiero Virginia Pipe-a Line-a".

"¡Nunca he oído hablar de ella!", dijo Swenson.

"¿Quién es ella?" preguntó O'Hara.

"Es la mejor italiana de todas. Incluso aparece en los titulares de los periódicos", dijo Locatelli. "Mira, aquí está en la página uno." Y había un titular: "Cinco mueren tendiendo un oleoducto en Virginia".

No te preocupes, Shravan, estoy aquí para ayudarte. Esta vez tal vez no puedas escapar.

Tantos italianos están atrapados en la red que unos pocos se convertirán en budas.

No te preocupes, la iluminación va a llegar a mucha gente, ¡incluidos los italianos!

Y la última pregunta:

Pregunta 5:

AMADO MAESTRO,

¿Y LOS POLACOS?

Purnananda, Dios mío, ¿eres polaco? Sabía que uno de mis sannyasins, Anando, era polaco, pero no hablaba de polacos porque un polaco no puede hacer mucho. Pero dos polacos son demasiado; ¡entonces hay peligro! Los polacos son grandes personas, incluso más que los italianos. Los italianos no son nada comparados con los polacos. Ya ves, estaban buscando un Papa, no pudieron encontrar uno en Italia - tuvieron que elegir a un polaco. Si buscas un tonto, tienes que ir a Polonia.

Swami Anando ha contribuido con esta carta auténtica de su madre polaca:

Querido hijo: Sólo unas líneas para que sepas que sigo vivo. Te escribo esta carta despacio porque sé que no puedes leer rápido.

No conocerás la casa cuando llegues a casa. Nos mudamos.

Habrá una lavadora en la casa cuando nos mudemos, pero no funciona demasiado bien. La semana pasada puse catorce camisas en ella, tire de la cadena, y no veo las camisas desde entonces.

Tu hermana Hanna tuvo un bebé esta mañana. Aún no sé si es niño o niña, así que no sé si serás tía o tío.

Tu tío Leopold se ahogó la semana pasada en una cuba de whisky. Algunos hombres se zambulleron para salvarle, pero se resistió con fuerza. Incineramos su cuerpo, pero tardamos tres días en apagar el fuego.

Tu padre no bebe mucho en Navidad. Puse una botella de aceite de ricino en su pinta de cerveza. Así aguanta hasta Año Nuevo.

La semana pasada sólo llovió dos veces. Primero durante tres días y luego durante cuatro días.

Intenta aprender escríbeme pronto.

Tu cariñosa madre, XXX P.D. Iba a enviarte diez dólares, pero ya he cerrado el sobre.

Los polacos son gente estupenda: ¡hacen falta más polacos aquí! Pero a los polacos pobres les resulta difícil venir porque su país está dominado por los comunistas.

Hace unos días recibí una carta en la que me decían que querían abrir un centro en algún lugar de Polonia. Les gustaría que el centro permaneciera oculto; ¡no creo que sean capaces de gestionarlo! Incluso quieren convertirse en sannyasins, pero les atraparán.

En Rusia hay algunos sannyasins. No pueden vestir de naranja, no pueden llevar el mala, pero se las han arreglado bien. Tienen sus malas, han hecho los preparativos para que les lleguen los malas. Ahora, esta carta de Polonia: quieren malas y quieren libros, ¡pero no han dado su dirección!

Johnson fue al zoo a ver a Sansón y Lionel, anunciados como los dos leones más fieros del mundo. No había duda sobre Sansón, el más pequeño, pues si una sola pluma se ponía a su alcance se abalanzaba sobre ella y la hacía pedazos. Pero Lionel, el otro león, más grande, no hacía más que tumbarse contra unas rocas lamiéndose entre las patas traseras.

Johnson preguntó al cuidador del zoo por qué Lionel se anunciaba como tan salvaje.

"Aunque esté ahí tumbado lamiéndose las zonas sensibles", explicó el cuidador del zoo, "Lionel es más feroz que el otro. De hecho, no hace ni veinte minutos se comió a un polaco que cayó en la jaula".

"¿Entonces por qué se lame así?"

"Oh", dijo el cuidador del zoo, "¡está intentando quitarse el sabor de la boca!".

Purnananda, reúnete con Anando. Intenta averiguarlo, puede que haya algunos otros polacos que también intenten ocultarse, porque saben que una vez que sean conocidos yo iré tras ellos.

Ahora puedes declarar a cualquiera que sea polaco, ¡porque los perseguiré de todos modos! Así que puedes declarar polaco a quien quieras. Usted puede hacer una pequeña sociedad de los polacos.

En la nueva comuna será bueno tener pequeñas comunidades, comunidades separadas, de italianos, polacos, de alemanes.... Habrá algunas dificultades.

Gayan me ha escrito esta mañana diciéndome: "Amado Maestro, puede que no lo sepas, pero ahora tengo que decirte que soy medio italiano -la culpa fue de mi padre, que era italiano- y medio alemán; esa culpa es de mi madre, que era alemana".

Habrá algunas dificultades para gente como Gayan, pero podemos hacer arreglos:

pueden vivir en la línea fronteriza, la mitad en la comuna italiana y la otra mitad en la comuna alemana. Y no creo que haya gente que sea alemana, italiana y polaca, las tres cosas; eso será difícil, muy difícil.

La Srta. Zabriski entró en la consulta de un médico y dijo: "Me gustaría hacerme una vasilación".

"Señorita", dijo el médico, "creo que de lo que está hablando es de una vacuna".

"Sí", dijo la polaca, "y no quiero que me lo des en el brazo porque llevo un camisón de dormir".

"¿Quieres decir camisón sin mangas?"

"Y no lo quiero en mi muslo porque tengo un traje de baño de calabacín".

"¿Quieres decir bikini?"

"Y no quiero que me vacunes en mi Virginia".

"¿Quieres decir vagina?"

"De acuerdo", gritó la chica. "¡Virginia, vagina, con tal de que no me quede pequeña cox!".

Suficiente por hoy.

Más allá del más allá

SIN QUERER NADA CON TODO TU CORAZÓN DETÉN LA CORRIENTE.

CUANDO EL MUNDO SE DISUELVE TODO SE VUELVE CLARO.

IR MÁS ALLÁ DE ESTE O AQUEL CAMINO, A LA ORILLA MÁS LEJANA DONDE EL MUNDO SE DISUELVE Y TODO SE VUELVE CLARO.

MÁS ALLÁ DE ESTA ORILLA Y DE LA ORILLA MÁS LEJANA, MÁS ALLÁ DEL MÁS ALLÁ, DONDE NO HAY PRINCIPIO NI FIN.

SIN MIEDO, VETE.

MEDITA.

VIVIR PURAMENTE.

ESTÉ TRANQUILO.

HAZ TU TRABAJO, CON MAESTRÍA.

DE DÍA BRILLA EL SOL, Y BRILLA EL GUERRERO EN SU ARMADURA.

DE NOCHE BRILLA LA LUNA, Y EL MAESTRO BRILLA EN MEDITACIÓN.

PERO DÍA Y NOCHE EL HOMBRE DESPIERTO BRILLA EN EL RESPLANDOR DEL ESPÍRITU.

"¡Mire, capitán Colón, aterrice! Hemos descubierto tierra".

"¡Maravilloso! ¡Cable a la Reina Isabel inmediatamente!"

"¡Pero, Capitán, el cable aún no se ha inventado!"

"¡Mamma mia! ¡Tengo que hacerlo todo yo sola!"

La ciencia es una tradición, no depende del descubrimiento de un solo hombre. Es una continuidad; muchas personas han contribuido, muchas seguirán contribuyendo. Además, nunca estará completa; siempre quedará algo por descubrir. Es un fenómeno social. Sin Newton no hay posibilidad de Albert Einstein; sin Albert Einstein no habrá posibilidad de que nadie más encuentre algo más allá del concepto de relatividad. La ciencia es interdependiente; no es obra de un solo hombre. Mucho tiene que ser aceptado de otros, mucho tiene que ser prestado; es herencia. Por lo tanto, la ciencia depende del pasado, tiene sus raíces en el pasado.

La religión es totalmente diferente: cada individuo tiene que descubrirla por sí mismo. La religión no es una tradición y nunca podrá serlo. No puedes tomar prestado el conocimiento de otra persona; el conocimiento tiene que ser auténticamente tuyo. Sólo entonces es significativa. Sólo puedes ver a través de tus propios ojos, sólo puedes comprender a través de tu propia meditación, sólo puedes experimentar a través del florecimiento de tu propio corazón.

Y no hay cuestión de dependencia. Si no hubiera existido Buda aún podrías estar despierto, si no hubiera existido Cristo aún podrías estar iluminado. Tu iluminación es absolutamente tuya, es individual. Esa es la belleza de la religión; por eso la religión no se puede enseñar. La ciencia se puede enseñar; la religión tiene que ser descubierta una y otra vez por cada individuo, por cada buscador.

El camino de la ciencia es como caminar sobre la tierra; dejas tus huellas. Buda ha dicho: El camino de la religión es como los pájaros que vuelan en el cielo: no dejan huellas... así que nadie puede seguir a un buda.

Puedes amar a un Buda, pero no puedes seguirle. Puedes amar a un Cristo, pero no puedes seguirle. Sí, tu amor te ayudará, te ayudará a comprender, te dará valor para indagar, fortalecerá tu espíritu para adentrarte en lo desconocido. Será una ayuda tremenda porque el viaje es sin mapas y te adentras en el océano. La otra orilla, la más lejana, no es visible; no hay garantía de que llegues a ella. Al amar a un Buda, a un Cristo, a un Zaratustra, a un Krishna, a un Lao Tzu, surge en ti una profunda confianza en que la otra orilla existe: "Si busco con todo mi ser existe la posibilidad de que la descubra". Pero el riesgo es grande y todo lo tienes que hacer tú. Tienes que ir solo. Tienes que estar totalmente solo; nadie puede acompañarte en el camino.

El maestro puede mostrarte el camino, pero no puede acompañarte. Puede empujarte, puede animarte, puede ayudarte de muchas maneras, pero aun así tienes que ir solo. Tienes que descubrirlo todo, cada detalle de la verdad, de nuevo.

En ciencia es totalmente distinto: una vez que se descubre una verdad, se descubre para toda la humanidad. Una vez descubierta la electricidad no hay necesidad de que todo el mundo la descubra una y otra vez. Eso sería estúpido, completamente estúpido. Una vez descubierta, pasa a formar parte del patrimonio de toda la humanidad.

Pero no es cierto en cuanto a la verdad interior, subjetiva. Miles de veces ha sido descubierta, pero cuando llega como una pregunta, como una indagación para que la descubras, tienes que ir de nuevo desde el ABC, como si fueras el primero, como si nadie te hubiera precedido. Tienes que romper el hielo, tienes que moverte en la tierra virgen.

Es un gran desafío. Los cobardes se encogen ante él, pero las personas valientes se sienten tremendamente atraídas. Las personas valientes lo encuentran casi como una fuerza magnética que tira de ellas. Por eso Buda siempre habla de la intrepidez. Él dice: SIN MIEDO, VE.

Otras religiones, sobre todo las organizadas, tienen sus raíces en el miedo. Si Buda hubiera escrito la antigua parábola de Adán y Eva y su expulsión del cielo, la habría escrito de una forma totalmente distinta. Habría apreciado a Adán y Eva. No lo habría llamado el pecado original, sino la virtud original: que se rebelaran, que no tuvieran miedo de Dios y del castigo, que fueran personas sin miedo.

No los habría condenado, eso es seguro; los habría elogiado inmensamente. Era un desafío a su espíritu, a su alma misma, que les hubiera dicho: "No comáis de este árbol, el árbol del conocimiento, porque si coméis de este árbol seréis castigados, tremendamente castigados - no sólo vosotros sino también vuestra descendencia será castigada por los siglos de los siglos."

Y el castigo iba a ser grande. Dios había dicho a Adán y Eva: "Si coméis del árbol del conocimiento, si coméis del fruto del árbol del conocimiento, os convertiréis en mortales. Ahora mismo sois inmortales". La muerte iba a ser el castigo.

¿Qué más castigo puede haber? La muerte es el máximo castigo.

Buda los habría apreciado. Si Adán y Eva no se hubieran rebelado, si no hubieran comido del árbol del conocimiento, no habría existido la humanidad, ni Cristo, ni Buda, ni Zaratustra, ni Lao Tzu. Adán y Eva seguirían vagando desnudos como animales por el Jardín del Edén. No habría habido nada parecido a la humanidad. Esta conciencia, este conocimiento, esta indagación, nada habría existido. Todo el mérito es de Adán y Eva.

Y la serpiente no habría sido el Diablo. En la historia de Buda, la serpiente debió de ser un antiguo buda provocando a Adán y Eva: "Id sin miedo y comed del fruto y no tengáis miedo, ¡no seáis cobardes!". En Oriente, la serpiente siempre ha representado la sabiduría. Jesús también dice: Sed prudentes como serpientes. La serpiente en Oriente representa el poder inherente, el poder semilla de tu florecimiento final; es tu potencial. De ahí que KUNDALINI se llame el poder de la serpiente.

Kundalini significa la serpiente que yace profundamente dormida; tiene que ser despertada. Una vez que se despierta, comienza a elevarse hacia arriba. Cuando llega al último centro de tu ser - SAHASRAR - el último centro, el último peldaño de la escalera, has llegado a casa. La serpiente no es un representante, una forma disfrazada, del Diablo. Buda habría escrito toda la historia de una manera totalmente diferente.

Pero tanto el cristianismo como el judaísmo están orientados al miedo; también el islam y el hinduismo. Sólo dos religiones en el mundo, el budismo y el jainismo, no lo están; por lo demás, todas las demás religiones están orientadas al miedo. Sólo estas dos religiones están arraigadas en la intrepidez, y no veo cómo una religión puede estar orientada al miedo. En todos los idiomas del mundo tenemos palabras como "temeroso de Dios" para referirnos a las personas religiosas; eso es una completa tontería. Una persona religiosa no teme a Dios, sino que ama a Dios, y el amor y el miedo no existen juntos. Si amas a alguien, no tienes miedo; si tienes miedo, no puedes amar.

El amor no existe en el mundo por la sencilla razón de que hemos estado intentando crear amor a través del miedo. El padre, la madre, el cura, el político, todos intentan crearte miedo. La madre dice: "Escúchame, de lo contrario sufrirás". El padre dice: "Soy poderoso". De mil y una maneras demuestra su poder sobre el niño indefenso y luego le dice: "Quiéreme, ¡soy tu padre!". Por supuesto, el niño tiene que fingir, porque es dependiente, está indefenso. Ama a la madre por miedo; su amor es pseudo. Ama al padre por miedo; es sólo una pretensión, es hipocresía. Ama a Dios por miedo: miedo al infierno, miedo a ser castigado, miedo a ser torturado.

¿Y lo sabes? El cristianismo cree que si cometes pecados sufrirás en el infierno para siempre. Eso parece un concepto tan absurdo. ¿Cuántos pecados puede cometer un hombre en una pequeña vida? Y el cristianismo cree en una sola vida. Si los hindúes pensaran que sufrirás durante mucho tiempo en el infierno se podría entender la aritmética porque ellos creen en millones de vidas, así que puedes cometer tantos pecados como quieras. Por supuesto, el sufrimiento será en la misma proporción, el castigo será en la misma proporción.

Pero el cristianismo propone un infierno eterno. ¿Y qué pecados puedes cometer? Puedes fumar cigarrillos y entonces en el infierno serás arrojado al fuego y fumarás para siempre jamás. O puedes ser alcohólico, pero ¿cuánto puedes beber en una pequeña vida?

De los setenta años, un tercio se va en el sueño; no se puede cometer ningún pecado mientras se duerme a menos que también se cuenten los sueños. Otro tercio va a las oficinas, a las fábricas, a los campos, a las tiendas.... ¿Cuánto tiempo tienes para cometer pecados?

Cuenta todos los días: no encontrarás mucho tiempo. Y tus pecados no serán más que trivialidades.

Sí, puedes enamorarte de la mujer de tu prójimo, ¿pero por eso sufrirás por los siglos de los siglos? Es totalmente injusto. Tal vez tres o cuatro años de prisión en el infierno, pero ¿la eternidad? ¿Puedes concebir la eternidad? Nunca terminará, ¡el sufrimiento será interminable!

Esto es sólo para crear miedo. Y la gente ama a Dios por este miedo, rezan por este miedo.

Buda está en contra del miedo; según él, el miedo es el pecado original. Cree en la intrepidez, cree y cree correctamente; es su experiencia. También es mi experiencia que el verdadero amor sólo se da cuando el miedo desaparece por completo.

En el mundo no ha existido una religión verdadera porque hemos intentado crear una religión barata basada en el miedo. El verdadero amor no ha existido en el mundo. La mujer tiene miedo del marido, y por eso finge amar; el marido tiene miedo de la mujer, y por eso repite "¡Querida, te quiero!" tantas veces como puede.

Eso es lo que Dale Carnegie sugiere a todos los maridos: "Que la ames o no, no es lo importante. Repítelo tantas veces al día como sea posible, tantas oportunidades como haya. Una o dos veces desde la oficina telefonea a tu mujer sólo para decirle 'te quiero'". Y todo esto por miedo.

A causa del miedo, el mundo se está perdiendo las rosas del amor. El amor puede darse -todo hombre nace con una capacidad infinita para el amor-, pero el miedo paraliza a todo el mundo, paraliza a todo el mundo.

Buda dice a sus bodhisattvas: Ve y enseña a la gente estas pocas cosas fundamentales.

Lo primero que dice:
SIN QUERER NADA CON TODO TU CORAZÓN DETÉN LA CORRIENTE.

Estos dichos son sus palabras clave; tendrás que entender sus palabras clave. En aquellos viejos tiempos había que recordar las cosas, así que sólo se daban sutras muy pequeños, sutras muy condensados. Cada sutra está expresado en un lenguaje en clave; tienes que descodificarlo. Tienes que traducirlo al lenguaje contemporáneo; de lo contrario, te perderás su significado.

SIN GANAS DE NADA.... ¿Cómo es posible no querer nada? Esa es la verdad más fundamental de las enseñanzas de Buda. No está diciendo que no quieras nada, recuerda; eso sería un malentendido. Él está diciendo: NO QUIERAS NADA CON TODO TU CORAZÓN DETÉN LA CORRIENTE.

Con "la corriente" se refiere a la mente. Siempre llama a la mente "corriente" porque sigue fluyendo; tanto si estás despierto como dormido, sigue fluyendo. Es la corriente de los pensamientos.

En el mundo moderno, William James, uno de los grandes psicólogos, utilizó por primera vez una expresión budista para la mente; la llamó "corriente de conciencia". Buda dice que es como un río que fluye constantemente. ¿Cómo se puede detener? Los viejos métodos consisten en reprimir, en controlar, pero han fracasado, han fracasado por completo; habían fracasado incluso en tiempos de Buda.

En cierto sentido, Buda es el primer psicólogo del mundo, no Sigmund Freud. Y la visión de Buda sobre la mente es mucho más profunda que la de todos sus psicólogos juntos.

No hay forma de deshacerse de la constante y abrumadora inundación de energía mental, de cosas mentales, simplemente controlándola o reprimiéndola. La represión es absolutamente destructiva.

Si reprimes algo, surgirá una y otra vez y tendrás que reprimirlo una y otra vez. Toda tu vida se convertirá en una especie de guerra civil; estarás constantemente luchando contigo mismo. Y la lucha va a ser interminable porque no puedes destruir la mente de esta manera; esta no es la manera de deshacerse de la mente. De hecho, le estás dando a la mente una gran energía al luchar con ella.

Se puede dar energía a la mente de dos maneras: luchando con ella o entregándose a ella.

Una lleva a la represión, la otra a la identificación, y ambas siguen alimentando la mente. La corriente se hace cada vez más grande.

Puedes reprimir -la represión es fácil- y toda la humanidad ha aprendido a reprimir porque siempre caes en lo fácil. La represión no es algo difícil. La ira surge: puedes sentarte sobre ella, puedes seguir sonriendo con una falsa sonrisa, y tarde o temprano te olvidarás de ella. Pero está ahí hirviendo dentro de ti y estás acumulando cada día más y más ira. La ira tiene su propia belleza si es espontánea, pero estás acumulando ira que se volverá irrelevante, no será espontánea.

Algo puede haber ocurrido hace diez años; ahora no tiene ninguna referencia con la realidad, ningún contexto... y de repente explotas. Pareces loco. Así es como la gente se vuelve loca. Si se hubiesen enfadado dicz años antes, cuando existía el contexto adecuado, nadie les habría llamado locos, pero durante diez años no lo hicieron; entonces se convirtió en demasiado. Y durante diez años no dejaron de acumular más y más ira. Todos los días reprimían, estaban sentados sobre un volcán; tarde o temprano iba a entrar en erupción. O eso, o tienes que estar tan muerto y embotado, tan falto de vida que nada pueda entrar en erupción. Tienes que retirarte tan totalmente de la vida, en un monasterio, tienes que volverte tan insensible a la vida que la gente pueda seguir insultándote y reunir una piel tan gruesa que nada te penetre....

Giovanni fue condenado a prisión por haber hecho el amor con el cadáver de su mujer pocas horas después de su muerte. "¿Tiene algo que decir en su defensa?", preguntó el juez.

"Honestamente, Señoría", replicó el italiano, "no sabía que estaba muerta. Ha estado así durante los últimos veinte años".

Hay millones de personas que no están realmente vivas, tienen miedo de estar vivas porque si lo están su ira, su lujuria, su codicia, todo se vuelve vivo. Para mantenerlos reprimidos tienen que permanecer en el mínimo; nunca viven al máximo. Y no vivir al máximo es perderse a Dios, es perderse todas las bellezas y bendiciones de la vida.

Debes vivir al máximo; sólo entonces llegas a conocer la tremenda belleza de la existencia. Sólo desde esa altura te das cuenta del inmenso esplendor, de la celebración constante que no cesa. Pero no puedes vivir al máximo; tienes miedo porque si vives tan totalmente entonces todo lo que has reprimido saldrá a la luz.

Millones de personas se han decidido por una vida muerta; antes de morir de verdad, están muertas.

Viven sólo para lo mínimo, para ganarse la vida; no para vivir, sino sólo para vegetar.

Tienen mucho miedo, los curas les han metido mucho miedo.

Buda está en contra de la represión. Y si reprimes algo, empezará a encontrar otra forma de surgir, alguna forma pervertida. Por eso digo que todas las perversiones sexuales tienen orígenes religiosos, por la sencilla razón de que todas las religiones han estado en contra de la sexualidad.

Hay que transformar el sexo, no reprimirlo. Es energía pura, ¡es fuego! Pero no hace falta que quemes tu casa con el fuego. Puedes calentar tu casa cuando hace demasiado frío, puedes hacer que tu casa se llene de luz cuando está oscura. Es el mismo fuego que se convierte en luz, que se convierte en calor, pero también puede quemar tu casa. Tienes que estar muy alerta, ser cuidadoso, precavido.

Tus energías vitales son neutras: pueden perjudicarte, pueden ayudarte; todo depende de ti. No las condenes. Tú eres el responsable, ¡y sólo tú!

Pero la gente sigue condenando el sexo como si el sexo tuviera algo que ver contigo. El sexo no tiene nada que ver contigo; el sexo es pura energía. Pero si lo reprimes se convertirá en una perversión; entonces encontrará formas. Si cierras el camino natural, entonces viene a través de alguna forma no natural. Y tú eres la misma persona estúpida, no has cambiado en absoluto; tu comprensión no ha crecido.

Mulla Nasruddin vino de su pueblo a la gran ciudad, y un amigo rico le invitó a su palco en la ópera.

Dijo el amigo: "Nos sentaremos cerca de otras personas, así que asegúrate de cambiarte los calcetines antes de venir".

Poco después de entrar en sus asientos de la ópera, los vecinos empezaron a levantar la nariz por el mal olor.

"Te dije que te cambiaras los calcetines", le dijo el amigo a Mulla.

"Desde luego que sí", dijo Nasruddin. "¡Y además sabía que no me creerías, así que he traído los calcetines viejos aquí en el bolsillo para demostrarlo!".

Si eres el mismo estúpido de siempre no importa lo que hagas con tu sexo, con tu avaricia, con tus celos. Volverán de alguna otra forma, por alguna otra ruta; se volverán aún más sutiles.

Buda dice que lo que se necesita es más conciencia, más comprensión, ni represión ni control. Si puedes ser consciente de tus deseos, si puedes observar tus deseos, entonces ocurre un milagro, el mayor milagro de todos. En el momento en que te vuelves consciente de tus deseos, puedes ver fácilmente que ningún deseo puede satisfacerse jamás; su propia naturaleza es insatisfactoria. Cada deseo es sólo un anhelo de algo que no puede ser, cada deseo significa más y más y más. Ahora bien, ¿cómo puedes satisfacer este constante anhelo de más? Puedes tener toda la riqueza del mundo, pero el deseo seguirá ahí.

He oído que cuando Diógenes le dijo a Alejandro Magno: "¿Has pensado alguna vez en una cosa? - aunque sea una posibilidad muy remota, ¿has pensado en ella?

Puede que realmente conquistes el mundo entero... ¿y luego qué? No hay otro mundo que conquistar, sólo hay un mundo. Si realmente lo consigues -¿alguna vez has reflexionado sobre ello? - ¿entonces qué harás?"

Y se dice que Alejandro se puso muy triste. Diógenes se rió y dijo: "¡Mira!

Aún no lo has conquistado, pero la sola idea de que si conquistas el mundo entero...

¿qué vas a hacer ahora? - porque no hay otro mundo. Estarás bastante perdido, porque la mente te pedirá más. No va a estar satisfecha sólo con este mundo, no va a estar satisfecha".

Mente significa descontento; es su propia naturaleza. Los deseos son sólo manifestaciones de este descontento. Cuando observas tus deseos, poco a poco te das cuenta de la futilidad de desear, te das cuenta de la naturaleza absurda de desear. Te das cuenta de que, por su propia naturaleza, los deseos son irrealizables. Al ver esto, se produce una transformación, un milagro, un cambio radical; pero al ver esto, no mediante la represión, no mediante el control, sino mediante la comprensión.

Un violinista estaba convencido de que podía utilizar su arte en la música para domar animales salvajes. Así que, violín en mano, viajó al corazón de la selva africana para demostrarlo.

Apenas empezó a tocar, el claro de la selva se llenó de animales de todo tipo que se reunían para oírle. Pájaros, leones, hipopótamos, elefantes... todos se quedaban embelesados con su hermosa música.

En ese momento, un cocodrilo salió del río cercano, entró en el claro y... ¡córcholis! - se tragó al violinista.

Los demás animales se enfadaron muchísimo. "¿Por qué habéis hecho eso?", preguntaron. "Lo estábamos disfrutando".

"¿Eh?", dijo el cocodrilo llevándose la mano a la oreja.

La mente está absolutamente sorda; sigue y sigue haciendo las mismas estupideces, sin ver ni escuchar nunca el mensaje. Cada deseo te lleva a un punto en el que puede producirse un cambio radical, pero la mente no puede ver ni oír. Es ciega, es sorda. Cuando un deseo falla, simplemente salta a otro deseo. Si un deseo fracasa, la mente piensa: "Si este deseo ha fracasado eso no significa que todos los demás deseos vayan a fracasar". Sigue esperando que debe haber algunos deseos que puedan cumplirse, tal vez no esta vez sino la próxima; si no hoy entonces mañana; si no en esta vida entonces en la vida después de la muerte, en el cielo. Pero la mente sigue y sigue pensando en la misma vieja rutina.

En el lugar del atraco a un banco, el sargento de policía se acercó corriendo a su inspector y le dijo: "¡Se ha escapado, señor!".

El inspector estaba furioso. "¡Pero te dije que pusieras un hombre en todas las salidas!", rugió.

"¿Cómo ha podido escapar?"

"¡Se fue por una de las entradas, señor!"

La mente siempre encuentra la manera de convencerte de nuevo del mismo juego estúpido. Buda dice que vigiles. Es sólo a través de la vigilancia que no pasa nada.

Y tu vigilancia tiene que ser con todo tu corazón; no debe ser parcial, de lo contrario no va a funcionar - porque si sólo vigilas parcialmente entonces la parte que no se ha involucrado seguirá haciendo los viejos trucos, las viejas estrategias. Todo tu corazón tiene que estar atento para que no quede ninguna mancha oscura en ti, para que todo tu ser sea consciente de lo absurdo de desear.

Jimmy Carter visitaba una de las mayores instituciones para desequilibrados mentales.

Terminó de inspeccionar el edificio principal y quiso ver la Sección de Granjas. Su chófer no estaba, así que el Presidente subió al autobús de línea.

Al cabo de unos minutos, el portero hizo entrar a algunos reclusos. Cuando estuvieron sentados, empezó a contar: "1, 2, 3, 4, 5....". Llegó hasta el presidente y le dijo: "¿Quién es usted?".

El Sr. Carter dijo: "¿Por qué? ¡Soy el presidente de los Estados Unidos!"

El portero dijo: "6, 7, 8...."

No importa quién seas ni dónde estés. Si sigues deseándolo estás loco: "6, ¿ser presidente de un país? Durante años la gente intenta ser presidente de un país; casi toda su vida está dedicada a un único objetivo, ser presidente de un país. ¿Y qué se consigue? Con la misma energía podrían haberse convertido en budas, con el mismo esfuerzo podrían haberse despertado. Pero dedicamos nuestras energías a objetivos tan equivocados -dinero, poder, prestigio- y todos ellos conducen a la locura.

Desear es una locura. Disfruta de la vida - pero no te preocupes demasiado por el mañana. No sacrifiques tu hoy por el mañana; de lo contrario siempre seguirás perdiendo todas las oportunidades que se abren para tu crecimiento interior.

SIN QUERER NADA CON TODO TU CORAZÓN DETÉN LA CORRIENTE.

Observa. Trata de comprender la naturaleza misma del deseo, y en esa misma comprensión se produce una parada por sí misma. La corriente simplemente desaparece, se evapora, como si nunca hubiera estado allí. Y en el momento en que te liberas de la mente, te liberas de toda miseria, de todo descontento.

CUANDO EL MUNDO SE DISUELVE TODO SE VUELVE CLARO.

Con la disolución de la mente, todo el mundo que la mente ha creado a su alrededor también se disuelve, obviamente -dependía de la mente, era la proyección de la mente. No es que los árboles desaparezcan y las rosas desaparezcan... las rosas serán mucho más rosas y los árboles mucho más verdes. La gente será mucho más hermosa; incluso los guijarros de la orilla del mar serán como diamantes. Todo será precioso.

Este mundo, el mundo real, no va a desaparecer con tu mente, pero vives en un mundo privado totalmente distinto: el mundo de tus deseos. No ves el mundo real, sólo ves tu propio mundo privado proyectado en el mundo real. El mundo real se utiliza simplemente como una pantalla en la que sigues proyectando tus deseos. Nunca ves lo que es, sólo ves lo que deseas.

Se dice que el zapatero nunca mira la cara de la gente, siempre mira sus zapatos. Por supuesto, no le interesan sus rostros, no tiene nada que ver con sus rostros; le interesan sus zapatos. El zapato contiene todos los mensajes para él: si la persona es rica o pobre, si tiene éxito o no. El zapato lo dirá todo: la forma del zapato, lo nuevo, lo viejo, el cansancio del zapato; todo dirá de qué tipo de hombre se trata. El zapato, analizado por un zapatero, te dará un análisis perfecto del hombre.

No hace falta ir a un psicoanalista, puedes ir al zapatero, dejarle el zapato. Y él puede hacer un gráfico sobre ti: qué clase de hombre eres, qué está pasando en tu vida.

Los sastres nunca te ven, sólo ven tu ropa. Deciden a partir de tu ropa.

La gente sólo ve lo que desea y proyecta su deseo. Si alguien está lleno de lujuria, incluso una mujer fea puede parecer hermosa.

Mulla Nasruddin va a una estación de montaña de vez en cuando; tiene un bungalow allí.

A veces dice: "Me voy tres semanas", y vuelve al cabo de sólo diez días. Me pasó muchas veces, así que le pregunté: "Nunca cumples tu decisión. Dices: 'Me voy tres semanas', y vuelves a la semana. A veces dices: 'Me voy cinco semanas', y vuelves a los diez días. ¿Cuál es el problema?

Se rió; dijo: "Tengo un criterio y no puedo decidir desde aquí. Usted sabe que tengo un bungalow en la estación de la colina - bueno, he mantenido una mujer allí para cuidar el bungalow. Es la mujer más fea que puedas concebir y el tiempo que me voy a quedar lo determina esa mujer".

Le dije: "No lo entiendo".

Me explicó. Es tan repulsiva, tan asquerosa, pero cuando voy allí, al cabo de dos o tres días ya no es tan repulsiva, tan asquerosa. Al cabo de cuatro o cinco días incluso empiezo a ver algo hermoso en ella. Al séptimo u octavo día empieza a ser realmente hermosa. En el momento en que veo que surge en mí un deseo por ella, me escapo, así lo decido. Eso significa que ha llegado el momento de irme. Sé que es fea, pero ahora mis ojos me engañan, ahora proyectan. Ahora mi lujuria sexual insatisfecha se proyecta en ella; ella no es lo que me está pareciendo. Entonces empiezo a escapar, me estoy volviendo loco. Entonces me apresuro a volver a casa; es hora de volver a casa, de lo contrario hay peligro. Y no quiero hacer el amor con esa mujer repugnante. Sé perfectamente que es repugnante, pero llega un momento, entre siete y diez días, en que empieza a estar tan guapa, como si fuera una Sophia Loren".

Lo experimentas una y otra vez, pero no lo entiendes. Cuando por primera vez te enamoras de una mujer o de un hombre, el otro parece casi un dios o una diosa; ésa es tu proyección. Pronto te desilusionarás. La culpa es tuya, no del otro. No es que el otro te haya engañado; el otro no ha hecho nada. Estabas hambriento, tenías ansia, vivías con un deseo reprimido y ese deseo te creó una ilusión. Te enamoraste, viste algo que no existía. Los enamorados siguen viendo cosas que no existen, nadie más las ve; por eso los enamorados son considerados locos por todos los demás. Ellos mismos pensarán que estaban locos al cabo de dos o tres semanas, pero cuando se enamoran por primera vez creen que han descubierto a la mujer para la que están hechos, que están hechos el uno para el otro.

Aquí sigo recibiendo cartas. Una sannyasin encuentra a alguien casi todos los meses y me escribe y se olvida por completo de que lleva escribiéndola al menos tres años: "Amado Maestro, parece que estamos hechos el uno para el otro". No tiene ni idea de que lo ha escrito al menos cincuenta veces. Pero cuando se encapricha de alguien se olvida de todo lo demás.

le recordé. Me dijo: "Las otras veces puede que me equivocara, pero esta vez, créeme, ¡estamos hechos el uno para el otro!". Y en dos o tres semanas estas personas que están hechas la una para la otra se acaban.

De hecho, nadie está hecho para nadie; cada uno está hecho para sí mismo.

Nadie está hecho para nadie - ¡Dios nunca te hace de dos en dos! Déjate de tonterías. Él simplemente hace individuos.

En Oriente tenemos historias; deben ser historias, no pueden ser historia. En las escrituras Jaina se dice que al principio, cuando el mundo empezó, Dios solía hacer hombres y mujeres juntos. Cada madre daba a luz a gemelos, una niña y un niño; iban a ser marido y mujer. No eran hermana y hermano, ¡estaban hechos el uno para el otro! Eso debe ser un deseo cumplido. El hombre siempre ha estado pensando: "Tiene que haber alguien con quien yo vaya a encajar absolutamente. En algún lugar debe existir alguien que sea sólo para mí y yo para ella". No hay nadie sólo para ti ni tú para nadie. Dios sólo crea individuos, Dios cree en la individualidad - es un individualista.

De hecho, el matrimonio es una invención humana, Dios no cree en el matrimonio. Él mismo está solo, sin esposa; ya lo veis, está muy claro. Si no, al menos se habría casado con el Espíritu Santo. El Espíritu Santo puede convertirse en mujer o en hombre, ¡un fantasma es un fantasma! No tiene cuerpo; podría haberle dado un cuerpo. Si puede crear el mundo entero, ¿no puede crear una mujer para sí mismo? Fue tan generoso con el hombre - le dio al hombre primero una mujer, Lilith. Y Lilith era realmente una mujer hermosa, pero la primera noche hubo una pelea de almohadas - ¡la primera mujer liberada! El movimiento de liberación de la mujer comenzó con Lilith. Y la pelea fue porque Dios les había dado una sola cama y ambas querían dormir en ella y no era lo suficientemente grande para dos personas. Lilith simplemente rechazó la idea de dormir en el suelo. Dijo: "¡Si quieres dormir en el suelo puedes hacerlo!".

Adán se sintió muy insultado - ¿un hombre, y durmiendo en el suelo, y la mujer durmiendo en la cama? En mitad de la noche llamaron a la puerta de Dios y le dijeron: "Tienes que arreglarlo".

Dios también parece ser muy extraño - era una cosa tan simple. Podría haber llamado a Asheesh: "¡Haz una cama doble!" Eso es lo que habría hecho. ¿Por qué hacer tanto alboroto al respecto? O si Asheesh iba a tardar mucho -como suele hacer- podría haber quitado la cama: "¡Los dos podéis dormir en el suelo, sed iguales!". Podría haber mandado a Deeksha a quitarla; ella lo habría quitado todo, ¡hasta el suelo!

Pero los caminos de Dios son extraños.

Disolvió a Lilith. Dijo: "Desapareces. No podrás resolverlo". Luego hizo a Eva, sacando una costilla de Adán para que ella fuera parte de Adán. Ese es un acto feo, muy antifeminista. ¡Y desde entonces Dios es un cerdo machista!

Nadie está hecho para otra persona, por eso no hay dos personas que encajen absolutamente. Todas tus ideas sobre encajar con el otro son ilusiones, y tarde o temprano se hacen añicos.

O hay que comprometerse o hay que separarse. Pero nadie está hecho para el otro.

Los que comprenden, empiezan a aceptar la singularidad del otro, empiezan a respetar la singularidad del otro. Saben que son diferentes, pero han decidido estar juntos. Y es hermoso que sean diferentes porque esa variedad da riqueza a la vida.

Pero tú sigues creando un mundo a tu alrededor, un mundo ilusorio. Buda habla de ese mundo cuando dice: CUANDO EL MUNDO SE DISUELVE - quiere decir cuando la mente se disuelve con todas sus proyecciones - TODO SE ACLARA.

Cuando todas tus proyecciones desaparecen tienes una claridad, una inmensa claridad, no hay nubes en tu conciencia. Puedes ver a través de todo. Ese ver es libertad, ese ver es salvación, ese ver es nirvana, ese ver es volver a casa.

IR MÁS ALLÁ....

Ve hacia ese ver. Ve más allá de la mente, ve más allá de lo conocido, porque la mente consiste en lo conocido. Y ve más allá de lo conocible, porque todo lo que es conocible tarde o temprano será conocido y creará de nuevo la mente. Así que ve más allá de lo conocido -conocido significa lo que ya se ha convertido en tu mente- y de lo conocible -lo que potencialmente se convertirá en tu mente tarde o temprano-. Ve más allá de lo conocido y lo conocible para que puedas entrar en lo incognoscible, en lo misterioso. El más allá representa lo misterioso.

POR AQUÍ O POR ALLÁ....

Buda no es un fanático; dice que no importa qué camino sigas. Recuerda:

tienes que ir más allá de la mente. Sigue cualquier camino. Esta es su belleza - es muy raro.

No encontrarás esta cualidad en los fanáticos religiosos; él no es un fanático en absoluto. Dice que no importa qué camino sigas, si nadas hasta la otra orilla o vas en barco o en vapor o cómo te las apañes... eso depende de ti. Ve a la otra orilla; esa es la cuestión. Todo camino es válido si te lleva a la otra orilla, todo camino es válido si te lleva más allá de la mente.

Y sólo hay dos caminos. Uno es la conciencia, la meditación, el camino de Buda. Y el otro es el amor, la devoción, el camino de los sufíes. Básicamente sólo hay dos caminos, pero Buda es muy claro. Él dice: POR AQUÍ O POR ALLÁ....

Por "este camino" entiende su camino; por "ese camino" entiende el camino del amor, de la devoción.

Ese no es su camino, pero no te lo prohíbe. No dice que no puedas llegar por el otro camino. No dice: "Mi camino es el único camino". No dice, no afirma: "Sólo los que vengan conmigo llegarán y todos los demás caerán en el infierno". ¡No! Él dice: "Puedes seguir otros caminos también. Sólo mantén una cosa en tu conciencia: que tienes que ir más allá".

HASTA LA ORILLA MÁS LEJANA, DONDE EL MUNDO SE DISUELVE Y TODO SE ACLARA.

MÁS ALLÁ DE ESTA ORILLA Y DE LA ORILLA MÁS LEJANA, MÁS ALLÁ DEL MÁS ALLÁ, DONDE NO HAY PRINCIPIO NI FIN.

"Más allá del más allá" es la expresión de Buda para referirse a Dios; nunca utiliza la palabra 'Dios'. Pero "más allá del más allá" es exactamente lo que representa la palabra "Dios". ¿Por qué dice "más allá del más allá"? ¿No basta con llamarlo "el más allá"? No lo es, porque cuando dices "el más allá" parece que lo has comprendido; significa que tu mente lo ha comprendido. Cuando dices "la otra orilla" significa que es la otra orilla, pero es algo parecido a esta orilla; al menos también es una orilla, así que debe ser algo así -quizá un poco diferente, más hermosa, con más árboles, con más verdor, con flores y fragancias más hermosas-, pero una orilla es una orilla.

"Esta orilla" y "aquella orilla" tu mente puede comprender. Por eso dice: Todo lo que es comprensible para la mente debe ser dejado atrás. El más allá es comprensible.

MÁS ALLÁ DE ESTA COSTA Y DE LA COSTA MÁS LEJANA - tienes que ir más allá de ambas costas - MÁS ALLÁ DEL MÁS ALLÁ, DONDE NO HAY PRINCIPIO NI FIN.

Cuando un hombre se acercó a Buda -llevaba años practicando la meditación-, le dijo: "Me has dicho: 'Alcanza la nada', y la he alcanzado. Ahora, ¿qué más tengo que hacer?".

Buda dijo: "¡Ahora tíralo! Sal y tíralo".

Se quedó perplejo. Dijo: "¡He pasado años para conseguirlo!".

Buda dijo: "El único propósito de alcanzarla es arrojarla - sólo entonces estarás realmente en un estado de nada; de lo contrario, esta nada se ha convertido en algo - la has alcanzado. No es la nada real. ¿Cómo puedes alcanzar la nada real? La nada real no es alcanzable, no es asible. Está más allá del alcance, está más allá de la comprensión. Así que sal y lánzala".

Un rey vino a Buda con muchos diamantes en una mano, muy preciosos, muy raros, y con una flor de loto en la otra mano, fuera de temporada. Quería ofrecer los diamantes.

Buda dijo: "¡Suéltalo!" Así que dejó caer los diamantes -de mala gana, porque era un tesoro tan grande- pensando: "Este hombre no entiende lo que dice". Pero diez mil monjes están allí y ahora no soltarlos parecerá mezquino y la gente se reirá y dirá: "Si has venido a ofrecerle algo y él te ordena: "¡Suéltalo!", ¡suéltalo! Se los has ofrecido, ahora es asunto suyo lo que haga con ellos". Así que los soltó, pero de muy mala gana.

Entonces ofreció la flor de loto. Buda dijo: "¡Suéltala!" Dejó caer esa flor también.

Ahora estaba de pie con las manos vacías y Buda le dijo: "¡Suéltala!". Ahora el rey estaba perdido. Dijo: "Señor, no tengo nada que soltar; mis manos están completamente vacías".

Buda dijo: "¡Entonces suéltalo!". El rey pensó: "¡Este hombre está loco! Uno de los bodhisattvas de Buda, Manjushree, se rió y dijo: "Señor, usted no entiende a mi maestro. Está diciendo: 'No cargues con esta idea del vacío, abandona eso también, porque la idea del vacío es suficiente para llenarte a ti mismo; la idea del vacío es suficiente para crear una mente'. Buda está diciendo: "Abandona TODO incondicionalmente". Y cuando lo hayas soltado todo, no te quedes con la idea de que ya no queda nada. Ese es el significado de ir más allá del más allá. Ese es el estado último del nirvana, cuando el ego, la mente, la personalidad, todo deja de existir y desapareces en lo misterioso, en lo milagroso, en lo universal.

SIN MIEDO, VETE.

MEDITA.

En eso consiste la meditación: en observar tus deseos, comprender su naturaleza... y dejarlos caer como las hojas secas de los árboles en otoño.

VIVIR PURAMENTE.

Y cuando la meditación haya sucedido y el deseo haya desaparecido, entonces vive desde esa inocencia. Ahora mismo estás viviendo de deseos. Deseas esto, deseas aquello, y a veces deseas incluso a Dios, a veces deseas el nirvana, a veces deseas incluso la meditación, pero vives de deseos.

Hay otro tipo de vida -la vida real- que se vive a través de la inocencia, sin desear. Así que todo lo que viene en el camino lo disfrutas, te regocijas, pero no lo deseas.

VIVIR PURAMENTE - eso es lo que Buda llama una vida pura: una vida que no se vive por deseos.

ESTÉ TRANQUILO.

Naturalmente estarás tranquilo - cuando no queda deseo no queda agitación.

HAZ TU TRABAJO, CON MAESTRÍA.

Entonces, hagas lo que hagas, disfrutes haciéndolo, hazlo con maestría y habilidad. Amaba mucho la habilidad, amaba la excelencia, amaba la perfección. No era un perfeccionista, recuerda, porque no era una persona neurótica, pero amaba la perfección.

Hazlo todo con tu totalidad. Lo que sea que estés haciendo, hazlo con tal amor, con tal compromiso e implicación que por el momento eso sea toda tu vida.

Una vez alguien preguntó a Vincent van Gogh: "¿Cuál es su mejor cuadro?".

Estaba pintando un cuadro. Dijo: "Este - este es el mejor."

Al cabo de unos meses, el hombre volvió a preguntar -estaba pintando otra cosa-: "¿Cuál es su mejor cuadro?".

Dijo: "Este".

El hombre dijo: "Pero esto no está bien. Hace sólo unos meses dijiste de otro cuadro que ése era tu mejor".

Vincent van Gogh dijo: "Lo que estoy haciendo en este momento es lo mejor. Siempre es esto, nunca es aquello. Siempre es ahora, nunca es entonces".

Este es el camino de la perfección, el camino de la excelencia, el camino de la habilidad, la maestría.

Hagas lo que hagas, hazlo como si fuera una cuestión de vida o muerte. Pon toda tu energía en ello, y te dará una dicha tremenda. No te quedes a medias. Sólo entonces florece la creatividad, sólo entonces te conviertes en partícipe de Dios creador.

DE DÍA BRILLA EL SOL, Y BRILLA EL GUERRERO EN SU ARMADURA.

DE NOCHE BRILLA LA LUNA, Y EL MAESTRO BRILLA EN MEDITACIÓN.

Son palabras clave. El sol representa al guerrero. El sol es energía caliente; el sol es energía violenta. La luna representa al meditador, al místico; es energía fría. Es la misma energía, recuerda - es la misma energía, no es una energía diferente. Pero al pasar a través de la luna los rayos del sol se enfrían; ese es el milagro de la luna, el cambio alquímico que ocurre a través de la luna. La luna simplemente refleja los rayos del sol; es un espejo. Pero con sólo atravesar la luna se produce un cambio radical: los rayos que son calientes, violentos, se vuelven silenciosos, fríos, pacíficos.

El sol representa al guerrero, al luchador, al soldado. La luna representa al sannyasin, al meditador, al místico.

Buda dice: DE DÍA BRILLA EL SOL, Y BRILLA EL GUERRERO EN SU ARMADURA.

El día pertenece al guerrero, el sol pertenece al guerrero. El guerrero es aquel que intenta conquistar a los demás, que intenta convertirse en el amo de los demás. Es un esfuerzo estúpido, pero es más barato. Es fácil esclavizar a otro, siempre es fácil encontrar a alguien que sea más débil que tú, es fácil imponerse a alguien.

Pero el místico, el meditador, se mueve en una dirección totalmente diferente: se mueve en su interioridad. Intenta ser dueño de sí mismo, no de los demás, sino de sí mismo, y eso es el verdadero dominio. El primer esfuerzo es estúpido.

Y el mundo ha estado dominado por los soldados durante siglos, por eso el mundo es un caos. El mundo necesita cada vez más sannyasins porque cada sannyasin se convierte en una luna: transforma la energía violenta del mundo en un estanque de energía fría. El mundo necesita estar lleno de sannyasins, sólo así podremos tener un mundo que olvide los caminos de la guerra y aprenda el lenguaje de la paz y el amor. El mundo necesita muchos sannyasins como transformadores de energía.

Eso es exactamente lo que se entiende por un campo búdico: donde muchos sannyasins están juntos y crean una fuerza transformadora tan grande que todo tipo de energías que pasan a través del campo búdico se enfrían, se vuelven femeninas, se vuelven más como flores y menos como rocas. Pierden su dureza, se vuelven delicadas, delicadas como pétalos de rosa.

DE NOCHE BRILLA LA LUNA.... La noche es el tiempo del místico, el día es el tiempo del guerrero. La noche representa un cambio en toda la atmósfera. Es más fácil meditar de noche que de día. La meditación está mucho más cerca del sueño que de cualquier otra actividad, con una única diferencia: en el sueño se cae inconsciente, en la meditación se permanece consciente, pero con la misma relajación. De día es difícil dormir; si quieres dormir de día tienes que cerrar las puertas y las ventanas y correr todas las cortinas para que quede oscuro. Si vienen rayos de sol no te dejan dormir; los rayos de sol activan tus energías. La noche te ayuda a descansar y relajarte. Es el momento del místico.

Los sannyasins deberían utilizar cada vez más la hora de la noche para meditar. Puedes profundizar, y fácilmente, porque los vientos soplan en esa dirección; puedes moverte con los vientos con menos esfuerzo. Durante el día te mueves en contra de los vientos. Durante el día las meditaciones activas son buenas; la meditación dinámica es buena durante el día, la meditación danzante es buena durante el día. Pero por la noche vipassana, meditaciones silenciosas, simplemente sentarse y no hacer nada, simplemente relajarse porque toda la atmósfera es relajante.... El sol se ha puesto, los árboles se han dormido; es una calidad de energía totalmente diferente la que te rodea por la noche. Es fácil meditar.

Buda dice: EL MAESTRO BRILLA EN MEDITACIÓN en la noche.

Por "maestro" se refiere a aquel que intenta ser maestro de sí mismo; por "guerrero" se refiere a aquel que intenta ser maestro de los demás. Pero una vez que has alcanzado, una vez que te has iluminado, entonces no hay cuestión de día y noche, no hay cuestión de sol y luna.

PERO DÍA Y NOCHE EL HOMBRE DESPIERTO BRILLA EN EL RESPLANDOR DEL ESPÍRITU.

El buda, el despierto, el iluminado brilla tanto de noche como de día; para él no hay diferencia. Una vez que hayas despertado, entonces no hay ninguna diferencia. Pero hasta que eso ocurra utiliza cada vez más la atmósfera nocturna para meditar.

Y cuando hay luna en la noche es mucho más fácil meditar. La noche de luna llena es la mejor para meditar. Muchas personas que se han convertido en budas han alcanzado su iluminación en la noche de luna llena, incluso el propio Buda. Puede haber sido una coincidencia, pero es importante recordarlo: nació en la noche de luna llena, se iluminó en la noche de luna llena y murió en la noche de luna llena.

Algo en la luna llena parecía sincronizarse con su energía.

Utilízala. Estate alerta y utiliza todas las posibilidades que te ayuden a entrar. Una vez que hayas despertado, no habrá ningún problema. Entonces puedes estar tranquilo, en reposo, en paz, en cualquier lugar.

Alguien preguntó a Buda: "Cuando mueras, ¿irás al cielo?".

Buda dijo: "No hagas preguntas sin sentido. Dondequiera que esté un buda allí está el cielo.

Los budas no van al cielo; allí donde va un buda, va el cielo".

Esto está mucho más cerca de la verdad, es mucho más hermoso; la propia afirmación es significativa.

No se trata de que los iluminados vayan al paraíso; los iluminados viven en el paraíso dondequiera que estén. Puedes enviarlos al infierno, si es que existe, y el infierno se transformará. Con su sola presencia, el infierno se convertirá en un campo búdico. Por su sola presencia, las energías del infierno sufrirán una transformación.

Una vez sucedió:

Un sacerdote cristiano estaba dando un sermón un domingo y dijo: "Los que no creen en Dios y viven vidas inmorales irán al infierno; los que creen en Dios y viven vidas morales irán al cielo."

Un hombre se levantó y preguntó: "Me ha surgido una pregunta. La pregunta es: Los que no creen en Dios y viven una vida moral, ¿adónde irán? Los que creen en Dios y llevan una vida inmoral, ¿adónde irán?".

El sacerdote estaba perdido; no había pensado en ello. La pregunta era delicada. Le dijo: "Por favor, dame tiempo para reflexionar. Después de siete días responderé, el próximo domingo".

Aquellos siete días fueron un verdadero infierno para él. Intentó comprenderlo, pero le fue imposible. Si dice: "Los que no creen en Dios y son morales van al cielo", entonces el hombre dirá: "¿Por qué creer en Dios? ¿Por qué preocuparse por Dios? Con ser moral es suficiente". Pensó: "Y si digo que las personas que no creen en Dios y son morales tienen que ir al infierno, entonces la moralidad pierde toda relevancia. Entonces, ¿para qué ser moral?

Basta con creer en Dios. Cree en Dios y vive lo más inmoralmente posible. ¿Por qué perder esa oportunidad?" Se estaba volviendo loco, no podía dormir. Continuamente estaba pensando y consultando libros, pero no llegaba ninguna respuesta.

Llegó el domingo; vino un poco antes a la iglesia para rezar a Jesús. "¡Ayúdame!", le rezó a Jesús. No había dormido en toda la noche, así que mientras rezaba se quedó dormido, y soñó un hermoso sueño, un sueño muy significativo. Vio que estaba en un tren. Preguntó adónde iba el tren y los otros pasajeros le dijeron: "El tren va al cielo".

Dijo: "¡Esto está muy bien! Eso es lo que quería ver, verlo con mis propios ojos.

Sócrates nunca creyó en Dios, pero vivió una vida moral. Buda nunca creyó en Dios, pero vivió una de las vidas más puras. Mahavira nunca creyó en Dios, pero ¿quién puede superar a Mahavira en su vida moral? Si puedo encontrar a estas tres personas allí, entonces la cuestión está resuelta; si no las encuentro allí, entonces también la cuestión está resuelta".

El tren llegó al cielo; se quedó muy sorprendido. Al ver el cielo, no podía creerlo: ¡parecía más bien el infierno! Por supuesto, el tablón decía que era el cielo, pero no lo habían pintado, al parecer, desde hacía siglos. Se había acumulado tanto polvo que todo estaba sucio. Parecía un desierto: no había vegetación, ni árboles, ni rosas, ni lotos. Se cruzó con algunos santos que parecían casi muertos, arrastrándose de algún modo. El polvo también se había acumulado sobre ellos, como si hubieran olvidado cómo bañarse, como si nadie se bañara en el cielo.

Preguntó: "¿Está Sócrates aquí? ¿Está Buda? ¿Está Mahavira?"

Aquellos santos decían: "Nunca he oído hablar de esta gente".

Se apresuró a ir a la oficina de información. Preguntó: "¿Hay algún tren que vaya al infierno?".

Me dijeron: "Sí, sale inmediatamente. Puedes cogerlo ahora mismo".

Y se precipitó en el tren hacia el infierno, y al acercarse el infierno se encontró de nuevo con una gran sorpresa: tanta fragancia, tanto verdor, tantas flores, tantos pájaros hermosos, y cantando y bailando. Dijo: "¿Qué pasa?". Y todo el mundo parecía tan alegre, tan radiante. Preguntó a la gente de la estación: "¿Es esto realmente el infierno? ¿EsTO es el infierno?"

Dijeron: "Sí, esto es el infierno, y nadie puede creer que esto sea el infierno". Desde que estas tres personas -Sócrates, Buda y Mahavira- llegaron, todo cambió. Han transformado toda la escena. Sólo el nombre es infierno ahora - es realmente el cielo. Y el otro lugar es sólo cielo de nombre; se ha convertido en infierno".

Estoy absolutamente de acuerdo con el sueño. Puedo visualizar que sus llamados santos, dondequiera que estén, crearán el infierno. Pero si un hombre como Buda o Sócrates o Mahavira o Jesús o Lao Tzu o Zaratustra está en el infierno, entonces el infierno tiene que cambiar. No se trata del lugar, sino de quién está allí.

PERO DÍA Y NOCHE EL HOMBRE DESPIERTO BRILLA EN EL RESPLANDOR DEL ESPÍRITU.

Puedes decir infierno o cielo... EL HOMBRE QUE ESTÁ DESPIERTO BRILLA EN EL RESPLANDOR DEL ESPÍRITU.

Dondequiera que esté, crea un mundo nuevo, crea una energía totalmente nueva. Es un transformador alquímico.

Primero, no seáis soldados, sed sannyasins, porque así es como un día podréis convertiros en budas. Avanzad hacia el autodominio. Utilizad todos los dispositivos, los métodos, para convertiros en maestros de vuestro propio yo. Y entonces, un día, cuando la mente haya desaparecido con todas sus ilusiones y hayáis alcanzado la claridad, cuando podáis ver aquello que es tal como es, seréis budas. Entonces, dondequiera que estés, allí está el paraíso.

Suficiente por hoy.

Risa: amor, alegría, gratitud

La primera pregunta:
Pregunta 1:
AMADO MAESTRO,
¿ES TODO UNA BROMA? PERO NO LO ENTIENDO.

Vimalkirti, ciertamente es una broma, pero no puedes entenderlo. Eres alemán, y no sólo un alemán cualquiera: ¡eres el bisnieto del emperador alemán! Piensa en el viejo en su tumba: ¡debe estar dando vueltas en la cama viéndote de naranja, limpiando suelos en Poona! ¿Qué te parece? - ¿No es una broma? ¿Podría tu bisabuelo haber imaginado o soñado alguna vez que esto les iba a pasar algún día a sus propios hijos? Imposible que lo hubiera soñado, pero ha sucedido.

Durante siglos te han dicho que la vida es un asunto serio; se ha convertido en un condicionamiento profundo. Si no, la vida es realmente una broma. Es un juego, es LEELA. Todo depende de cómo te lo tomes. Si te lo tomas en serio, se convierte en algo serio, pero entonces sufres, sufres por tu propia idea. La vida se vuelve pesada, se convierte en un peso, una montaña sobre tu pecho; te aplasta. La vida pierde toda alegría, toda risa. Simplemente te arrastras, no vives. ¿Cómo se puede vivir sin reír?

El hombre es el único animal de la tierra que sabe reír. La risa es lo único que tiene de especial el ser humano, no la razón, sino la risa. Los animales también pueden razonar -razonan a su manera-, pero no pueden bromear, no pueden reír, no pueden ver el lado humorístico; eso es imposible para ellos. Todos los animales son personas serias y todas las personas serias son animales. En el momento en que te deshaces de tu seriedad te deshaces de tu animalidad.

Por eso no respeto a sus santos. Son muy serios, mucho más serios que los burros, mucho más serios que los búfalos. Han caído, no se han levantado.

Sus santos son serios, sus políticos son serios, sus revolucionarios son serios, sus científicos son serios. Todos ellos se toman la vida como si de alguna manera uno tuviera que pasar por ella - no bailar. El concepto mismo de danza está muy lejos de ellos. Ni siquiera pueden caminar, se arrastran. No viven, sólo mueren lentamente. Todos esperan que la muerte les alivie del dolor y el sufrimiento de la vida.

Es muy raro encontrar a un ser humano que no haya contemplado la posibilidad de suicidarse una o dos veces. Por término medio, cada ser humano piensa en suicidarse cuatro veces en su vida. No lo hace, eso es otra cosa. Tal vez no tiene valor para hacerlo, tal vez tiene miedo de lo que va a pasar después de la muerte. ¿Quién sabe? Puede ser mucho peor que la vida misma. Al menos la vida es conocida, familiar; es arriesgado adentrarse en lo desconocido.

Los indios no se suicidan mucho porque creen que volverán a ser enviados, así que ¿para qué? - Hay que nacer millones de veces. Todas las religiones indias no buscan a Dios, recuerda, sino la libertad de la vida, la libertad del círculo del nacimiento y la muerte. ¿Cómo puede esta gente alegrarse y cómo puede esta gente estar agradecida a Dios? Se están quejando y sus quejas son muy ruidosas. Dicen: "No queremos nacer. Nunca quisimos nacer. ¿Por qué no nos preguntaste primero? No es justo. No es un regalo, es injusto enviarnos a una vida que nunca hemos pedido. Y es injusto seguir enviándonos a una vida que no es más que miseria".

Pero la vida no es miseria. Es nuestro enfoque, es nuestra forma de verla lo que la ha hecho fea. Nuestra visión está distorsionada, no la vida misma. Nuestro espejo está distorsionado, no la vida misma.

Como nuestro espejo está distorsionado, la vida aparece distorsionada.

Vimalkirti, para mí todo es una broma. Y no estoy bromeando, ¡lo digo muy en serio!

Dices: "Pero no lo entiendo".

He oído que en Alemania no se permite contar chistes los sábados por la noche.

¿Por qué? - Porque podrían echarse a reír en la iglesia el domingo por la mañana. Tardan en entenderlo. Y tú eres el bisnieto del emperador alemán, ¡puede que te lleve un poco más de tiempo! Pero si estás aquí, seguro que lo entiendes. No se preocupe. La vida está tan llena de momentos hilarantes que es casi imposible perdérselos. Es un milagro cómo la gente sigue perdiéndoselos; si no, se encontraría chistes por todas partes.

Cuando Winston Churchill fue nombrado primer ministro por primera vez -estaba cansado de la campaña electoral y de toda la política anterior y de toda la lucha por llegar a lo más alto-, su mujer pensó que sería bueno llamar a un amigo que conocía muchos chistes bonitos para que le contara unos cuantos a Winston Churchill. "Eso le relajaría, le ayudaría a reír un poco. Lleva tantos días serio y parece muy cansado".

Llamaron al amigo; vino con los últimos chistes. Le preguntó a Winston Churchill: "¿Le gustaría conocer los últimos chistes?".

Churchill le miró y le dijo: "Por favor, no más, ¡los he nombrado a todos en mi gabinete!".

Si miras a tu alrededor, si estás lo suficientemente atento, seguro que vuelves a tropezar con algo tan hermoso y tan ridículo. La idea misma de crear el mundo y crearos a todos vosotros es una broma cósmica. Dios debe tener sentido del humor.

Un viejo rabino se estaba muriendo y alguien le preguntó... porque temían por el viejo rabino. No era muy religioso, ni muy virtuoso; de hecho, era todo lo contrario.

Estaban preocupados. Le preguntaron: "¿Estás preparado para encontrarte con Dios?".

Abrió los ojos y dijo: "Sí, eso es lo que estoy haciendo; sólo intento recordar algunos chistes bonitos para contárselos. Debe de estar cansándose de todas esas caras largas, de santos tristes. Disfrutará mucho con unos cuantos chistes, unos cuantos cotilleos sobre la tierra".

Y estoy totalmente de acuerdo con este viejo rabino. Si te encuentras con Dios, no te pongas de rodillas y empieces a rezar, ¡está cansado de todo eso! Cuéntale un chiste bonito. Será una comunión más profunda con él. Deja que se ría. En esa risa habrá una revelación.

Vimalkirti, algunos chistes para ti:

Karpuik fue llevado a urgencias del hospital de la ciudad. El médico de guardia se sorprendió al descubrir que Karpuik se había escaldado el escroto. "¿Cómo ha ocurrido?", preguntó.

"Pilzudski llevó a su mujer al médico y se quejó de que no podía mantener relaciones sexuales con ella porque estaba demasiado tensa.

"Muy bien", dijo el médico, "¡vamos a probarlo!".

El serrucho puso a la mujer sobre la mesa, aplicó un poco de vaselina a su instrumento y penetró fácilmente a la mujer de Pilzudski.

"Oye", dijo el polaco, mientras veía al médico alejarse bombeando, "¡si no fuera por la medicina creo que te estarías tirando a mi mujer!".

Había una vez un joven sacerdote piadoso, que vivía casi plenamente de la levadura. "Porque", decía, "es evidente que todos resucitaremos, ¡y yo quiero empezar por lo menos!".

Mi enfoque de la vida es el de la risa. Y la risa contiene amor, la risa contiene alegría y la risa contiene gratitud. La risa contiene un tremendo agradecimiento hacia Dios.

Cuando te ríes a carcajadas, tu ego desaparece. Sucede muy raramente en cualquier otra actividad, pero en la risa está destinado a suceder. Si la risa es total el ego no puede existir; nada mata al ego como la risa. Por eso todos los egoístas son serios.

El ego sólo puede existir en la seriedad; el ego vive, se alimenta de la seriedad. Y la gente seria es gente peligrosa.

Tenemos que destruir todo tipo de seriedad en el mundo. Los templos deberían estar llenos de risas, canciones, bailes y celebraciones. Así son los árboles, las estrellas, los ríos, los océanos. Toda la existencia, excepto el hombre, está en un estado no serio; sólo el hombre parece ser muy serio. Ningún niño nace serio, recuérdalo, pero nosotros destruimos la inocencia del niño. Destruimos sus cualidades de asombro y admiración, destruimos su risa, destruimos todo lo que es bello y valioso, y en su lugar le damos una carga que llevar sobre su cabeza - de conocimiento, de teología, de filosofía. Cuanto más le educamos, más pierde el sentido del humor. No puede ver ningún humor en la existencia porque empieza a vivir a través de su conocimiento; lo sabe todo.

Debido a su capacidad de conocimiento, toda maravilla es destruida. Debido a su capacidad de conocimiento, la mayor cualidad religiosa - el asombro - muere.

Un joven universitario, llamado Breeze, agobiado por licenciaturas y maestrías, se desplomó por el esfuerzo; su médico le dijo: "¡Es evidente que te estás matando poco a poco!".

Cuando vuelves de la universidad estás casi muerto. Tu estado es patológico. Estás enfermo, enfermo de conocimiento, asfixiado por el conocimiento. Y no puedes reír; eso es sólo para niños y locos.

Y todo mi esfuerzo aquí, Vimalkirti, es volverte ambas cosas simultáneamente: volverte infantil y volverte completamente loco. Si estas dos cosas suceden, entonces sólo tú eres un sannyasin. Mi único mandamiento es la risa... y todo lo demás vendrá por añadidura. Si puedes amar y si puedes reír, totalmente, de todo corazón, tu vida se convertirá en una dicha y una bendición, no sólo para ti mismo sino para todos los demás. Serás una bendición para el mundo.

Tienes que dejar toda la seriedad. Tienes que dejar esa seriedad porque te la han impuesto; no es tu naturaleza. No viniste serio al mundo, viniste riendo. Cada niño bulle de alegría y a los cuatro años empieza a morir. A los cuatro años los niños y a los tres las niñas empiezan a morir. Las niñas siempre van por delante de los niños en todos los sentidos; incluso en este asunto van un año por delante.

Y una vez que la muerte se instala en ti, te mata lentamente. No es que mueras de repente cuando tienes setenta u ochenta años; eso es sólo la culminación de un proceso que empezó a los tres o cuatro años. ¿Te has fijado alguna vez en el hecho de que si intentas recordar hacia atrás no puedes pasar la barrera de los tres años? Como mucho puedes recordar cuando tenías tres años; más allá, todo está en blanco. ¿Por qué? Estuviste aquí, sin duda, y esos tres años no estuvieron vacíos en absoluto; de hecho, estuvieron más llenos de experiencias de lo que lo estará cualquier otro año de tu vida. Cada momento estaba lleno de experiencias. Estabas constantemente explorando la vida, la gente, todo; estabas constantemente indagando.

En una universidad estaban haciendo un experimento. El experimento era... que los niños parecen ser tan activos - ¿de dónde sacan tanta energía?

Sus cuerpos son tan pequeños y delicados - son como flores, frágiles - pero parecen tan enérgicos, tan vitales, tan rebosantes de energía. ¿De dónde sacan tanta energía?

Así que hicieron un experimento. Dispusieron que un hombre muy fuerte siguiera a un niño y que hiciera exactamente lo mismo que el niño. Y le iban a pagar; le iban a pagar todo lo que quisiera. Era un hombre muy grande, un luchador, un luchador famoso, así que no le preocupaba seguir a un niño. ¿Qué puede hacer un niño? Pero en cuatro horas estaba en el suelo, porque en cuanto el niño supo que le estaba imitando, saltó, corrió, rodó por el suelo y se rió a carcajadas .... Y el niño hizo tantas cosas que el luchador, en cuatro horas, ¡estaba acabado!

Dijo: "Nunca en mi vida he estado tan cansado. He luchado toda mi vida, he librado grandes combates, siempre he sido un ganador. Esta es mi primera derrota".

Y aquel niño pequeño no estaba cansado en absoluto; seguía dispuesto, seguía desafiando al hombre. Dijo: "¡Vamos! ¡Vamos a divertirnos un poco más! ¿Has terminado? ¿Por qué estás tirado en el suelo?".

Todos los niños nacen con una gran energía, pero nosotros la destruimos. Paralizamos a cada niño, paralizamos a cada niño. Y nuestras iglesias y nuestros templos y nuestros sacerdotes han hecho el mayor mal a la humanidad. Son los mayores criminales del mundo, son los verdaderos pecadores. Han pecado contra la humanidad - han paralizado a cada ser humano. No sabes quién habrías sido si se te hubiera permitido la libertad total desde el principio - si tu risa hubiera sido libre, tu amor hubiera sido libre, tu alegría hubiera sido libre, y no hubieras sido obstaculizado, interferido, distorsionado, manipulado, forzado, canalizado en ciertas direcciones....

A ningún niño le interesa el dinero, porque ningún niño es tonto. A ningún niño le interesa ser presidente de un país o primer ministro, porque ningún niño es tan tonto. Sus intereses son mucho más naturales. Le interesan las flores, le interesan las mariposas, le interesan los guijarros de la orilla del mar. Le interesa bailar bajo las estrellas, bailar al sol, bailar con el viento. Le interesa subirse a un árbol o a una montaña. Le interesa nadar en el río o adentrarse en el océano.

Sus intereses son totalmente distintos, pero desviamos todas sus energías. Le decimos: "No hace falta que subas al árbol, ni que subas a la montaña. ¡Sube la escalera del éxito!" - que es un proceso absolutamente mediocre, que es un proceso absolutamente poco inteligente. "Sube la escalera del éxito. Sé más rico que los demás. Sé competitivo. Sé celoso. Sé posesivo.

¡Lucha!" - una lucha por cosas que no tienen sentido. Entonces pierdes la alegría, entonces pierdes la risa. Entonces la vida parece más una pesadilla que una hermosa broma.

Vimalkirti, es una broma cósmica.

Y mi visión es que la religiosidad futura estará más arraigada en la vida que en la muerte, más en la risa que en la tristeza, más en la danza que en arrastrar la vida.

La segunda pregunta:

Pregunta 2:

AMADO MAESTRO,

¿POR QUÉ, A PESAR DE LAS APARIENCIAS, EL VACÍO ES MÁS TANGIBLE QUE LA FORMA, LA CONCIENCIA MÁS QUE EL PENSAMIENTO, EL SILENCIO MÁS QUE LA PALABRA?

Deva Bruce, el vacío es la fuente de todas las formas. El vacío es eterno, las formas son temporales.

Las formas son como ondas en el lago, el vacío es el propio lago. Las formas van y vienen, el vacío permanece. Las formas son sólo apariencias, el vacío es la realidad.

De ahí que Buda llame a la realidad SHUNYA. Shunya significa el vacío último. Sí, es mucho más tangible que tus llamadas cosas reales, porque estas cosas reales vienen del vacío y volverán al vacío. El vacío es la fuente y la meta. Todo sale de la nada y desaparece de nuevo en la nada.

Por tanto, recuerda, la nada no significa que no sea nada; la nada significa simplemente que es todo. La nada significa "no-nada". Las cosas son formas; la nada es una energía sin forma. Puede manifestarse de millones de formas, y sólo puede manifestarse de millones de formas porque no tiene forma propia. Es fluida, está disponible para cualquier forma, no se resiste a ninguna forma. Puede expresarse de millones de formas porque no tiene obsesión, no tiene fijación. Puede florecer como una rosa, puede florecer como un loto. Puede ser una canción, puede ser una danza, puede ser silencio. Todo es posible porque la nada significa simplemente que aún no ha tomado forma. Una vez que se adopta una forma, las cosas se limitan, las alternativas se limitan. Una vez que se adopta una forma, no eres totalmente libre; tu forma se convierte en tu esclavitud. Por lo tanto, la meditación es una entrada en la nada.

Las religiones occidentales no han entendido nada. Incluso su Dios tiene forma; Dios no puede tener forma. Dar una forma a Dios es antropocéntrico, es proyectar nuestra propia forma en Dios.

Si los caballos fueran filósofos -y quién sabe, puede que algunos caballos lo sean-, entonces Dios sería un caballo, un hermoso caballo, con todas las grandes cualidades de un caballo. Los caballos no pueden pensar en Dios como en un hombre, imposible. El hombre no ha sido bueno con los caballos en absoluto. Pueden pensar en el Diablo como hombre, pero no en Dios como hombre. El hombre piensa en Dios como hombre.

La Biblia dice que Dios creó al hombre a su imagen y semejanza. La verdad es justamente lo contrario: el hombre crea a Dios a su propia imagen. Por lo tanto, el Dios negro tendrá una forma negra, el Dios hindú tendrá una forma hindú, el Dios chino tendrá una forma china. El Dios chino no puede tener forma hindú; es imposible. Los chinos no pueden pensar que Dios pueda tener otra forma que la china - por supuesto, la forma china más hermosa, pero va a ser china. Estas son nuestras ideas proyectadas sobre Dios.

Dios no es una forma, Dios no tiene forma. Dios es la nada absoluta, Dios es el vacío total.

De ese vacío surge todo: árboles, personas, montañas, tierras, estrellas, creaciones. Llegan, están allí durante un tiempo y luego desaparecen de nuevo en el vacío final. Eso es el principio y el fin; está antes del principio y después del fin. Buda lo llama el más allá, el más allá último, más allá del más allá.

Me preguntas, Bruce: "¿Por qué, a pesar de las apariencias, el vacío es más tangible que la forma, la conciencia más que el pensamiento, el silencio más que la palabra?".

La conciencia es Dios porque la conciencia es la nada. El pensamiento es un mundo; de ahí que Buda llame a la mente "el mundo". En el momento en que surge un pensamiento, ha surgido una ola en el lago de la conciencia, ha surgido una forma, y la forma es sólo temporal, momentánea.

Pronto desaparecerá; no va a permanecer, no es eterno. No te aferres a él. Observa cómo entra y cómo sale. Observa cómo surge y cómo desaparece, pero no te aferres a él. Recuerda la conciencia, en la que surge y en la que se disuelve de nuevo. Esa es tu realidad, esa es tu verdad. El pensamiento puede ser bueno, el pensamiento puede ser malo, pero bueno o malo da lo mismo. Un pensamiento es un pensamiento; no es eterno, y ése es el único criterio de la realidad.

Así es como los místicos han juzgado siempre la realidad: todo lo que es eterno es real y todo lo que es momentáneo es sólo un fenómeno onírico. No hay diferencia entre el sueño que ves por la noche y el sueño que ves por el día, el sueño que ves con los ojos cerrados y el sueño que ves con los ojos abiertos. Sí, hay una pequeña diferencia: un sueño es absolutamente privado. Por la noche, con los ojos cerrados, ves un sueño privado; por el día, con los ojos abiertos, ves un sueño colectivo, un sueño objetivo. Hay muchos participantes en él, de ahí que te dé la sensación de que es real. Pero no es así. ¿Qué ocurre cuando te duermes? Te olvidas por completo del día.

Se dice de Chuang Tzu que una mañana se despertó y se echó a reír. Sus discípulos se reunieron y le preguntaron: "¿Qué pasa?".

Chuang Tzu dijo: "Me he encontrado con un problema que no puedo resolver. Ayúdame a resolverlo".

Era la primera vez que pedía ayuda a los discípulos para resolver un problema.

Por lo demás, siempre estaba resolviendo sus problemas.

Los discípulos dijeron: "Debe ser un problema realmente grande y complicado, dínoslo tú".

Dijo: "El problema es sencillo, pero en cierto modo muy complicado, y no creo que pueda resolverse, parece insoluble. Por eso me río. Lo he mirado desde todos los ángulos; parece absolutamente insoluble. El problema es que por la noche soñé que me había convertido en mariposa".

Los discípulos dijeron: "Eso no es nada. Todos soñamos todo tipo de cosas: los sueños son sueños. Ahora que estás despierto el sueño ha terminado. ¿Por qué tanto alboroto por un sueño?".

Dijo: "No estoy haciendo mucho alboroto por un sueño. El problema es: si Chuang Tzu puede soñar que es una mariposa, ahora surge el problema: ¡la mariposa puede haberse quedado dormida y estar soñando que es Chuang Tzu! ¿Y ahora qué es qué? ¿Soy Chuang Tzu que soñó con la mariposa o soy la mariposa que está soñando con ser Chuang Tzu?".

De hecho, no hay diferencia. La mariposa también es una forma y Chuang Tzu también es una forma.

Una forma surgió cuando estabas dormido, otra forma surgió cuando estabas despierto, pero ambas son formas. Chuang Tzu no es ninguna de las dos: no es ni la mariposa ni Chuang Tzu. Él es la consciencia, es la conciencia; la conciencia del sueño, la conciencia de la mariposa y de Chuang Tzu. Él es esa conciencia. Y esa conciencia es mucho más real, la única realidad de hecho. Ningún pensamiento es real.

Y lo mismo ocurre con el silencio. En el lago del silencio surgen palabras, bellas palabras, pero no son más que formas. De ahí la insistencia de todos los místicos: pasa de las palabras a la ausencia de palabras, pasa del sonido al silencio, pasa de la forma a la ausencia de forma, pasa del pensamiento a la conciencia. No te enredes con las formas, los pensamientos, las palabras. En eso consiste la meditación.

No te identifiques con todo lo que surge en ti y desaparece. Permanece centrado en aquello que nunca aparece y nunca desaparece, que siempre está ahí. Permanece centrado en la realidad permanente de tu ser, y conocerás la mayor dicha posible y conocerás la verdad que libera. Conocerás la libertad de todas las formas, porque todas las formas crean esclavitud. Sabrás que no eres ni hombre ni mujer, ni blanco ni negro, ni esto ni aquello - NETI, NETI. Sabrás que sólo eres la conciencia pura que no tiene nombre ni forma.

Eso es lo que dice Buda: No tienes forma ni nombre. No anheles lo que no eres, porque anhelar lo que no eres es crearte miseria, es crearte dolor innecesario. Simplemente sé lo que eres, lo que siempre has sido y lo que siempre serás. No intentes llegar a ser, ¡sé! Y eso ya lo eres. No es cuestión de llegar a ser, no es cuestión de desear, no es cuestión de llegar a alguna parte. Ya estás ahí, siempre has estado ahí. Simplemente despierta. Despierta de los sueños, de todos los sueños - sueños nocturnos, sueños diurnos. Despierta de todas las formas y permanece en lo informe.

Y todos los despiertos dicen lo mismo: conociendo esa falta de forma, conociendo esa eternidad, tu vida está colmada. Alcanzarás una tremenda satisfacción, dicha y bendición.

La tercera pregunta:

Pregunta 3:

AMADO MAESTRO,

SOY GRIEGO Y ME ENCANTA EL AJO. MI NOVIA NO LO SOPORTA, ES BRITÁNICA. ME LLAMA PRIMITIVO. ¿QUÉ ME PASA?

Devo, a ti no te pasa nada, al ajo tampoco, pero el ajo te va a crear algunos problemas. Y el problema que te has encontrado no es realmente un gran problema; pronto tendrás que enfrentarte a problemas mayores. Como mucho, la señora británica puede dejarte; eso no es un problema, ¡eso será salir del problema!

Encuentra alguna mujer - ¡líbrate de las damas! Una mujer es hermosa, una dama es un problema. Y es muy difícil encontrar una mujer británica - todavía no me he topado con ninguna. Todas son damas. Puede que los hombres no sean todos señores, pero las mujeres son todas señoras.

Un inglés y su esposa paseaban por su finca de las Indias Occidentales cuando se toparon con una chica y un chico negros que hacían el amor entre los arbustos.

"¡Dios mío!", exclamó la dama británica a su marido. "¡Lo hacen igual que los seres humanos!".

Si piensa que eres primitivo, no pasa nada, ¡al menos piensa que eres un ser humano! O tal vez no piense que eres un ser humano, pero no puede decirlo. Es muy descortés decirte que no eres un ser humano y por eso dice que eres primitivo. No es un gran peligro, como mucho la señora te dejará. Tú sigue comiendo ajo. Si tienes que elegir entre una mujer británica y el ajo, prefiere el ajo; es mucho más sano. Pero el verdadero problema vendrá después, cuando la señora británica te deje, entonces tendrás problemas.

¿Has oído hablar de la gitana que tuvo que renunciar a llevar ajos al cuello?

Mantenía alejados a los vampiros, pero atraía a demasiados italianos.

Así que si quieres soltar ajo, suéltalo cuando la dama británica te haya dejado; mientras tanto, ella te protegerá de los italianos. Todo hombre necesita una mujer que le proteja, de lo contrario está indefenso. Cuando las otras mujeres ven que una mujer te protege, no te molestan. En cuanto ven que estás desprotegido, se te echan encima.

Así que primero usa el ajo para deshacerte de la dama británica, y luego deja inmediatamente el ajo; de lo contrario empezarán a venir italianas. Y es fácil deshacerse de una dama británica; es casi imposible deshacerse de las mujeres italianas porque no son damas. Son verdaderas mujeres y te crearán muchos problemas. Sólo te ayudan en una cosa: te hacen tan consciente de los problemas que trae el amor, o que vienen a raíz del amor, que empiezas a pensar en la religión, en Dios, en la meditación. Todas estas grandes cosas no habrían sido posibles sin las mujeres. Las personas que empezaron a pensar en todas estas grandes cosas eran personas que fueron torturadas por mujeres. Éstas eran sus escapatorias, sus vías de escape, para poder tolerar todo lo que ocurría a su alrededor. Podían esperar un paraíso en algún lugar después de la muerte. Perdieron toda esperanza en la vida porque sabían que dondequiera que fueran alguna mujer les iba a crear problemas.

Parece que Dios envió primero al hombre solo. Hizo a Adán, pero si el hombre hubiera estado solo aquí nunca habría pensado en Dios. Hizo a la mujer - la mujer es un recordatorio constante. Nunca te deja tranquilo, te obliga a creer en el infierno. Y una vez que crees en el infierno tienes que creer también en el cielo.

Devo, no te pasa nada, pero si quieres vivir con ajo tienes que renunciar a la vida. Puede que la señora británica tenga razón en cierto sentido: hay que ser primitivo, hay que irse a las cavernas, lo más lejos posible de la humanidad. El ajo es simplemente peligroso para cualquier comunión, para cualquier comunicación. Es muy medicinal; te mantendrá sano y te mantendrá vivo más tiempo del que habrías vivido sin él. O tal vez, como tendrás que vivir solo, ¡tu vida parecerá más larga!

Si quieres más consejos sobre el ajo puedes preguntar a Maitreya - él es el experto sobre el ajo y todas sus grandes cualidades. Yo nunca lo he probado, así que lo que diga no es muy fiable. Y nunca he permitido que ningún primitivo esté cerca de mí. Ya conoces mi olfato. Ninguna persona que coma ajo podrá acercarse a mí. El ajo es bueno, pero un poco inhumano: es bueno para ti, pero malo para los demás.

La cuarta pregunta:

Pregunta 4:

AMADO MAESTRO,

¿PUEDE DARSE LA INOCENCIA EN UN ADULTO SIN CONCIENCIA?

Anand Manuel, es imposible que la inocencia le suceda a un adulto sin conciencia.

La conciencia es el único método que puede ayudarte a destruir todos los condicionamientos que la sociedad te ha impuesto. La sociedad te ha hipnotizado, pero la hipnosis se hace de una manera tan sutil, durante tanto tiempo, y comienza cuando eres tan pequeño, que nunca te das cuenta de ello. Te hipnotizan con la leche de tu madre, te dan todo tipo de condicionamientos, y esos condicionamientos destruyen tu inocencia.

A menos que tomes conciencia, no podrás ver que eres un ser humano condicionado, que vives con ideas prestadas -ideas que te han sido impuestas por otros en contra de tu voluntad-, que eres casi un prisionero. No es que vivas en una prisión, sino que vives en una ideología que es una prisión sutil. Eres hindú, ¿cómo puedes ser inocente? Si eres cristiano, ¿cómo puedes ser inocente? La ideología te aleja de la inocencia; te hace conocedor, y el conocimiento es lo único que destruye la inocencia. Te quita todo el asombro.

Hay millones de personas que no sienten ningún asombro en la vida. Verán una rosa y no verán nada: ni belleza, ni asombro. Ni siquiera se detienen un instante. La rosa parece no tener ningún mensaje para ellos, como si no la hubieran visto en absoluto.

Todos los días pasas junto a árboles hermosos, pájaros que cantan al sol de la mañana, flores que desprenden su fragancia, pero tú eres un robot. Sigues parloteando dentro de tu mente, yakkety-yakkety-yak... sigues y sigues. Y lo que parloteas dentro de ti ha sido puesto dentro de ti. Tu mente ha sido utilizada como un ordenador: igual que alimentan a un ordenador, te han alimentado a ti.

En la Rusia comunista te alimentarán con comunismo. También te enseñarán la santísima trinidad, su propia santísima trinidad. Te enseñarán su propia Biblia, te enseñarán su propia religión. El comunismo es una religión, un sustituto de otras religiones. Marx, Engels, Lenin, esa es su trinidad; DAS KAPITAL es su Biblia. Y creen en todas estas cosas tan fanáticamente como cualquier católico, cualquier hindú, cualquier mahometano. El mahometano cree en la Kaaba y el comunista cree en el Kremlin. Los objetos difieren, pero la creencia está ahí. Ambos son conocedores, ambos han perdido su pureza, su inocencia, su cualidad infantil.

Una vez que estás lleno de conocimientos crees que conoces todas las respuestas. No sabes nada porque, a menos que te conozcas a ti mismo, nada se sabe. Y la belleza del autoconocimiento es que profundiza en el misterio de la vida, no la desmitifica; la hace más misteriosa, más milagrosa. La persona sabia, la que ha profundizado en su propia conciencia, se llena cada vez más de asombro y admiración. En cambio, la persona que posee un conocimiento ordinario sigue viviendo en la más absoluta inconsciencia; nada le hace maravillarse. Conoce todas las respuestas.

Un perro entró en un restaurante y pidió un filete.

"¿Cómo lo quiere cocinado?", preguntó el camarero.

"Me gusta bien hecho, con cerezas trituradas por encima. Luego le pongo unos tomates marinados y lo mojo con pimienta".

El camarero trajo la comida.

"¿Le ha gustado la cena?", preguntó el camarero cuando terminó.

"Mucho", respondió el perro. "Por cierto, ¿no te parece todo esto muy raro?".

"No", respondió el camarero, "me gusta el filete igual".

El camarero sabe demasiado sobre el filete - no está mirando al perro en absoluto.

Eran las dos de la mañana y el goniff Gedalia intentaba entrar en una casa. Intentó forzar todas las puertas y ventanas, pero no pudo abrir ninguna.

Subió con cautela al balcón del segundo piso. Al asomarse por una ventana cerrada, vio a un bebé en su cuna. Estaba desesperado y decidió pedir ayuda al bebé.

"Hoo-hoo, bay-bee," llamó suavemente. "Itsy-bitsy boo-boo, is oo gonna open window for nice mansi-wansie, hmm?"

"¿Abre la ventana?", gritó el bebé. "¿Por qué, imbécil, ni siquiera puedo caminar todavía!"

El bebé no puede andar, pero ha adquirido conocimientos, puede hablar.

Todos ustedes se han convertido en conocedores. No sabéis nada y, sin embargo, estáis llenos de conocimiento. Vuestro conocimiento simplemente cubre vuestra ignorancia, no os hace sabios.

Simplemente hace que tu tontería esté un poco decorada, un poco pulida.

Un joven con problemas fue a ver a un médico. El médico le dijo que se quitara la ropa para examinarlo y le dijo: "Ah, ¿tiene cera de vela naranja en el ombligo? - Conozco este problema. El otro día vino a verme una chica que también tenía cera en el ombligo, porque a su novio le gustaba comer a la luz de las velas. ¿A tu novia también le gusta comer a la luz de las velas?".

"No", dijo el hombre, "necesita la vela para encontrarlo".

Limítate a mirar las cosas, no aportes tus conocimientos, y puede que siempre te lleves una sorpresa.

Usted me pregunta: "¿Puede haber inocencia en un adulto sin conciencia?".

Es imposible. El principio de la inocencia en un adulto es ser consciente de que estás condicionado. Millones de personas no son conscientes de que están condicionadas. Si no sabes que estás en una prisión, ¿por qué deberías intentar salir de ella en primer lugar?

El otro día me encontré con un periódico. El editor debió de estar aquí, debió de escuchar uno de mis discursos. Comenta que todo lo que dije iba en contra de la cultura india, ¡como si eso bastara para criticarme, que iba en contra de la cultura india!

Da por sentado que todo lo que va en contra de la cultura india está condenado a ser malo.

Pero, ¿quién ha dicho que no estoy en contra de la cultura india? Estoy en contra de todas las cosas podridas - indias, no indias, ¡da igual! Estoy en contra de la idea misma de la cultura india y de la cultura china y de la cultura japonesa. Estoy en contra de la idea misma de dividir a la humanidad y estoy en contra del pasado. No estoy aquí para apoyar la cultura india. Así que eso no es una crítica hacia mí; de hecho, ¡es un cumplido!

Estoy en contra de todo lo que está muerto. No hay que cargar con cadáveres por los siglos de los siglos, hay que enterrarlos o quemarlos. No creo en ninguna cultura y no creo en ningún país y no creo en ninguna raza y no creo en ninguna religión.

Creo en la religiosidad, creo en la cultura, creo en la humanidad. Pero la humanidad no es india, la religiosidad no es cristiana ni hindú ni mahometana, la culturalidad no tiene nada que ver con ningún país. Es una gracia que llega a través de la meditación, a través de la conciencia. Es una belleza que te sucede cuando te enraizas en tu conciencia, cuando te asientas en tu conciencia, cuando nada puede distraerte de tu conciencia.

Sí, cada persona tiene que volver a ser un niño, pero ¿cómo va a volver a ser un niño? No hay otra manera que tomando conciencia. Primero, toma conciencia de tus condicionamientos -y hay mil y una capas de condicionamientos- y cuando seas consciente, entonces, lentamente, despréndete de todos los condicionamientos.

Deja esos condicionamientos, deshipnotiza, para que no quede ninguna capa de polvo en el espejo de tu ser. Cuando no haya capa de polvo en el espejo de tu ser, serás capaz de reflejar lo que es - y eso es Dios y eso es verdad y eso es nirvana.

Pero usted hace la pregunta para evitar ser consciente. Te gustaría encontrar algún atajo hacia la inocencia. No hay atajo; la consciencia no puede evitarse.

La conciencia es el único método -permíteme repetirlo, el ÚNICO método- que puede cortar de raíz todos los condicionamientos y liberarte de la prisión en la que vives. Y sólo se trata de ser cada vez más consciente; nada más puede ayudarte. Yo no puedo hacerlo por ti, nadie más puede hacerlo por ti. Si alguien lo hace por ti, volverás a ser reacondicionado. Recuérdalo, tienes que ser incondicionado, no reacondicionado. Eso es lo que ocurre: un cristiano se convierte en hindú; por supuesto que se vuelve incondicionado como cristiano, pero se vuelve reacondicionado como hindú.

Mi esfuerzo aquí es descondicionarte, ayudarte a ser incondicionado, y no reacondicionarte de nuevo. Mi esfuerzo es dejarte en total libertad; luego tú tienes que decidir qué hacer con tu vida. Tú eres el dueño de tu vida;

yo simplemente puedo darte algunas indicaciones de cómo deshacerte de todas las tonterías que te han impuesto.

Una vez que estés libre de todas esas tonterías, no voy a darte ninguna instrucción positiva sobre qué hacer o qué no hacer, porque eso será reacondicionarte de nuevo.

Así que la conciencia te ayudará de dos maneras: primero te ayudará a descondicionarte y luego te ayudará a encontrar formas y medios para vivir tu vida. Será la única manera de incondicionarse y la única manera de encontrar un nuevo estilo de vida, una nueva visión de la vida.

La quinta pregunta:

Pregunta 5:

AMADO MAESTRO,

ME VOY PRONTO DE VIAJE CON RADHA. ANTES DE OIR TU EXPERIENCIA DE VIAJAR CON ELLA ME SENTIA CONFIADO Y SEGURO CON NUESTRO EQUIPAJE, PERO AHORA ¿CREES QUE NECESITO QUE SARJANO TAMBIEN VENGA CON NOSOTROS?

Anand Amito, ¡no, categóricamente no! Sarjano puede ayudar a salvar sus cajas y bolsas, pero ¿qué pasa con Radha? Radha estará en peligro. Es mejor arriesgar las maletas - no podrás salvar a Radha de Sarjano. Evite Sarjano, incluso si él quiere venir.

Ciertamente te ayudará a salvar las maletas, pero Radha se habrá ido.

Así que depende de ti. Si estás demasiado apegado a tus maletas, entonces puedes llevarte a Sarjano; de lo contrario, ese incidente no va a ocurrir siempre. Y el viaje del que hablaba era ficticio: tú vas a hacer un viaje de verdad. En un viaje de verdad no pasan cosas así....

La sexta pregunta:

Pregunta 6:

AMADO MAESTRO,

¿DE VERDAD SABES ITALIANO? ENTONCES POR FAVOR DIME CUÁL ES LA PALABRA ITALIANA PARA NEVERA Y TAMBIÉN LA PALABRA ITALIANA PARA UNA CHICA GUAPA.

Satyam, no sé mucho italiano, pero lo intentaré. La palabra italiana para nevera es "caja de hielo", y la palabra italiana para una chica guapa es "caja bonita".

La última pregunta:

Pregunta 7:

AMADO MAESTRO,

¿HAY ALGUNA ESPERANZA PARA ALGUIEN DE AMÉRICA? ¿QUÉ PASA CON ALGUIEN QUE VIENE DE CALIFORNIA, PERO ES INGLÉS Y ALEMÁN; TIENE UN PADRASTRO ESCOCÉS Y UNA MADRE JUDÍA; PARECE SUECO Y SE SIENTE ITALIANO?

P.D.: ¡Y VIVE CON UN POLACO JUDÍO-RUSO DE NUEVA YORK!

Anupama, ¡estás en un buen lío! ¡La iluminación es absolutamente segura!

Suficiente por hoy.

¡Qué travesura!

UN MAESTRO RENUNCIA A HACER TRAVESURAS. ÉL ES SERENO.

LO DEJA TODO ATRÁS.

NO SE OFENDE Y NO SE OFENDE.

NUNCA DEVUELVE MAL POR MAL.

AY DEL HOMBRE QUE LEVANTA LA MANO CONTRA OTRO, Y MÁS AÚN DEL QUE DEVUELVE EL GOLPE.

RESISTIR LOS PLACERES DE LA VIDA Y EL DESEO DE HACER DAÑO - HASTA QUE LAS PENAS DESAPAREZCAN.

NUNCA OFENDAS CON LO QUE PIENSAS, DICES O HACES.

HONRA AL HOMBRE QUE ESTÁ DESPIERTO Y TE MUESTRA EL CAMINO.

HONRAR EL FUEGO DE SU SACRIFICIO.

EL PELO ENMARAÑADO O LA FAMILIA O LA CASTA NO HACEN A UN MAESTRO, SINO LA VERDAD Y LA BONDAD CON LAS QUE HA SIDO BENDECIDO.

TIENES EL PELO ENMARAÑADO Y TE SIENTAS SOBRE UNA PIEL DE CIERVO.

¡QUE FOLLY!

CUANDO POR DENTRO ESTÁS DESGARRADO DE LUJURIA.

LA ROPA DEL AMO ESTÁ HECHA JIRONES.

SUS VENAS SOBRESALEN, SE ESTÁ CONSUMIENDO.

SOLO EN EL BOSQUE SE SIENTA Y MEDITA.

Hank cabalgaba por la pradera, cantando y tarareando. De repente, su caballo se encabritó y se detuvo. Delante de ellos había una enorme serpiente. Hank sacó su pistola y estaba a punto de disparar cuando la serpiente gritó: "¡No dispares! Si me perdonas la vida tengo el poder de concederte los tres deseos que pidas".

"De acuerdo", dijo Hank, pensando que no tenía nada que perder. "Mi primer deseo es una cara bonita como la de Paul Newman. El segundo deseo es un cuerpo musculoso como el de Muhammad Ali. Y mi último deseo es estar equipado como mi caballo aquí".

"¡Concedido!" dijo la serpiente. "Cuando despiertes mañana tendrás todas estas cosas".

A la mañana siguiente, Hank se despertó y corrió hacia el espejo. Efectivamente, tenía una cara como la de Paul Newman y, para su deleite, vio un par de hombros y brazos macizos como los de Muhammad Ali. Luego miró hacia abajo con gran excitación y soltó un aullido que helaba la sangre: "¡Dios mío, lo había olvidado!", balbuceó. "¡Ayer estaba montando a Nellie!"

El hombre vive casi en una especie de sueño profundo. No es consciente de quién es, qué hace, qué piensa, adónde va, por qué va. Toda su vida es la vida de un sonámbulo. Está completamente inconsciente. De esta inconsciencia surgen mil y un males; no es que quiera hacerlos a sabiendas, pero no puede evitarlos. No es una cuestión de su decisión de dejar de ser travieso; es una cuestión de su conciencia. Si es consciente, las travesuras desaparecen como desaparece la oscuridad cuando entra la luz. Si no es consciente, puede pensar que está haciendo algo bueno, puede creer con todo su corazón que está haciendo algo bueno, pero estará haciendo alguna travesura. El resultado total de su vida será más caos en el mundo.

Puedes observar a los bienhechores: todos intentan ayudar, todos intentan servir; se empeñan en que toda su vida sea de servicio. Hay tantos servidores públicos en el mundo, tantos misioneros, tantos reformadores sociales, tantos grandes revolucionarios... y mira cómo está el mundo. ¿Puede estar más desordenado? Este es el resultado de todos sus grandes esfuerzos, de todos sus grandes santos. El árbol se conoce por el fruto, y todas vuestras religiones y todos vuestros santos y hombres santos sólo pueden conocerse por el mundo que han ayudado a crear. Es el mundo más feo posible.

No es que Dios sea responsable: Dios ha hecho un mundo hermoso. Su mundo es inmensamente bello: los árboles, las flores, los ríos, las montañas, las estrellas. Pero el mundo que el hombre ha hecho, las estructuras sociales que el hombre ha creado son todas feas, violentas, absolutamente malvadas. Pero todo lo malo puede hacerse en nombre del bien.

Adolf Hitler no intentaba hacer el mal conscientemente, recuérdalo. No era conscientemente destructivo; pensaba que intentaba ayudar a la humanidad. Pensaba que estaba intentando traer al mundo un ser humano mejor: el superhombre. Creía profundamente en la filosofía del superhombre de Friedrich Nietzsche y también creía que los alemanes eran los seres realmente sobrehumanos, que tenían derecho a gobernar el mundo.

Y no es que estuviera engañando a nadie; estaba totalmente convencido del hecho. Para él no era una ficción, era un hecho que la raza alemana es la verdadera raza aria, que los nórdicos son el pueblo más puro del mundo. Podía influir en millones de personas muy inteligentes por la sencilla razón de que estaba convencido de lo que decía y hacía. Su convicción era hipnotizante. No era un hombre de gran inteligencia, era absolutamente mediocre, pero una cosa estaba ahí: estaba convencido de que sólo a través de él se podría hacer del mundo un lugar mejor en el que vivir. Al asesinar a millones de judíos, no pensaba que estaba haciendo ningún acto de violencia: estaba sirviendo a la humanidad, estaba deshaciéndose de los enemigos de la humanidad. Y no se trataba de engañar a nadie: era tan inconsciente que él mismo se dejaba engañar por sus propias convicciones.

Adolf Hitler hizo grandes fechorías: todos los políticos las hacen. Y siempre lo hacen detrás de bellos eslóganes: socialismo, democracia, libertad, igualdad y todo eso. Todos intentan mejorar el mundo, pero el resultado total es más y más confusión y caos. El mundo sería un lugar mucho mejor si pudiéramos estar lo suficientemente alerta como para no escuchar a estos lunáticos. Pero también estamos dormidos. Lo que dicen nos atrae; tiene una gran cualidad magnética.

De hecho, un Buda está destinado a ser malinterpretado, no Adolf Hitler; un Jesús está destinado a ser malinterpretado, pero no Joseph Stalin. Joseph Stalin, Adolf Hitler, Benito Mussolini, hablan el idioma que tú entiendes. Son personas como tú; viven en el mismo tipo de sueño. De ahí que entre tú y ellos exista una comunicación que falta entre tú y un Buda, entre tú y un Lao Tzu.

Buda está en el Everest y tú vives en los valles oscuros, muy por debajo. No miras hacia arriba, has olvidado cómo hacerlo. Te arrastras por el barro. Aquellos que se arrastran a tu lado pueden ser comprendidos más fácilmente por ti. Hablan tu idioma, hablan tu lenguaje, están en perfecta sintonía contigo. No son personas diferentes.

Pero un Buda, un Krishna, un Mahoma, son personas diferentes. Hablan un lenguaje diferente, desde una altura diferente, desde una visión diferente - aunque usen las mismas palabras. Pero ellos dan significados diferentes a sus palabras, y tú te vas a perder esos significados.

Medita sobre esto:

"¿Por qué no, cariño?"

"Estoy demasiado cansada."

"Ah, vamos...."

"¡Déjame en paz!"

"¡No podré dormir!"

"Bueno, ahora no puedo dormir".

"Por favor."

"¿Por qué? ¿En mitad de la noche?"

"Porque estoy buena".

"¡Te pones caliente en los momentos más malditos!"

"¡Tú no me quieres!"

"Sí, lo hago...."

"Si me quisieras lo harías".

"Bueno, maldita sea - de acuerdo."

"¿Qué pasa?"

"No lo encuentro".

"Así me siento mejor".

"Debería ser - es todo el camino hacia arriba."

"Es suficiente; gracias, querida".

"¡La próxima vez, abre tú mismo la maldita ventana!"

Y todo el tiempo, ¿en qué estabas pensando?

Buda dice:

UN MAESTRO RENUNCIA A HACER TRAVESURAS.

... Porque un maestro renuncia a la mente. La mente es maldad; no hay otra maldad. La mente es la fuente de todo mal. Un maestro es un maestro sólo porque ha dejado de ser dominado por la mente. Un maestro es maestro de sí mismo; ya no es inconsciente.

Todo lo que hace, lo hace a sabiendas. Sea lo que sea, es perfectamente consciente de ello. Su vida no es accidental. Cada uno de sus actos está arraigado en la conciencia, es intencional.

Vivimos en la mente. La mente puede incluso convertirse en santa, puede pretender ser santa, pero no lo será. Es imposible; no está en la naturaleza misma de la mente ser santa. Basta con mirar la historia de las religiones: están llenas de derramamiento de sangre. De hecho, se han cometido más crímenes en nombre de las religiones que en nombre de cualquier otra cosa. Se ha matado y masacrado a más gente en nombre de la religión, de Dios, de la verdad, del cristianismo, del islam, incluso en nombre de ideologías políticas. La religión encabeza la lista. La religión ha sido mucho más maliciosa; incluso ha derrotado a los políticos. Ha podido derrotarlos por la sencilla razón de que el político no puede ocultarse durante mucho tiempo; tarde o temprano queda al descubierto. Pero el religioso puede ocultarse durante siglos y nunca se sabrá.

Las personas que crucificaron a Jesús aún no han comprendido que cometieron un pecado.

No me he topado con un solo judío que lo acepte conscientemente, que fue un crimen crucificar a Jesús. Y no es que no haya judíos buenos, no es que no haya judíos santos, no es que no haya rabinos eruditos... hay gente muy piadosa. Ni siquiera un hombre como Martin Buber podría reunir el valor para decir: "Hemos cometido un crimen en el pasado". No, eso parece imposible. El crimen fue por parte de Jesús porque trató de declararse Hijo de Dios. Ese es el crimen: que intentó proyectar su imagen como el mesías, como el mensajero de Dios. Ese fue el crimen y fue justamente castigado - - los judios estan absolutamente convencidos de ello.

Han pasado dos mil años; no he encontrado un solo libro escrito por un judío que pueda aceptar que "cometimos un error". Parece imposible. No pueden verlo porque el crimen se cometió en nombre de la religión.

Miles de cristianos han sido asesinados por mahometanos, y viceversa. Y estas guerras han sido llamadas JIHADS - guerras santas. Ahora bien, ninguna guerra es santa, ninguna guerra es una yihad; todas las guerras son impías. La excusa que encuentres, eso es otra cosa; es sólo una excusa para luchar. Quieres luchar, quieres matar y destruir. Encuentras buenas excusas, bellas excusas: guerras santas... y millones de personas destruidas.

En estas guerras santas millones de mujeres fueron violadas; ahora, esa violación es santa. Si el asesinato es sagrado, ¿por qué no la violación? Eso también es sagrado, se hace en nombre de la religión. Todo lo que se hace en nombre de la religión es bueno.

Tus santos, que parecen tan santos y piadosos, son los causantes de todas estas tonterías, de todas estas molestias en el mundo. ¿Cuándo nos libraremos de toda esta estupidez? ¿Acaso el hombre no ha madurado lo suficiente? ¿No ha llegado aún el momento de deshacernos de toda esta estupidez que ha permanecido abrumadoramente poderosa a lo largo de los tiempos? ¿No ha llegado el momento de desconectarnos del pasado?

Pero la única manera de desconectarte del pasado es desconectarte de tu mente, porque tu mente es el pasado. Mente significa lo conocido, el pasado. Mente es historia, mente es tiempo. La mente es cristiana, hindú, mahometana, la mente es india, alemana, china. Y a menos que salgas del control de la mente, todo lo que hagas será travieso. Puede parecerte malicioso o no, eso es otra cuestión, pero será malicioso. Fuera de la mente nada bueno puede suceder.

Lo bueno es un subproducto de la meditación, y lo malo, un subproducto de la mente.

Un hombre le dijo a Mulla Nasruddin: "¿Cómo está tu gran amigo, el abogado?".

Mulla dijo: "Me temo que está a las puertas de la muerte".

"¡Estos abogados! ¿A las puertas de la muerte y siguen mintiendo?"

Ese es el estado de la mente: sigue mintiendo incluso a las puertas de la muerte. De hecho, a medida que la muerte se acerca a ti empiezas a mentir más y más, empiezas a engañarte a ti mismo con muchas más ficciones, empiezas a crear mitos a tu alrededor de Dios, del cielo, del infierno. Empiezas a crear sueños y empiezas a vivir en sueños porque toda tu vida está destrozada.

Has desperdiciado la oportunidad. No has sido creativo, has sido destructivo.

Y recuerda, nadie puede ser neutral. O creas algo en la vida o lo destruyes; o vives en la mente o vives más allá de la mente. Si vives más allá de la mente te vuelves creativo. Estar en meditación es ser creativo. Entonces todo lo que haces es hermoso; trae más gloria, más bendiciones al mundo. De lo contrario, todo lo que hagas hará que el mundo sea más feo.

La mesa y la silla estaban profundamente enamoradas. Decidieron casarse y a su debido tiempo tuvieron una nueva llegada.

"¿Cómo lo bautizaremos?", preguntó la silla.

"Chable", fue la lógica respuesta del otro.

Por supuesto que el hijo de una mesa y una silla debería llamarse chable. Y eso es lo que hace la gente: seguir produciendo chables. Esa parece ser su única productividad: lo único que saben hacer es producir más niños.

Una mujer me decía: "¡Odio a mi marido! Desde mis entrañas", decía, "¡odio a mi marido! Tengo miedo de matarlo algún día, de envenenarlo".

Le dije: "Si tanto le odias, ¿cómo es que tienes dieciocho hijos?".

Dijo: "Intentaba crear una multitud tal que él se perdiera en ella".

La gente odia y aun así sigue reproduciéndose porque su productividad no conoce otro camino.

Rena acude a la secretaría municipal para comunicar el nacimiento de su sexto hijo.

"Pero, señorita, éste es su sexto hijo del mismo padre", dijo el empleado. "¿Por qué no se casa con él?"

"¿Estás de broma?", replicó Rena. "¡Ni siquiera me gusta el hijo de puta!"

Pero la gente tiene que hacer algo; no puede quedarse sentada. Tienen que encontrar algo en lo que ocuparse. Así es como surgen todas las travesuras en el mundo.

Buda dice: UN MAESTRO RENUNCIA A LA MALDAD.
ÉL ES SERENO.

La serenidad es el sabor de la meditación, la serenidad es la fragancia de la meditación. Es tan sereno, tan silencioso que puede estar absolutamente vacío, sin deseo de hacer nada. Cuando todo deseo de permanecer ocupado desaparece, entonces sólo puede suceder algo bueno a través de ti, entonces Dios puede suceder a través de ti - y el bien sólo sucede a través de ti cuando Dios sucede a través de ti. El bien no es otra cosa que Dios fluyendo a través de ti.

ÉL ES SERENO.

LO DEJA TODO ATRÁS.

Abandona el pasado, abandona su mente, abandona sus recuerdos, abandona su tradición.

No es conformista, no puede ser conformista. Ningún maestro ha sido nunca conformista; eso sería una contradicción. Siempre es un rebelde. Es pura rebelión. Muere a cada instante al pasado; nunca recoge el pasado. Por eso permanece siempre fresco, tan fresco como las gotas de rocío al sol de la mañana, tan fresco como la hoja de loto, tan fresco como los pétalos de una rosa. Siempre está fresco, siempre es joven; nunca envejece. Crece, pero nunca envejece. El cuerpo, por supuesto, envejece, pero su conciencia permanece absolutamente fresca; nunca acumula polvo ni óxido. Y es tan sereno que puede sentarse solo durante toda la eternidad sin nada que hacer, y aun así será absolutamente dichoso. Disfrutará de su serenidad.

Esta serenidad no se puede cultivar desde el exterior; esta serenidad sólo llega cuando te has convertido en un observador de la mente, cuando te has convertido en un testigo de la mente y a través del testimonio has trascendido la mente. Entonces, de repente, de la nada, una serenidad estalla desde todas las direcciones. Llueve sobre ti como flores y sigue cayendo. Entonces tu vida es una vida de virtud. No es cuestión de cultivarla, no es cuestión de crearla, es una consecuencia de la meditación.

Este punto debe ser recordado una y otra vez; nunca lo olvides, porque ha sido olvidado millones de veces. Una y otra vez un buda viene a recordártelo pero tú sigues olvidándolo, por la sencilla razón de que una serenidad cultivada es barata. Puedes parecer sereno, puedes poner cara de sereno; puedes actuar, puedes ser un buen actor, puedes ser muy eficiente, pero eso no será más que hipocresía. En el fondo estarás hirviendo; en tu interior habrá un infierno. Y por fuera te has perfumado y por dentro apestas. Por dentro te aferras a toda tu miseria, a tu pasado, a todo lo que está muerto, a todo lo que está podrido, a todo lo que debería ser quemado; te aferras a ello. Y los que se aferran a cadáveres se convierten lentamente en muertos; los que viven con cadáveres se convierten ellos mismos en cadáveres. En la superficie puedes sonreír, puedes reír; en el fondo sólo hay lágrimas, lágrimas de dolor.

Pero hay que comprender este extraño hecho del hombre: que se aferra al pasado. Aunque el pasado sea feo, se aferra al pasado, aunque sólo haya sufrido. ¿Por qué se aferra al pasado? - Porque el pasado le da una definición, el pasado le da una identidad, el pasado le da una idea de quién es.

Tras seis semanas de viaje de negocios, el ejecutivo casado entró en un burdel del West Side de Chicago. Se acercó a la madame, le entregó un billete de cien dólares y le dijo: "¡Quiero el peor polvo de la casa!".

"Pero señor", respondió la señora, "cien dólares le comprarán lo mejor".

"No", exigió el empresario, "quiero lo peor disponible".

"No puedo dejar que hagas esto", suplicó la mujer. "Tienes derecho a lo máximo".

"Escuche, señora", dijo el hombre, "no estoy cachondo, ¡sólo añoro mi casa!".

Observa tu mente, cómo te aferras al pasado. No hay nada a lo que aferrarse, sólo huesos secos, esqueletos, pero te aferras a ellos como si fueran tu propia vida. Y porque los estás sosteniendo, tus manos no están vacías para sostener nada más; porque estás mirando hacia el pasado no puedes ver el presente y no puedes disfrutar de su belleza, de su alegría. No puedes entrar en el presente, y el presente es la puerta a Dios. El pasado ya no existe.

Y Dios nunca es pasado, Dios siempre es presente. Dios tampoco es nunca futuro, Dios siempre está presente. No se puede decir "Dios fue", no se puede decir "Dios será", sólo se puede decir "Dios es". De hecho decir "Dios es" es una repetición porque Dios significa isness; isness y Dios son sinónimos.

Buda dice: DEJA TODO TRAS DE SÍ.

El amo no puede ser hindú, ni budista, ni cristiano. El maestro es simplemente un maestro; estos nombres son de los esclavos. Alguien es esclavo en nombre del cristianismo y alguien es esclavo en nombre del hinduismo. Todos ellos son esclavos; no saben lo que es la libertad. Se aferran a tonterías, pero se aferran tanto que no pueden ver nada más. Sus ojos están llenos del polvo del pasado. Están ciegos a causa del pasado; están ciegos por ninguna otra razón.

No os falta Dios porque seáis pecadores; os falta Dios porque estáis orientados hacia el pasado. Y Dios sólo está disponible ahora... aquí. Dios sólo conoce un tiempo, ahora, y sólo un lugar, aquí. Y tú nunca eres ahora y nunca estás aquí; siempre estás en otro lugar. Entonces" y "allí" son palabras significativas para ti; "ahora" y "aquí" casi no tienen sentido para ti.

El maestro vive ahora y vive aquí. LO DEJA TODO ATRÁS. Sigue destruyendo los puentes que ha cruzado.

NO SE OFENDE Y NO SE OFENDE.

NUNCA DEVUELVE MAL POR MAL.

Obviamente, si alguien le insulta, él no lo acepta. No puedes insultar a un maestro, eso es imposible. ¿Cómo se puede insultar a un hombre que no lo acepta? Para insultar a un hombre se necesitan dos cosas: alguien que lo insulte y su disposición a aceptarlo.

Una vez Buda fue insultado mucho por unas cuantas personas. Le insultaron mucho. Él escuchó en silencio y luego dijo: "¿Tenéis algo más que decir? - porque tengo que llegar a tiempo a la otra aldea. Allí debe de haber gente esperando. Si todavía tienes algo más que decir, cuando vuelva vendré por la misma ruta y te informaré y te guardaré una hora especial, para que puedas venir y decir lo que quieras."

Aquellas personas estaban muy desconcertadas. Dijeron: "¡No estamos diciendo algo, te estamos insultando!".

Buda se rió. Dijo: "Para eso has llegado un poco tarde. Deberías haber venido hace por lo menos diez años. Ahora ya no soy tan tonto. Puedes insultar, esa es tu libertad, pero aceptarlo o no es mi libertad. No me la voy a tomar".

Y les dijo: "En la otra aldea por la que acabo de pasar antes de la vuestra, vino gente con dulces a ofrecérmelos. Les di las gracias. Les dije: 'No necesito dulces y no como dulces'. ¿Qué crees que habrán hecho con los dulces?".

Alguien de la multitud dijo: "Se los habrán llevado a casa".

Buda dijo: "¿Y ahora qué harás? Tendrás que devolver tus insultos a casa. No acepto tus insultos - no hay otra manera, tienes que devolverlos".

Cuando te sientes insultado has participado con la persona. Pero no eres consciente, así que cualquiera puede pulsar tus botones. Funcionas como una máquina: aprietas el botón y estás encendido; aprietas el botón y estás apagado. Cualquiera puede enfurecerte, cualquiera puede hacerte sonreír y reír, cualquiera puede hacerte llorar y llorar.

Cualquiera, cualquier estúpido puede hacerlo. Basta con saber dónde están los botones, y casi siempre están en los mismos sitios. Es muy raro encontrar a una persona cuyos botones estén en lugares diferentes.

Un polaco conducía su Volkswagen, cuando de repente se paró por alguna razón. Fue a mirar -quizá había algún problema en el motor-, pero no pudo encontrar el motor. Entonces pensó: "¡Dios mío, me han robado el motor!".

En ese momento, otro polaco se detuvo a su lado. Dijo: "¿Hay algún problema?"

El primer hombre dijo: "Sí, parece que me han robado el motor".

El hombre le dijo: "No te preocupes. Esta mañana he estado mirando en la parte de atrás de mi coche: hay un motor de repuesto. Puedes llevártelo".

Ahora bien, en un Volkswagen el motor no está en el lugar habitual; está en la parte trasera, no en la delantera. Pero Dios todavía no ha aprendido nada del Volkswagen - sigue haciendo el mismo motor con los mismos botones, quizás un poco diferentes aquí y allá, sólo un pequeño cambio. Cualquiera puede encontrar... con sólo tantear un poco puedes encontrar el botón de cualquier otro. Si conoces tus botones, conoces los botones de los demás.

Sólo tendrás dificultades con un buda, porque puedes seguir apretándole los botones y no pasará nada porque ya no está identificado con su mecanismo.

Verá cómo le aprietas los botones y disfrutará del ejercicio que le estás haciendo, pero eso es todo.

NO SE OFENDE NI SE OFENDE. NUNCA DEVUELVE MAL POR MAL. Comprende profundamente a la humanidad. Comprendiéndose a sí mismo ha comprendido el estado miserable de todos los seres humanos. Siente lástima por la gente, es compasivo. No devuelve mal por mal por la sencilla razón de que, en primer lugar, no se siente ofendido. En segundo lugar, siente lástima por ti; no siente antagonismo hacia ti.

Una vez ocurrió en Baroda:

Estaba hablando a una gran multitud. Alguien que estaba sentado en primera fila se alteró tanto por lo que yo decía, que perdió el control, perdió el juicio. Me tiró uno de sus zapatos. En ese momento recordé que yo jugaba al voleibol cuando era estudiante, así que le agarré el zapato por el medio y le pedí el otro. Estaba perdido.

Le dije: "¡Tira tú también el otro! ¿Qué voy a hacer con uno? Si quieres presentar algo...." Esperó. Le dije: "¿Por qué esperas? Tira también el otro, porque así ni yo podré usar el zapato ni tú podrás usarlo.

Y no voy a devolverlo, ¡porque el mal no debe devolverse por el mal! Así que, por favor, dame el otro también".

En primer lugar, no podía creer lo que había hecho: era un hombre muy bueno, un erudito, un conocido estudioso del sánscrito, un experto. No se esperaba que se comportara así, pero había sucedido - la gente es tan inconsciente. Si yo hubiera actuado como él esperaba inconscientemente, todo habría ido bien. Pero le pedí el otro zapato, y eso le chocó mucho.

Estaba aturdido.

Le dije a alguien que estaba sentado a su lado: "Quítale tú el otro zapato. No le voy a soltar, quiero los dos zapatos. De hecho, estaba pensando en comprarme unos zapatos, ¡y este hombre parece tan generoso!". Y el zapato era realmente nuevo.

El hombre vino por la noche, cayó a mis pies y me pidió perdón. Le dije: "Olvídalo, no hay duda... Yo no estaba enfadado, así que ¿por qué debería perdonarte? Para perdonar, primero hay que estar enfadado. Yo no estaba enfadado, disfruté de la escena. De hecho, fue algo tan hermoso que muchas personas que se habían quedado dormidas se despertaron de repente. Iba pensando por el camino que es una buena idea, que debería plantar a algunos de mis seguidores, para que de vez en cuando lancen un zapatazo para que todos los durmientes se despierten. ¡Al menos por unos momentos permanecerán alerta porque algo está pasando! Te estoy muy agradecido".

Durante años siguió escribiéndome: "¡Por favor, perdóname! Si no me perdonas seguiré escribiendo".

Pero le dije: "Primero tengo que estar enfadado. Perdonarte significa simplemente que acepto que estaba enfadado. ¿Cómo puedo perdonarte? Tú me perdonas, porque yo soy incapaz de enfadarme contigo, incapaz de perdonarte: ¡tú me perdonas!".

No sé si me ha perdonado o no, pero me ha olvidado. Ahora ya no me escribe.

Ay del hombre, dice Buda, que levanta la mano contra otro, y más aún del que devuelve el golpe.

¿Por qué ALAS PARA EL HOMBRE QUE LEVANTA LA MANO CONTRA OTRO...?

Porque está levantando la mano contra sí mismo, porque no hay nadie que sea otro. Toda la existencia es una. Cuando golpeas a alguien te estás golpeando a ti mismo. Simplemente estás siendo infantil. Es la misma realidad: Yo soy una de sus olas, tú eres otra de sus olas. Una ola golpeando a otra ola en el océano: ambas se están golpeando a sí mismas.

AY DEL HOMBRE QUE LEVANTA LA MANO CONTRA OTRO, Y MÁS AÚN DEL QUE DEVUELVE EL GOLPE. ¿Por qué más para él? - Porque entonces crea un círculo vicioso. Y así es como estamos viviendo, en muchos muchos círculos viciosos.

La gente sigue peleándose; una vez que empieza algo, parece que no tiene fin. Tú haces algo en venganza y el otro tiene que esperar su oportunidad para hacer algo contra ti, entonces tú haces algo contra él, y así sucesivamente. Pasa de una vida a otra, continúa.

El sabio es uno, el maestro es uno, que detiene todos estos círculos viciosos.

Una vez vino un hombre y escupió en la cara de Buda, estaba muy enfadado. Buda le preguntó: "¿Eso es todo o quieres hacer algo más? Por favor, hazlo y termínalo".

El hombre preguntó: "¿Qué quiere decir con 'por favor, hágalo y termínelo'?".

Buda dijo: "En una vida pasada te había insultado y ahora ha llegado el momento de cerrar el círculo vicioso. Ahora tú me insultas y yo no te devolveré nada; simplemente lo aceptaré y cerraré el círculo; es sólo para cerrar las cuentas contigo. Te estaba esperando; de hecho, el día que llegué a esta ciudad esperaba que vinieras y que hicieras algo y se pudieran cerrar las cuentas. Éste es mi último círculo vicioso; he cerrado todos los demás. Ahora estoy fuera de todos los círculos viciosos. Te estoy agradecido; de lo contrario, algo quedaba en el aire; sólo un hilo, pero algo quedaba en el aire, algo incompleto.

"Ahora el círculo se ha completado y ya no quiero continuarlo. Ahora depende de mí continuar o no continuar. Ahora yo soy el amo; hasta ahora tú eras el amo. Al escupirme a la cara tu dominio ha desaparecido; ahora yo soy el amo y ya no quiero continuar con este círculo vicioso. Esta es mi última vida y quiero cerrar todas las cuentas con todo el mundo -cuentas buenas, cuentas malas, hay que cerrar todo tipo de cuentas- para poder desaparecer en lo último sin ataduras al mundo. Soy inmensamente feliz", le dijo Buda.

RESISTIR LOS PLACERES DE LA VIDA Y EL DESEO DE HACER DAÑO - HASTA QUE LAS PENAS DESAPAREZCAN.

El placer depende de los demás, y todo lo que dependa de los demás te convertirá en esclavo, te creará una esclavitud. Y el objetivo último de Buda es la libertad, el nirvana, la liberación de toda esclavitud.

De ahí que todos los despiertos hayan estado diciendo: Busca la dicha. No pierdas tu tiempo en placeres ordinarios. En primer lugar, son momentáneos; en segundo lugar, todo placer conlleva dolor. El dolor es la otra cara de la misma moneda. Trae dolor en la misma proporción; cuanto mayor es el placer, mayor es el dolor. Por tanto, cuando disfrutes de algo, sé consciente de que pronto vendrá el dolor; es inevitable. Igual que el día sigue a la noche y la noche al día, el dolor y el placer se suceden. No están separados, son inseparables.

En primer lugar, los placeres son momentáneos, no son más que pompas de jabón. Desperdiciar tu preciosa vida por ellos es simplemente estúpido, poco inteligente. En segundo lugar, todo placer conlleva dolor. Pero la gente es tan tonta que nunca mira la asociación. Piensan que el dolor proviene de alguna otra fuente, piensan que los placeres pueden ser para siempre. Una y otra vez sus placeres les hacen caer en el dolor; una y otra vez siguen pensando que hubo algunas razones por las que este placer fue destruido.

Que hubiera razones o no es irrelevante; todo placer es momentáneo, va a desaparecer, y a su paso el dolor.... Puedes racionalizarlo; esa racionalización sólo te ayudará a seguir en la misma rutina de siempre. Pero date cuenta.

Ver la verdad es una gran liberación; viendo que todo placer es inevitablemente portador de dolor, te liberarás de ambos.

Y tercero: es la misma energía que está implicada en el placer la que tiene que moverse hacia la dicha. El placer depende de otros; la dicha es totalmente independiente, es tuya. Surge dentro de tu ser, es tu propia naturaleza; por lo tanto, no dependes de nadie. Y como es tu propia naturaleza, es para siempre. No hay contrario, no hay opuesto a la dicha.

La felicidad está justo entre el placer y la dicha. En la felicidad algo es independiente y algo es dependiente; es una mezcla de ambos. De ahí que el hombre que vive en el puro placer se encuentre en cierto modo en mejores condiciones; está sano, tan sano como los animales.

Los animales viven en el puro placer: cuando llega el dolor sufren, cuando llega el placer disfrutan. Van rotando entre el placer y el dolor. El hombre que sólo vive en los placeres -un Don Juan- es en cierto modo sano, normal, porque forma parte del mundo animal; aún no es humano. En cierto modo su vida es clara, no tiene complejidad.

Pero el hombre que vive en la felicidad o intenta encontrar la felicidad, vive para la felicidad, está mucho más confundido porque no está en ninguna parte. No es ni el animal ni lo divino; está en un limbo. Está montado en dos caballos; tendrá muchas dificultades. Y ahí es donde están casi todos los seres humanos. Es muy raro encontrar un ser humano que viva puramente en el placer - es raro encontrar un Zorba el Griego que viva puramente en el placer. Es claro, no hay confusión en él. Simplemente camina sobre la tierra; no tiene idea de volar en el cielo. Ha aceptado la ley de la gravitación y no conoce ninguna otra.

El hombre que vive para ser feliz, que conoce la belleza de la música, que conoce la belleza de la pintura, del arte, que conoce algo más elevado de lo que pueden conocer los animales, está mucho más confuso; está mucho más enredado... porque mientras escuchas una gran música algo aporta la música que está fuera y algo aporta la música que está dentro; es un encuentro de dos polaridades. Estás colgado en el medio y ambas tiran de ti en direcciones separadas. Encontrarás más ansiedad en tu vida.

Por eso los pobres se angustian menos que los ricos. Los ricos viven angustiados porque ya tienen suficiente placer; están hartos de él. Ahora quieren algo superior, y con lo superior surgen los problemas.

La parte animal está bien asentada porque es su herencia de millones de años. Está en tu química, en tu biología, en tu fisiología. Todo está asentado, es instintivo.

No necesitas ser consciente, no necesitas hacer nada. Pero si buscas y rebuscas la felicidad, entonces estás entrando en un mundo más sombrío que es menos sustancial, más elevado pero más sombrío.

Y la tercera meta es la dicha, que de nuevo es muy clara, tan clara como la primera, de hecho mucho más clara que la primera porque la primera tiene una claridad, pero la claridad es de un tipo mucho más bajo.

El tercero tiene una claridad de la más alta calidad. Sólo el despierto conoce la claridad del tercero.

Buda dice: RESISTE LOS PLACERES DE LA VIDA.... Vuélvete un poco más maduro. No seas infantil, no sigas siendo animal. Pon tus energías en el objetivo más elevado de la vida: que la dicha sea tu meta.

Y la gente que vive en los placeres también tiene una cosa más en su vida, y es el deseo de hacer daño a los demás, porque los placeres crean competencia. Si quieres más dinero, por supuesto tienes que arrebatárselo a otro. Si quieres poder, entonces otro perderá poder. Si quieres ser presidente, otro dejará de serlo. Por eso es una lucha constante. Tienes que hacer daño a muchos para triunfar. Tienes que ser muy destructivo, inhumanamente destructivo.

Sólo la meta de la dicha puede ser no violenta; de lo contrario, los placeres serán violentos.

Buda dice: RESISTE LOS PLACERES DE LA VIDA Y EL DESEO DE HACER DAÑO - HASTA QUE LAS PENAS DESAPAREZCAN. Mantente alerta. No dice reprimir, no puede decir eso. Estate alerta - para que los placeres no te arrastren hacia abajo, para que poco a poco te liberes de tu herencia animal, para que poco a poco puedas trascender tu biología.

Y evita el deseo de hacer daño a los demás. Hay cierta alegría en hacer daño a los demás. Seguimos hiriendo a la gente; te da la sensación de poder. Te ayuda a sentir que eres poderoso cuando puedes herir a alguien. Es un deseo muy feo, egoísta, pero todo el mundo lo hace. Obsérvate a ti mismo, de cuántas maneras haces daño a la gente. Puede que no estés haciendo nada en particular para herirles, pero tu gesto puede ser suficiente. La gente camina de tal manera, habla de tal manera, que hiere a los demás. Y nadie puede culparles porque lo que hacen es muy sutil. Utilizan palabras que pueden herir, y las utilizan con tal habilidad que no se les puede culpar. Siempre encuentran una forma de racionalizarlo.

Un caballero negro fue detenido por disparar a un hombre. A la mañana siguiente compareció ante el tribunal.

"¿Por qué disparó a ese hombre?", preguntó el juez.

"¡Porque me llamó negro hijo de puta!"

"¡No tenías nada que hacer disparando a un hombre por eso!"

"Bueno, Señoría, ¿qué habría hecho usted si le hubiera llamado así?".

"¡Oh, él no me habría llamado así!"

"Lo sé, Juez, pero suponga que le hubiera llamado la clase de hijo de puta que es usted, ¿entonces?

Por supuesto que no puede llamarte 'negro hijo de puta' -tú no eres negro-, pero la clase de hijo de puta que eres, si te hubiera llamado así, ¿entonces qué?".

La gente puede seguir encontrando caminos hábilmente.... Uno tiene que permanecer consciente hasta que todas las penas desaparezcan.

NUNCA OFENDAS CON LO QUE PIENSAS, DICES O HACES.

Eso no significa, recuerde, que la gente no se ofenda. Puede que se ofendan, pero no debe ser una intención por tu parte. Buda no está diciendo que nadie se ofenderá por el maestro, porque miles se ofendieron por el propio Buda. Ciertamente, muchos se sintieron ofendidos por Jesús; de lo contrario, ¿por qué habría sido crucificado?

Buda está diciendo: NUNCA OFENDAS CON LO QUE PIENSAS, DICES O HACES. No debe ser tu intención. Aun así, va a suceder: siempre que el maestro habla es casi inevitable que muchos se ofendan porque entenderán a su manera lo que está diciendo. No oirán lo que dice; oirán sólo lo que pueden oír. Le van a malinterpretar. Eso es absolutamente inevitable, no se puede evitar.

Era el final de la tarde en una pequeña ciudad. Joe, el dueño de la cervecería local, pulía perezosamente la cristalería cuando entró corriendo su amigo Mickey.

"Joe", gritó, "ve a tu casa muy rápido. Acabo de pasar a ver si estabas en casa y he oído la voz de un desconocido en tu dormitorio. Así que miré por la ventana y, caramba, odio decirte esto, ¡pero tu mujer está en la cama con otro hombre!".

"¿Es así?", dijo Joe, con naturalidad. "¿Qué aspecto tiene este tipo?"

"Oh, es alto y completamente calvo".

"¿Y tenía un espeso bigote rojo?", preguntó Joe.

"¡Bien! Derecha!" gritó Mickey.

"¿Te fijaste si tenía un diente delantero de oro?"

"¡Maldita sea, tío, tienes razón!"

"Debe ser ese imbécil, Dick Roberts", dijo Joe. "¡Se tira cualquier cosa!"

Ahora bien, cuando se habla con un marido sobre su mujer es un asunto totalmente distinto.

No le importa, ya no le interesa, está harto, está acabado. Puede que a ti te entusiasme que haya que hacer algo, pero el marido oirá a través de su experiencia de ser marido de la mujer; no puede dejar de lado esa experiencia.

Te estoy diciendo algo; lo oirás a través de tus experiencias, de tus recuerdos, de tu forma de interpretar las cosas. Nadie sabe lo que vas a sacar de ello; eso será más tuyo que mío. Puede que yo haya desencadenado el proceso, eso es todo, pero tú serás el creador de todo el fenómeno.

Por lo tanto, recuerda, el maestro nunca ofende, aún así la gente se ofende.

Buda dice:

HONRA AL HOMBRE QUE ESTÁ DESPIERTO.

Esa ha sido una de las cosas más bellas de Oriente -esa flor ha florecido en Oriente-, Oriente puede estar orgulloso de ello: siempre hemos honrado al hombre despierto.

En otras partes del mundo, particularmente en Occidente, se honra al experto, al técnico, al científico, al hombre que puede hacer muchas cosas. Pero el hombre que es consciente no es considerado en absoluto sólo por su conciencia.

Gurdjieff no fue honrado en absoluto. En Oriente habría sido un buda; en Occidente no se le honró en absoluto, se le insultó de todas las maneras posibles, por la sencilla razón de que Occidente no tiene ni idea de cómo honrar al hombre despierto, porque el hombre despierto no cumple ningún propósito utilitario. Si se te estropea la máquina, no puede ayudarte en nada; no puede arreglarte el coche... no puede ayudarte en nada en el mundo. De hecho, todo lo que puede hacer es ayudarte a deshacerte del mundo. Y nadie quiere deshacerse del mundo; todo el mundo quiere poseer el mundo. Por eso en Occidente se honra al experto; en Oriente no se honra al experto, nunca. El experto está bien - es un sirviente, sirve, se le paga por ello. Pero nosotros hemos honrado al buda.

Honrar a un buda es honrar a una flor de rosa, que no tiene ningún propósito utilitario. No se puede comer. Si se trata de pasar hambre, las rosas no ayudarán; el trigo será mucho mejor. Si se trata de elegir entre el trigo y las rosas, elegirás el trigo. ¿Qué vas a hacer con las rosas? Un buda es como una rosa: puedes apreciar su belleza, puedes bailar alrededor de la rosa, puedes cantarle canciones, puedes mirar la rosa y alabar al Señor, pero ¿qué más? No puede llenar tu estómago hambriento, no puede ayudarte a triunfar en el mundo, no puede convertirte en un gran guerrero. Si llevas una flor de rosa no te convertirás en Alejandro Magno; se necesita una espada, no una rosa.

Pero el experto está tan dormido como tú; no hay diferencia, no hay diferencia cualitativa. Por eso, en Oriente, al experto se le paga, pero no se le honra.

Un actor de cine le dijo a su psiquiatra: "Me atraen los hombres en vez de las mujeres".

El psiquiatra respondió: "¡Has venido al lugar adecuado, guapo!".

Ahora el loquero no puede ser honrado en Oriente; en Occidente se ha convertido en una de las personas más honradas. Incluso ha derrotado a los sacerdotes. Ahora los sacerdotes están aprendiendo a ser psiquiatras; los sacerdotes van a las universidades a aprender psicoterapia, psicoanálisis, psicosíntesis y toda clase de tonterías, porque ahora saben que la profesión de sacerdote está acabada; tienen que añadir algo más a su glamour. Y ven que el psiquiatra está cada vez más alto; es la persona mejor pagada de Occidente. En Oriente nadie pensará nada especial de un psiquiatra. Sí, no puede ser más que un mecánico de motores, quizá sea un mecánico de mentes, también es fontanero. Le pagas, pero el honor es totalmente diferente.

El honor sólo es debido cuando no se puede pagar. Cuando no se puede pagar, cuando no hay posibilidad de pagar, entonces hay que honrar. El honor es la aceptación del hecho de que es imposible pagar; la deuda no se puede pagar.

HONRA AL HOMBRE QUE ESTÁ DESPIERTO Y TE MUESTRA EL CAMINO.

HONRAR EL FUEGO DE SU SACRIFICIO.

Los budas te muestran el camino. Tienes que caminar, tienes que ir; los budas sólo señalan.

No te dan instrucciones detalladas porque cada individuo es tan único y diferente que no se pueden dar instrucciones detalladas. Sólo instrucciones vagas, sólo indicadores, punteros, pistas a lo sumo - no órdenes, no mandamientos....

He oído la historia de los Diez Mandamientos. Por supuesto, Dios había preguntado primero a los indios: "¿Queréis algunos mandamientos?". Ellos respondieron: "No, en absoluto".

Entonces preguntó a los franceses y dijeron: "Queremos vivir en libertad, no queremos trabas".

Y siguió preguntando y nadie estaba dispuesto. Finalmente le preguntó a Moisés: "¿Quieres unos mandamientos?".

Dijo: "¿Cuánto?"

Y Dios dijo: "¡Libre, absolutamente libre!".

Dijo: "¡Entonces tendré diez!".

HONRA AL HOMBRE QUE ESTÁ DESPIERTO Y TE MUESTRA EL CAMINO. No te da órdenes; no te dice: "Haz esto y no hagas aquello". Simplemente te da algunas pistas aquí y allá, y te mantiene libre, te permite una libertad total. No hay que imitarle ni seguirle, sólo hay que comprenderle. Tienes que aprender de la persona despierta la belleza, la dicha de estar despierto, eso es todo, y luego tienes que buscar por tu cuenta. Siempre es una búsqueda individual, una exploración privada. La verdad no puede transferirse de una mano a otra; es intransferible.

HONRAR EL FUEGO DE SU SACRIFICIO.... ¿Y por qué debe honrarse a un buda? - Por el fuego de su sacrificio. Es imposible que comprendas el sacrificio de un buda porque es absolutamente invisible para ti. Sólo lo conocerás cuando te conviertas en un buda. Lo que ha conocido no puede expresarse con palabras, pero lo intenta; es un sacrificio constante.

Lo que ha conocido está más allá de la mente, pero intenta por todos los medios hacértelo entender, ayudarte a comprenderlo. Pone toda su energía en hacer comprensible lo incomprensible. Su sacrificio es grande. Se toma tantas molestias, sin razón alguna, porque no va a ganar nada con ello. Su trabajo está terminado.

Su barco ha llegado. Puede abandonar el cuerpo en cualquier momento, en cualquier momento que decida, pero sigue viviendo en el cuerpo, que es un confinamiento, que es una esclavitud. Sigue sufriendo en el cuerpo por la sencilla razón de que le gustaría transmitir lo inconfesable. Su compasión es infinita.

Ramakrishna sufría de cáncer. Muchas veces sus discípulos le dijeron: "Paramahansadeva, si es demasiado doloroso, estaremos muy tristes, miserables, pero por favor deja tu cuerpo".

Dijo: "Da igual que el cuerpo tenga cáncer o no. Estar ahora en el cuerpo es un sufrimiento; aunque esté sano es un sufrimiento porque ahora puedo ser tan vasto como el cielo. Pero por ti me aferraré al cuerpo un poco más".

Y el maestro tiene que encontrar formas y medios de aferrarse al cuerpo porque todas las viejas asociaciones están rotas, todas las viejas conexiones están rotas. Tiene que forjar nuevas conexiones, que es realmente una de las cosas más difíciles que existen.

A Ramakrishna le interesaba mucho la comida, tanto que su mujer siempre se sentía avergonzada. Estaba hablando con sus discípulos y, de repente, en mitad de la conversación, corría a la cocina y le preguntaba a Sharda: "¿Qué estás cocinando?".

Es como si de repente, en mitad de la conferencia, me voy corriendo a la cocina y le pregunto a Vivek: "¿Qué estás cocinando?", y luego vuelvo otra vez, ¡y tú tienes que esperar!

Sharda dijo muchas veces: "Esto no está bien. ¿Qué pensará la gente?"

Ramakrishna siempre se reía y nunca contestaba. Un día Sharda insistió: "¡Respóndeme! Hay algo extraño en ello". Cada vez que ella le traía la comida, él se ponía de pie; estaba tan ansioso por saber. Se quitaba el paño y miraba dentro del THALI. Siempre había gente sentada allí y empezaban a reírse:

"¿Qué clase de hombre realizado por Dios es este?"

Un día Sharda insistió, entonces Ramakrishna dijo: "Si quieres saber la verdad te la diré: sólo así me aferro al cuerpo. Me he creado un falso deseo de comer. Y recuerda, el día que no muestre interés por la comida, ese será el final. Sólo tres días más viviré después de eso".

Sharda no le prestó mucha atención: ¿quién presta mucha atención a esa gente?

Siguen hablando de cosas, de muchas cosas; tú escuchas y no prestas mucha atención.

Pero un día Sharda entró con el thali... Ramakrishna no se levantó. No sólo eso: miraba hacia la puerta, dio la espalda a Sharda y empezó a mirar por la ventana en otra dirección. Sharda recordó de repente: el thali se le cayó de las manos.

Ramakrishna dijo: "Así que ahora entiendes; ese día lo perdiste. Ahora sólo faltan tres días...." Y exactamente al tercer día murió.

Sólo cuando estés iluminado, despierto, sabrás cómo un hombre que ha vuelto a casa sigue viviendo en el caravasar -sucio, feo- y sigue ayudando a gente que está loca. HONRA EL FUEGO DE SU SACRIFICIO.... Por eso, dice Buda, honradlo.

EL PELO ENMARAÑADO O LA FAMILIA O LA CASTA NO HACEN A UN MAESTRO, SINO LA VERDAD Y LA BONDAD CON LAS QUE HA SIDO BENDECIDO.

TIENES EL PELO ENMARAÑADO Y TE SIENTAS SOBRE UNA PIEL DE CIERVO.

¡QUE FOLLY!

CUANDO POR DENTRO ESTÁS DESGARRADO DE LUJURIA.

El carácter no es un factor decisivo. Puedes cultivar una hermosa fachada a tu alrededor, pero el factor realmente decisivo es tu interior.

LA ROPA DEL AMO ESTÁ HECHA JIRONES.

SUS VENAS SOBRESALEN, SE ESTÁ CONSUMIENDO.

SOLO EN EL BOSQUE SE SIENTA Y MEDITA.

Durante años Buda estuvo meditando en el bosque, solo, sin preocuparse de sus ropas, sin preocuparse de su cuerpo, sin preocuparse de nada más que de su meditación; excepto de una cosa todo se desprendió de su conciencia: cómo alcanzar el centro. Una vez que lo has alcanzado no hay problema, pero antes de que puedas alcanzarlo, tiene que ser una búsqueda unidireccional. Tienes que estar concentrado en una sola cosa, excluyendo todo lo demás. A menos que tu búsqueda sea tan total, tan completa, tan sincera, no tendrás éxito.

SOLO EN EL BOSQUE SE SIENTA Y MEDITA.

Estés donde estés, aprende a estar solo, siéntate solo. Es difícil, lo más difícil del mundo, porque cuando estás solo la mente empieza a morir. No puede existir en soledad, necesita compañía. Por eso, cuando estás solo, la mente dice: "Haz algo, vete a algún sitio. Enciende la televisión o la radio". La mente quiere compañía, compromiso, ocupación.

Si puedes estar solo... sentado en silencio sin hacer nada, llega la primavera y la hierba crece por sí sola. Un día tu ser interior florece en un loto de mil pétalos.

Ese día también te habrás convertido en un buda, y sólo entonces serás capaz de comprender el significado de la vida de Jesús, el significado de los dichos de Buda, el significado de Lao Tzu, Zaratustra. Antes de eso, todo lo que intentes comprender no es más que tu mente interpretando, y esa interpretación ha sido una de las mayores causas de maldad.

Abandona la mente -lo único a lo que hay que renunciar en el mundo es a la mente- y avanza hacia la no-mente, el silencio interior y la serenidad. Conócete a ti mismo en tu absoluta soledad y tu vida será plena, tu vida será bendecida: bendecida con la dicha eterna, bendecida con la verdad, bendecida con la libertad.

Suficiente por hoy.

Ríete para llegar a Dios

La primera pregunta:
Pregunta 1:
AMADO MAESTRO,
PARA ILUMINARSE, ¿ES NECESARIO SER JUDÍO O SÓLO SIRVE DE AYUDA?

Amitabh, a la religión le ha faltado una cualidad muy fundamental: el sentido del humor.

Ha sido muy desafortunado porque ha enfermado la religión.

El sentido del humor es parte, una parte esencial, de la totalidad del hombre. Lo mantiene sano, lo mantiene joven, lo mantiene fresco. Y durante siglos los tristes han dominado la religión. Han expulsado la risa de las iglesias, de las mezquitas, de los templos. El día en que la risa vuelva a entrar en los lugares santos, serán realmente santos, porque estarán completos. La risa es la única cualidad que distingue al hombre de los demás animales. Sólo el hombre puede ver lo ridículo, lo absurdo.

Sólo él tiene la capacidad y la conciencia de ser consciente de la broma cósmica que es la existencia. ES una broma cósmica; no es un asunto serio.

La seriedad es una enfermedad, pero la seriedad ha sido alabada, respetada, honrada. Era absolutamente esencial ser serio para ser santo; de ahí que sólo las personas patológicas se interesaran por la religión, las personas incapaces de reír. Y las personas incapaces de reír son infrahumanas, aún no son humanas, ¿qué decir de que sean divinas? Eso es imposible, aún no se han convertido en humanos. Y ser humano es el puente entre lo animal y lo divino. Por eso siento un gran respeto por el sentido del humor, por la risa.

La risa es mucho más sagrada que la oración, porque la oración la puede hacer cualquier estúpido; no requiere mucha inteligencia. La risa requiere inteligencia, requiere presencia de ánimo, rapidez para ver las cosas. Un chiste no se puede explicar: o lo entiendes o te lo pierdes. Si se explica, pierde todo su sentido; por eso no se puede explicar ningún chiste. O lo entiendes inmediatamente.... Si no lo entiendes inmediatamente, puedes intentar averiguar su significado; averiguarás el significado, pero el chiste no estará ahí. Estaba en la inmediatez.

El humor necesita presencia, presencia absoluta. No es una cuestión de análisis, es una cuestión de perspicacia.

Amitabh, en lo que respecta al humor, ser un poco judío está muy bien, ¡todo el mundo debería ser un poco judío! Para la iluminación preparará el terreno, te hará más vivo. La iluminación es volverse totalmente vivo. La risa te da vida.

Y si puedes reír totalmente hay algunas cosas más que entender. En la risa profunda el ego desaparece, no se encuentra en absoluto. No puedes tener tanto la risa como el ego. Si el ego está ahí te mantendrá serio. Todos los egoístas son personas serias, y todas las personas serias son egoístas.

Para poder reír, tienes que ser como un niño: sin ego. Y cuando te ríes, de repente la risa está ahí, tú no estás. Vuelves cuando la risa se ha ido.

Cuando la risa se aleja, cuando amaina, vuelves, vuelve el ego. Pero en el mismo momento de la risa vislumbras la ausencia de ego.

Sólo hay dos actividades en las que puedes sentir fácilmente la falta de ego. Una es la risa, la otra es el baile. Bailar es un método fisiológico, un método corporal para sentir la falta de yo. Cuando el bailarín se pierde en su danza, ya no existe, sólo existe la danza.

La risa es un poco más sutil que la danza, es un poco más interior, pero tiene también la misma fragancia. Cuando te ríes.... tiene que ser una carcajada. No debe ser sólo superficial, no debe ser sólo cortés, no debe ser sólo un amaneramiento.

Lo he oído:

Una mecanógrafa dejaba su trabajo. Era su último día en la oficina, y el jefe estaba contando los viejos chistes de siempre. Todo el mundo se reía, menos la mecanógrafa. El jefe le preguntó: "¿Qué te pasa? ¿No entiendes los chistes?".

Ella dijo: "Las tengo desde hace tiempo. Me las has repetido mil y una veces, pero no hace falta que me ría más. De todos modos mañana me voy.

Estos tontos se ríen porque tienen que reírse: tú eres el jefe. Así que no importa si vale la pena reírse del chiste o no. Tienen que reírse, es parte de su deber. Pero yo me voy, ¿qué puedes hacerme? No me río, no puedes hacerme reír con todos esos chistes podridos".

Si te ríes por obligación o por un sentido del amaneramiento, por cortesía, entonces no es una risa de vientre, entonces es sólo superficial; en la circunferencia, la estás manejando. Entonces no entenderás lo que digo sobre la risa.

Ríete de manera que todo tu cuerpo, todo tu ser se involucre, y de repente habrá un vislumbre. Por un momento el pasado desaparece, el futuro desaparece, el ego desaparece, todo desaparece - sólo hay risa. Y en ese momento de risa podrás ver toda la existencia riendo.

Los indios no tienen sentido de la risa. En India no tenemos chistes indios. Todos los chistes que se cuentan en la India son prestados, no existe el chiste indio.

Los indios son gente seria, muy religiosa, gente santa. ¿Cómo pueden descender a cosas tan bajas como bromear? Hablan de Dios, hablan de moksha, hablan de nirvana... no pueden reírse. No son cosas para reírse. No puedes reírte de Dios. Pero si no puedes reírte de Dios nunca entenderás a Dios.

Las estatuas indias de Buda son totalmente diferentes de las estatuas chinas o japonesas de Buda. Habrás notado la diferencia; la diferencia es grande. El Buda indio tiene un cuerpo muy atlético. Su barriga es muy pequeña, casi inexistente. Nunca tuvo barriga. Si no hay barriga, ¿cómo puedes reírte? Pero el Buda chino tiene una gran barriga, y no sólo una barriga: incluso en la estatua se pueden ver ondas de risa en la barriga. Incluso en el mármol se puede ver que se está riendo, la barriga se está riendo.

Ningún indio estará de acuerdo con la estatua china. Dirá: "Esto no está bien, Buda no era así, con una barriga tan grande....". El Buda chino parece un payaso, pero siento un gran respeto por él. El Buda chino ha absorbido a Lao Tzu, Chuang Tzu, Lieh Tzu. Está embarazado de Lao Tzu, por eso esa gran barriga.

Dentro de su vientre está Lao Tzu. Y no se puede mantener a Lao Tzu callado. Debe estar riendo y pataleando y haciendo cosas; de ahí las ondas en el vientre.

Lao Tzu tiene sentido del humor. Tal vez por eso Lao Tzu no pudo convertirse en el fundador de una gran religión. No existe ninguna religión que lleve su nombre. Sí, algunas personas raras han seguido su camino, pero no hay ninguna iglesia organizada, por la sencilla razón de que Lao Tzu parece tan poco serio. Solía cabalgar sobre un búfalo. Ahora, ¿no puede encontrar un caballo?

Cualquiera habría podido permitirse al menos un burro, pero ¿un búfalo...? Y además, no en la posición correcta, ¡sino sentado hacia atrás! El búfalo va en una dirección y Lao Tzu está mirando hacia otro lado. Debió de provocar risas por donde pasaba. La gente debe haberse reunido para ver la escena, lo que está sucediendo.

Y Chuang Tzu superó con creces a su maestro. Nunca ha habido un hombre tan hermoso como Chuang Tzu. Todo lo que ha dicho es completamente absurdo, ¡ridículo! - pero con un profundo significado. Primero os reiréis y luego, poco a poco, veréis el punto que está indicando, de una manera muy alegre, hacia ciertas verdades que sólo pueden ser indicadas de una manera alegre. Si eres serio no puedes hacer comprender a la gente la belleza de la existencia, la celebración de la existencia.

La vida no es una tragedia, es una comedia. No es trágica. Pero las personas religiosas han dependido de la idea misma de que la vida es trágica: es miseria, miseria absoluta, ¿de qué hay que reírse?

De ahí que atrajeran a las personas incapaces de reír, de vivir, de amar.

Mi esfuerzo aquí, Amitabh, es justo el contrario. Quiero que aprendas tanto de Buda, tanto de Lao Tzu, tanto de Krishna, tanto de Chuang Tzu como sea posible. Quiero que absorbas todas las grandes experiencias que han sucedido en el pasado, para que sea posible una síntesis superior. En esa síntesis superior, la risa será una de las cualidades más esenciales. Con la verdad, el valor y la virtud, la risa también tiene su propio lugar.

En ese sentido, los judíos son gente hermosa. Tienen el mayor sentido de la risa de todo el mundo. Están en un extremo; en el otro, los británicos.

Tantas cartas he recibido, enojado: "Amado Maestro, usted no entiende a los británicos". ¿A quién le importa entender? ¿Y por qué debería entender a los británicos, para qué?

¿No queda nada más por entender?

He contado muchos chistes sobre los italianos, pero ni una sola carta enfadada. Ellos entienden que los chistes son chistes. Si entiendes demasiado no puedes bromear. Se necesita un poco de incomprensión.

Ahora, uno de los más británicos de todos los sannyasins británicos, Prembodhi, ha escrito: "No entiendes a los británicos en absoluto". Simplemente demuestra mi punto de vista.

Alguien más ha escrito: "Esto no está bien. Dices que ninguna mujer británica es una mujer; todas son damas". ¡Simplemente estaba mostrando respeto!

Y creo que es bien sabido que no hay que decir nada en contra de los muertos. Siempre hay que mostrar respeto por los muertos. ¡Eso es lo que estaba haciendo! ¿Por qué te enfadas por eso?

Vuelvo a repetirlo: es muy difícil, casi imposible, encontrar una mujer británica; sólo hay señoras. Puede que no todos los hombres sean caballeros; al fin y al cabo, los hombres son hombres, ¡los chicos son chicos!

Y los viejos más. Pero en lo que respecta a las mujeres, son portadoras de la cultura, de la religión, son las piedras angulares. La mujer británica tiene una cara determinada. Ninguna otra mujer tiene ese tipo de nariz... ¡todas necesitan cirugía plástica!

Amitabh, el único problema con los judíos es la cuestión del precio.

Entonces seguirán regateando durante siglos. La iluminación estará justo delante de ellos, pero regatearán el precio.

Así que ese es el problema, Amitabh; ahí tienes que ser consciente.

Un escocés entró en una sastrería y pidió ver un traje.

El propietario judío volvió con un bonito tweed Harris. "Mira esto", dijo, "y no son cincuenta libras, ni siquiera cuarenta. Treinta libras y es tuyo".

El escocés lo examinó detenidamente. "No te daría veinticinco libras por él, ni siquiera veinte. Mi precio es dieciocho libras".

"De acuerdo", dijo el judío. "Así es como me gusta hacer negocios: sin regateos".

Luego estaban los dos judíos que se encontraron después de cuarenta años y corrieron al bar más cercano para celebrarlo.

"Será mágico tomar una copa juntos después de tantos años", dijo uno.

"Sí", dijo el otro, "pero no olvides que es tu ronda".

La viuda rica necesitaba una transfusión de sangre y un donante judío le salvó la vida. Estaba tan agradecida que le dio cien libras, pero tras una recaída necesitó otra y esta vez dio al donante cincuenta libras.

La tercera vez que le salvó la vida tenía tanta sangre judía que se lo agradeció mucho.

La segunda pregunta:

Pregunta 2:

AMADO MAESTRO,

ME SIENTO COMPLETAMENTE MISERABLE. ¿CÓMO PUEDO SALIR DE MI MISERIA?

Vandan, nunca me he encontrado con una persona que sea completamente miserable. Lo estás tolerando, estás existiendo con ello, estás viviendo con ello. ¡Si es tan malo uno debería dejar de respirar! ¿Por qué seguir viviendo?

No puede ser tan malo. Quizá te guste exagerar. Hay gente a la que siempre le gustan los superlativos, que lo magnifican todo. Pequeñas miserias por supuesto que hay, pero ¿qué gran miseria puedes tener? ¿Dónde la tendrás? No puedo concebir ninguna miseria que pueda ser tan mala como para llamarla absoluta; de lo contrario, uno simplemente moriría, inmediatamente.

Así que una cosa, recuerda, deja de exagerar. Esa también es una forma del ego. El ego es tan extraño que quiere exagerarlo todo. Incluso si es miseria, la magnificará, hará un gran alboroto sobre ella. Puede que no haya gran cosa en ello: si vas a las raíces puede que encuentres un ratón, pero estás hablando de elefantes.

Y te conozco, Vandan. Nunca te he visto completamente miserable. Pareces perfectamente normal. A menos que todas las personas normales son completamente miserables ... sólo el ego tiene la costumbre de magnificar.

Un niño llegó corriendo de la escuela. Respiraba con dificultad, resoplaba, sudaba. Le dijo a su madre: "De alguna manera, Dios me ha salvado. Me persigue un tigre, un tigre muy peligroso, un tigre muy feroz".

La madre le dijo: "¡Deja de exagerar! Te he dicho un millón de veces que no exageres y vuelves a hacerlo. ¿Dónde está ese tigre?"

El niño se la mostró desde la ventana. Un perro muy pequeño, delgado, flaco, hambriento, estaba fuera. Y la madre le dijo: "¿Este es el tigre? Sube arriba, reza a Dios y pídele perdón. Y no vuelvas a exagerar. Ya basta".

El niño subió las escaleras. A los cinco minutos volvió con la madre, y ésta le dijo: "¿Has rezado?".

Me dijo: "Sí, recé, ¿y sabes lo que dijo Dios? Me dijo: 'No te preocupes. Cuando vi a ese perro por primera vez, yo mismo pensé que era un tigre feroz. Así que no hay de qué preocuparse. Yo mismo fui engañado, ¿qué hay de ti? Y soy tan grande, todavía pensaba que era un tigre muy peligroso. Estaba a punto de salir corriendo, pero eché otro vistazo y me di cuenta de que no era más que un perro. La miseria no es tan grande como parece. Así que lo primero es reducirla a las proporciones adecuadas. Antes de salir de ella deja que el tigre desaparezca. Sé muy objetivo. Si realmente quieres transformar tu vida, sé objetivo. No puedes salir de las ficciones. Puedes salir de los hechos; los hechos pueden ser abordados, pero las ficciones no pueden ser abordadas.

Pero este es el camino de la mente, el camino del ego, magnificarlo todo. Hace que todo parezca grande. Y entonces, por supuesto, empiezas a sufrir a lo grande. La causa no es tan grande, pero el efecto puede ser muy grande - depende de ti.

Mira de nuevo, considera de nuevo, reconsidera toda la situación. ¿Qué es lo que llamas "completamente miserable"? Y entonces encontrarás hechos ordinarios de la vida. Pero no queremos ser ordinarios. El ego anhela ser extraordinario. Aunque sea en la miseria, nos gustaría ser extraordinarios.

Alguien preguntó a George Bernard Shaw: "¿Dónde le gustaría ir cuando muera, al cielo o al infierno?".

Dijo: "Dondequiera que esté, eso no importa. Lo que importa es: Quiero ser el primero.

Aunque sea un infierno, quiero ser el primero. No quiero ser el segundo de nadie. Por eso creo que el infierno será mejor, porque en el cielo Buda y Jesús y Zaratustra... y hay tantos competidores. Y tendré que hacer cola, ¡y eso lo odio! Estoy dispuesto a ir al infierno, estoy dispuesto a sufrir en el infierno, pero quiero ser el primero."

El ego siempre anhela ser el primero. Dice: "Mi miseria es mayor que la de los demás. Sea lo que sea, yo soy más grande, yo soy especial, yo soy extraordinario".

Una vez vino a verme un juez del Tribunal Supremo. Su mujer solía venir a verme. Me sorprendió, porque la esposa siempre solía decir que él está muy en contra mía y que no quiere que ella me escuche o lea mis libros o vaya a verme. Pero siempre que visitaba esa ciudad ella venía.

Así que me sorprendí. Le pregunté: "Tu mujer siempre dice que estás muy en contra mía".

Él dijo: "No es que esté muy en contra de ti - simplemente tengo miedo de que.... Mi mujer ya está loca, y lo que dices, si se le mete en la cabeza, lo exagera todo. Me crearás más problemas".

Le pregunté: "¿Por qué has venido TÚ?".

Sólo he venido a decirte que si te dice que tiene cáncer, lo reduzcas a un dolor de cabeza. No te preocupes por su cáncer. He sufrido toda mi vida. Entonces he aprendido esta lección: ella exagera".

Y de hecho así era. Cada vez que venía hablaba de cáncer. Decía que tenía cáncer de corazón y esto y lo otro... ¡y el marido decía que no tenía nada! Sólo una hipocondríaca... sigue exagerando.

Murió un hipocondríaco. Antes de morir, su mujer le preguntó: "¿Tienes unas últimas palabras?".

Él dijo: "Sí. En mi lápida escriba en letras grandes: ¿Ahora me crees o no?"

Lo primero para ti es bajar las cosas al nivel de la realidad. Es difícil, Vandan, sobre todo para una mujer. Viven en la fantasía. Cuando te enamoras, crees que te has enamorado de un dios griego, y cuando termina la luna de miel sabes que no es más que un maldito griego. En siete días, el dios griego no es más que un maldito griego.

Y otra vez sucederá. Otra vez te enamorarás, y otra vez crearás un gran capricho, crearás proyecciones. Y todas tus proyecciones se harán añicos tarde o temprano, porque la realidad no tiene ninguna obligación de cumplir tus proyecciones.

Así que primero baja tu idea de la miseria al hecho, a lo real. Y entonces no es difícil salir de ella. Lo segundo es ser consciente de ello. Sólo sé consciente de ella y estarás fuera de ella, porque sólo puedes ser consciente si no eres ella.

Ese es el milagro de la conciencia. Cuando observas algo, una cosa es cierta, absolutamente cierta: que tú no eres eso. El observador nunca es lo observado. Lo observado está ahí como un objeto que se enfrenta a ti. Tú eres el observador, tú eres el sujeto.

Así que la miseria está ahí, el dolor está ahí o el placer, o cualquier experiencia que esté ahí - tú no eres eso. Estás fuera de ella.

Dos actores de jamón se quejaban de lo difícil que era el negocio del cine.

"Hace más de diez años que no tengo un papel", suspiró uno de los actores.

"Eso no es nada", dijo el otro jamón. "No he trabajado desde que llegaron las imágenes sonoras".

"Eso es muy duro".

"Claro que sí. Ojalá pudiera encontrar la manera de salir de este negocio".

Hace cuarenta años que no estás en el negocio, ¡y todavía estás pensando cómo salir de él!

Sólo observa. Estos dos pasos, Vandan: primero, lleva tu miseria al nivel de la realidad, y luego obsérvala - porque sólo la realidad puede ser observada; las ficciones no pueden ser observadas, te identificas con ellas. Una vez que la realidad está ahí, es objetiva; obsérvala, y de repente se produce una gran realización. Tú eres el observador, estás fuera de ella.

Me preguntas: "¿Cómo puedo salir de esto?". Vandan, ya estás fuera. Ahora mismo estás fuera. Es sólo una ilusión que estés en ella. Si quieres creer, puedes seguir creyendo que estás en ella. Si no, puedes salir de ella en cualquier momento. Inténtalo. Intenta salir de ella. Chasquea los dedos, date una bofetada y despierta.

La tercera pregunta:

Pregunta 3:

AMADO MAESTRO,

¿ESTÁS EN CONTRA DEL AJO? LO HE COMIDO DESDE MI INFANCIA Y NO CREO QUE APESTE.

Virago, medita sobre esta historia....

Forster se sentó en las elegantes oficinas del médico más famoso de Park Avenue.

"Tengo un problema terrible", me explicó. "Todo lo que como se convierte en gas. Acabo de comer filete con patatas y se ha convertido en gas".

"Eso podría ser grave", replicó el médico.

"Pero afortunadamente", dijo Forster, "mi gas es silencioso e inodoro. ¿Puedes curarlo?"

"Estoy seguro de que podré ayudarte, pero primero voy a ponerte un audífono y luego voy a arreglarte la nariz".

La cuarta pregunta:

Pregunta 4:

AMADO MAESTRO,

RECIENTEMENTE USTED MENCIONÓ QUE EL EGO ESPIRITUAL ES MÁS PELIGROSO QUE EL EGO NORMAL. ¿PUEDE EXPLICARLO?

Prem Unmado, todos los egos son peligrosos, porque el ego es una entidad falsa. De hecho, no existe. Está ahí porque no eres consciente de quién eres.

El ego es como la oscuridad. La oscuridad no tiene existencia positiva propia; es sólo la ausencia de luz. Por lo tanto, no puedes hacer nada directamente con la oscuridad. Si quieres eliminar la oscuridad, no puedes hacerlo directamente; tendrás que traer la luz. Si quieres traer la oscuridad, tampoco puedes hacerlo directamente; tendrás que apagar la luz. Lo que quieras hacer, tendrás que hacerlo con la luz, porque la luz tiene existencia. La oscuridad no tiene existencia, y con lo no existente no se puede hacer nada.

El ego es no existencial, es una no entidad. Es la ausencia de conciencia, de alerta.

No eres consciente; de ahí que prevalezca el ego, de ahí que permanezca la oscuridad.

Todos los egos son peligrosos, porque estás viviendo en algo que no es. Estás viviendo para algo que no es, estás sacrificando lo que es por algo que no es. Este es el peligro. Se está sacrificando una vida real en el altar del ego no existencial.

Corres tras el dinero, tras el poder, tras el prestigio, pero en realidad a nadie le interesa el poder, el dinero, el prestigio. No son más que formas de existir del ego. Si tienes más dinero puedes tener más ego; si tienes más poder puedes tener más ego.

El deseo básico es expandir el ego, pero cuanto más se fortalece tu ego, cuanto más densa se vuelve la oscuridad, menor es la posibilidad de que te vuelvas consciente.

Y sin darte cuenta estás perdiendo toda la oportunidad de la vida, una oportunidad de oro, en la que Dios puede realizarse, en la que la verdad puede vivirse. Una vida que puede ser una celebración constante, una alegría eterna, se sacrifica por algo absolutamente sin sentido.

Por lo tanto, recuerda, todos los egos son peligrosos. Pero el ego espiritual es el más peligroso simplemente porque todos los demás egos son burdos. Puedes ver que el político está detrás de su ego, puedes ver que incluso el político en algunos momentos puede verlo. Es muy burdo, ¿cómo puedes evitar verlo? Estás destinado a tropezar con él, es como una roca.

Pero el ego espiritual es muy sutil, es como una fragancia. No tropiezas, no te golpea como una roca. No puedes quitarlo tan fácilmente como puedes quitar una roca. Es una fragancia sutil. Cuanto más espiritual te vuelves, más y más sutil se vuelve tu ego. Tu ego se vuelve piadoso, y cuando el veneno es piadoso, por supuesto es más peligroso, porque crees que es néctar. Ahora bien, la etiqueta es néctar; dentro de la botella está el mismo veneno.

De ahí que vuestros santos sean más egoístas que vuestros pecadores. Hay mucha esperanza para los pecadores, ellos pueden llegar a Dios mucho más fácilmente que sus llamados santos. Vuestros santos viven con tales actitudes egoístas, están llenos de estiércol de vaca sagrada, basura.

El hombre del mundo afirma que tiene mucho dinero y el hombre religioso afirma que tiene mucha virtud. El hombre del mundo afirma que tiene mucho poder, mucho prestigio, y tu llamado hombre santo afirma que también tiene poder, poder espiritual. Él trata de mostrar su poder espiritual.

Una vez, un supuesto hombre espiritual vino a ver a Ramakrishna. Ramakrishna estaba sentado a la orilla del Ganges en Dakshineshwar, donde solía vivir. El hombre espiritual le dijo a Ramakrishna: "He oído que eres un gran santo. Si realmente lo eres, ven conmigo y camina sobre las aguas. Si puedes caminar sobre el agua, entonces puedo creer que eres espiritual".

Ramakrishna se rió. Dijo: "¿Puedes caminar...?"

El hombre dijo: "Sí, puedo andar".

Ramakrishna le preguntó: "¿Cuánto tardaste en aprender a caminar sobre el agua?".

El hombre dijo: "Me llevó dieciocho años de tremendo esfuerzo, austeridades, TAPASCHARYA, ayuno, oración. Viví en una cueva en el Himalaya. Lo sacrifiqué todo. Entonces se me ha dado este poder espiritual".

Ramakrishna dijo: "No soy espiritual, soy un hombre sencillo, muy ordinario. Pero me gustaría decirte una cosa. Cuando quiero ir a la otra orilla, el barquero me lleva por sólo una paisa. Tus dieciocho años de esfuerzo no valen mucho más que eso. Has desperdiciado tus dieciocho años. Puede que seas espiritual, pero eres un tonto, ¡eres completamente estúpido! Nunca me he encontrado con una persona tan poco inteligente, que desperdicie dieciocho años sólo para caminar sobre el agua. ¿Qué sentido tiene entonces? Vale, puedes caminar sobre el agua, ¿y qué?".

Este es el ego espiritual, que tarde o temprano irá a exhibir sus poderes, a probar que "soy más santo que tú". Ese hombre había venido con esa idea: demostrar a Ramakrishna que "soy más santo que tú, soy más elevado que tú".

No tiene sentido. Buda no ha hecho ningún milagro. Mahavira no ha hecho ningún milagro. Y yo creo que todos los milagros de los que se habla en nombre de Jesús son invenciones.

(el sonido falla....) ¿Lo ves? ¡Algún cristiano se ha enfadado! Son todos inventos de los cristianos.

Yo tengo un enfoque totalmente diferente. Cuando los cristianos dicen que Jesús convirtió el agua en vino no se trata de un hecho literal.

Simplemente significa que la gente como Jesús se emborracha con simple agua. Lo sé por experiencia propia. Nunca mezclo mi refresco con whisky; si mezclo mi refresco con gaseosa, me emborracho, así que ¿qué sentido tiene mezclarlo con whisky?

El aire puro es suficiente para emborracharse; el agua es suficiente. Todo lleva la esencia de Dios, ¿qué más necesitas para emborracharte? Esta existencia es más de lo que se necesita.

Pero el hombre espiritual tratará de demostrar de alguna manera que es espiritual. Lo probara a traves de milagros, se convertira en un exhibicionista. Por eso el ego espiritual es mas peligroso. El no sera capaz de verlo, y otros no seran capaces de verlo tampoco.

Debido a que no se puede ver fácilmente, Unmado, lo llamé más peligroso.

Abandona la idea misma de que estás separado de la existencia. Y no te estoy diciendo que luches contra el ego, eso no tiene sentido. Te estoy diciendo que crees más consciencia en ti, que te llenes más de luz y consciencia y el ego desaparecerá por sí mismo. Y cuando desaparece por sí mismo tiene una belleza, tiene una bendición. Cuando no hay ego en ti, ni ego mundano ni de otro mundo, cuando no hay ego de ningún tipo, eres uno con Dios. La barrera se ha eliminado, la última barrera ha caído.

Y experimentar a Dios es experimentar la vida en su total sencillez, en su total belleza. Experimentar a Dios es experimentar la verdad en su eternidad. Entonces estás más allá de la muerte y más allá del tiempo.

El ego es la única barrera. Pero no luches con él: espiritual o mundano, es lo mismo.

Crea más conciencia, sé más meditativo. La meditación es la única medicina. Ambas palabras provienen de la misma raíz: "meditación" y "medicina", porque la meditación también es una medicina. Te sana, te cura de la mayor enfermedad, la enfermedad del ego.

La quinta pregunta:

Pregunta 5:

AMADO MAESTRO,

¿IRÁS UN DÍA EN MEDIO DEL DISCURSO A LA COCINA PARA PREGUNTAR QUÉ TE ESTÁN PREPARANDO?

Pantha, lo siento, no puedo hacerlo, por muchas razones. Una de ellas es que no soy Ramakrishna; sólo soy yo mismo, no soy nadie más.

En segundo lugar, toda mi gente de la cocina está aquí: Vivek está aquí, Astha está aquí, Nirgun está aquí, Pragya está aquí - no hay nadie a quien preguntar.

En tercer lugar, como la misma comida, mañana y tarde, año tras año. De hecho, toda la gente de mi cocina se aburre de prepararla. Excepto yo, ¡todos se aburren! Este es un dispositivo para aburrirlos.

Piensa: lo mismo tienen que preparar, mañana, tarde, todos los días. A menos que se iluminen, se volverán locos.

Así que no hay nada que preguntar, ya lo sé. No hay ningún cambio nunca en mi comida.

Tercero, ¡no sé dónde está mi cocina! Así que, Pantha, aunque quiera no puedo encontrarla. Sólo conozco mi habitación, y el camino de la habitación a la Sala de Buda y viceversa. Me perderé en la Casa de Lao Tzu. Y después de muchas muchas vidas de alguna manera he encontrado el camino.

Por favor, no hagas que me pierda otra vez.

La sexta pregunta:

Pregunta 6:

AMADO MAESTRO,

¿CUÁL ES LA PALABRA DE CUATRO LETRAS MÁS SUCIA EN LENGUA INDIA?

¡Darshan, "trabajo"!

La séptima pregunta:

Pregunta 7:

AMADO MAESTRO,

NO TERMINASTE LA HISTORIA DEL CURA Y SU SERMÓN DOMINICAL. ¿NO ES ASÍ?

Chetan Hari, es verdad. A sabiendas no lo terminé, pero ahora que me lo has pedido tengo que terminarlo.

Cuando el sacerdote vio el infierno, tan hermoso, con gente tan extasiada, se encaprichó. Conocía todos los caminos para llegar al cielo, no tenía ni idea de cómo ir al infierno. Y ahora, viendo el infierno, quería ir al infierno, no al cielo.

Así que preguntó a algunas personas. Le dijeron: "Mejor pregunta al Buda, está allí sentado bajo el árbol".

Fue a ver al Buda y le preguntó: "Señor, ¿puede mostrarme el camino al infierno, porque ahora no quiero volver a ver el cielo? Una vez es suficiente. No quiero ir allí en absoluto. He vivido toda mi vida preparándome para el cielo. Conozco todos los caminos y todos los métodos y medios para llegar allí. No sé cómo llegar al infierno".

Buda dijo: "Vuelve a la estación y compra un billete a Poona y toma sannyas.

Ese es el mejor y más corto camino para ir al infierno".

El cura está aquí. Por favor, no me preguntes su nombre, porque los curas son un poco tímidos, y él se sentirá avergonzado - y particularmente un cura católico. Pero está aquí. Si se esfuerza un poco más, lo encontrará.

La última pregunta:

Pregunta 8:

AMADO MAESTRO,

VALE, DÍMELO DIRECTAMENTE. ¿REALMENTE PUEDE EXISTIR DIOS EN AMÉRICA?

ME VOY MAÑANA, ME PONGO UN POCO NERVIOSO AL DARME CUENTA DE LO SERIO QUE TIENDE A SER EL MUNDO, Y BUENO, YA SABES, DIOS TAMBIÉN. ¿PODRÍAS CONTARME UNO DE TUS CHISTES PARA COMPARTIR CON ÉL EN CASO DE QUE NOS ENCONTREMOS?

Toshen, te olvidas de la palabra "él". Dios no es un él, Dios es una ella. Si te quedas con la idea de que es un él, nunca lo encontrarás. Así es como la gente sigue perdiéndolo. Siguen buscándolo como si fuera un hombre y hubiera cambiado hace tiempo.

El coronel Stanford, un segregacionista acérrimo, murió y de algún modo llegó al cielo.

Una semana más tarde, su amigo, el coronel Beauregard, partió y también se le permitió pasar las Puertas Perladas. Los dos se encontraron.

"Nunca tuve dudas de que lo lograríamos", dijo el coronel Beauregard, "pero ahora que lo hicimos, dígame, ¿cómo están las cosas por aquí arriba?".

"No está mal", respondió el coronel Stanford, "pero le aconsejo que tenga cuidado. Vi a Dios el otro día y es una negra".

Y no sólo que él es una ella, ella es una Negress - una mujer negra. Así que si usted está realmente en busca de Dios en América, recuerde esto.

Y entonces tendrás que aprender algunas cosas. Si conoces a una mujer negra tendrás que aprender algún arte, tendrás que aprender a ser un poco como un hombre negro, de lo contrario no habrá comunicación, no habrá comunión.

Dios ha cambiado. Se cansó de ser hombre y blanco. Todo el mundo se cansa de ser el mismo. Y la gente sigue pensando que es el viejo. Veneran viejas fotografías, llevan viejos álbumes. No es de extrañar que muy poca gente lo encuentre.

Ahora piensa en Dios como una mujer. Y Dios sólo puede ser una mujer; la idea misma de que Dios sea un hombre es la idea machista, es la idea del hombre. La trinidad cristiana no tiene ni una sola mujer. Fíjate qué tontería: han hecho incluso un lugar para el Espíritu Santo. Ahora bien, ¿quién es ese Espíritu Santo? La trinidad no se habría perdido mucho si no hubiera Espíritu Santo, pero la trinidad se ve un poco fea sin una mujer. El padre está ahí, el hijo está ahí, ¿y dónde está la madre? ¿Crees que Dios es gay?

Esta es la proyección egoísta del hombre. Recuerda: el ella contiene al él, pero el él no contiene a la ella. El hombre nace de una mujer, pero ningún hombre puede dar a luz a una mujer. Es natural pensar en Dios como mujer, como madre, no como padre. Esa es una idea fascista.

No es casual que los alemanes llamen a su país "patria". Nadie llama a su país "patria". Todo el mundo llama a su país "patria" -eso parece correcto- excepto los alemanes... ellos lo llaman "patria".

Dios es una madre, un fenómeno maternal. Toda esta existencia es maternal. Y Dios es mucho más suave de lo que jamás podrá ser el hombre, mucho más vulnerable, mucho más abierto. Dios es el vientre de la existencia. Toda la existencia sale del útero.

Así que, Toshen, abandona esa idea de "él" y "él"; piensa en "ella" y "ella". Y recuerda: está cansado de ser blanco, ya no es blanco. Ahora es negro, y disfruta siéndolo, porque muy poca gente es capaz de encontrarle ahora. Incluso si te cruzas con él, piensas: "Es sólo un negro". Aunque llame a tu puerta, no le abrirás.

Y si te encuentras con él, me preguntas que te gustaría contarle algún chiste. Cuéntale este chiste:

"¿Por qué sois tan buenos amantes los negros?", preguntó el patrón blanco a Kinney, el chófer.

"El problema con vosotros, los blancos, es que entráis ahí y os dais prisa, prisa, prisa, y antes de que os deis cuenta, todo ha terminado", dijo Kinney. "Ahora, la forma en que lo hacemos los negros es entrar ahí, tomárnoslo con calma, dar brazadas largas, hablar dulcemente un rato, parar un rato, tomarnos nuestro tiempo, y luego más brazadas largas y lentas, agradables y frescas".

Esa noche Whitey se metió en la cama con su mujer y empezó a hacerle el amor exactamente como Kinney le había sugerido.

Tras veinte minutos de puro deleite, jadeó: "Dios mío, ¿dónde has aprendido a follar como un negro?".

Suficiente por hoy.

No-actualización del yo

UN HOMBRE NO NACE PARA DOMINAR.
UN MAESTRO NUNCA ES ORGULLOSO.
NO MENOSPRECIA A LOS DEMÁS.
SIN POSEER NADA, NO ECHA NADA EN FALTA.
NO TIENE MIEDO.
NO TIEMBLA.
NADA LE ATA.
ES INFINITAMENTE LIBRE.
ASÍ QUE CORTA LA CORREA, EL HILO Y LA CUERDA.
AFLOJA LOS CIERRES.
DESCERRAJAR LAS PUERTAS DEL SUEÑO Y DEL DESPERTAR.
EL MAESTRO SOPORTA INSULTOS Y MALOS TRATOS SIN REACCIONAR.
PUES SU ESPÍRITU ES UN EJÉRCITO.
NUNCA SE ENFADA.
CUMPLE SUS PROMESAS.
NUNCA SE DESVÍA, ES DECIDIDO.
¡ESTE CUERPO ES EL ÚLTIMO, DICE!
COMO EL AGUA EN LA HOJA DE UNA FLOR DE LOTO O UNA SEMILLA DE MOSTAZA EN LA PUNTA DE UNA AGUJA, NO SE AFERRA.
PORQUE HA LLEGADO AL FINAL DE LA PENA Y HA DEJADO SU CARGA.

El hombre sólo nace como semilla, no como flor. La floración hay que conseguirla; no hay que darla por sentada. El nacimiento es sólo la oportunidad de vivir, no la vida en sí. Puedes perderte la vida, y millones de personas se la pierden por la sencilla razón de que creen que basta con nacer para estar vivo. No es suficiente. Es necesario, sin él no hay vida, pero no es sinónimo de vida. Hay que nacer dos veces.

Jesús dice: Si no naces de nuevo no entrarás en mi reino de Dios.

Se necesita una especie de renacimiento. El nacimiento ordinario es el nacimiento del mecanismo cuerpo-mente, pero tu espíritu es sólo un potencial, tiene que actualizarse. Abraham Maslow ha llamado a este proceso "autorrealización". Gautam Buda llamaría al mismo proceso "actualización del no-yo". Abraham Maslow no tiene ni idea de lo último; está pensando en ello, especulando sobre ello. Ha tropezado con cierta verdad, pero no sabe cómo expresarla. No la ha experimentado él mismo; es sólo una comprensión intelectual, de ahí que la llame "autorrealización".

Pero en ese florecimiento definitivo lo primero que desaparece es el yo. De hecho, el yo es la única barrera para ese florecimiento. El yo es el obstáculo, no la ayuda. El yo te rodea como un muro; no es el puente.

Cuando naces de verdad, naces a la vida o a Dios -para mí ambos son sinónimos-, ya no eres más, ya no eres como tú mismo entiendes que eres. Prevalece un vacío puro, un vacío total, un silencio sin sonido. Ciertamente hay una música, pero sin sonido. La gente Zen lo llama el sonido de una mano aplaudiendo. Ese no-yo es tu rostro original. Cuando no eres, eres, y eres por primera vez.

Si Abraham Maslow hubiera experimentado el estado último de florecimiento nunca lo habría llamado autorrealización; lo habría llamado "no actualización del yo". Naces como un yo, como un ego. Esto es la semilla y la semilla tiene que desaparecer antes de que el brote pueda empezar a crecer. La semilla tiene que morir en la tierra; entonces y sólo entonces la vida que está oculta dentro de la semilla empezará a manifestarse.

¡Es un milagro! Estás ciego, por eso no puedes ver. Tantos milagros están ocurriendo a tu alrededor. Cuando una semilla se convierte en un brote, está ocurriendo un gran milagro. Si cortas la semilla no encontrarás hojas, no encontrarás flores, no encontrarás ningún árbol, no encontrarás nada en absoluto, sólo vacío. Analizando la semilla no llegarás a ninguna conclusión. Pero si dejas que la semilla caiga en el suelo adecuado, si dejas que la semilla muera y desaparezca, de esa nada surge algo inmensamente bello, sucede algo imposible. Surgen hojas, ramas, crece un gran árbol.

Una semilla tan pequeña contiene un árbol tan grande. Ahora cientos de personas pueden sentarse a su sombra, cientos de pájaros pueden hacer sus nidos, pueden venir a descansar cada noche a su abrigo, y miles de flores florecerán.

Una sola semilla es capaz de reverdecer toda la tierra. Tiene tanto potencial, un potencial infinito, porque de una sola semilla surgirán millones de semillas, y así sucesivamente. Si tienes una sola semilla, toda la Tierra puede ser un jardín. ¿Por qué sólo la Tierra? - Todo el universo puede ser un jardín. El potencial es infinito; sólo tienes que encontrar la oportunidad adecuada para su expresión, para su manifestación, para su realización.

Buda dice:

UN HOMBRE NO NACE PARA DOMINAR.

Todo hombre nace esclavo. Nos duele saberlo; nos gustaría que nos dijeran que nacemos como amos. Creemos que somos amos, nadie lo sospecha. Las personas que empiezan a sospechar de su dominio son las únicas capaces de convertirse, algún día, en amos. Dudas de todo, pero nunca dudas de tu maestría sobre ti mismo, y eso es lo más dudoso, lo más dudoso. ¿Qué clase de dominio tienes? Eres esclavo, esclavo absoluto de los instintos biológicos, del sexo, de la ira, de la codicia, de la ambición. Apestas a todas estas cosas, estás lleno de todas estas cosas. Y aun así sigues creyendo en el fondo que eres el amo.

Y en lugar de esforzarte por destruir esta esclavitud, empiezas a demostrar tu dominio sobre los demás. Intentas convertirte en Alejandro Magno, Gengis Kan o Tamerlán.

Eso es un esfuerzo por engañarte a ti mismo. Es un esfuerzo por probar algo que no existe en absoluto. Estás intentando reunir pruebas sobre tu maestría. Por supuesto, si te vuelves lo suficientemente poderoso sobre mucha gente puedes creer más fácilmente que eres un maestro. Es mas facil para Alejandro creer que es un maestro, pero es solo una creencia sin fundamento. Es tan esclavo como los demás; quizá mucho más esclavo que los demás.

Cuando llegaba a la India, Alejandro conoció a un hombre poco común, Diógenes. Si Diógenes hubiera nacido en la India se le habría considerado un buda; era uno de los despiertos. Incluso Alejandro quedó inmensamente impresionado por él. Vivía completamente desnudo a la orilla de un río. Era temprano por la mañana cuando Alejandro fue a verle; estaba tumbado desnudo en la orilla del río tomando el sol. Al ver a aquel hombre, al sentir su presencia, Alejandro sintió por primera vez que surgía en él una especie de inferioridad. Se había topado con muchos reyes, había derrotado a muchos reyes, pero aquí había un verdadero rey, un maestro.

Cuando te encuentras con un maestro es imposible no sentir su presencia, a menos que estés absolutamente ciego, absolutamente sordo, completamente muerto. Alejandro debía de ser un poco sensible, estar un poco alerta, de lo contrario no habría venido a ver a este faquir desnudo. El mero hecho de que fuera a verle, fuera de su camino, demuestra que tenía la profunda sensación de que todas sus posesiones no bastaban para hacerle feliz: "Debe haber otra forma de estar contento. La vida no puede ser sólo posesiones y poder; la vida debe tener algunos secretos más".

Había oído muchas cosas sobre Diógenes: "Lleva una lámpara encendida de día, a plena luz del día. Está desnudo, pero sólo lleva una cosa en las manos: una lámpara, una lámpara encendida. Y la gente le pregunta: '¿Por qué llevas esta lámpara? Y él contesta: "Busco y busco a un hombre de verdad, pero aún no lo he encontrado. Llevo esta lámpara para no perderlo'" ¿Un hombre de verdad? ¿Es tan raro? Alejandro debió de darle vueltas. Debió pensar: "Soy un hombre de verdad. Déjame ir a ver a este Diógenes". Había oído muchas historias sobre él: "Parece ser la persona más dichosa del mundo. Nadie le ha visto nunca con ansiedad, con angustia, con miedo; es absolutamente intrépido".

Alejandro había oído que una vez lo atraparon unas cuantas personas -se necesitaron ocho para atrapar a este hombre sencillo-, pero él les dijo: "No os esforcéis tanto, no hace falta. ¿Qué queréis? Simplemente decídmelo".

Dijeron: "Queremos venderte en el mercado de esclavos".

Él dijo: "Entonces no hay necesidad de esforzarse tanto - odio dar problemas a nadie. Voy con vosotros".

Y él iba con ellos, delante de ellos. Le siguieron como si fueran sus seguidores. Y cuando llegaron al mercado donde se vendían y compraban hombres, todos se sintieron atraídos hacia aquel hermoso hombre. Subió a una plataforma y gritó: "¡Escuchad todos los esclavos que os habéis reunido aquí: se vende un amo! ¿Hay algún esclavo interesado en comprar un amo?".

Se contaban tantas historias sobre Diógenes... Alejandro, poco a poco, se interesó tanto que fue a verle. El propio interés demuestra que había en él algún sentimiento profundo sobre la futilidad de sus propios esfuerzos por conquistar el mundo. Y al ver a Diógenes se sintió inmediatamente una nulidad, mientras que Diógenes era un ser auténtico. Aun así, intentó reírse de ello.

Diógenes dijo: "¡Deja de reírte! ¡No intentes engañarte a ti mismo! Puedes ver el hecho de que te falta la vida".

Y Alexander dijo: "Sí, señor, puedo sentirlo. Por primera vez he visto a una persona realmente viva. ¿Qué puedo hacer por usted? Tengo suficiente dinero, puedo hacer cualquier cosa. Sólo dígalo y se hará".

Diógenes dijo: "No necesito nada. Puede que tú tengas todo el dinero del mundo, pero yo no tengo ningún deseo, así que todo tu dinero es absolutamente irrelevante. Pero lo único que puedes hacer es hacerte a un lado, porque estás tapando el sol. Eso es todo lo que puedo pedirte y serás muy amable si puedes hacerte a un lado".

No pidió nada. Alejandro le dijo: "Si tengo que venir al mundo en otra ocasión, le pediré a Dios que me haga Diógenes en lugar de Alejandro Magno".

Diógenes dijo: "¿Por qué esperar a la otra vida? Puedes ser Diógenes ahora mismo. ¿No te das cuenta?", dijo. "No hace falta nada para ser un Diógenes. Te esfuerzas tanto por conquistar el mundo y, aunque lo consigas, ¿qué vas a ganar con ello? Serás tan miserable como siempre, de hecho mucho más miserable, porque ahora mismo tu mente está ocupada con la idea, con la ambición de conquistar el mundo. Una vez que lo hayas conquistado, no sabrás qué hacer. Será mejor que lo dejes ahora".

Alejandro dijo: "Lo comprendo -tienes razón-, pero no puedo detenerme en mitad de mi viaje. He decidido conquistar el mundo".

Diógenes dijo: "Entonces ve, no te detengas, pero la muerte te detendrá en el medio. Siempre detiene a todo el mundo a la mitad, y entonces no puedes hacer nada. Entonces te acordarás de mí. Y tus victorias no te servirán de nada. Cuando la muerte llama a la puerta, un esclavo, un pobre, un gran rey, un conquistador del mundo, todos son iguales - todos son iguales a los ojos de la muerte. La muerte no puede llamar a mi puerta", dijo Diógenes. "Escucha y mírame a los ojos. He vencido a la muerte. Es una verdadera victoria, porque he llegado a conocer mi verdadero ser, que es inmortal. He llegado a experimentar mi conciencia que estaba antes de que yo naciera y que estará ahí después de que me haya ido. Soy eterno".

Y el día que Alejandro murió recordó a Diógenes, con lágrimas amargas, por supuesto, porque Diógenes tenía razón: toda su vida había sido un puro despilfarro. Había luchado y luchado por nada.

Habrá oído el proverbio: Nada tiene más éxito que el éxito - eso es absolutamente erróneo. Te sugiero otro proverbio: Nada fracasa tanto como el éxito. Pero como muy poca gente tiene éxito, muy poca gente llega a saberlo. Aquellos que tienen éxito, siempre llegan a conocer la total impotencia del éxito.

Buda dice: UN HOMBRE NO NACE PARA DOMINAR.

Lo primero que hay que comprender es que eres esclavo de fuerzas inconscientes. Este es el comienzo, el primer paso hacia la maestría: reconocer tu esclavitud. Ver que eres inconsciente es el principio de la consciencia. Pero sigues echando la responsabilidad a los demás, nunca miras hacia dentro; por CUALQUIER causa nunca miras hacia dentro.

El juez miró severamente al acusado. "Joven, es el alcohol y sólo el alcohol el responsable de su lamentable estado actual".

"Me alegra oírle decir eso, Señoría", respondió el hombre con un suspiro de alivio.

"Todos los demás dicen que es culpa mía".

Nadie quiere reconocer que es responsable del lamentable estado en que se encuentra. Siempre intenta encontrar alguna excusa. Cualquier excusa vale; si no encuentras ninguna, siempre puedes inventar. Pero nunca te sientes responsable.

El principio de una vida religiosa es: responsabilidad total por ti mismo. Seas lo que seas, tú eres el responsable y nadie más. Y tu vida es un desastre.

¿Has oído hablar del polaco que intentó tirarse al suelo... y falló?

Toda tu vida es un fracaso -hagas lo que hagas, incluso tirarte al suelo- la razón es que no eres consciente en absoluto, no te das cuenta de nada. Vives en tal inconsciencia que eres casi una máquina.

Gurdjieff solía decir a sus discípulos: "No sois hombres, sois máquinas". Y la gente solía sentirse muy ofendida; a nadie le gusta la idea de que sea una máquina. "¿Yo y una máquina?

¿Yo, una máquina? Tal vez otros". Pero Gurdjieff estaba diciendo algo muy esencial:

el hombre ES una máquina. Todos los demás pueden verlo; todos los demás pueden verlo en ti - excepto tú. Pero eso no va a ayudar a menos que TÚ lo veas.

Había tres viajeros -un judío, un hindú y un italiano- que necesitaban un lugar donde pasar la noche. Llamaron a la puerta de un granjero. El granjero dijo que sólo tenía sitio para dos en la casa, pero que uno podía dormir en el granero. El judío dijo que dormiría en el granero.

Todos se instalaron para pasar la noche. Poco después llamaron a la puerta.

El granjero contestó; era el judío. Se disculpó, pero dijo que había un cerdo en el granero y que, como los cerdos no eran kosher, no podía pasar la noche en el mismo lugar que ellos. El hindú dijo que dormiría en el granero, pues los cerdos no le molestaban.

El granjero volvió a acostarse. Poco después llamaron a la puerta: era el hindú. Se disculpó y dijo que lo sentía, pero que había una vaca en el granero y, como las vacas eran animales sagrados, no era apropiado que durmiera en el mismo lugar que ellas. Así que el italiano se ofreció a dormir en el granero, ya que no tenía ningún problema con las vacas ni con los cerdos.

El granjero volvió a acostarse, pero poco después llamaron a la puerta. El granjero, cansado, se levantó y abrió. Allí estaban la vaca y el cerdo.

Incluso las vacas pueden ver, incluso los cerdos pueden sentir que eres italiano, ¡pero tú no! Nunca te miras a ti mismo, siempre miras a los demás. Estás centrado en los demás. Eres tan extrovertido que no sabes girar los ojos hacia dentro. Y es necesario un giro de ciento ochenta grados. A menos que empieces a verte a ti mismo no hay posibilidad de dominio en tu vida; seguirás siendo un esclavo.

Cuando te enamoras crees que eres un maestro. ¿Lo eres o es sólo un fenómeno biológico y químico? Si es un fenómeno biológico y químico, no eres el amo. Cuando alguien te insulta y te enfadas, ¿estás enfadado TÚ o sólo eres víctima de alguna fuerza inconsciente que se libera en ti? Cuando estás enfadado, enfurecido, estás casi temporalmente loco; puedes hacer cualquier cosa. Puedes destruir, puedes matar, puedes suicidarte. Y hagas lo que hagas, si sobrevives al momento te arrepentirás. Dirás: "No puedo creer lo que ha pasado, ¿cómo he podido hacer algo así? Lo hice a pesar mío".

Esa expresión es significativa. Cada vez que dices: "Lo hice a pesar mío", estás reconociendo, sin saberlo, tu esclavitud: que en ti suceden cosas que suceden sin ti: tú sólo eres una víctima.

Nadie nace siendo un maestro, pero todo el mundo nace con un enorme potencial para serlo. Todo el mundo puede ser un maestro, pero muy rara vez la gente alcanza su potencial.

Muy rara vez las personas alcanzan su máximo apogeo, el crescendo de su ser.

Los psicólogos dicen que la persona corriente sólo utiliza entre el siete y el diez por ciento de su potencial en toda su vida; el noventa por ciento o más se queda sin utilizar. Y esto se refiere a la persona corriente. Los psicólogos dicen que incluso las personas con talento, las personas con mucho talento, no utilizan más del doce o trece por ciento. Y las personas que llamamos genios, no utilizan más del quince por ciento de su potencial.

Piensa que si toda la humanidad utilizara el cien por cien de su potencial -del que es capaz- no habría necesidad de IMAGINAR un paraíso, podríamos lograrlo aquí. Estaremos en el paraíso si todos utilizan el cien por cien de su potencial. Pero si no lo utilizas, permanece como un peso. En lugar de ser una ayuda en tu vida se convierte en un peso, como una roca colgando de tu cuello. Lo que podría haberse convertido en un barco se convierte en la causa de tu ahogamiento.

La religión se ocupa básicamente de ayudarte a llevar tu potencial a la acción, a hacer que tu potencial se convierta en realidad, de modo que no se quede ahí como una semilla, sino que se convierta en una flor y se libere una gran fragancia.

Eso es lo que le pasó a Gautama el Buda, eso es lo que le pasó a Jesús el Cristo. Estas pocas personas eran como tú, hechas de la misma materia. No hay nada especial en ellos, no son seres especiales. Olvida esa idea. Los sacerdotes la han estado predicando a lo largo de los siglos: que eran especiales, que Jesús era el Hijo unigénito de Dios. Todo eso son tonterías.

Tú eres tan hijo de Dios como Jesús, ni más ni menos, no hay diferencia entre tú y Jesús. En cuanto al potencial son absolutamente iguales. Pero Jesús lo actualizó y tú ni siquiera lo has tocado, simplemente está ahí. Es un tesoro que no se ha utilizado, y todo lo que no se utiliza durante mucho tiempo muere, se vuelve rancio. Se pudre, se convierte en un peso muerto sobre ti, te hace pesado y enfermo.

Buda no tiene nada de especial. Por supuesto, los sacerdotes budistas dicen que es especial. ¿Por qué estos sacerdotes siguen diciendo que Buda es especial, Mahavira es especial, Jesús es especial, Krishna es especial? ¿Por qué? - Por una sencilla razón: eso ayuda a proteger nuestros egos. Ellos son especiales, ¿qué podemos hacer nosotros? Si se iluminaron estaban destinados a iluminarse, vinieron con una capacidad especial. Nosotros somos seres humanos normales, ellos eran AVATARAS. Ellos eran descendientes directos de Dios, nosotros somos muy muy lejanos, parientes lejanos, y la distancia es tanta que es imposible salvarla.

Venían directamente de lo alto; eran mensajeros de Dios, mesías, profetas, TIRTHANKARAS - y nosotros somos gente corriente. Es una forma de defender nuestro ego, una forma muy lógica, muy racional.

¿Creen que están mostrando respeto al decir que Jesús es el Hijo unigénito de Dios? No estáis respetando, estáis siendo muy astutos; estáis tratando de protegeros. Estás diciendo: "Tú eres especial y nosotros somos ordinarios, así que tenemos que comportarnos de forma ordinaria". Tú puedes comportarte como un iluminado. ¿Qué podemos hacer al respecto?

Estamos hechos así. La responsabilidad es de Dios, no nuestra. No es nuestro destino ser un Buda o ser un Krishna o ser un Lao Tzu. No es nuestro destino ser un Zaratustra.

Ellos estaban destinados y nosotros no. Así que si algo les pasó a ellos estaba destinado a pasar, y si nada nos está pasando, nada nos está pasando porque nada está destinado a nosotros".

Esto es un truco, una estrategia. Buda quiere que recuerdes que estás hecho de la misma materia, la misma sangre, los mismos huesos, la misma médula, la misma conciencia.

La única diferencia es que tú no estás trabajando en ti mismo, no estás aprovechando la oportunidad, no te estás transformando. Y sigues buscando excusas: "¿Cómo podemos hacerlo? Tenemos tantos hijos y la mujer y el marido y los padres.

Y tenemos que trabajar en el mundo y tenemos que ganar dinero y un medio de vida". Sigue poniendo excusas.

Por eso insisto en que ninguno de mis sannyasins abandone el mundo ordinario.

Tienen que iluminarse en el mundo ordinario para que esta excusa, esta excusa tradicional, pueda abandonarse para siempre.

Y ha habido personas que se han iluminado viviendo vidas muy ordinarias.

Kabir fue padre y marido, y trabajó toda su vida -era tejedor- y, sin embargo, se iluminó. No renunció al mundo, no escapó. O Raidas, que era zapatero. Siguió trabajando, permaneció en el mundo y se iluminó.

Y ha habido muchos, pero te sorprenderás: los sacerdotes no hablan mucho de estas personas porque son peligrosas. Hablan de la renuncia de Buda, que renunció al mundo, se fue al bosque; hablan de Mahavira que renunció a su reino. En primer lugar tienes que tener un reino al que renunciar.

¿Dónde está el reino? Y si no tienes el reino, entonces al menos en esta vida no puedes iluminarte. Incluso si tienes el reino, entonces tienes que renunciar a él.

Jesús es presentado de tal manera que resulta casi imposible concebirlo como un ser humano. Nace de una madre virgen, ¡qué tontería! Tú no has nacido de una madre virgen, así que al menos en esta vida has perdido el tren. La próxima vida elige una madre virgen, ¡porque todo empieza desde ahí! En primer lugar has elegido un tren equivocado.... Pero hay dificultades: si eliges una madre virgen eres un bastardo. Si Jesús elige una madre virgen es simplemente excepcional - es la gracia de Dios.

Los sacerdotes han estado intentando crear una distancia entre vosotros y los iluminados para que os sintáis a gusto. Y el esfuerzo de todos los budas es no dejarte sentir a gusto, es inquietarte, hacerte divinamente descontento, hacerte consciente de que eres capaz de una dicha tremenda y te la estás perdiendo, hacerte consciente de que es tu derecho de nacimiento y sin embargo no lo has reclamado.

UN HOMBRE NO NACE PARA DOMINAR.

UN MAESTRO NUNCA ES ORGULLOSO.

Pero Buda dice inmediatamente en el segundo sutra algo muy significativo, porque existe toda posibilidad de que se le malinterprete - de ahí la segunda afirmación.

Dice que la maestría es un logro, pero no en el sentido ordinario de la palabra, porque siempre que logras algo te vuelves orgulloso; dices: "He logrado esto". Si la maestría es un logro -que ciertamente lo es-, lo es en un sentido totalmente distinto al de los logros ordinarios. No es como convertirse en presidente de un país o en el hombre más rico del mundo, no es como hacerse famoso, es totalmente diferente. La diferencia radica en que, al conseguirlo, el triunfador muere.

Recuérdalo, nunca lo olvides; de lo contrario, tu espiritualidad también puede convertirse en un nuevo viaje del ego. De ahí que, inmediatamente, Buda añada UN MAESTRO NUNCA ES ORGULLOSO. No puede serlo, ¡porque ya no lo es! Este es un logro muy extraño: en el mismo proceso de alcanzarlo, el ego se derrite, desaparece. De hecho, sólo ocurre cuando el ego ya no existe. Es un logro muy paradójico: un logro ciertamente, pero no hay triunfador. Igual que un terrón de azúcar se disuelve en el té, el triunfador se disuelve en el propio logro. Ya no se encuentra en ninguna parte. Se convierte en uno con el logro. El logro no es algo de lo que pueda presumir, es simplemente un florecimiento natural. No está orgulloso de ello.

Las rosas no son orgullosas, los lotos no son orgullosos, por muy hermosos que sean. El amanecer no es orgulloso, la puesta de sol no es orgullosa, la noche llena de estrellas no es orgullosa, la luna llena no es orgullosa. Es natural, no hay nada que decir al respecto. Es como debe ser.

No es cuestión de sentirse orgulloso ni de aumentar el ego.

Cuidado con el ego. Si empiezas a presumir de tus logros espirituales, habrás perdido el norte. Ya no es espiritual en absoluto; es otra vez el mismo juego jugado con nuevas palabras. Sólo han cambiado las palabras, pero nada ha cambiado realmente; no ha habido transformación.

Y la gente juega al juego del ego de muchas maneras. El indio piensa que es la persona más santa, la más espiritual del mundo; ése es el mismo juego. El americano piensa, por diferentes razones, que es especial, que es superior a los demás. Y lo mismo ocurre con todo el mundo. No encontrarás una sola raza en el mundo, una sola nación en el mundo que no piense que es especial. Ahora se juega en nombre de la nación, de la raza.

Cada religión piensa: "Este es el único camino, el verdadero: todos los demás caminos son falsos". Si le preguntas al Jaina piensa que todos los demás caminos son pseudo. Si le preguntas al cristiano tiene la misma idea: "A menos que seas cristiano no te salvarás, sufrirás en el infierno". Pregúntale al mahometano.... Y te sorprenderás: pertenecen a religiones diferentes, pero ¿pertenecen realmente a religiones diferentes o pertenecen todos a la misma religión: la religión del ego? Todos pertenecen a la misma religión: la religión del ego.

El blanco se cree especial, el negro se cree especial....

He oído una historia sobre el Dr. Radhakrishnan. Era el presidente de la India y estaba hablando con unos amigos.

Un blanco dijo: "Somos los mejores, si no, ¿por qué Dios nos hizo blancos?".

Radhakrishnan le dijo al hombre blanco: "¡Estás medio cocido, por eso eres blanco!".

También estaba presente un hombre negro; estaba muy contento. Dijo: "Así es. Somos los mejores".

Radhakrishnan dijo: "Estáis demasiado cocidos, ¡estáis casi quemados! NOSOTROS somos los mejores, estamos justo en el medio, ni blancos ni negros. Cocinados en su punto".

La gente sigue intentando defender su ego de todas las formas posibles.

Un arqueólogo egipcio y otro indio competían entre sí.

"En nuestra reciente excavación hemos encontrado largos cables y hemos deducido que entonces había algún tipo de sistema telefónico", se jactó el egipcio.

"Cavamos y cavamos y no pudimos encontrar ningún cable. Hemos llegado a la conclusión de que en aquellos tiempos había conexión inalámbrica en la India", declaró su homólogo indio.

Cuidado. Estamos jugando al mismo juego en nombre de la religión, en nombre de la nación, en nombre de la raza, en nombre del color, pero el juego es el mismo. El nombre del juego es ego.

El hombre espiritual es aquel que ha dejado de jugar. Él es el maestro. UN MAESTRO NUNCA ES ORGULLOSO.

NO MENOSPRECIA A LOS DEMÁS.

No tiene una mirada de santidad. Pero mira a tus supuestos santos - todos ellos te miran con profunda condenación. Saben que vosotros sois pecadores y ellos son santos. Ellos son seres más elevados, seres superiores; tú eres mundano, mundano, ordinario. ¿Qué has hecho? ¿Qué virtud puedes alegar? Pueden alegar que llevan años ayunando, que son célibes, que sólo comen una vez al día, que sólo duermen tres horas por noche. Y se han inventado muchos tipos de tortura. Y, por supuesto, durante siglos se ha pensado que la tortura es el camino hacia la espiritualidad. Es masoquismo, puro masoquismo: no tiene nada que ver con la espiritualidad. Pero cuando una persona se tortura a sí misma, por supuesto que puede sentir su ego satisfecho. Tú no puedes hacerlo y él lo está haciendo. Y ciertamente empiezas a sentirte inferior porque es difícil para ti hacerlo.

Si ves a un hombre acostado en un lecho de espinas no puedes hacerlo. Ciertamente él es superior, tiene poderes superiores. Y si os mira como a condenados, como a personas que van a ir al infierno, tenéis que aceptarlo porque él está ganando recompensas. ¿Qué habéis hecho?

Tú no has hecho nada de eso. Usted no puede dormir en una cama así; usted es un ser humano muy ordinario. Su voluntad es como el acero, ¡mira su fuerza de voluntad!

Y no es nada. Simplemente es más estúpido que tú, es más torpe que tú, su cuerpo es menos sensible que el tuyo. Y hay métodos para hacer que tu cuerpo sea cada vez menos sensible. Si te sientas desnudo bajo el sol ardiente, tu cuerpo empieza a quemarse; poco a poco, todas las partes sensibles que son muy frágiles se endurecen, tienen que endurecerse. Te vuelves de piel gruesa y cuanto más gruesa es la piel, más fácilmente puedes tumbarte en un lecho de espinas.

¿No lo has visto? Las mujeres pueden usar ropa sin mangas más fácilmente que los hombres por la sencilla razón de que sus brazos son menos sensibles - más bonitos pero menos sensibles. Incluso en los países fríos pueden moverse muy fácilmente con ropa sin mangas; al hombre le resulta difícil. El cuerpo del hombre es más sensible en ese sentido y más frágil. En los países fríos necesita una corbata para que no le entre el aire. Y miren a las mujeres: ¡sus ropas casi desaparecen!

Sus cuerpos son menos sensibles; tienen que ser menos sensibles porque tienen que ser madres. Dar a luz a un niño y tener un cuerpo muy sensible será difícil, será muy doloroso, será absolutamente doloroso. Si el cuerpo es muy sensible, llevar al bebé durante nueve meses en el vientre será una gran tortura. Sólo piensa en ti misma llevando un bebé en tu vientre durante nueve meses... ¡te suicidarás! Es imposible. La naturaleza hace que el cuerpo de la mujer sea menos sensible y lo compensa con más belleza y más redondez. El cuerpo del hombre no es tan bello, ni tan redondeado, pero es más sensible: sensible al frío, sensible al calor, sensible a muchas cosas.

Esa es una de las causas del conflicto constante entre hombres y mujeres: porque la mujer llega al orgasmo muy lentamente; su sensibilidad es mucho menor. Necesita más tiempo para llegar al orgasmo. El hombre llega rápidamente; su cuerpo es muy sensible. Y la diferencia entre el cuerpo del hombre y el de la mujer crea un gran problema. A menos que el hombre esté muy alerta y ponga todo su empeño en moverse lentamente con el cuerpo de la mujer, ésta nunca quedará satisfecha.

Y su insatisfacción se manifestará de muchas maneras: tu té estará frío, tus verduras tendrán demasiada sal. Todo el día, desde la cocina, llegarán ruidos de cosas que se rompen, ¡como si vivieras en un terremoto! No es que lo haga conscientemente, eso también es absolutamente inconsciente -nadie es un amo, todos son esclavos-, sino que se venga a su manera.

Así que cada vez que quieres hacer el amor con una mujer, enseguida le duele la cabeza, está cansada, ya no le interesa, por la sencilla razón de que nunca llega al orgasmo. ¿Por qué debería participar en un juego en el que siempre es la perdedora? Sólo recientemente el hombre está tomando conciencia de la diferencia; esa diferencia puede salvarse, pero se necesita habilidad.

Pídele a tu mujer que te pinche la espalda con una aguja en muchos sitios, y te sorprenderás: hay unos pocos sitios que son absolutamente insensibles -el pinchazo no se sentirá en absoluto- y unos pocos sitios en los que el pinchazo sí se sentirá. Unos pocos lugares son ciegos. Las personas que yacen sobre un lecho de espinas simplemente lo han colocado de tal manera que las espinas tocan los puntos ciegos. Es sólo una especie de habilidad; no hay nada en ello, nada sagrado en ello.

Puedes comer una vez al día. Hay tribus, muchas tribus aborígenes en la India, en Sudáfrica, en el Himalaya, que sólo comen una vez al día. El cuerpo es tan ajustable: puedes comer una vez al día, entonces come demasiado. Puedes comer dos veces, puedes comer tres veces, entonces se divide. Puedes comer cinco veces... y, de hecho, comer cinco veces es mucho más científico que comer una vez, porque comer una vez significa poner demasiada carga en el sistema. Es mejor dividir la carga. Y si el hombre realmente ha descendido desde los monos, mira a los monos: ¡están comiendo todo el día! Los americanos están haciendo exactamente eso, así que tanto si Darwin está en lo cierto sobre cualquier otro como si no, ¡está en lo cierto sobre los americanos!

Puedes comer una vez al día; el cuerpo se ajustará a eso. Estas cosas no tienen nada que ver con la espiritualidad, pero son las cosas de las que presumen los llamados santos.

Un verdadero maestro no es orgulloso: NO HABLA CON DESPRECIO DE LOS DEMÁS. El verdadero maestro es aquel que ha reconocido que todo el mundo tiene el mismo potencial. ¿Cómo puede menospreciar a los demás?

Buda ha dicho que cuando se iluminó, inmediatamente vio que todo el universo se había iluminado con él. Esto es cierto en lo que a él concierne. Por supuesto, el universo entero no se ha iluminado -tú aún no te has iluminado-, pero en lo que respecta a Buda es absolutamente cierto. Él vio el potencial, vio que todo el mundo es igual. Sólo que algunas personas están despiertas y otras dormidas; ésa es la única diferencia, y no es una diferencia tan grande. No le des tanta importancia.

Y aunque tus santos no te digan directamente: "Somos más santos que tú", de mil y una maneras indirectas te lo van diciendo.

Cada vez que el vaquero atravesaba el poblado indio, saludaba con la mano al anciano jefe. En respuesta, el anciano le daba el dedo de la forma vertical habitual, y luego giraba la mano para que el tercer dígito sobresaliera horizontalmente.

Al cabo de unas semanas, el vaquero no pudo soportarlo más. Detuvo su caballo y le dijo al piel roja: "Sé lo que significa poner el dedo recto hacia arriba, pero ¿qué significa cuando lo pones de lado?".

"¡A mí tampoco me gusta tu caballo!", replicó el jefe.

Hay formas directas e indirectas, gestos. La forma en que te miran tus santos -puede que no digan ni una sola palabra-, la forma en que se comportan, todo apunta a una cosa: que están por encima de ti. Y te hacen temer constantemente el infierno. Te dicen: "Cuidado con el infierno. Estás destinado a ir al infierno". Así que te ponen alerta de antemano.

El predicador Pitts se había comprometido esa mañana a describir los terrores del infierno a su congregación.

"Hermanos y hermanas", entona, "algunos de vosotros habéis visto salir hierro fundido de un horno, ¿verdad? Es blanco, chisporrotea y silba. Pues bien, en el lugar del que os hablo usan eso para hacer helados".

Todo su esfuerzo es asustarte lo más posible. Mira qué gran idea la del helado. Y si quieres ir al cielo tienes que seguir sus consejos, tienes que seguir sus huellas, tienes que convertirte en imitador. Y los imitadores son pseudo personas. Un verdadero maestro nunca es un imitador.

Por eso os digo: nunca os hagáis cristianos, sed cristos, y nunca os hagáis budistas, sed budas. Tu potencial es de una posibilidad tan infinita que ¿por qué deberías conformarte con algo pequeño? Ser cristiano es un pobre sustituto, ¿por qué no ser un cristo? ¿Por qué no ser un buda? ¿Por qué ser budistas?

Pero sus predicadores les dicen: ¡Sed cristianos, sed budistas, sed jainas, sed hindúes!

No te están hablando de tu máximo potencial, quieren que seas seguidor.

Y por supuesto no hay ningún Buda, ningún Jesús disponible, así que ellos son los representantes.

Han creado una estrategia: ¡Seguir a Jesús! Por supuesto que tendrán que seguir al papa - - ¿dónde está Jesús? El papa es el representante y el papa es infalible. Mira la estupidez de todo esto. Solo un tonto puede decir que es infalible - incluso Dios no es infalible.

La falibilidad es parte de la diversión - Dios debe ser falible; de lo contrario, ¡no te habría creado! Dios debe ser falible; de lo contrario, ¿por qué y cómo se las arregló para crear al hombre? Y desde entonces no ha creado nada; se detuvo - viendo lo que había hecho detuvo todo el proceso. Desde entonces no se sabe nada de él, dónde está, qué hace.

La Biblia dice que en seis días creó el mundo - vale; el séptimo día descansó.

¿Y la semana siguiente? ¿Llegó el lunes o no? ¿Y desde entonces qué ha estado haciendo? Viendo que ha cometido un error debe estar escapando lo más lejos posible.

Ahora los científicos dicen que el mundo, el universo se está expandiendo. La simple razón es que Dios está escapando, así que con él, por supuesto, el mundo sigue expandiéndose; el límite sigue expandiéndose a una velocidad tremenda. ¿Sabes a qué velocidad se escapa de ti? Ciento ochenta y seis mil kilómetros por segundo. Esa es la velocidad a la que se expande el universo; esa debe ser la velocidad de su escape. Y no creo que podamos atraparlo; parece imposible fabricar naves espaciales que puedan ir a esa velocidad, porque esa es la velocidad de la luz y cualquier cosa que se mueva a esa velocidad se convertirá inmediatamente en luz. Así que si te mueves a esa velocidad, el avión y los pasajeros y el piloto, todo desaparecerá; se convertirá simplemente en pura luz. Con esa velocidad todo se fundirá y se convertirá en luz. A menos que podamos encontrar alguna manera de no seguirlo sino de intentar encontrarlo desde el otro lado....

Y creo que ese es el camino de los budas. No intentan alcanzar a Dios, no corren tras él, simplemente permanecen en silencio. Esa es la otra manera, el otro camino, porque ¿cuánto tiempo puede escapar? Si el universo también es redondo, al final volverá a donde están estas personas, y habrá la posibilidad de encontrarse.

NO MENOSPRECIA A LOS DEMÁS.

SIN POSEER NADA, NO ECHA NADA EN FALTA.

El buda simplemente usa, el maestro usa. No posee nada, no es un propietario. O no es dueño de nada o es dueño de todo el universo, lo cual es decir lo mismo de dos maneras diferentes. No hay necesidad de poseer nada, él usa. Utiliza el sol, utiliza la luna; no necesita poseerlos. Así, si un día el sol está nublado, no tienes por qué angustiarte, no tienes por qué volverte loco, no tienes por qué preocuparte: "¿Qué le pasa a mi sol?" No tiene nada que ver contigo. Si un día la luna tiene un eclipse no te preocupas en absoluto porque no eres su dueño; si eres su dueño, entonces surgen los problemas. Si eres el dueño del jardín y las rosas no florecen, entonces hay ansiedad; si no eres el dueño, entonces simplemente disfrutas.

El maestro disfruta de la existencia pero no posee nada; como no posee nada, no echa nada de menos.

NO TIENE MIEDO.

No hay nada que perder, ¿por qué debería tener miedo?

NO TIEMBLA.

Soren Kierkegaard dice que todo hombre tiembla por dentro, que hay un temblor constante, y tiene razón. El miedo a la muerte te mantiene temblando constantemente. Puede que te ocupes de mil y una cosas y te olvides de tu temblor interior, pero está ahí.

Soren Kierkegaard es uno de los pensadores más importantes del hemisferio occidental.

Lo que está diciendo debe decirlo por su propia experiencia personal; tenía mucho miedo a la muerte. Sólo tenía miedo a dos cosas: a la muerte y al dinero. Nunca ganó nada. Su padre le había dejado un cierto saldo bancario; vivía de él. Cada mes, el primer día, iba al banco, sacaba una cantidad y vivía de ella. Vivía de una manera muy muy económica, pero tenía mucho miedo: tarde o temprano el dinero se iba a acabar; esa era su preocupación constante. La gente le había visto en Copenhague ir al banco y volver a casa siempre temblando.

Y luego la muerte... y la muerte está ciertamente relacionada con el dinero. La gente que tiene mucho miedo a la muerte empieza a acumular dinero como protección, ¡como si el dinero pudiera proteger!

La gente que no teme a la muerte no se preocupa mucho por el dinero; lo utiliza, pero no le importa.

Y ocurrió algo extraño: Soren Kierkegaard murió en el camino el día que retiró la última cantidad de dinero del banco. Volvía a casa del banco; era la última cantidad, se había acabado el saldo bancario. El director le había dicho: "El mes que viene no hace falta que vengas, se acabó el dinero". Se cayó en medio del camino -no llegó a casa- y murió allí mismo. Si se acabó el dinero, se acabó la vida. Debía de ser un hombre muy temeroso.

Cuando era joven amaba a una mujer, una mujer muy hermosa, Regina. Durante tres años continuaron los amores y, finalmente, cuando iban a casarse, él se negó. Era muy extraño porque Regina era una mujer hermosa y él un hombre feo. Si Regina se hubiera negado, habría sido lógico, pero ¿por qué se negó Kierkegaard?

Se negó por el simple temor de que "si nos casamos y surge algún problema, ¿entonces?

¿Si surge alguna pelea o si se enamora de otra persona? - es una mujer tan hermosa...." Temeroso de las posibilidades del futuro, simplemente se negó. Se negaba a vivir. Nunca salía de la ciudad, tenía tanto miedo a los accidentes. Así que cuando dice que el hombre es un temblor lo dice por experiencia personal.

Buda dice: El maestro no tiembla. Todo su temblor desaparece porque sabe que no hay muerte. Conociéndose a sí mismo ha trascendido la muerte. No teme al futuro porque vive en el presente. No es posesivo; por lo tanto, no se le puede arrebatar nada.

NADA LE ATA.

ES INFINITAMENTE LIBRE.

Porque no es posesivo, NADA LO DETIENE. Él es libertad, libertad absoluta.

ASÍ QUE CORTA LA CORREA, EL HILO Y LA CUERDA.

AFLOJA LOS CIERRES.

DESCERRAJAR LAS PUERTAS DEL SUEÑO Y DEL DESPERTAR.

Tres cosas son nuestra esclavitud: cuerpo, mente, yo - LA CORREA, EL HILO Y LA CUERDA. CORTA POR LO TANTO.... Sé consciente de que no eres ni el cuerpo, ni la mente, ni el yo. La conciencia es la espada con la que cortar.

Y AFLOJA LAS FIJACIONES: lujuria, avaricia, ira, odio, ambición, celos, posesividad.

DESBLOQUEA LAS PUERTAS DEL SUEÑO: despierta, toma conciencia.

En un metro abarrotado, una secretaria mulata de buen cuerpo sintió detrás de ella la presencia de un hermano del alma sexualmente excitado. Intentó apartarse, pero su inquietud no hizo más que empeorar las cosas. Finalmente se dio la vuelta y espetó: "¡Señor, es usted un vulgar!".

"¡No he hecho nada malo, cariño!", dijo el negro. "Pero puedo entender por qué estás un poco molesto. Me pagaron esta noche, el jefe no tenía más que calderilla, y me hace un bulto en el bolsillo del pantalón. Créeme, cariño, eso es todo".

"¡Supongo", dijo la mujer, "que también quieres que crea que todo el tiempo que estamos aquí parados tu jefe te está dando aumentos!".

Sólo mira tu sexo, tu ira, tu codicia. Estás totalmente en su poder, indefenso en su poder.

Buda no es un metafísico; es un magnífico psicólogo. Es el primero en crear la psicología de los budas.

Está diciendo: Corta con toda esta esclavitud. ABRE LAS PUERTAS DEL SUEÑO Y DESPIERTA.

La señora Rafferty estaba sentada en su casa de Dublín con sus hijos, todos esperando a que el hombre de la casa volviera de su trabajo en la fábrica de cerveza local. Llamaron a la puerta.

Cuando la señora Rafferty la abrió, vio a Mick de pie con los ojos bajos y una mirada triste. "Malas noticias", dijo. "Pat se cayó en una cuba de whisky y se ahogó esta tarde".

La señora Rafferty y los niños rompieron a llorar angustiosamente, pero ella consiguió balbucear: "Oh Jesús, ¿sufrió? ¿Fue una muerte dolorosa?"

Mick tosió reverentemente y se quitó el sombrero. "No, señora", dijo, "no lo creo. Salió dos veces a mear".

Mantente despierto. Mira lo que estás haciendo, mira en qué consiste tu vida. ¿Hay conciencia o es sólo un juego inconsciente de fuerzas inconscientes? ¿Eres sólo una víctima de fuerzas de las que no eres consciente, ya sea de dónde vienen o qué te están haciendo? ¿Vas a morir de esta manera?

EL MAESTRO SOPORTA INSULTOS Y MALOS TRATOS SIN REACCIONAR.

El maestro no puede reaccionar. Responde, pero nunca reacciona. Las reacciones vienen del pasado, la respuesta es espontánea, está en el presente. El esclavo reacciona, el amo responde.

La mente inconsciente reacciona, el hombre consciente responde. No tiene respuestas preparadas. Se encuentra con la situación, reflexiona sobre ella. Acepta el reto de la situación y actúa en consecuencia. Su acción nace del presente.

Y recuerda un secreto fundamental de la vida: si la acción nace del presente nunca es vinculante; si viene del pasado es vinculante, es karma. Si la acción surge de tu conciencia presente, no es karma, no es vinculante. La haces y se acaba, la haces y sales de ella; nunca se acumula en ti. El maestro nunca acumula el pasado; muere cada momento al pasado. Nace de nuevo a cada momento.

EL MAESTRO SOPORTA INSULTOS Y MALOS TRATOS SIN REACCIONAR.

PUES SU ESPÍRITU ES UN EJÉRCITO.

No necesita reaccionar. Los insultos no pueden ofenderle, los malos tratos sólo atraen su compasión, porque sabe que su consciencia es una ciudadela, es un refugio que no puede romperse. Es una protección definitiva; en última instancia, está seguro en su consciencia.

NUNCA SE ENFADA.

CUMPLE SUS PROMESAS.

NUNCA SE DESVÍA, ES DECIDIDO.

¡ESTE CUERPO ES EL ÚLTIMO, DICE!

COMO EL AGUA EN LA HOJA DE UNA FLOR DE LOTO O UNA SEMILLA DE MOSTAZA EN LA PUNTA DE UNA AGUJA, NO SE AFERRA.

No se aferra a nada: cuerpo, mente o yo. No se aferra, ya no está ahí para aferrarse. Él es sólo vacío puro. Y de ese vacío puro surge la inocencia, de ese vacío puro surge la piedad.

PORQUE HA LLEGADO AL FINAL DE LA PENA Y HA DEJADO SU CARGA.

Según Buda, la única carga es el yo, el ego. Deja la carga a un lado y scrás absolutamente libre. No habla de Dios; sólo habla de la carga, del ego.

Déjalo a un lado y sabrás lo que es Dios. No es necesario hablar de Dios; hablar de Dios es totalmente inútil. Evita enfáticamente hablar de Dios; es inútil. Te da el camino correcto para experimentar la piedad.

Sois dioses. Sólo la semilla tiene que morir, el yo tiene que morir, y empezaréis a crecer.

Ese crecimiento es divino. La religión es el proceso de crecimiento interior, el proceso de actualización del potencial, el proceso de renacer. A menos que vuelvas a nacer, no podrás entrar en el reino de Dios.

Suficiente por hoy.

Tira toda la bolsa

La primera pregunta:

Pregunta 1:

AMADO MAESTRO,

DICES QUE LA ILUMINACION PUEDE OCURRIR EN CUALQUIER MOMENTO. A MI ME PARECE UN PROCESO MUY LENTO DE APRENDIZAJE Y TOMA DE CONCIENCIA DE LAS PARTES INCONSCIENTES DE MI SER.

¿TIENE ALGO QUE DECIR AL RESPECTO?

Dharmapriya, la iluminación no es un proceso de aprendizaje; al contrario, es un proceso de desaprendizaje. Hay que abandonar todo lo que se sabe. Hay que renunciar al conocimiento, a la mente conocedora.

Si fuera un proceso de aprendizaje, sin duda llevaría tiempo, sería gradual.

Pero si se trata de dejar caer algo, entonces no es gradual, no necesita ser gradual. Puedes simplemente dejarlo caer instantáneamente.

Una vez sucedió:

Un hombre vino a Sri Ramakrishna con diez mil monedas de oro para ofrecerle.

Ramakrishna aceptó su ofrenda y le dijo: "Ahora estas monedas son mías: vete al Ganges y tíralas todas al río". Ramakrishna vivía en un templo justo en la orilla del Ganges.

El hombre se quedó muy sorprendido. "Diez mil monedas de oro, monedas de oro macizo, y este tonto dice: "¡Tíralas al río!". Y yo que siempre había pensado que este hombre se había iluminado... ¡está simplemente loco!". Dudó.

Ramakrishna dijo: "Cuando me los hayas ofrecido, ya no te pertenecerán.

¿Por qué dudas? Puedo enviar a otra persona a tirarlos. Por favor, vete".

El hombre se fue, de mala gana por supuesto, y no volvió. Pasó una hora.

Ramakrishna preguntó: "¿Qué le ha pasado a ese hombre? ¿Se ha escapado con las monedas?

Ve e infórmate".

Alguien fue enviado. Había una gran multitud, había reunido a una gran multitud, y estaba tirando cada moneda, una por una, ¡y contándolas!

Cuando le dijeron a Ramakrishna: "Esto es lo que está ocurriendo -puede tardar unas horas más", Ramakrishna fue él mismo, golpeó al hombre en la cabeza y le dijo: "¿Estás loco o qué? Cuando recoges monedas, por supuesto que las recoges una a una, es un proceso gradual. Pero cuando las tiras, ¿por qué las cuentas? Tira toda la bolsa. Da igual que sean diez mil, unas cuantas más o unas cuantas menos. El Ganges no tomará nota de ello".

Esta es la situación. Cuando dejas de acumular conocimiento también desaprendes lentamente, no porque el desaprendizaje tenga que ser lento. Es sólo tu mente aferrada. Es la mente que no quiere renunciar al conocimiento, de ahí que siga posponiéndolo. Encuentra hermosas racionalizaciones.

La idea de la iluminación gradual es una de las racionalizaciones más hermosas, y atrae a la mente porque todo lo que la mente conoce es gradual. Todo el lenguaje de la mente es el lenguaje del tiempo. Todo lo que la mente puede hacer tiene que ser hecho a tiempo, necesita tiempo.

Pero la iluminación no se produce en el tiempo. Cuando digo que puede suceder en un momento, por favor, no me malinterpretes: ¡el momento no forma parte del tiempo en absoluto! Estoy diciendo que puede suceder inmediatamente; no necesita tiempo en absoluto, ni siquiera se necesita un solo momento. Puede suceder ahora... pero tú te aferras. Dices: "¿Cómo es posible? Tengo que volverme lentamente alerta, consciente, meditativo. Trozo a trozo tengo que transformar mi ser inconsciente. Tengo que abandonar la codicia, la ira, la lujuria, los celos, la posesividad, el odio, y hay mil y una cosas, y cada cosa va a llevar su tiempo. Tengo que abandonar el miedo, tengo que abandonar mi identificación con el cuerpo y la mente, tengo que abandonar mis apegos....". Y la lista es casi infinita. Tardarás una eternidad en iluminarte; de hecho, nunca te iluminarás. La idea misma de que va a ser un proceso gradual es sólo una estrategia de la mente para posponerlo.

La iluminación siempre es repentina. Es una cuestión de comprensión, de entendimiento, de iluminación. Es como un relámpago repentino. Siempre ha ocurrido así.

Gautam Buda estuvo intentando su iluminación durante seis años; fue un proceso largo.

Seguía muchos métodos, muchos caminos. Hacía todo lo humanamente posible, pero no ocurría nada. Se movía en círculos; estaba donde había empezado, no iba a ninguna otra parte. Estaba cansado, completamente cansado.

Por fin, una noche se dio cuenta de repente de que todo su esfuerzo era irrelevante.

La iluminación no es algo parecido a un logro; uno no puede alcanzarla. Hay que desaparecer para que suceda. Es un acontecimiento y sólo ocurre en ausencia del ego. Y siempre que estás haciendo algo, el ego se fortalece cada vez más. El ego es un hacedor, y la iluminación ocurre en un estado de no-hacer. Es simplemente la realización de lo que eres; no es una cuestión de logro. Ya lo eres. Es sólo un despertar, ¡sólo un cambio!

Viendo el punto, Buda se relajó; abandonó todos sus métodos. Esa es la única utilidad de los métodos: te cansas de ellos, te aburres completamente de ellos. Un día, por puro aburrimiento, abandonas todos los métodos.

Aquella tarde abandonó toda su búsqueda espiritual. Había abandonado toda búsqueda mundana seis años antes, pero es la misma búsqueda si buscas dinero o meditación, si buscas poder o iluminación, si corres tras el prestigio o tras Dios, ¡es lo mismo! La mente necesita algún objeto que perseguir. La mente quiere algo que desear. Quiere una meta objetiva; cualquiera que sea esa meta objetiva no importa - XYZ, cualquier cosa servirá.

Viendo el punto, "Es la misma mente - he renunciado al mundo, pero no he renunciado a la mente, y la mente es el mundo real. Y estos seis años sólo he estado cambiando los objetos de mi deseo, pero no he dejado de desear. En lugar de dinero, ahora deseo la iluminación. En lugar de poder, ahora deseo la verdad última. ¿Pero hay alguna diferencia? Es la misma mente deseante, el mismo ego ambicioso; de hecho, se ha vuelto más sutil.

Antes era burdo, ahora es muy sutil..." Al verlo, se echó a reír. En estos seis años no se había reído en absoluto, había estado serio. Se rió de toda la ridiculez del esfuerzo.

El esfuerzo espiritual es más ridículo que el esfuerzo mundano. El esfuerzo mundano tiene cierta relevancia, pero el esfuerzo espiritual no la tiene.

Se relajó, obviamente, de forma natural. No es que hiciera un esfuerzo por relajarse: la relajación le llegó porque no había nada que conseguir, ningún lugar al que ir. La relajación simplemente le llegó; algo descendió del más allá. Cayó en un profundo descanso.

Aquella noche durmió por primera vez sin sueños. Cuando no hay deseos no hay sueños; los sueños son reflejos de los deseos. Aquella noche no tuvo pesadillas; durante seis años había sufrido muchas pesadillas. Una pesadilla simplemente dice que estás deseando cosas imposibles; por eso tu noche está perturbada, tu sueño está perturbado. No hay descanso; es febril, es patológico, no es sano. Por primera vez en su vida se relajó y durmió bien, totalmente, como un niño pequeño recién nacido.

Profundamente descansado, por la mañana, cuando abrió los ojos, la última estrella desaparecía del cielo. Al ver desaparecer la última estrella, desapareció en él el último rastro del ego.

Lo había encontrado, pero lo había encontrado sin ningún esfuerzo. Había sucedido, pero no como un objetivo, ni como un logro, sino como resultado de una profunda relajación.

Pero recuerda, no empieces a intentar relajarte; eso es lo más absurdo del mundo.

Y hay mucha gente estúpida escribiendo libros sobre relajación. Me he topado con un libro cuyo título es "¡Debes relajarte! Esa misma palabra "debe" es suficiente para mantenerte tenso. La relajación no puede ser un "debe", no puede ser un esfuerzo.

Intenta una noche irte a dormir, haz un esfuerzo para irte a dormir, y cada vez te será más imposible. Todas las noches te dormirás muy fácilmente. Si quieres sufrir de insomnio este es el método seguro para sufrir de insomnio. Intente, haga un esfuerzo para dormirse. Da vueltas en la cama y respira largamente y cuenta ovejas y trota en la habitación y date un baño y haz un poco de Meditación Trascendental. Y entonces, naturalmente, el sueño se hará imposible, porque todas estas cosas serán perturbaciones, distracciones. ¿Cómo te vas a dormir? Si alguien te pregunta, ¿serás capaz de explicarlo? ¿Cómo te las arreglas? Cada noche, cuando te duermes, estás haciendo un milagro. Pasas del hacer al no hacer, de la acción a la no acción. ¿Cómo lo consigues? ¿Existe algún arte? ¿Lo has aprendido? ¿Cuál es el truco? Intenta pensar en ello, y entonces nunca podrás dormir.

He oído hablar de un ciempiés: el ciempiés tiene cien patas. El ciempiés estaba dando un paseo matutino y una araña se quedó muy intrigada. La araña debía de ser matemática o algo parecido. Dijo: "Tío, ¿puedes satisfacer mi curiosidad? ¿Cómo lo consigues? ¡Cien patas! Cuál poner primero y cuál después y luego... ¡cien patas! ¿No te caes, no te confundes? ¿Sigues contando por dentro? Si tuviera cien piernas estoy seguro de que no podría caminar. Mis piernas se enredarían unas con otras, me caería inmediatamente".

El ciempiés se echó a reír. Dijo: "¡Matemáticos, siempre estáis haciendo preguntas sin sentido! Sabéis que me las apaño perfectamente, pero nunca he pensado en ello. Dejadme que lo piense".

Así que intentó caminar y pensar, y se cayó inmediatamente. Se enfadó mucho con la araña y le dijo: "¡Escucha! No vuelvas a hacerle esta pregunta a un ciempiés, ¡ahora tendré problemas toda mi vida! Nunca había pensado en ello, las cosas iban perfectamente bien. Nunca lo había pensado. Ahora que me lo has preguntado, nunca estaré tranquilo hasta que encuentre la respuesta. Tratando de entenderlo... ¡ya ves que estoy hecho un lío!

Por favor, nunca preguntes a ningún ciempiés. Me has lisiado durante toda mi vida. Ahora creo que nunca podré caminar. ¡Cien patas! Claro que tienes razón, y no sé cómo se las arreglaba todo".

Si alguien te pregunta cómo te vas a dormir, no intentes averiguar la respuesta; de lo contrario, sufrirás insomnio desde ese mismo día. Las personas que sufren de insomnio, lo único que necesitan es olvidarse del sueño; no hay necesidad de preocuparse por ello. Si no tienes sueño, sé feliz, disfruta. Lee algo, escucha música, canta, baila, sal a pasear... Eres más afortunado que las personas que duermen profundamente y roncan. Pero olvídate del sueño. Mira las estrellas, disfruta de las estrellas, siéntete mucho más afortunado que los demás, y te quedarás dormido sin ningún esfuerzo por tu parte. Pero no hagas ningún esfuerzo.

La iluminación es algo así. No es cuestión de esforzarse.

Dharmapriya, dices: "A mí me parece un proceso muy lento". No es un proceso en absoluto - - es un salto, ¡un salto cuántico! Y no tiene nada que ver con el aprendizaje; es el DESAPRENDIZAJE.

Estás condicionado. La iluminación significa volver a ser incondicional, volver a ser un niño. Fuiste niño una vez, así que puedes volver a serlo. Sólo tienes que dejar a un lado toda la basura que has acumulado a tu alrededor. Tienes que saltar fuera de ella, eso es todo. No es cuestión de un lento proceso de aprendizaje, es simplemente cuestión de ver el punto.

Pero somos astutos, la mente es muy astuta. No puede aceptar el simple hecho de que todavía queremos evitar la iluminación. No queremos ser iluminados, tenemos miedo del hecho, pero somos astutos y no podemos aceptarlo. De ahí que encontremos formas, formas de engañarnos a nosotros mismos diciendo que es un proceso lento, un proceso muy lento; que se necesita no sólo una vida sino muchas vidas para iluminarse. No lleva tiempo en absoluto, ¿qué decir de una vida o de muchas vidas? No tiene nada que ver con el tiempo. Es inmediato, ¡puede suceder ahora!

Ve al grano. Deja que se produzca la relajación, no intentes relajarte. Simplemente relájate, no lo conviertas en una "obligación". Descansa... y si descansas empezarás a caer en el profundo abismo de tu propio ser, y tarde o temprano llegarás al fondo de ti mismo. Experimentar ese fondo de ti mismo es estar iluminado, es ser un buda, es ser un cristo.

Por eso insisto una y otra vez en que puede ocurrir en cualquier momento, para recordarte que tu mente es muy astuta. Puede engañar a los demás, puede engañarte a ti. ¡Cuidado con la mente!

Te mantiene nublado, nunca te permite ver las cosas como son.

La iluminación es tu naturaleza, por lo tanto no es cuestión de aprender, no es cuestión de llegar a alguna parte. Ya estás ahí, ya ha sucedido. Es tu propio ser, tu propia base. Está en cada respiración y en cada latido de tu corazón.

La segunda pregunta:

Pregunta 2:

AMADO MAESTRO,

¿POR QUÉ NO SIENTO NINGUNA SORPRESA EN MI VIDA? TODO PARECE TAN ABURRIDO Y MONÓTONO.

Gyano, te he dado el nombre de Gyano: Gyano significa conocimiento. Tienes demasiados conocimientos, sabes demasiado. Y cuando uno sabe demasiado, la vida pierde la cualidad de ser misteriosa. Entonces nunca te sorprende nada. Tu conocimiento te proporciona todo tipo de respuestas; incluso antes de que preguntes, la respuesta está ahí, parece que lo sabes todo. Sin saber nada, sigues creyendo en el conocimiento prestado y, poco a poco, ese conocimiento prestado te hipnotiza tanto que olvidas que no sabes. Empiezas a creer en tu propio conocimiento - y no es tuyo, es sólo prestado. Puede que hayas leído la Biblia, el Gita, el Corán....

Krishna sabía de lo que hablaba, pero cuando lees no lo sabes. Jesús sabía de lo que hablaba, pero cuando lees el Sermón de la Montaña no haces más que coleccionar, reunir palabras, palabras que no tienen ningún significado para ti, que no pueden tener ningún significado porque el significado procede de la experiencia.

Jesús dice: Si alguien te golpea en una de tus mejillas, dale también la otra. Puedes leerlo, es una afirmación sencilla. Incluso puedes intentar seguirla: miles de cristianos están intentando seguirla.

He oído hablar de un santo cristiano que solía hablar demasiado de esta afirmación. Un travieso se acercó y golpeó al santo en una mejilla. Por supuesto, fiel a sus enseñanzas, el santo le dio la otra mejilla esperando que ahora lo entendiera: "¡Verá qué grande soy, qué compasivo, qué considerado, qué lleno de amor!".

Pero el pícaro también era un gran diablo; si el santo era grande, él también lo era. No era en absoluto inferior al santo. Golpeaba en la otra mejilla aún con más fuerza.

¡Ahora esto era demasiado! El santo saltó inmediatamente sobre él y empezó a golpearle. El pícaro se sorprendió. Dijo: "¿Qué haces? ¿Qué ha sido de tu enseñanza? ¿Qué ha sido de Jesús?"

Dijo: "Jesús ha dicho: Si alguien te pega en una mejilla, dale la otra. Yo sólo tengo dos mejillas, así que su enseñanza ha terminado: ahora estoy libre de la enseñanza. Os mostraré quién soy. He seguido la enseñanza al pie de la letra, exactamente".

Una vez Buda fue preguntado por un hombre: "¿Cuántas veces dices que uno debe perdonar?".

Ahora, la pregunta misma es suficiente para mostrar la calidad de la persona. Está diciendo: "¿Cuántas veces...?". Cuando preguntas cuántas veces, no eres un hombre compasivo.

Buda dijo: "Siete veces".

El hombre dijo: "De acuerdo".

Por la forma en que dijo: "De acuerdo", Buda dijo: "Espera: ¡setenta veces!".

El hombre se sintió un poco reacio a aceptar setenta veces, pero aun así dijo: "De acuerdo".

Buda dijo: "Retiro mis palabras. Tienes que perdonar infinitamente; ni siquiera setenta veces será suficiente. Tal como lo estás aceptando, parece que cuando se acaben las setenta veces te vengarás. Y puedes hacer daño de un solo golpe, puedes vengarte de un solo golpe. No eres un hombre compasivo. No me entiendes, no es cuestión de cuántas veces".

Puedes leer a Buda, EL DHAMMAPADA, puedes recitarlo todos los días; te volverás conocedor. Todas las preguntas desaparecerán porque tendrás todo tipo de respuestas, pero todas esas respuestas son prestadas. Por lo tanto, destruirán la belleza de la vida y destruirán tu sentido de asombro y maravilla, que son las cualidades religiosas más esenciales.

Si alguien me pregunta cuál es la cualidad religiosa más fundamental, diré que el asombro.

Y el conocimiento mata el asombro. Empiezas a saber de todo y cuanto más sepas, más aburrida y monótona será tu vida, porque todo ese polvo de conocimiento que se acumula a tu alrededor nubla tanto tu conciencia de espejo -hay tantas capas de conocimiento- que pierdes la cualidad del asombro infantil. No puedes ver la belleza de las flores, no puedes ver la belleza de una puesta de sol, no puedes ver el milagro de la existencia. Y la existencia está llena de milagros, y las sorpresas están por todas partes, a tu alrededor.

Sólo mira, pero mira con los ojos abiertos. El conocedor es ciego; la persona más ciega que existe es el conocedor.

Gyano, te he dado ese nombre sólo para recordarte una y otra vez que ése es tu problema, ésa es tu característica principal. Gurdjieff solía decir a sus discípulos: "Lo primero para el discípulo es saber cuál es su característica principal". Tu característica principal es el conocimiento.

Mira a tu alrededor sin llevar tu carga de conocimiento, y entonces tropiezas continuamente con nuevas sorpresas y la vida vuelve a ser digna de vivirse, digna de alegrarse.

La vida vuelve a ser un misterio que hay que amar y vivir. No es un problema que hay que resolver, es un misterio que hay que vivir.

"Hermanos", dijo el predicador de color, "el tema de mi sermón de hoy es 'mentirosos'. ¿Cuántos en esta congregación han leído el capítulo sesenta y nueve de Mateo?".

Casi todas las manos subieron.

"Ustedes son precisamente las personas a las que quiero predicar", dijo el reverendo. "¡No existe tal capítulo!"

Pero nadie quiere aceptar que no lo sabe. Sexagésimo noveno capítulo de Matthew....

Todo el mundo quiere aparentar. Y no diré que lo hacían muy conscientemente, deliberadamente. Tal vez pensaban que lo habían leído, tal vez creían que lo habían leído, y al ver tantas manos levantadas debieron convencerse de que sí, de que existe tal capítulo.

Antiguamente, en el Sur, un pastor tenía en su casa a un negro llamado Ezra. Ezra era inteligente y ambicioso, pero no sabía leer ni escribir.

Un domingo, el ministro vio a Esdras en la iglesia, garabateando laboriosamente durante el sermón. Después, el ministro le preguntó: "Esdras, ¿qué hacías en la iglesia?".

"Tomando notas, señor. Estoy ansioso por aprender".

"A ver", dijo el ministro, y echó un vistazo a las notas de Ezra, que parecían más chinas que inglesas.

"¡Vaya, Ezra!", reprendió, "¡todo esto son tonterías!".

"Eso pensé", dijo Ezra, "¡todo el tiempo que lo estuviste predicando!".

Tus predicadores te han envenenado. Tu conocimiento te ha destruido; te ha quitado la simple alegría de no saber. Recupera esa alegría de no saber. Ese es todo el propósito de la meditación: salir del conocimiento como una serpiente se desliza fuera de su vieja piel.

Escápate de tus conocimientos, Gyano, y entonces la vida estará llena de sorpresas. A cada momento te encontrarás con tantas cosas maravillosas. Una semilla que se convierte en brote es un milagro. Un capullo que se abre por la mañana es un milagro. Que una flor libere su fragancia es un milagro.

La noche llena de estrellas... ¿qué más milagros necesita? ¡Toda la existencia está en constante celebración!

¿Y sigues diciendo: "Me siento aburrido, monótono y pesado"?

Entonces tú debes tener la culpa en alguna parte; nadie más es responsable de ello. Pero nos aferramos a nuestro conocimiento porque satisface nuestro ego.

D.H. Lawrence paseaba por un jardín con un niño pequeño. Y, como suelen hacer los niños, el niño preguntó: "¿Por qué son verdes los árboles?".

D.H. Lawrence es una de las personas a las que quiero y respeto. D.H. Lawrence es una de las personas de este siglo que tenía una tremenda visión de las cosas. Se quedó ahí, pensó un momento, cerró los ojos, meditó.

El niño dijo: "¿Es una pregunta tan difícil para ti? ¿No sabes por qué los árboles son verdes?".

D.H. Lawrence dijo: "Los árboles son verdes porque son verdes".

El niño dijo: "¡Correcto! Esa es la respuesta correcta".

Pero usted no estará de acuerdo; ninguna persona bien informada estará de acuerdo con D.H. Lawrence. Dirá que los árboles son verdes por la clorofila o alguna otra tontería. Pero su respuesta es tremendamente hermosa: "¡Los árboles son verdes porque son verdes!"

Y el niño se sintió inmensamente feliz. Dijo: "Cierto, eso es lo que yo también siento. Estamos de acuerdo".

Abandona tus conocimientos, vuélvete más infantil y recupera la alegría de vivir. Alegrarse de la vida es sannyas. Mi sannyas no es renuncia: es regocijo, es celebración.

La tercera pregunta:

Pregunta 3:

AMADO MAESTRO,

ME HAS DESCUBIERTO. ¡AHORA ES EL MOMENTO DE CONTAR MI TEMIDO SECRETO!

SOY UNO DE SUS POLACOS. ¿QUÉ HACER?

Prem Veechi, eso es lo más bonito de los polacos que me gusta y me encanta. Usted no es el primer Polaco que lo ha declarado. Asha escribió una nota diciendo que, "Amado Maestro, yo también soy polaca". Anupama escribió una nota diciendo que su amante, Amitabh, es polaco.

Y muchos otros. ¡Esto es precioso!

Y a ver qué hacen los británicos. Una británica, Prem Lisa, ha escrito diciendo: "Somos superiores, así que ¿qué podemos hacer?".

Veechi, es hermoso ser polaco. Es hermoso ser un poco tonto, no tan superior como los británicos.

¿Por qué no tienen cubitos de hielo en Polonia?

Porque la mujer de la receta murió.

Un polaco llegó a Nueva York en busca de fama y fortuna. Mientras paseaba por la acera, vio una gran escalera apoyada en el lateral de un edificio, que se extendía hacia arriba hasta donde alcanzaba la vista. Empezó a pasar de largo, pero una voz en lo alto de las nubes le gritó: "¡Sube por la escalera del éxito!".

Algo nervioso, comenzó a ascender, peldaño a peldaño, hasta la cima del edificio de cincuenta pisos. Cuando llegó allí, un muchacho delgado, rubio y de ojos azules, sentado en la cornisa del edificio, le sonrió dulcemente.

"¡Hola!", dijo. "¡Soy Cess!"

La cuarta pregunta:

Pregunta 4:

AMADO MAESTRO,

SI DIOS ES ELLA, ¿POR QUÉ SIGUES LLAMÁNDOLA ÉL?

Y OTRA PREGUNTA: DICES QUE LOS INGLESES SON DAMAS Y LOS ITALIANOS, MUJERES. ¿DÓNDE PONDRÍAS A LAS ALEMANAS?

Prem Prageeta, las hembras alemanas son precisamente eso - hembras - ni damas ni mujeres. Femenino" es más científico y más alemán, más erudito, neutro; no tiene ninguna valoración.

Y Dios, de hecho, no es ni él ni ella.

Así que si tú dices que él es él, yo diré que él es ella; si tú dices que él es ella, yo diré que él es él, simplemente para desvincularte de tus convicciones.

Una vez sucedió:

Buda entró en una aldea. Un hombre le preguntó mientras entraba en la aldea: "¿Existe Dios?".

Dijo: "No, absolutamente no".

Por la tarde vino otro hombre y preguntó: "¿Existe Dios?".

Y él dijo: "Sí, absolutamente sí".

Por la noche llegó un tercer hombre y preguntó: "¿Existe Dios?".

Buda cerró los ojos y permaneció en absoluto silencio. El hombre también cerró los ojos.

Algo ocurrió en aquel silencio. Al cabo de unos minutos, el hombre tocó los pies de Buda, se inclinó, presentó sus respetos y dijo: "Eres el primer hombre que ha respondido a mi pregunta".

Ananda, el asistente de Buda, estaba muy desconcertado: "Por la mañana dijo que no, por la tarde dijo que sí, por la noche no contestó nada. ¿Cuál es el problema? ¿Cuál es la verdad?"

Entonces, cuando Buda se iba a dormir, Ananda le dijo: "Primero respóndeme tú; si no, no podré dormir. Tú también tienes que ser un poco más compasivo conmigo. He estado contigo todo el día. Esas tres personas no conocen las otras respuestas, pero yo he oído las tres respuestas. ¿Qué hay de mí? Estoy preocupado".

Buda dijo: "¡No estaba hablando contigo en absoluto! Tú no habías preguntado, yo no te había respondido. El primer hombre que vino era teísta, el segundo hombre que vino era ateo, el tercer hombre que vino era agnóstico. Mi respuesta no tenía nada que ver con Dios, mi respuesta tenía que ver con el que preguntaba. Estaba respondiendo al interrogador; no tenía absolutamente nada que ver con Dios.

"A la persona que cree en Dios, le diré que no porque quiero que abandone su idea de Dios, quiero que se libere de su idea de Dios, que es prestada. No ha experimentado. Si hubiera experimentado no me habría preguntado; no habría habido necesidad.

"La persona que creía en Dios intentaba que yo confirmara su creencia. Yo no iba a decirle que sí: no voy a confirmar la creencia de nadie. Tuve que decir que no, tuve que negar, sólo para destruir su creencia, porque todas las creencias son barreras para conocer la verdad. Teístas o ateos, todas las creencias, hindúes o cristianas o mahometanas, todas las creencias son barreras.

"Y la persona con la que guardé silencio era el indagador correcto. No tenía ninguna creencia, por lo tanto no era cuestión de destruir nada. Guardé silencio. Ese fue mi mensaje para él: Guarda silencio y conoce. No preguntes, no hay necesidad de preguntar. No es una pregunta que pueda responderse. No es una pregunta, sino una búsqueda, una sed. Calla y conoce. Yo también le había respondido; a través de mi silencio le di el mensaje y él lo siguió inmediatamente: también se quedó en silencio. Yo cerré los ojos, él cerró los suyos; yo miré hacia dentro, él miró hacia dentro, y entonces ocurrió algo. Por eso estaba tan abrumado, sentía tanta gratitud, por la sencilla razón de que no le di ninguna respuesta intelectual. No había venido a por ninguna respuesta intelectual; las respuestas intelectuales son muy baratas. Necesitaba algo existencial, necesitaba saborear algo. Y yo se lo di".

Recuerda esto: Dios no es hombre ni mujer; no puede ser hombre ni mujer. O es las dos cosas o no es ninguna. Dios es la síntesis última de todos los opuestos. El hombre es un extremo, la mujer el otro. Dios no es un extremo, es toda la existencia. Es lo suficientemente vasto como para contener los opuestos; todos los opuestos se convierten en complementarios en Dios.

Así que no te aferres a mis respuestas; no son respuestas. No soy un maestro en absoluto. No estoy aquí para enseñarte un determinado dogma, un determinado credo. Simplemente intento ayudaros a despojaros de vuestros conocimientos para que podáis estar en silencio conmigo. Y tengo prisa porque pronto quiero entrar en silencio, así que tú también tienes que ser rápido. No te entretengas demasiado. No sigas posponiendo porque no hablaré por siempre jamás. Pronto quiero estar en silencio. Puedes sentarte en silencio conmigo entonces, puedes cantar, puedes tocar música, puedes bailar, pero quiero detener todo tipo de comunicación intelectual entre tú y yo. Quiero estar existencialmente relacionado contigo. Simplemente estoy preparando el terreno, estoy arrancando las malas hierbas.

Así que depende: sea cual sea tu creencia voy a destruirla. Estoy en contra de todas las creencias.

Por eso encontrarás a los sacerdotes cristianos contra mí, al Papa católico contra mí, al hindú shankaracharya contra mí, a los mahometanos contra mí, incluso a los comunistas contra mí; por la sencilla razón de que estoy en contra de todas las creencias, comunistas o católicas, hindúes o budistas, no importa: la creencia es la creencia.

Quiero que estés en un estado de no-creencia, en un estado de no-saber. Quiero que funciones desde ese estado de no-saber, desde esa inocencia.

Sólo en esa inocencia serás capaz de saber. Por eso, si tenéis malas hierbas comunistas, las arrancaré. Si necesito la ayuda de instrumentos católicos, utilizaré instrumentos católicos para arrancar las malas hierbas comunistas. Si eres católico y se necesitan instrumentos comunistas, usaré instrumentos comunistas para arrancar las malas hierbas católicas.

Mi función aquí es la de cirujano. No me interesa mucho qué instrumentos se utilizan: hay que operar. Hay que sacar algo de ti. Tu suelo tiene que estar completamente limpio de piedras, de malas hierbas. Sólo entonces tu naturaleza empezará a cultivar rosas.

Así que se sentirá desconcertado. Muchas veces mis afirmaciones te parecerán contradictorias: lo son, y no quiero ocultarlo. Son contradictorias, ¡son absurdas! Porque en un momento digo una cosa y al siguiente la contradigo. Y no soy coherente en absoluto, o sólo soy coherente en una cosa: en mis incoherencias, ésa es mi única coherencia. Soy consistentemente inconsistente, eso es todo. Siempre soy contradictorio, por la sencilla razón de que tú has venido aquí desde diferentes orígenes y yo estoy tratando de destruir todos los orígenes, todos los condicionamientos. Así que depende de ti.

Dios no es ni un hombre ni una mujer. De hecho, Dios no es una persona en absoluto. La idea misma de que Dios sea una persona es antropocéntrica. De hecho, no hay Dios, sino sólo piedad.

Abandonad la idea de Dios como persona. Todos tenéis esa idea infantil de Dios como un superpadre sentado en algún lugar en un trono dorado en el cielo, moviendo los hilos de todo el mundo - un titiritero o algo así, controlando, dirigiendo, un superjefe, un gran gerente, ingeniero, arquitecto. Tienes esa idea de Dios.

Dios no es una persona en absoluto; Dios es la armonía última de la existencia. Recuerda la armonía, el acuerdo, la música, la melodía, el lejano y distante canto de un cuco... y hay piedad en él. El canto de este pájaro... y hay divinidad en él. Este silencio en el que estáis todos ahogados... y hay piedad en él. La piedad ciertamente existe.

Estoy perfectamente de acuerdo con H.G. Wells; él ha hecho una de las declaraciones más profundas sobre Buda que jamás se hayan hecho. Dijo que Buda era la persona más impía y sin embargo la más piadosa que jamás haya pisado la tierra. ¿El más impío y a la vez el más piadoso?

Sí, así es la existencia. Es una existencia sin Dios pero tremendamente piadosa. La piedad tiene que ser recordada, Dios tiene que ser olvidado. Si recuerdas a Dios iras a la iglesia y al templo y a la mezquita y haras todo tipo de estupideces que se han hecho a lo largo de los siglos. Si recuerdas la piedad, no es cuestión de ir a la Kaaba o a Kashi, sino de vivirla. Entonces vive de una manera que sea piadosa. Vive en armonía, vive hermosamente, vive estéticamente, vive sensiblemente, vive amorosamente. Que tu vida sea una tremenda aventura amorosa.

Entonces no hay necesidad de rezar, porque no hay nadie que la escuche. Es una cuestión de meditación, no de oración. Entonces no sigas invocando a Dios; estás perdiendo el tiempo.

Guarda silencio, cada vez más silencio, y vive desde ese silencio, actúa desde ese silencio. Reúnete con la gente y los animales y los árboles y las rocas con profunda reverencia porque todo es divino.

La existencia no es otra cosa que Dios.

Existencia es sinónimo de Dios.

La quinta pregunta:

Pregunta 5:

AMADO MAESTRO,

SOY UN TURISTA. ESTOY AQUÍ SÓLO POR UN DÍA. ¿PUEDO TAMBIÉN RECIBIR SU GRACIA?

Tom, ¡así que has venido! Siempre estaba esperando. ¿Dónde están Dick y Harry? Y usted es de California - por supuesto, usted no puede ser de cualquier otro lugar. ¡Californialandia sólo se compone de turistas!

El "turista" es una nueva especie: no es un ser humano corriente. Se trata de una novedad, un avance, o una ruptura. Un turista es un tipo extraño de persona:

siempre va corriendo a ninguna parte, no sabe por qué, de un sitio a otro. Cuando está en Kabul piensa en Poona, cuando está en Poona piensa en Goa, cuando está en Goa piensa en Katmandú. Nunca está donde está, está en otra parte; está en todas partes menos en el lugar donde está. Nunca está en casa. Nunca le encontrarás en su propia casa; siempre se ha ido a otro sitio, siempre está soñando con otros lugares.

El turista sigue perdiéndose todo; tiene tanta prisa que no ve nada.

Para ver cosas hay que estar un poco más relajado, un poco más tranquilo. Pero el turista siempre está en movimiento. Desayunará en Nueva York, almorzará en Londres y sufrirá una indigestión en Poona.

Lleva una cámara, inevitablemente, porque ahora no puede ver nada, así que va haciendo fotos. Después hace álbumes, ¡es un vago y hace álbumes!

Y más tarde, cuando todo ha terminado, mira las cumbres del Himalaya, la playa de Goa... ¡y cuando estaba allí no estaba! La cámara estaba haciendo su trabajo. No tiene por qué estar allí; de hecho, ¿para qué molestarse? Puede comprar esas fotografías en cualquier parte, mejores fotografías de las que él puede hacer porque es un aficionado; los profesionales ya están haciendo fotografías. Puede conseguir hermosos álbumes y, sentado en casa, puede mirarlos. Pero ahora el problema es que no puede sentarse.

Es una de las cualidades que algunas personas están perdiendo por completo; no pueden sentarse. Tienen que hacer algo, tienen que ir a alguna parte, y tienen que ir rápido. No quieren perder tiempo, ¡y están perdiendo toda su vida en no perder tiempo! No apreciarán nada porque el aprecio necesita intimidad.

Si quieres apreciar una flor, tienes que sentarte a su lado, meditar, dejar que la flor hable. Tienes que experimentar la alegría, la danza de la flor bajo el sol, el viento o la lluvia. Tienes que ver todos los estados de ánimo de la flor por la mañana, por la tarde, con el sol ardiente, por la noche, con la luna llena. Tienes que ver todos los estados de ánimo de la flor. Tienes que conocerla, tienes que crear una amistad. Hay que decir "hola" a la flor, hay que entablar un diálogo, un diálogo existencial. Sólo entonces la flor podrá revelarte sus secretos.

Pero el turista es patológico. ¿Por qué tiene prisa? - Por la sencilla razón de que no sabe qué hacer consigo mismo si se le deja solo, si no tiene que ir a ninguna parte, si sólo tiene que sentarse en silencio. No sabe qué hacer consigo mismo. Se siente incómodo, avergonzado; tiene que hacer algo.

El hombre se ha convertido en un hacedor. Ha perdido la cualidad de testigo, de observador.

El turista no puede entender el enfoque zen, el enfoque budista esencial de sentarse en silencio sin hacer nada, llega la primavera y la hierba crece sola.

La gente Zen se sienta durante años sin hacer nada, simplemente sentada, observando... lo que hay fuera y lo que hay dentro, observando su respiración....

Ahora, el turista pensará que esto es absolutamente ridículo. ¿Por qué vigilar la respiración? ¿Qué sentido tiene? ¿Por qué no ver la televisión, alguna película de terror? Se quedan pegados a sus sillas sólo cuando la televisión les mete en alguna historia de tortura, en algún asesinato, en alguna orgía sexual, en algo para que se conviertan en participantes. Ya no son espectadores, se identifican con los personajes. Empiezan a formar parte de la historia.

Ahora se están desarrollando en Occidente nuevos dramas en los que los espectadores pueden participar, por la sencilla razón de que los espectadores no pueden permanecer sentados durante tres horas, así que se les permite subir al escenario. Al menos pueden subir al escenario desde este lado y salir desde aquel, y la obra continúa. O pueden decir algo, pueden charlar un poco con los actores... ¡en el escenario! Ahora incluso se están desarrollando nuevas técnicas en las que el escenario debe estar justo en el centro y no pasa nada si alguien quiere entrar, sentarse en el escenario, hacer algo, hacer algunas posturas de yoga. Ahora en un drama de Shakespeare alguien viene y se pone de cabeza... ¡eso ayudará! La gente que se ha quedado dormida se despertará, ¡algo está pasando! Si no, ¿quién quiere ver un drama de Shakespeare? Las universidades han aburrido a la gente hasta la muerte con Shakespeare; la gente está harta de Shakespeare. Cuando salen de la universidad no quieren ni oír el nombre de Shakespeare. Les parece una palabra sucia. Pero la verdadera razón es que la gente no puede estar sentada tres horas, tiene que hacer algo. Tienen que hacer algo. Hay que permitirles que actúen y luego pueden sentarse.

A la humanidad le ha sucedido una extraña cualidad, una cualidad muy insana: que nadie puede sentarse en silencio. Y en eso consiste la meditación.

Me preguntas: "Soy un turista. Estoy aquí sólo un día".

Te agradezco que estés aquí un día, Tom, porque hay turistas que no están ni un día.

"¿Puedo recibir también tu gracia?", preguntas.

Mi gracia está disponible, pero ¿estás tú disponible para mi gracia?

Un turista estadounidense contemplaba el cráter de un volcán griego. "Parece el infierno", dijo.

"¡Ah, americanos!", dijo su guía, "¡habéis estado en todas partes!".

¿Adónde vas? ¿Y cuál es la prisa? ¿No puedes quedarte aquí un poco más? Irás a Goa, es casi seguro, es predecible. ¿Qué vas a hacer en Goa?

¡Puedes hacer todas esas estupideces aquí!

Dirigimos casi cien grupos de terapia, ¿para qué? Sólo para personas que no pueden sentarse en silencio, para cansarlas. Así que se les empuja y se tira de ellos y se les da masajes y Rolf. ¿Sabes qué es lo último en el infierno? - ¡El Rolfing! Apréndelo aquí porque de lo contrario tendrás dificultades allí. Ida Rolf ha muerto y se ha ido al infierno; ¡ahora está entrenando a gente allí! Pero aquí hemos manejado todo tipo de grupos. Si pasas por estos cien grupos y puedes sobrevivir, entonces no necesitas temer al infierno en absoluto. De hecho, ¡el Diablo y sus discípulos te temerán! En cuanto vean llegar a la gente naranja, cerrarán las puertas. Dirán: "¡Vete al otro lugar!".

Y hacemos todo tipo de estupideces con pericia. ¡En Goa serás un aficionado!

Aquí tenemos a los mejores expertos del mundo... ¡y ofertas combinadas!

Tom, sólo estar aquí un poco más....

La sexta pregunta:

Pregunta 6:

AMADO MAESTRO,

NO ME DECIDO SI QUIERO SER PSIQUIATRA O ESCRITORA.

Veetrag, ¿por qué no tirar por ella - cabezas o cuentos? ¿Lo pillas?

La séptima pregunta:

Pregunta 7:

AMADO MAESTRO,

PENSE QUE HABIA ENCONTRADO UNA LINDA CAJA, PERO SE CONVIRTIO EN UNA CAJA DE HIELO. ¿QUÉ ES ESTE KARMA QUE ESTE CHICO JUDÍO DE NUEVA YORK TIENE QUE RESOLVER CON MUJERES ALEMANAS?

Prem Samvid, cada nice-a box-a se convierte en un ice-a box-a finalmente; no es nada especial acerca de usted. "Bonito-caja-a" es sólo la etiqueta - ¡"hielo-caja-a" es la realidad! Pero sois tontos, os dejáis engañar por las etiquetas. Nadie más es responsable de ello.

Cada ice-a box-a lleva una bonita fachada escrita en grandes letras de neón: NICE-A BOX-A.

Una vez que te pillan, ya sabes: ¡todas las mujeres son monjas!

Hattie y Aretha estaban hablando en una esquina cuando pasaron dos monjas.

"Dime", preguntó Hattie, "¿por qué las llaman señoras monjas?".

"Porque", respondió Aretha, "no han tenido ninguna, no tienen ninguna y nunca van a tener ninguna".

"¡No me extraña que lleven luto!"

Pero, en el fondo, todas las mujeres son monjas y ningún hombre es monje. Ese es el problema. A Dios le encantan los problemas. Crea puzzles, rompecabezas. No hay manera de resolverlos; uno simplemente aprende a aceptarlos.

Samvid, aceptas la caja de hielo. ¡Y es verano y necesitarás una hielera!

Y cuando llegue el invierno, ya veremos. ¿Quién sabe mañana? Para entonces puede que te engañe otra caja-a.

Y no tiene nada que ver con ningún karma; es simplemente la pura estupidez de la mente humana. Las mujeres siempre son atractivas cuando no están disponibles para ti. Son seductoras, son todas coquetas. Eso es natural, forma parte de su femineidad. Y el hombre es constantemente engañado, una y otra vez. Una vez engañado, piensa durante unos días, se vuelve muy sabio, pero sólo durante unos días. Esa sabiduría no dura mucho; al cabo de unos días vuelve a ser engañado. Empieza a pensar: "Quizá no todas las mujeres sean iguales". Pero yo te digo: ¡todas las mujeres son iguales y todos los hombres son iguales!

Sé más consciente. O aceptas las cosas como son... entonces no te sientes miserable por ello porque ya no tienes expectativas; sabes que así es como las cosas van a suceder - una profunda aceptación de las cosas como son. O, no te dejes engañar de nuevo, si tienes la suerte de salir de esta trampa esta vez - que no es fácil, que es muy difícil. Caer en la trampa siempre es fácil.

Y lo bonito es que es el hombre el que intenta de todas las formas posibles quedar atrapado. La mujer sabe que no hay necesidad de ir a por ti, simplemente espera. Cree perfectamente en tu estupidez, en que vendrás. Cuanto más distante se mantiene, más te atrae. En cuanto una mujer empiece a correr detrás de ti, escaparás, tendrás miedo. ¡Es como una ratonera corriendo detrás de un ratón! La ratonera se queda ahí sentada, sabiendo perfectamente que los ratones van a venir. ¿Adónde más pueden ir? Y dan vueltas alrededor de .... Y la ratonera tiene todos los alicientes: pan y mantequilla y todo... ¡espaguetis! Y una vez que el ratón está dentro, no hay salida.

Jean-Paul Sartre definió el infierno como "sin salida". Una vez que entras, estás dentro para siempre, no puedes salir de él. Por eso se llama infierno. E incluso si por casualidad consigues salir de él te sentirás muy solo. Te has acostumbrado tanto a las comodidades de la ratonera, a la seguridad. Hay cierta seguridad; si estás dentro de una ratonera, ningún gato puede atraparte. ¿Ves la seguridad? Fuera de la ratonera siempre hay peligro. Así que tarde o temprano entrarás en otra ratonera, de otro color.

El pelo será diferente, la nariz será diferente, el cuerpo será diferente, sólo algunas diferencias, pero el interior es el mismo.

Una vez comprendido esto -que todos los hombres y todas las mujeres llevan el mismo programa-, una vez comprendido esto, puedes desprogramarte, puedes desacondicionarte. Entonces puedes permanecer con una mujer; no hay ningún problema al respecto. Ella se ha convertido en una caja de hielo porque tú todavía quieres que sea una caja agradable. Si no quieres que sea una caja de hielo, ¿qué importa lo que sea? Que sea una caja de hielo o una caja de hielo, ¡no pasa nada! Te vuelves frío y tranquilo.

Y lo mismo le ocurre a la mujer del otro lado. Una y otra vez ella piensa que este hombre va a encajar, este hombre va a entregar los bienes. Ningún hombre cumple, ningún hombre puede cumplir, eso está más allá de su capacidad. Ningún hombre es realmente responsable, pero tus expectativas son tan altas que nadie puede cumplirlas. Son imposibles; por eso todo el mundo se queda corto. Cada mujer encuentra tarde o temprano sólo un marido calzonazos y nada más. ¿Y quién ama a un marido calzonazos? Ninguna mujer puede amar a un marido calzonazos.

Observa tu vida, seas hombre o mujer, observa tu programa, tu programa biológico. Sé consciente de él para que pueda ser desprogramado. Entonces, dondequiera que estés, estarás libre de él porque estarás libre de expectativas.

La última pregunta:

Pregunta 8:

AMADO MAESTRO,

SOY RUSO. ¿PUEDES CONTARME UN CHISTE SOBRE LOS RUSOS?

Darshan, nunca soy tacaño con los chistes. Si me pides uno te contaré dos. El primero:

Brezhnev, jefe del Partido Comunista Ruso, invita a su anciana madre a dejar el pueblo donde siempre ha vivido para ir a visitarle a Moscú. Cuando ella llega, él le enseña orgulloso su enorme piso de lujo dentro del Kremlin... las alfombras persas de valor incalculable, los muebles suecos importados, la vajilla antigua de plata y cristal y las últimas máquinas americanas que ahorran trabajo.

"Es precioso, hijo", dice.

"Eso no es todo, mamá", responde.

Así que la lleva en su enorme limusina con chófer a su villa en las afueras de Moscú y le enseña su bosque privado, la piscina, los establos llenos de caballos de carreras y el personal doméstico de cincuenta criados.

"¿Qué te parece todo esto?", pregunta extendiendo el brazo por la finca.

Su madre parece un poco preocupada y susurra: "Pero, Leonid, ¿qué harás cuando vuelvan los comunistas?".

Y la segunda:

Iván, un pequeño niño ruso, tiene grandes dificultades para comprender los principios básicos del comunismo soviético. Tras varias horas de instrucción, su padre le dice por fin: "Bueno, míralo de esta manera. Imagina que yo, tu padre, soy el partido, que tu madre es la patria, que tus hermanos y hermanas son los sindicatos y tú eres el pueblo".

Iván sigue sin entender la relación entre estas instituciones y, en un arrebato de ira, su padre lo encierra en un armario del dormitorio paterno.

Más tarde esa noche, olvidando que Iván sigue allí, su padre hace el amor con su madre. A la mañana siguiente, cuando su padre, avergonzado, lo libera, Iván exclama:

"Ahora sé lo que querías decir, padre. ¡El partido viola la patria mientras los sindicatos duermen y el pueblo se queda de brazos cruzados y sufre!".

Suficiente por hoy.

Con amor entre los que no aman

MIRA PROFUNDAMENTE EN LAS COSAS Y VE SU NATURALEZA.

DISCRIMINA Y LLEGA AL FINAL DEL CAMINO.

NO SE ENTRETIENE CON LOS QUE TIENEN CASA NI CON LOS QUE SE EXTRAVÍAN.

NO QUERIENDO NADA, VIAJA SOLO.

NO LE DUELE NADA.

NUNCA MATA.

SE MUEVE CON AMOR ENTRE LOS DESAMORADOS, CON PAZ Y DESPRENDIMIENTO ENTRE LOS HAMBRIENTOS Y QUEJUMBROSOS.

COMO UN GRANO DE MOSTAZA DE LA PUNTA DE UNA AGUJA EL ODIO HA CAÍDO DE ÉL, Y LA LUJURIA, LA HIPOCRESÍA Y EL ORGULLO.

NO OFENDE A NADIE.

PERO DICE LA VERDAD.

SUS PALABRAS SON CLARAS PERO NUNCA DURAS.

TODO LO QUE NO ES SUYO LO RECHAZA, BUENO O MALO, GRANDE O PEQUEÑO.

NO QUIERE NADA DE ESTE MUNDO NI DEL OTRO.

ES LIBRE.

EL MAESTRO MIRA PROFUNDAMENTE LAS COSAS Y VE SU NATURALEZA.

DISCRIMINA Y LLEGA AL FINAL DEL CAMINO.

Sólo el maestro puede mirar porque sólo el maestro tiene ojos. Sin meditación estás ciego. Puedes ver, pero sólo las cosas más superficiales, sólo la superficie de las cosas, sólo la circunferencia y nunca el centro. No puedes penetrar en la naturaleza de las cosas.

Y la verdad permanece oculta en lo más profundo.

La meditación proporciona al maestro una visión de sí mismo y esa misma visión se convierte en su puente hacia toda la existencia. Ya no está ciego. Sólo un hombre de meditación no es ciego. A menos que hayas alcanzado la meditación, piensa que eres ciego. Sí, puedes ver, pero sólo exteriormente. Y la verdadera naturaleza está dentro de ti; está en tu interioridad, está en tu subjetividad.

Vives fuera de la casa de tu ser; nunca has entrado en el santuario más íntimo. Al no conocerte a ti mismo, no conoces nada. Y si no te conoces ni a ti mismo, ¿qué más puedes saber? Todo lo que crees saber son sólo inferencias, no conocimiento, no auténtico conocimiento, sino sólo conjeturas.

Todo su conocimiento depende de adivinar. A veces funciona sólo por coincidencia, a veces no funciona. Cuando funciona piensas que eres muy inteligente, cuando no funciona piensas que el destino está en tu contra. Pero nunca te das cuenta de que aún no tienes ojos para ver las cosas.

Dos hombres viajaban en tren por primera vez. Uno de ellos llevaba un racimo de plátanos.

Ofreció una a su amigo y empezó a pelar una para él. En ese momento, el tren entró en un túnel.

"¿Has probado ya tu plátano?", preguntó el primer hombre, muy alarmado.

"No, no lo he hecho", respondió su amigo.

"¡Por el amor de Dios, no lo hagas!", dijo el primer hombre. "Le di un mordisco y me quedé ciego".

Esto es lo que son sus conocimientos: meras inferencias a partir de coincidencias.

El otro día te conté un chiste sobre un polaco que había llegado a Nueva York para ganarse un nombre, fama, dinero, poder, prestigio. Oyó una voz que venía de muy lejos, del cielo: "¡Sube al éxito!". Un poco indeciso, un poco asustado, lo intentó; empezó a subir la escalera, una escalera de cincuenta pisos de altura, peldaño a peldaño. Llegó al final y allí encontró a un joven que le dijo: "¡Hola, me llamo Cess!". ¡Y te puedes creer que anoche el joven vino a tomar sannyas! ¡En toda mi vida es la primera vez que un hombre con el nombre de Cess viene a tomar sannyas! Debo de haber dado sannyas a más de cien mil personas; han venido miles de Johns y Peters, ¡pero Cess por primera vez! Y creo que también puede ser la última vez.

La vida está llena de coincidencias; no hay nada esotérico en ello. Y era idéntico a la descripción. Pero era un hombre inteligente: quería cambiarse el nombre.

Sigues deduciendo. Inferir no es saber, inferir son sólo conjeturas. Sí, a veces puede funcionar, pero lo más frecuente es que fracase. Conocer es totalmente diferente; nunca es una conjetura, es una visión clara de las cosas, de la naturaleza misma de las cosas. Ver la naturaleza misma de las cosas es el objetivo de la meditación.

La meditación no es algo oculto, es muy científico. Es un proceso para limpiar tus ojos, para darte claridad, para ponerte alerta. Vuestras mentes están tan llenas de prejuicios que no podéis ver. Vuestras mentes están tan llenas de conclusiones a priori que todo lo que veis está teñido por vuestras conclusiones, por vuestros condicionamientos. Vuestra observación no es pura; está contaminada, envenenada. No veis lo que es, seguís viendo lo que queréis ver o lo que estáis preparados para ver o lo que estáis condicionados a ver. Esto no es ver de verdad.

Meditar significa eliminar todos tus prejuicios, dejar a un lado todas tus conclusiones - ver sin ningún obstáculo, ver sin ninguna cortina, ver claramente sin ninguna mediación de ningún pensamiento, ver sin que Buda se interponga entre tú y la realidad, o Krishna se interponga o Cristo se interponga.

Por eso se dice que Buda hizo una de las declaraciones más extrañas; sólo un hombre del calibre de Buda puede decirla. Dijo a sus discípulos: "Si me encontráis en el camino, matadme. No permitáis que me interponga entre vosotros y la verdad. Matadme inmediatamente, eliminadme; de lo contrario, yo seré la barrera".

El verdadero maestro es aquel que ayuda al discípulo a deshacerse finalmente también del maestro, para que el discípulo pueda encontrarse con la realidad directamente, inmediatamente. El falso maestro es aquel que crea cada vez más dependencia en el discípulo, lo convierte en un esclavo, hasta tal punto que el discípulo ni siquiera puede pensar en estar sin el maestro.

Eso es lo que está ocurriendo en todo el mundo. Tantos supuestos santos van creando dependencia en ti; todo su esfuerzo es cómo esclavizar a la gente. Te condicionan de tal manera que sus conclusiones se convierten en tus conclusiones. No te dan ojos, te dan ideas.

El verdadero maestro te da ojos, no ideas. Te da una visión de la realidad y luego te deja en total libertad para funcionar a partir de esa visión.

Buda dice:

MIRA PROFUNDAMENTE EN LAS COSAS Y VE SU NATURALEZA.

DISCRIMINA Y LLEGA AL FINAL DEL CAMINO.

Discriminación" es una de las palabras más importantes que hay que entender. Buda ha utilizado la palabra una y otra vez; su palabra es VIVEK. Vivek tiene un significado mucho más profundo que su equivalente en español, "discriminación". Vivek contiene la conciencia y la discriminación a través de la conciencia. Uno puede discriminar sin ser consciente; entonces no será discriminación según Buda. Te pueden decir lo que está bien y lo que está mal y puedes discriminar: "Esto está bien y esto está mal", pero como no es tu conciencia, no es discriminación. A menos que veas lo que está bien y lo que está mal, no servirá de mucho.

Los Diez Mandamientos no te sirven de nada si no te los entrega Dios mismo, no Moisés. Pueden haber sido de infinito valor para Moisés porque él mismo llegó a esas percepciones, independientemente de todo el pasado, de toda la tradición.

Pero no hacéis más que repetir como loros.

Desde su infancia empezamos a enseñar a los niños lo que está bien y lo que está mal, lo que se debe hacer y lo que no se debe hacer. Y se les condiciona tanto que olvidan por completo que esa no es su propia voz. Empiezan a pensar que es su conciencia, pero no lo es. Es una estrategia de los sacerdotes y los políticos, una conspiración contra el hombre. Han creado una conciencia en ti y porque han creado una conciencia en ti han impedido el crecimiento de tu propia conciencia.

Tu propia conciencia sale de tu propia conciencia; no puede venir de fuera. Nadie puede dártela, tiene que ocurrirte en tu profunda soledad.

Buda dice: El maestro sabe lo que es falso y lo que es verdadero. Lo sabe por su propia autoridad, no por ninguna otra autoridad. No lo sabe según el Corán, no lo sabe según el Talmud, no lo sabe según los Vedas: se conoce a sí mismo. Y sólo cuando te conoces a ti mismo tu conocimiento tiene validez, autenticidad, una autenticidad que puede transformarte, que puede darte un nuevo nacimiento.

Y LLEGA AL FINAL DEL CAMINO.... En el momento en que ha surgido en ti el auténtico insight, nace tu conciencia, naces TÚ. Esto es un renacimiento. Naces de nuevo. Has llegado al final del camino, no hay otro lugar a donde ir. Has llegado a casa.

NO SE ENTRETIENE CON LOS QUE TIENEN CASA NI CON LOS QUE SE EXTRAVÍAN.

NO QUERIENDO NADA, VIAJA SOLO.

En la India, las personas se dividen en dos categorías; se trata de una división tradicional. También era así en tiempos de Buda, es una división muy antigua. Buda está tratando de hacer una distinción: está tratando de hacer de sus discípulos una tercera categoría. Las categorías antiguas son dos. La primera es la de los mundanos, los amos de casa, los que tienen un hogar.

Se les llama dueños de casa por la sencilla razón de que viven en la falacia de la seguridad, una seguridad que creen que viene a través del dinero, el poder, el prestigio, una seguridad que creen que viene de las relaciones. La mujer piensa que está segura con el marido, el marido piensa que está seguro con la mujer, los padres piensan que están seguros con sus hijos. La seguridad es falaz porque ni la familia ni el dinero ni nada de este mundo puede salvarte de la muertc.

Cuando llega la muerte, lo destroza todo; hace añicos todos tus castillos de arena. El cabeza de familia vive en una especie de mundo de ensueño, un mundo de sus propias proyecciones. No es cierto, no se corresponde con la realidad; es su propia proyección. La mujer cree que el marido es su seguridad y el marido cree que la mujer es su seguridad. Ahora bien, ambos son inseguros.

¿Cómo pueden dos personas inseguras darse seguridad mutuamente? Dos personas inseguras juntas se vuelven doblemente inseguras, pero se crea la falacia.

Esta es la primera categoría: el GRIHASTHA, el cabeza de familia.

Y la segunda categoría es la de aquellos que han renunciado a la primera categoría, que se han trasladado al otro extremo: que no viven en casas, que no viven en familias, que no ganan dinero, que ni siquiera tocan el dinero, que se han trasladado exactamente al extremo opuesto. Se les conoce como sannyasins. Solían vagar por el país en pequeños o grandes grupos.

Los monjes jaina no pueden desplazarse solos. En la época de Buda había miles de monjes jaina, porque el jainismo existía desde al menos tres mil años antes de Buda. Miles de monjes Jaina - no se les permite moverse solos, tienen que moverse en un grupo de al menos cinco, por la sencilla razón de que no se puede confiar en una persona que se mueve sola. Puede caer en algún error y, sabiendo que nadie está con él, nadie lo sabe, puede beber vino en alguna parte o puede enamorarse de una mujer o puede ir a visitar a una prostituta o puede hacer algo.... Pero moviéndose con otros cuatro es imposible; los otros cuatro están constantemente vigilando.

Así que esa era una estrategia para evitar que nadie obtuviera ningún tipo de libertad, ningún tipo de licencia - una estrategia psicológica. A menos que los cinco decidan conspirar juntos... y eso es muy difícil, es casi imposible. Los pecadores son conocidos por volverse amistosos entre ellos, los santos no son conocidos por volverse amistosos entre ellos. No saben lo que es la amistad, no pueden conspirar. Observaran, trataran de encontrar todo tipo de faltas en el otro e informaran al maestro. Y los monjes hinduistas solian moverse - incluso ahora hacen lo mismo - en grandes grupos de cientos.

Buda dice: Has dejado una pequeña familia y ahora te has mudado a una más grande - te has convertido en otra familia. Nada ha cambiado. Primero pensabas que esa era tu seguridad, ahora piensas que esta es tu seguridad, pero la vieja idea de seguridad aún persiste.

Dice que ser sannyasin significa aceptar la inseguridad natural de la vida. Esa misma aceptación es sannyas - aceptar que, "Nací solo y moriré solo, y entre estas dos soledades todas las ideas de estar junto a alguien son sólo fantasías. Estoy solo incluso mientras vivo". Uno nace solo, uno vive solo, uno muere solo.

Buda hace mucho hincapié en el hecho de tu soledad; quiere que seas consciente de ella. Una vez que seas consciente de ella, te sorprenderá su belleza y su alegría. No tendrás miedo, te regocijarás en ella porque tiene libertad, tiene éxtasis, tiene pureza e inocencia. ¿Y por qué anhelar la seguridad?

La vida es insegura en su propia naturaleza, de ahí que sea de simple lógica: quien quiera estar más vivo, tiene que vivir en la inseguridad. Cuanto mayor sea la inseguridad, mayor será su vitalidad; cuanto mayor sea la falaz supuesta seguridad, menor será su vitalidad.

Por eso ves a tanta gente muerta en el mundo, casi muerta, por la sencilla razón de que se han apegado tanto a la idea de seguridad. Y cuanto más muerto estés, más seguro estarás. No hagas nada que pueda crearte inseguridad, quédate confinado en lo familiar, no vayas nunca más allá de los límites. Nunca conocerás el éxtasis de ir más allá de los límites. Nunca conocerás el éxtasis de explorar lo desconocido y lo incognoscible.

Según Buda, ambas categorías son la misma gente. Por supuesto, son extremistas y parecen opuestas entre sí, pero no te dejes engañar. En realidad no son opuestos; han encontrado diferentes tipos de seguridad.

Un monje jaina me escribió diciendo que le gustaría venir aquí. Ha estado leyendo mis libros y quiere convertirse en mi sannyasin, pero tiene miedo de perder toda su seguridad porque ahora la comunidad jaina le protege, le alimenta, cuida de él y le respeta. Cuando deje el monacato, la comunidad jaina ya no le protegerá.

Me preguntó si estoy dispuesto a tomar su vida en mis manos, si seré su seguridad. Ahora quiere cambiar de una seguridad a otra seguridad, no puede dar un salto a la inseguridad. Y mi sannyas es inseguridad.

El verdadero sannyas es siempre inseguridad porque la vida real es inseguridad. Hay una gran seguridad en ser inseguro. Al abandonar la idea misma de seguridad te sientes seguro con el todo, con Dios, con el total. Y entonces hay una gran excitación, porque en cada momento no sabes lo que va a pasar.

Buda dice que el maestro... NO SE ENTRETIENE CON LOS QUE TIENEN UNA CASA. No se entretiene con la primera categoría, la gente que está obsesionada con el dinero, el poder y el prestigio. No pierde el tiempo con esa gente, no se entretiene con esos locos.

Y dice: ... NI CON LOS QUE VAGAN - ni con los que van por el país en grupos porque eso es otro tipo de seguridad, un tipo más sutil, pero la mente es la misma. Uno quiere pertenecer, no puede estar solo.

Dice: NO DESEANDO NADA, CAMINA SOLO - porque el verdadero maestro no tiene deseos, ni siquiera deseos de vivir; por eso no teme a la muerte. No tiene deseos ni en este mundo ni en el otro; por eso no se preocupa de crear todo tipo de seguridades a su alrededor. No está preocupado. Puede estar solo, completamente solo. No intenta ser astuto con la existencia; confía en la existencia.

La gente intenta ser muy astuta con la existencia, aunque a su astucia la llaman inteligencia. Siempre dan buenos nombres a las cosas feas. Sólo mira tu vida, cuán astuto has estado tratando de ser - incluso con la existencia. Por un lado vas a la iglesia y rezas, y por otro intentas ser muy astuto de todas las formas posibles, buscando tus fines, sacrificando a todos los demás por tus fines, sin preocuparte por nadie, totalmente indiferente, sin respeto, sin amor, sin reverencia por la vida. Y por un lado sigues rezando en las iglesias y los templos; eso también forma parte de tu astucia. Sabes lo que estás haciendo en tu vida; para compensar vas a la iglesia cada domingo, o vas a Kaaba....

Se espera que al menos una vez en la vida todo mahometano vaya a la Kaaba. ¿Para qué? - Para arrepentirse de todos los pecados que ha cometido, para que pueda ser perdonado. Los hindúes van al Ganges tantas veces en su vida como les es posible, sólo para darse un chapuzón en el Ganges porque piensan que el Ganges te limpia de todos tus pecados. Cometes pecados y el Ganges tiene la responsabilidad de limpiarte de tus pecados. ¿Y qué le pasará al Ganges, llevándose los pecados de tanta gente? Debe ser el río más contaminado de todo el mundo, ¡el más impuro! Cada gota del Ganges debe estar llena de millones de pecados.

Tantos hindúes durante tantos miles de años han estado limpiando sus pecados allí.

¡Evita el Ganges! Si por casualidad te acercas al Ganges, ¡escapa tan rápido como puedas!

Una vez, un hombre acudió a Ramakrishna; iba al Ganges a darse un baño, un baño sagrado.

Le pidió a Ramakrishna: "Paramahansadeva, bendíceme, voy a darme un baño sagrado.

¿Crees que todos mis pecados serán limpiados?"

Ramakrishna era un hombre muy educado. Dijo: "Por supuesto, cuando te das un chapuzón en el Ganges todos los pecados vuelan lejos de ti; te liberas".

El hombre dijo: "Cuando TÚ lo dices, yo confío en ello. Así que vale la pena ir".

Ramakrishna dijo: "Merece la pena ir, pero recuerda una cosa: cuando te sumerjas en el Ganges, no salgas".

El hombre le dijo: "¿Qué estás diciendo? ¿Te has vuelto loco? Tendré que salir, ¡no puedo sobrevivir bajo el agua más que unos segundos!".

Ramakrishna dijo: "Entonces es inútil, porque siempre que sales... ¿has visto los grandes árboles que hay a orillas del Ganges?".

Dijo: "Sí, lo he visto".

"¿Conoces su propósito y su función?"

Él dijo: "Eso no lo sé. No se menciona en ninguna escritura".

Paramahansadeva dijo: "Te contaré el secreto. Cuando te das el chapuzón, cuando te sumerges, tus pecados tienen que abandonarte debido a la pureza del Ganges, pero se sientan en los árboles esperándote. Cuando vuelves, saltan sobre ti. Y el peligro es que también pueden saltar sobre ti otros pecados que no eran tuyos en primer lugar. Así que estate muy alerta: si te zambulles, ¡no salgas!".

La gente ha encontrado formas astutas de continuar sus vidas como están. Todas sus llamadas religiones son sus formas astutas de evitar a Dios, no de encontrar a Dios.

Un joven empleado de una oficina de telégrafos se casó y, al cabo de un par de años, iba a ser padre. Estaba seguro de que el niño sería varón. Sin embargo, quería mantener todo en secreto ante sus compañeros de trabajo para poder sorprenderles con la noticia de que era padre de un varón.

Como el parto era inminente, envió a su mujer a casa de su padre y le pidió que le enviara un telegrama. El telegrama, le dijo, sólo debía contener las siguientes palabras: "Llegó el ciclo", para que él supiera que ella lo había entregado sano y salvo.

Cuando llegó el momento, dio a luz a una niña. Como el telegrama "Llegó el ciclo" sólo debía enviarse después del parto de un varón, la mujer no sabía qué hacer. Por suerte, su hermano era una persona inteligente y envió el telegrama de la siguiente manera: "Llegó la bicicleta con la rueda delantera pinchada".

Ahora se piensa que estas personas son inteligentes. Todo tipo de gente astuta se piensa que es gente inteligente. Y tienes que vigilar tus propias astucias. Ser astuto no es ser inteligente; ser intelectual incluso no es ser inteligente.

La inteligencia tiene un sabor totalmente diferente de la intelectualidad. La inteligencia es la fragancia de la meditación - sólo un maestro es inteligente.

SIN QUERER NADA, VIAJA SOLO. Puede ver que los dueños de casa están viviendo en una proyección, en un mundo proyectado por ellos mismos; y los llamados monjes y monjas están viviendo en otra proyección, pero de nuevo es un mundo proyectado. Él se mueve solo - no sólo tiene que ser un acto exterior, también tiene que ser un sentimiento interior.

Estar solo es lo más fundamental para un meditador: experimentar la soledad, sentarse en silencio y ser tú mismo, estar contigo mismo, sin ansias de compañía, sin ansias del otro. Disfruta de tu ser, de tu respiración, de los latidos de tu corazón. Disfruta del acuerdo interior, de la armonía. Disfruta de lo que eres y permanece en silencio en ese disfrute.

La gente encuentra mil y una formas de evitar esta soledad; hay formas mundanas y formas de otro mundo. La persona mundana empezará a escuchar la radio o encenderá su caja tonta, su televisor. No puede estar solo. Y la persona de otro mundo, la persona religiosa, empezara a rezar o a leer la Biblia. El también hace lo mismo.

Tienes que ser constantemente consciente de que también hay formas religiosas de evitarte a ti mismo: formas irreligiosas, formas religiosas, todo tipo de formas están disponibles para evitarte a ti mismo. La persona religiosa empezará a dialogar con Dios. Empezará a rezar de manera formal -la oración cristiana, el Padre Nuestro, o la oración judía o la oración hindú- y recitará mantras, como un disco de gramófono, que no significan nada. Todo lo que quiere es ocupación. Lo único que quiere es no sentirse solo.

Todo lo que quiere es que Dios esté allí: "Si no hay nadie, al menos Dios está ahí; no estoy solo".

Toda la idea de Dios como persona es una ficción creada por la gente que no puede estar sola; de ahí que hayan creado a Dios. Cuando no hay nadie, al menos Dios siempre está ahí; no tienes que preocuparte por eso, está en todas partes. Para tener una caja tonta necesitas algo de dinero y no puedes llevar la caja tonta a todas partes, pero Dios siempre está ahí siguiéndote como tu propia sombra. Siempre está contigo. Incluso cuando estás en tu cuarto de baño, no es tan caballeroso como para dejarte solo; viene contigo.

Estás tumbada desnuda en la bañera y él se sienta a tu lado. Es una especie de mirón, ¡no deja de mirarte! Estás haciendo el amor con tu mujer y él está ahí de pie; ni siquiera le permites ser un poco caballeroso. No hace falta que sea británico, pero si es un poco caballeroso, no hay nada malo en ello.

Esta idea de Dios nace del miedo, del miedo a la soledad. Cuando cierras los ojos estás solo, pero Dios está ahí. Incluso en tu interior persiste, insiste en estar ahí. Esto es violencia. Pero Dios no existe, es tu idea.

Es como cuando estás solo y te adentras en una calle oscura por la noche o te has perdido en el bosque y empiezas a silbar, sólo para animarte. Eso sí que es estúpido. Es tu silbido, no hay nadie más, pero incluso eso ayuda. Es psicológicamente útil. Empiezas a silbar, a cantar, a tararear... para olvidar que estás solo, para olvidar que estás perdido.

Todas tus oraciones no son más que silbidos en la oscuridad.

Buda no está a favor de las oraciones. Y hay que entender esta diferencia: él está absolutamente a favor de la meditación, pero nunca a favor de ninguna oración. La oración es de nuevo el viejo truco, el viejo juego que no te permite estar solo. La meditación es el arte de estar solo. El dice: SIN QUERER NADA, VIAJA SOLO.

La soledad no es soledad, recuérdalo. La soledad no es soledad, recuérdalo.

La soledad es soledad. Es tremendamente hermosa; es inocente porque no hay nada que la contamine, no hay nada que la perturbe, que la distraiga. Es pura quietud, es silencio. Tiene su propia música.

Una vez que hayas escuchado la música de tu propia soledad, no te gustará ninguna otra música. Entonces toda la demás música es sólo ruido; por muy bien arreglada que esté, es ruido.

NO LE DUELE NADA.

NUNCA MATA.

Le es imposible herir o matar, porque ahora sabe que no está separado de la existencia, que no hay nadie más. Todo es uno, es una unidad orgánica. Todos somos olas del mismo océano. Hacer daño a otra ola es hacerte daño a ti mismo. Es como golpearse la mano, una mano con otra mano. Es infantil, es una locura. A veces los niños pequeños hacen eso. Si la mesa les ha hecho daño, golpean la mesa con fuerza; se hacen más daño, pero disfrutan. Creen que están castigando a la mesa.

Cuando castigas a alguien, te estás castigando a ti mismo. Cuando torturas a alguien, te estás torturando a ti mismo, porque no hay nadie más. El maestro lo sabe. No es solo una creencia para el, es su experiencia. Alcanzando su propio centro ha alcanzado el centro de toda la existencia.

Hay que recordar esto fundamental: que en cuanto a la circunferencia todos somos diferentes, pero en cuanto al centro tenemos un solo centro. Ese único centro puedes llamarlo Dios o verdad o nirvana.

SE MUEVE CON AMOR ENTRE LOS DESAMORADOS, CON PAZ Y DESPRENDIMIENTO ENTRE LOS HAMBRIENTOS Y QUEJUMBROSOS.

SE MUEVE CON AMOR ENTRE LOS QUE NO LO AMAN…. Su trabajo es difícil. Está hablando con sus bodhisattvas, haciéndoles conscientes de lo arduo de su trabajo. No va a ser fácil, no va a ser barato, porque el despierto tiene que moverse entre los que están profundamente dormidos. El que tiene ojos tiene que convivir con los que no tienen ojos. La comunicación se hace imposible. Él dice una cosa, ellos entienden otra totalmente distinta. Intenta ayudarles y ellos se sienten ofendidos. Intenta salvarlos de todas las formas posibles, pero ellos piensan que intenta aprovecharse de ellos o algo así.

Hace unos días, un amigo de Alemania tomó sannyas. Se llamaba Richard; yo le he llamado Veet Richard. Richard significa "duro"; los nombres alemanes son así.

Es extraño que todos los nombres alemanes con los que me encuentro signifiquen "duro" o "fuerte" o "masculino" o "fuerte como un oso" o "el andar del lobo": Wolfgang. Le dije: "Ve más allá de tu dureza. VEET significa ir más allá. Vuélvete blando, vuélvete un poco menos alemán".

Y precisamente el otro día me escribió una pregunta, diciendo: "Mientras me dabas sannyas te miraba los hombros y no podía creer que 'este hombre es mi maestro'". Ahora bien, ¿qué tienen que ver mis hombros con que yo sea o no un maestro? ¡Esto es algo nuevo! Me he encontrado con miles de definiciones de lo que significa un maestro, pero ni Buda ni Lao Tzu ni Zaratustra ni Jesús, ¡nadie ha dicho nada de los hombros! Y él me miraba los hombros, no me miraba a los ojos; yo le había pedido que me mirara a los ojos.

Pero así son las cosas. Cuando te mueves con gente que está profundamente dormida, tienen sus propias ideas. ¡Entonces, Veet Richard, ve con Muhammad Ali! Encuentra algún estúpido luchador para tu maestro. Y ahora me pregunto - todo lo que le estaba diciendo, ¿valía la pena decírselo? Simplemente estaba perdiendo mi tiempo y su tiempo. No hay posibilidad de comunicación. Estaba en su propio mundo; tal vez buscaba a Adolf Hitler o a alguien. Yo no soy Adolf Hitler y tampoco soy Muhammad Ali, pero debe de llevar alguna idea.....

Todo el mundo lleva alguna idea - ideas extrañas que la gente lleva. Y yo no puedo cumplir tus ideas. Eres tan poco amoroso y yo sigo derramando mi amor sobre ti y parece que no hay respuesta.

La gente me escribe cartas tan feas que, si te enteras de ellas, te quedarás pasmado. No podrás creerlo. Una mujer me escribió el otro día: "¡O estás loca o eres tonta!". Señora, ¿no puedo ser ambas cosas a la vez? ¿Hay alguna contradicción? No todos los locos son locos, cierto, no todos los locos son locos, cierto, pero hay unos pocos que son las dos cosas a la vez. Yo pertenezco a esa tercera categoría. Y ciertamente debo estar loco; de lo contrario, ¿por qué debería estar trabajando en ti? Y debo ser un loco, debo ser un loco; si no, no habría iniciado a esta señora en sannyas. Tú no perteneces aquí.

Pero el problema es que todos los que vienen están dormidos, sin amor, y no pueden ver su sueño, no pueden ver su falta de amor, no pueden ver sus prejuicios.

Han llegado muchas preguntas de damas británicas y caballeros británicos diciendo: "La dama británica es sólo un mito y no deberías interesarte tanto por un mito. No es una realidad: la dama británica no existe en ninguna parte". Pero estas mismas personas creen que el polaco existe, el italiano existe, el judío existe; no son mitos... porque cuando bromeo sobre judíos o italianos o polacos ninguna dama o caballero británico me escribe que son mitos - son realidades.

Ahora, ningún judío, ningún italiano, ningún polaco me escribe diciendo que la dama británica es un mito. ¿Por qué sólo los británicos me escriben al respecto? ¿No se dan cuenta? Y si es un mito -¡y sé que es un mito! - ¿por qué no disfrutarlo? ¿Por qué preocuparse tanto por ello?

En algún lugar en el fondo crees que no es un mito, si no ¿por qué? ¡Ríete un poco y se acabó!

Pero su preocupación por hacerme saber que la dama británica no existe... ¡Lo SÉ! ¡Estoy rodeado de damas británicas! Tengo más damas británicas a mi alrededor que judías, polacas o italianas. Sé que es un mito, ¡pero un hermoso mito!

Y una cosa es muy buena de las damas británicas: nunca te decepcionan porque desde el principio son de hielo. Eso hay que decirlo en su aprecio.

La dama italiana empieza con una bonita-una caja-a; al final, te das cuenta, pero ya es demasiado tarde, de que no es una bonita-una caja-a, es una helada-una caja-a. Pero la dama británica es clara desde el principio; nunca decepciona a nadie. Es sincera. Si quieres una caja de hielo, es tu responsabilidad.

Buda dice: SE MUEVE CON AMOR ENTRE LOS DESPLAZADOS.... Sí, el maestro tiene que moverse entre los polacos y los italianos y los judíos, los británicos y los franceses... y tiene que moverse con gente que no sabe nada del amor, aunque todos creen que aman. Y el amor del maestro es tan diferente que no puedes entender su amor. Su amor es muy frío; a ti te parece frío porque sólo conoces dos categorías, frío o caliente. No conoces la tercera categoría: fresco, ni frío ni caliente.

La frialdad no es frialdad, recuérdalo. El maestro nunca es frío, pero ciertamente tampoco es caliente. Conoces un amor que es ardiente, apasionado, lujurioso, y conoces un amor que ha muerto, se ha vuelto frío -caja de hielo-, todo se ha congelado, es un cadáver.

Pero no conoces la tercera posibilidad: el frescor del amor y la frescura de ese frescor. Y el frescor tiene una cualidad paradójica. Si lo comparas con el frío, entonces es fresco; si lo comparas con el calor, entonces es cálido. Es exactamente en el medio donde la calidez y la frescura son uno. El maestro tiene una calidez que es fría y una frialdad que es cálida, pero eso es muy difícil de entender para la gente que vive en los extremos.

SE MUEVE CON AMOR ENTRE LOS QUE NO AMAN, CON PAZ Y DESAPEGO.... Él ama pero nunca está apegado, y tú no puedes entender un amor que no está apegado. Para ti el amor y el apego están siempre asociados; te es imposible mantenerlos separados. El amor es siempre apego para ti; cuanto más profundo es el apego, más crees que es amor. Pero el amor del maestro es totalmente desapegado.

Ama, pero no está vinculado a ti. Ama, pero no está atado a ti. Conoces un amor que crea excitación. El amor del maestro es totalmente pacífico; no hay excitación. No tiene nada que ver con el romance.

SE MUEVE... ENTRE LOS HAMBRIENTOS.... Las personas que siempre están deseando más, Buda las llama hambrientas, constantemente hambrientas. Siguen atiborrándose de todo y nunca están satisfechos. Su hambre es imposible, su sed es insaciable. Cuanto más les das, más quieren. Nunca están agradecidos.

... Y QUEJUMBROSOS. Y, por supuesto, cuando siempre están deseando más se pelean entre ellos. El maestro nunca está inquieto, nunca tiene hambre. Está totalmente contento, completamente contento, absolutamente contento. Ha llegado. No pide nada. Por eso te resulta cada vez más difícil comprenderle.

COMO UN GRANO DE MOSTAZA DE LA PUNTA DE UNA AGUJA EL ODIO HA CAÍDO DE ÉL, Y LA LUJURIA, LA HIPOCRESÍA Y EL ORGULLO.

Lo más importante que hay que recordar es: estas cosas se le han caído. No se le han caído, se le han caído. Si las deja caer, se quedarán a su alrededor. No las ha reprimido, las ha trascendido, y la diferencia es grande. Si los reprimes siempre estarán contigo. Si reprimes la lujuria se extenderá en lo profundo de tu ser como un cáncer. Si reprimes la hipocresía estarás creando un tipo de hipocresía más profunda, eso es todo. Si reprimes el orgullo te convertirás en un egoísta piadoso.

Cuidado con ello. Millones de personas se dejan engañar porque la represión es fácil, cualquiera puede hacerlo.

No se necesita inteligencia; sólo se necesita un poco de estupidez obstinada y puedes hacerlo. Sólo tienes que ser un poco terco, tienes que insistir y tienes que forzar algo dentro de ti. Tienes que presionarlo, tienes que sentarte sobre él. Pero entonces tendrás problemas. Siempre está ahí hirviendo, listo para explotar en cualquier momento.

Tres sacerdotes -un arzobispo, un obispo y un joven sacerdote recién ordenado- estaban en el vestíbulo del aeropuerto. El arzobispo le dijo al sacerdote que sacara los billetes mientras ellos se ocupaban del equipaje.

El sacerdote se acercó a la ventanilla y se fijó en la atractiva y seductora joven que había detrás. Cuando se acercó a él, se sintió bastante turbado por ella y balbuceó: "Quiero tres piquetes a Tittsburgh".

Avergonzado, salió corriendo del mostrador y volvió con sus dos compañeros. Le dijo al arzobispo: "Padre, lo siento, no puedo conseguir las entradas. Además, he pecado... Me ha tentado la carne".

El arzobispo dijo: "Eres joven, hijo mío, y débil; rezaremos por tu problema".

El arzobispo envió entonces al obispo a por los billetes. El obispo, aunque no era fácil de convencer en su fe, también quedó prendado de la belleza de la joven. Le dijo: "Debo disculparme por mi hermano, es joven. Ahora, me gustaría tener tres billetes para Pittsburgh y el cambio en monedas de diez centavos".

Sorprendido por su desliz y completamente abrumado por la vergüenza, volvió al arzobispo sin los billetes.

El arzobispo ya estaba bastante enfadado tanto con los sacerdotes como con la joven. Entonces fue él mismo a por los billetes. Dijo: "Quiero tres billetes para Pittsburgh y el cambio en monedas de cinco y diez céntimos".

Cuando la joven empezó a tramitar los billetes, el arzobispo le dijo: "Mírate...

deberías avergonzarte. ¿Cómo te atreves a salir así de casa? Tus pechos no están cubiertos y tu falda es demasiado corta. Todo hombre que se te acerca es tentado. Cuando vayas al cielo", dijo, elevando el tono de su voz, "¡seguro que San Dedo te sacude la paja!".

Eso está destinado a suceder. De ahí que Buda diga: COMO UNA SEMILLA DE MOSTAZA DE LA PUNTA DE UNA AGUJA EL ODIO HA CAÍDO DE ÉL.... No lo ha dejado caer ni lo ha reprimido; ha caído por sí mismo. ... Y LA LUJURIA, LA HIPOCRESÍA Y EL ORGULLO.

¿Cómo se produce este milagro de que estas cosas caigan por sí solas? Caen por sí solas si te vuelves más consciente de ellas, no por represión, sino por consciencia. La represión las hace más inconscientes y más peligrosas. Hazte más consciente de ellas, obsérvalas, medita sobre ellas. Y a medida que te vuelvas más y más capaz de observar todo tipo de pensamientos en tu mente, te volverás más y más desapegado de ellos. Llegarás a saber que el observador está separado de lo observado, que ellos están ahí como el tráfico en la carretera y tú eres sólo un espectador. No tienen nada que ver contigo, no forman parte de tu ser. Reprímelos y se convertirán en parte de tu ser. Si los reprimes, te controlarán cada vez más. Si reprimes algo, seguirás teniendo miedo toda tu vida. La represión crea miedo, porque sabes que está ahí - cualquier oportunidad y puede surgir de nuevo.

Mi enfoque también es el mismo: no reprimas nada, observa. No hay que reprimir nada, hay que observarlo todo. Sólo con estar atento las cosas empiezan a caer por sí solas. Y entonces hay una belleza, porque te llega un silencio, te llega una quietud que no es forzada, que no es cultivada.

NO OFENDE A NADIE.

PERO DICE LA VERDAD.

SUS PALABRAS SON CLARAS PERO NUNCA DURAS.

NO OFENDE A NADIE -no puede porque toda violencia ha desaparecido de él- pero DICE LA VERDAD. Si la verdad te ofende, entonces él está indefenso. No hay intención de ofenderte, pero si vives en la mentira entonces la verdad te ofende. Sobre eso el maestro no puede hacer nada, tiene que decir la verdad. De hecho, solo dice la verdad; de lo contrario no le interesa decirte nada.

El pequeño bebé estaba muy callado. Nunca lloró ni se rió ni dijo "mamá" o "papá".

A los tres años, los padres empezaron a preocuparse, pensando que no llegaría a hablar nunca.

Por fin, cuando el niño tenía siete años, habló de repente. Estaban sentados almorzando cuando dijo: "No hay suficiente sal".

"¡Santo cielo!", exclamó su madre. Luego preguntó: "¿Cómo es que en siete años no has dicho ni una palabra?".

"Bueno", dijo el niño, "¡hasta ahora todo ha ido bien!".

El maestro sólo habla si algo va mal; si no, calla, permanece en silencio. Sólo habla si algo va mal. Pero eso puede herirte, puede ofenderte.

Demostrar que te pasa algo te parece ofensivo. Te encanta que te aprecien, no que te critiquen. Te encanta que te apoyen, no que te critiquen. Te encanta que apoyen tus mentiras, no que las destruyan. Pero el maestro no puede hacer nada al respecto. Tiene que destrozar tus mentiras, tiene que hacer que te des cuenta de la verdad. Si la verdad duele, eso es otra cosa; por lo demás, el maestro no tiene intención de herir a nadie. SUS PALABRAS SON CLARAS PERO NUNCA DURAS.

"¿Cómo fue la fiesta de Lady Hastings?" le preguntaron a Lord Peter.

Con una mirada distraída y lejana, dijo: "¡Si la sopa hubiera estado tan caliente como el vino, si el vino hubiera sido tan viejo como el pollo, si el pollo hubiera sido tan tierno como la criada y si la criada hubiera estado tan dispuesta como la Señora, habría sido una gran fiesta!".

El maestro no será tan rotundo. Simplemente lo dirá claramente, aunque no es duro. Pero puede parecerte duro, ese es tu problema. Él siempre es dulce, y si a veces te parece duro, reflexiona sobre ello, por qué te ha parecido duro.

Tal vez había algo dentro de ti que empezó a pellizcar, que empezó a doler. Tal vez había una herida dentro de ti que estabas ocultando y el maestro golpeó la herida. El tiene que golpear tus heridas. Tiene que sacar mucho pus de tu ser. Eso duele. El maestro es un cirujano.

Buda mismo ha dicho una y otra vez: No soy un predicador, sino un médico.

TODO LO QUE NO ES SUYO LO RECHAZA, BUENO O MALO, GRANDE O PEQUEÑO.

Esa es exactamente la definición de meditación según Buda y según todos los demás budas también. Vigila tu mente, y cualquier cosa que no sea tuya, ya sea buena o mala, grande o pequeña, no te identifiques con ella, no la aceptes, sigue rechazándola.

En Oriente este método se llama -incluso antes de Buda se llamaba- NETI, NETI, ni esto ni aquello. Seguir diciendo que "no soy esto, no soy esto, tampoco soy aquello".

Sigue rechazando dentro de tu ser todo lo que puedas observar que no eres.

Poco a poco, eliminando todo lo que no eres, un día sólo queda lo que eres.

Ese día es un día de gran regocijo. Entonces el vigilante se vuelve sobre sí mismo. Sin nada más que mirar, empieza a mirarse a sí mismo. Sin nada más que ver, empieza a verse a sí mismo. Ese es el momento en que te conviertes en vidente. Ese es el momento en que tu sabiduría explota. Ese es el momento en que la oscuridad desaparece y sólo hay luz y luz y nada más.

NO QUIERE NADA DE ESTE MUNDO NI DEL OTRO.
ES LIBRE.

Una vez que sabes que todo lo que la mente contiene no eres tú, todo lo que la mente ansía no eres tú, todo lo que la mente está hambrienta no eres tú, te estás liberando. Poco a poco, los deseos desaparecen. Al ver que todos los deseos son básicamente inútiles, que todos los deseos acaban en frustración, al verlo por ti mismo -no porque lo diga yo o lo diga Buda-, al verlo por ti mismo, el deseo se evapora. Te quedas sin ningún deseo y no hay humo de deseo. Tu llama de consciencia arde brillante, y la libertad es la fragancia de ese florecimiento de la consciencia.

Normalmente vivimos como robots. Vivimos mecánicamente. No somos conscientes en absoluto, aunque creamos que lo somos. No somos conscientes en absoluto.

Y como no somos conscientes, si abandonamos los deseos de este mundo, entonces empezamos a desear algo en el otro mundo. Es absolutamente ridículo.

Vean a sus llamados santos y mahatmas deseando las mismas cosas que han dejado de desear en este mundo, pero ahora están deseando las mismas cosas en el otro mundo.... Los mahometanos creen que en su paraíso hay arroyos de vino. Esto parece muy ilógico. Aquí el vino es un pecado y allí es la recompensa - recompensa por todas tus virtudes. Y no tienes que ir a un bar, ¡los arroyos fluyen por todas partes!

Aquí la mujer es el infierno y hay que renunciar a la mujer, ¿y allí...?

En el paraíso hindú hay mujeres hermosas, siempre jóvenes, estancadas en los dieciséis años; no crecen más allá. De hecho, ¡siempre me pregunto cómo han llegado a los dieciséis! Deben de haber nacido con dieciséis años del vientre de su madre. Desde entonces no han crecido. Y tienen cuerpos de oro, ¡de oro macizo, al parecer! Y no de oro americano, sino de oro puro, ¡de veinticuatro quilates! Y sus ojos son de esmeraldas, puras esmeraldas verdes. Y sus cuerpos no transpiran, claro, ¿cómo van a transpirar? Si sus cuerpos son de oro macizo es imposible que transpiren. Pueden derretirse con el calor, ¡pero no transpirar!

Aquí hay que renunciar a las mujeres. Y las escrituras hindúes dicen: La mujer es la puerta al infierno. Y allí a los mahatmas se les proporcionan hermosas APSARAS, hermosas mujeres. ¿Qué clase de tontería es esta?

Y lo mismo ocurre con todas las religiones. Puesto que en la época de Mahoma, cuando se escribió el Corán, la homosexualidad estaba muy extendida en los países árabes, ¡también se prevén disposiciones para los homosexuales! En el paraíso mahometano no sólo hay mujeres guapas, sino también chicos guapos. Nunca les crece el bigote, siguen siendo siempre los mismos: jóvenes. Ahora aquí, en todos los países mahometanos, la homosexualidad es uno de los mayores crímenes. Los homosexuales tienen que ser decapitados, la muerte es la pena. ¿No ves lo absurdo? En el paraíso tendrás todo tipo de chicos guapos. No estoy en contra de la homosexualidad, simplemente estoy en contra de este absurdo. Es perfectamente buena, generosa, pero entonces ¿por qué estás en contra de ella aquí?

Es la mente estúpida e inconsciente del hombre. Está dispuesto a renunciar a algo en este mundo, pero luego se va al otro extremo. Lo deja aquí, renuncia a ello aquí, y empieza a pedirlo en el otro - lo mismo. El problema no cambia.

De un problema pasa a otro problema, de un deseo a otro deseo.

Una mujer italiana, gorda y de culo redondo, acude a la consulta del médico con su marido.

"¡Mi marido no caga!", exclama.

El médico le da una botellita de aceite de hígado de bacalao y le dice: "Dale esto esta noche y mañana estará bien".

Pero al día siguiente la mujer vuelve y dice: "¡Mi marido no caga!".

Así que el médico le da un biberón más grande con las mismas instrucciones.

Al día siguiente la mujer vuelve otra vez: "¡Mi marido no caga!"

Finalmente, el médico le da una botella enorme de aceite de hígado de bacalao. Al día siguiente, la mujer vuelve de nuevo.

"Doctor, Doctor", exclama, "¡no hay marido, sólo mierda!".

Pero el problema persiste; ahora es el otro extremo.

El buscador de la verdad tiene que estar muy atento para no pasar de una prisión a otra, de un deseo a otro. Tiene que estar muy alerta y consciente. Tiene que des-automatizarse. Tiene que convertirse en un hombre, no continuar como una máquina. Naces como una máquina y, a menos que hagas un gran esfuerzo, seguirás siendo una máquina y morirás como una máquina. Esfuérzate por tomar conciencia para dejar de ser una máquina. Entonces nace el verdadero hombre.

Un vaquero del salvaje Oeste compra un caballo al cura local. "Este caballo es muy especial", le explica el cura. "Cuando grites: "¡Alabado sea el Señor!", este caballo empezará a galopar como loco y la única forma de pararlo es gritar: "¡Amén!"" Al instante, el hombre salta a lomos del caballo y grita: "¡Alabado sea el Señor!".

Sale disparado como una flecha a través del desierto. De repente, se da cuenta de que tiene delante un cañón escarpado. "¡Maldita sea! He olvidado el otro mando", dice. "¿Qué haré sin medios para frenar a este caballo loco?".

Maldiciendo y sudando, se acerca al profundo cañón, y en el último momento recuerda: "¡Amén!" Y justo encima del desfiladero el caballo se detiene.

Tembloroso y aliviado, con lágrimas en los ojos, el vaquero mira al ciclo y dice: "¡Alabado sea el Señor!".

Suficiente por hoy.

La música es lo más parecido

La primera pregunta:
Pregunta 1:
AMADO MAESTRO,
¿ES REALMENTE TAN DIFÍCIL PARA LOS DESPIERTOS TRABAJAR CON NOSOTROS LOS CIEGOS COMO DICE GAUTAMA EL BUDA?

Aseema, sí, es incluso más difícil de lo que dice Gautama el Buda, porque el hombre se ha vuelto mucho más ciego ahora de lo que nunca había estado antes -se ha vuelto más conocedor. Esa es su ceguera. Ahora vive bajo la ilusión de que sabe, y ésa es la mayor ilusión de todas. Una vez que empiezas a creer que sabes, el trabajo de un despierto se vuelve casi imposible.

El despierto sólo puede trabajar fácilmente cuando está dispuesto a aceptar el hecho de que no sabe nada, que su conocimiento es prestado, que es mera información, que no es ningún florecimiento interior de su ser, que no es su propia música, que no es su propia experiencia. Una vez que una persona acepta esto, las cosas se vuelven muy sencillas. La aceptación misma de la ignorancia es el comienzo del discipulado.

Pero con el paso del tiempo, el hombre ha ido acumulando cada vez más conocimientos, su mente se ha vuelto cada vez más capaz de memorizar. Se ha convertido en una enciclopedia andante. Hoy el hombre sabe más que nunca, de ahí que la dificultad sea hoy mayor que nunca.

Los ojos son ciegos en proporción al peso del conocimiento que llevas. Los niños no son ciegos. Cuanto más joven es el niño, más claramente ve, mucho más claramente. Su perspectiva es totalmente diferente a la del llamado adulto.

El otro día recibí una carta de un joven de Alemania. Hace un mes también escribió que quería convertirse en sannyasin. Sólo tiene dieciséis años, así que le dije: "Pregunta a tus padres, pídeles permiso; de lo contrario, te crearán dificultades. Si te lo permiten, eres bienvenido".

Su respuesta ha llegado y lo que dice es tremendamente hermoso. Dice: "Amado Maestro, mis padres nunca le entenderán. Fuimos a ver la película sobre su ashram y yo fui el único de mi familia que la entendió. Mi padre y mi madre eran absolutamente incapaces de comprender de qué se trataba. Y temo que si me vuelvo más adulto como ellos pueda perder la oportunidad. Además", dice, "me he teñido toda la ropa de naranja, así que ya soy medio sannyasin: sólo me falta el mala".

Dice: "Yo entendí la película completamente, pero a mis padres simplemente les confundió. He intentado explicárselo, pero parecen incapaces de entenderlo". También dice: "Me temo que si esto es lo que ocurre cuando uno se hace adulto, entonces puedo perder la oportunidad de convertirme en sannyasin. Así que, por favor, ¡envíenme el mala inmediatamente antes de que me quede ciego!".

Un niño no está cargado de conocimientos. Tienes que volver a ser un niño; entonces el trabajo de un Buda es muy sencillo. Es el trabajo más sencillo del mundo, porque el Buda no va a hacer que consigas algo, simplemente te ayuda a ver lo que ya es el caso. ¿Qué puede ser más sencillo?

Pero los adultos están realmente ciegos, completamente sordos. Sus corazones están cerrados, no pueden sentir, están colgados de sus cabezas, y para comunicarte con un Buda necesitas un corazón abierto. La gente está encapsulada en sus pensamientos, tanto, que viven en su propio mundo, continuamente aprisionados en sus ideologías, en sus palabras. No puedes hablar con ellos. Dices una cosa e inmediatamente entienden otra.

El otro día recibí una carta fechada el 18 de abril del Hotel Ritz de Mysore:

"Estimado señor, estoy muy disgustado desde que uno de sus devotos alojados en este hotel, amigo de Swami Anand Hasyo, me informa de que usted se burla de nuestro nuevo presidente, el reverendo canónigo Banana, en sus danzas sufíes diarias. Me han dicho que a sus devotos se les enseña a cantar: "Eres un plátano para mí". Esto es muy irrespetuoso. ¿Qué le parecería si en Zimbabwe enseñáramos a nuestra gente a cantar: 'Tú no eres mi Bugwan'? Confiando en que tratará este asunto sin demora....".

La canción es esta:

"Puedes enamorarte de una estrella, puedes enamorarte de un árbol.

Te quiero tal y como eres.

Eres un misterio para mí".

O, si tu pareja parece seria, di "plátano" en vez de "misterio para mí".

Esta danza sufí lleva años produciéndose, y este tipo, el reverendo Banana, no se convirtió en presidente hasta el 7 de abril de este mes, hace sólo una semana. De hecho, la nación de Zimbabue sólo tiene una semana de vida. El 11 de abril se convirtió en presidente electo, y el 17 de abril se convirtió realmente en presidente. Llevamos años utilizando la palabra "banana"; no tiene nada que ver con el reverendo Banana.

El autor de la carta también ha enviado una foto del reverendo Banana, que parece un plátano, así que entiendo perfectamente su enfado.

Ahora debería dirigirse a la ONU para cambiar la lengua inglesa; los plátanos ya no deberían llamarse bananas. ¿Y qué hará con la expresión "He has gone bananas"? Ahora habrá que decir: "Se ha vuelto el reverendo Bananas". Eso será mucho más adecuado. Todos los demás plátanos estarán muy contentos.

Ahora, estos estúpidos están por todo el mundo....

¿Y puedes creer cómo se llama este hombre? Se llama Israel Tomate.

Ahora estoy esperando una carta de Michael Potato. Realmente me preocupé por todo el asunto. Me encantan los plátanos, me encantan los tomates, me encantan las patatas. ¡Ahora comerlos significará que eres un caníbal!

Inmediatamente fui al jardín y pregunté a un racimo de plátanos: "¿Qué os parece?

¿Qué debo hacer?" Los plátanos estaban tan avergonzados que no dijeron ni una palabra. Los sacudí y les dije: "¡Tenéis que decir algo!". Dijeron: "Lo sentimos, pero de vez en cuando un plátano cae.... ¡Pero este hombre ha caído demasiado! Por favor, no le incluyáis en nuestra familia. Ningún otro plátano ha sido político antes. Sí, hemos caído y hemos cometido muchos pecados antes, pero esto es demasiado. Nos sentimos avergonzados".

Pregunté a los tomates, y son gente tan inocente -parecen tan meditabundos, casi como maestros zen sentados en silencio, sin hacer nada-. Todos se rieron y me dijeron: "No te preocupes. Seguid comiéndonos. Es la única manera de convertirnos en budas".

Y me dice: "¿Qué te parecería si en Zimbabue enseñáramos a nuestra gente a cantar 'Tú no eres mi Bugwan ni mi Bhagwan'?". Me encantaría, ¡háganlo, por favor! De todas formas, si tu gente empieza a recordarme, eso será bueno. De hecho, mis hijos sannyasin ya me llaman Bugwan, ¡y suena tan bonito! Es mucho más suave que Bhagwan, no tiene nada de malo.

Pero este tipo no ha dado su dirección; de lo contrario, ¡pensaba enviarle mi respuesta! Y esta gente está por todo el mundo.

Ahora mis sannyasins sudafricanos estarán muy muy contentos porque me escribían una y otra vez: "Querido Maestro, usted nunca dice nada de los sudafricanos". Veena, Vidya, Veetrag, todos estaban preocupados porque hablo de los italianos, los judíos y los británicos, y no se dice nada de los sudafricanos. Este Tomate me ha dado la oportunidad de decir algo.

El médico aconseja a un africano que corra diez millas al día durante dos semanas.

El chico informa de que se encuentra bien; su única queja es que está a ciento cuarenta kilómetros de casa.

A un africano que solicita un puesto de lacayo en una casa de campo, su señoría le pide que se levante la pernera del pantalón para que ella pueda comprobar si sus piernas serán lo suficientemente torneadas con unos pantalones de felpa. Así lo hace. Ella se muestra satisfecha, pero le pide que le muestre sus testimonios.

"Y ahí", dice relatando el suceso, "¡fue donde cometí mi gran error y lo estropeé todo!".

¿Lo pillas?

"¿Por qué está tan enfadado?", preguntó el médico de la maternidad al padre africano.

"Deberías estar orgulloso de que tu encantadora esposa haya tenido gemelos".

"Oh, sí", gruñó el africano saltando. "¡Espera a que encuentre al otro tipo!"

El sargento africano dio orden a toda la compañía de levantar la pierna derecha. Un recluta confundido levantó la pierna izquierda por error. El sargento miró a lo largo de la fila y vio la pierna izquierda levantada de un soldado justo al lado de la pierna derecha levantada del recluta que estaba a su lado. "¿Quién es el listillo de en medio de la fila", bramó, "que ha levantado las dos piernas?".

Y al Sr. Tomate me gustaría decirle que no tengo ningún respeto por los políticos; sean africanos o americanos o indios o europeos, no importa.

Un caníbal corrió a su pueblo para hacer correr la voz de que una partida de caza había capturado a un político.

"Bien", dijo uno de los caníbales. "Siempre he querido probar un sándwich de mortadela".

Tres cirujanos estaban en el pub, charlando sobre sus experiencias.

El primero dijo: "Un tipo que vino a verme había tenido un accidente de coche y había perdido las dos piernas. Le curé y hoy es un corredor campeón".

"Vaya", dijo el segundo. "Una vez tuve un paciente que había sido atropellado por un tren y tenía el cuerpo completamente destrozado. Le operamos y hoy es un bailarín famoso".

"Eso no es nada", dijo el tercero. "Un tipo vino a mí - era un experto en desactivación de bombas.

Un día estalló una bomba y sólo encontraron un gilipollas y un par de orejas... ¡hoy es el presidente!".

La segunda pregunta:

Pregunta 2:

AMADO MAESTRO,

SOY MÚSICO Y ME HE ENCONTRADO CON MUCHOS PROFESORES DE MÚSICA A LO LARGO DE LOS AÑOS. PERO AHORA PARECE QUE NO SÓLO HE ENCONTRADO A UN MAESTRO, SINO TAMBIÉN AL PROFESOR DE MÚSICA DEFINITIVO. ¿ES ACASO LO MISMO?

Y ¿PODRÍA DECIRNOS ALGO SOBRE LA MÚSICA Y LA MEDITACIÓN?

Harisharan, la música es lo más parecido a la meditación. La música es un camino hacia la meditación y el camino más hermoso. La meditación es el arte de escuchar el sonido sin sonido, el arte de escuchar la música del silencio, lo que los zen llaman el sonido de una palmada.

Cuando estás en absoluto silencio, ni un solo pensamiento pasa por tu mente, ni siquiera hay una ondulación de sentimiento alguno en tu corazón. Entonces empiezas, por primera vez, a escuchar el silencio.

El silencio tiene su propia música. No está muerto, está muy vivo, tremendamente vivo. De hecho, no hay nada más vivo que el silencio.

La música te ayuda desde el exterior a sintonizar con el interior. La música es un artefacto; fue inventada por los budas. Todo lo que es bello en el mundo, todo lo que es valioso en el mundo ha sido siempre descubierto por los budas. Sólo ellos pueden descubrir porque han recorrido el país interior, el universo interior, inconmensurable. Todo lo que han encontrado en el mundo interior, todo lo que han experimentado en el mundo interior, han intentado hacer algo similar en el exterior para aquellos que sólo pueden comprender lo que es objetivo, que aún no son capaces de entrar en la interioridad de su propio ser, que aún ni siquiera son conscientes de que existe un mundo interior. Se pueden crear dispositivos en el exterior que pueden ayudar.

Al escuchar buena música, de repente te quedas en silencio, sin esfuerzo. Al sintonizar con la música, pierdes tu ego sin esfuerzo. Te relajas, caes en un profundo descanso. Estás alerta, despierto y, a la vez, sutilmente embriagado.

Una vez sucedió:

Un gran músico llegó a la corte de un rey. El músico debía de ser un maestro despierto, debía de ser un buda. Le dijo al rey: "Tocaré con mis instrumentos, pero tendrás que cumplir una de mis condiciones. A menos que se cumpla esta condición no podré tocar".

El rey dijo: "Sea cual sea la condición, se cumplirá. Dilo tú". Nunca había pensado cuál podría ser la condición: "Tal vez pida mucho dinero -que se puede dar fácilmente- o algún otro favor que se pueda dar fácilmente". El rey llevaba mucho tiempo esperando a aquel hombre.

Pero la condición era muy excéntrica. La condición era: "Mientras estoy tocando nadie debe mover la cabeza. Si alguien mueve la cabeza, hay que cortársela. Así que hay que informar de antemano al público de que la gente debe venir sabiendo que está jugando con fuego. Si empiezan a mover la cabeza al ritmo de la música, perderán la cabeza. Y rodeando al público que se pongan al menos mil soldados con espadas desnudas para que todo el mundo sea consciente y nunca lo olvide".

El rey estaba muy interesado en escuchar al músico: había oído hablar de él durante años y no estaba dispuesto a perder esta oportunidad ni siquiera a este precio. Por supuesto, lo que pedía era simplemente una locura, pero el rey tuvo que acceder. Dijo: "De acuerdo, tu condición se cumplirá".

Se informó a toda la capital. Miles de personas habrían acudido, pero ahora tenían miedo: sólo mil personas acudieron a escuchar al músico. Incluso viendo venir a mil personas, el rey se sorprendió: "¡Tantos amantes que arriesgan sus vidas!" Y mil soldados estaban de pie con las espadas desnudas. De nuevo se declaró: "Tienes que recordar y seguir mirando las espadas: están de pie por ti. Nadie puede escapar". Y había gente de pie que tomaba nota: quien moviera la cabeza, quien moviera la cabeza, no llegaría vivo a casa.

El músico empezó a tocar, ¡y era todo un maestro! Al cabo de unos minutos, unas cuantas cabezas empezaron a moverse al compás de la música del maestro. El rey se asustó mucho. Vio que las cabezas se movían, que la gente se emborrachaba. Él mismo temía por su propia cabeza. Pero un tremendo deseo surgio tambien en el, no pudo resistirlo.

Él mismo empezó a mover la cabeza, se olvidó de todo. ¿Qué decir del público? La gente que estaba de pie con las espadas desnudas, ¡muchos de ellos empezaron a mover la cabeza y sus espadas se balanceaban!

La reina estaba muy preocupada. Vio que iba a haber cientos de personas asesinadas innecesariamente. Pero tarde o temprano casi todo el mundo se emborrachó con su música.

Cuando terminó en mitad de la noche, las personas que tenían que informar, informaron de que "No ha quedado ni un alma sin balancearse, ¡y sentimos decir que también estamos en la lista!"

El rey dijo: "Ahora, Maestro, ¿qué quieres? - ¿Toda esta gente masacrada, asesinada? Yo también estoy en la lista, mi esposa también está en la lista, ¡toda mi corte está en la lista!".

El maestro se rió y dijo: "Estaba esperando a esta gente. Estas son las personas adecuadas para las que puedo tocar. Olvídate de la condición. Era sólo una estrategia para evitar a los que no estaban dispuestos a arriesgar su vida, era para evitar a los cobardes.

Estas son las personas para las que jugaré. Y no sólo hoy: voy a quedarme en esta ciudad durante meses, porque ésta es MI gente. Se han olvidado de sus vidas, o aunque se hubieran acordado no han podido resistirse. La alegría era tan tremenda que estaban dispuestos a ir, incluso con el riesgo; eran perfectamente conscientes.

Éstas son las personas para las que existo porque son las personas que pueden volverse hacia dentro. Eran plenamente conscientes y, sin embargo, estaban borrachos".

Y ese es todo el secreto de la meditación. La paradoja desaparece: la paradoja entre la embriaguez y la conciencia. Y su primera experiencia puede ocurrir en la música más fácilmente que en cualquier otro lugar, que en cualquier otra cosa. La música, la danza... todos estos son dispositivos, descubiertos por grandes maestros despiertos. Han caído en manos equivocadas.

Ser profesor de música es una cosa: puede enseñarte la técnica. Yo no soy profesor de música, no puedo enseñarte la técnica, pero puedo ayudarte a escuchar la música interior, que es la verdadera música.

En China se dice: "Cuando el músico es perfecto, se deshace de sus instrumentos", porque ya no los necesita. Puede cerrar los ojos, volverse hacia sí mismo y escuchar la música que ya está ahí y siempre está ahí.

Y cuando el arquero se vuelve perfecto, tira su arco y sus flechas; ya no los necesita.

Siempre que un arte es perfecto, acaba en meditación, TIENE que acabar en meditación. Si no te lleva a la meditación, entonces algo ha ido mal.

Por eso gran parte del arte moderno no es arte, es locura. Gran parte de la música moderna no es música; simplemente te excita sexualmente. Es justo lo contrario de la verdadera música. La verdadera música te ayuda a trascender tu biología, tu fisiología, tu psicología. La verdadera música te lleva al mundo del más allá, lo que Buda llama la orilla más lejana, incluso más allá del más allá.

Gurdjieff solía llamar al arte real "arte objetivo". El arte moderno no es, en ese sentido, arte objetivo. En el pasado, los maestros despiertos han utilizado todo tipo de dispositivos: pintura, escultura, música, danza, teatro. Se ha utilizado todo tipo de artefactos para ayudarte, porque hay diferentes tipos de personas a las que se puede ayudar de diferentes maneras:

alguien a través de la música, alguien a través de la pintura, alguien a través de la poesía.

Y esa es mi función aquí: crear un campo búdico, una comuna en la que se utilicen todo tipo de dispositivos. Pero el propósito es uno, el propósito es único, unidireccional. Todos estos caminos te llevan a la misma meta: a tu propio ser interior.

Harisharan, has venido al lugar adecuado. No soy un maestro de música porque no te enseño la técnica de la música, pero sin duda soy el maestro de la música interior.

Lo he oído y puedo ayudarte a oírlo; no sólo a oírlo, sino a serlo.

Y serlo es serlo por primera vez. Serlo es renacer. Serlo es saber lo que es la dicha y la bendición.

La tercera pregunta:

Pregunta 3:

AMADO MAESTRO,

HACE DOS AÑOS ERA UN TURISTA CALIFORNIANO. DESPUÉS DE TODO ESTE TIEMPO SIGUES LLENÁNDOME DE ASOMBRO Y ADMIRACIÓN. TE AMO.

Deva Nartano, no soy un hombre coherente. Con un hombre coherente te aburres, porque el hombre coherente repite siempre lo mismo. Yo soy tan inconsistente, tan poco fiable, tan imprevisible que nunca se sabe lo que voy a decir y lo que voy a hacer. Lo que va a pasar mañana en esta comuna nadie lo sabe, ¡ni siquiera yo! Sólo lo sabré cuando lo haya hecho. Sólo lo sabré cuando lo haya dicho.

Por lo tanto, puedes estar aquí toda tu vida y tu asombro y admiración no desaparecerán; de hecho, se profundizarán, serán cada vez más profundos.

Y no te doy información, porque mata el asombro. Y el asombro es un tesoro muy valioso; ninguna información tiene tanto valor.

No estoy aquí para ayudarte a aprender nada; al contrario, mi trabajo consiste en ayudarte a desaprender. Si te conviertes en un entendido, naturalmente todo lo que sabes deja de sorprenderte. Desaparecen tu asombro y tu maravilla, se vuelve viejo. Lo conoces, ¿cómo puedes seguir maravillándote por ello? Sólo puedes sentir asombro si te mantienes en un estado de no-saber.

Eso es lo que yo llamo meditación: el estado de no saber. Te limpio. No permito que se acumule polvo en tus espejos. Quiero que permanezcas fresco y joven. En cuanto sepas algo, perderás el asombro. En el momento en que te vuelvas conocedor habrás perdido el contacto conmigo.

Este lugar no es para expertos ni eruditos. Este lugar es para personas que tienen la cualidad y el valor de permanecer ignorantes ante el inmenso misterio de la existencia.

Winslow entró en la taberna y pidió un bourbon doble. De repente, levantó la vista y se dio cuenta de que atendiendo la barra, con delantal y todo, había un perro enorme.

"¿Qué pasa?", preguntó el can. "¿Nunca habías visto a un perro atendiendo un bar?".

"Oh, no es eso", respondió Winslow. "¿Qué pasó con el caballo? ¿Te lo vendió?"

Así funciona la persona informada: nada puede sorprenderle.

McCarthy entró en una taberna donde sólo estaban el camarero, un perro y un gato.

Cuando McCarthy pidió su bebida, el perro se levantó, bostezó y dijo: "Bueno, hasta la vista, Joe", y se marchó.

"¿Has oído eso?", dijo McCarthy al camarero. "¡El perro ha hablado!"

"No seas burro", dijo el tabernero, "un perro no puede hablar".

"Pero le he oído".

"Crees que lo has oído. Los perros no hablan. Es sólo ese gato sabelotodo de ahí, es un ventrílocuo".

En el momento en que empiezas a sentir que sabes algo, recuerda, estás perdiendo el contacto con la existencia. El conocimiento es la barrera, la única barrera que te impide la comunión con Dios. Permanece inocente, permanece ignorante. Sigue muriendo al pasado y sigue muriendo a todas tus experiencias. No las acumules, no seas un coleccionista.

Recuerda que cada noche antes de irte a dormir, termina con ese día, termina totalmente. Vuélvete a dormir como un niño y por la mañana, cuando te despiertes, vuelve a despertarte como un niño. Y nunca perderás los ojos de asombro y el corazón que puede sentir asombro.

Y esto es lo que yo llamo la cualidad fundamental de una persona religiosa: no que conozcas el dogma, no que conozcas el credo, sino que no sepas nada, o que sepas sólo una cosa: que no sepas nada. Es mejor ser un tonto con los árboles, con los ríos, con las montañas, que ser un erudito, porque a medida que el erudito llega a los árboles, los árboles simplemente detienen cualquier comunicación, cierran sus puertas. Cuando el erudito se acerca a la flor, ya no es la misma flor; deja de enviar su fragancia.

Si llegas como un tonto y puedes decirle "¡Hola!" al árbol y puedes decirle "¿Cómo estás?", el árbol se siente regocijado: "Aquí hay un hombre con el que vale la pena hablar, con el que puedo dialogar". Siéntate con el árbol, abraza al árbol, besa al árbol, siente al árbol. Por supuesto, la gente pensará que estás loco. Deja que piensen. No importa. Lo que la gente piense de ti es absolutamente irrelevante; no le prestes atención. Pero hazte amigo de los árboles, porque tienen secretos más profundos que revelarte. Hazte amigo de las rocas, siente su textura, su frescura, su peso, su edad. Comunícate con la naturaleza y pronto te sorprenderás de que si estás disponible para la naturaleza, la naturaleza empieza a estar disponible para ti.

Y no es sólo que TÚ saludes: el árbol responde. Te envía sus mensajes con claridad y en voz alta.

Ahora, incluso los científicos son conscientes de que el árbol se comporta de forma diferente con cada persona. Cuando llega el leñador, el árbol tiembla de miedo. Ahora hay máquinas como los cardiógrafos que pueden detectar el temblor; hacen un gráfico de lo que ocurre en el interior del árbol. Al ver al leñador con su hacha venir a cortar el árbol, el árbol tiembla, el árbol tiene miedo, el árbol está enfadado, el árbol está lleno de odio, al árbol no le gusta este hombre. Si el árbol pudiera correr, huiría de este hombre. Si el árbol pudiera atacar a este hombre, le atacaría, en pura defensa propia. Pero como el árbol está enraizado y no puede hacer nada, al menos puede quedarse completamente muerto.

Pero cuando el jardinero viene a regar el árbol, el gráfico del cardiograma es distinto. El árbol baila y se balancea, se abre al jardinero como si estuviera dispuesto a abrazarlo, a besarlo. Si el árbol pudiera hacer el amor con el jardinero, lo haría. Está llena de amor. La fragancia de las flores es mayor cuando el jardinero está cerca.

Estos son hechos científicos, aunque hay historias mitológicas sobre Buda que cuentan que los árboles se volvían más verdes cuando se sentaba debajo de ellos y meditaba. Es posible - ahora se puede decir con autoridad científica, puede ser posible. Un Buda sentado debajo de un árbol, ¿qué más felicidad puede tener un árbol? Y el árbol bajo el cual Buda se iluminó debió sentir una tremenda alegría.

Ahora los científicos dicen que el árbol bajo el que Buda se iluminó es el más inteligente de todos los árboles: el árbol bo. Tiene la misma sustancia química en la mayor proporción que hace que un hombre sea capaz de tener una mente. Ningún otro árbol tiene esa cantidad de esa sustancia química en particular. Buda debe haber elegido ese árbol. Y el árbol ha sido preservado, todavía está allí. Tiene una cualidad diferente, pero la cualidad sólo puede ser sentida por aquellos que son inocentes.

Y lo mismo ocurre con toda la existencia: está llena de Dios, rebosante, desbordante de Dios. Todo lo que necesitas es un corazón inocente para recibirlo. No estás abierto, estás cerrado.

Todo mi mensaje para ti es: funciona desde un estado de no-saber y conocerás la verdad - no a través del conocimiento sino a través de la inocencia.

Nartano, me alegra que digas: "Hace dos años era un turista californiano. Después de todo este tiempo aún me llenáis de asombro y admiración. Os quiero".

Es realmente difícil para un turista californiano porque California es tan crédula que todo tipo de estúpidos se han reunido allí - Muktananda en Palm Beach... todo tipo de estúpidos de todo el mundo. Están siendo atraídos hacia California como si California tuviera una fuerza magnética. Y cualquier tonto puede reunir discípulos allí. Todo lo que tienen que saber son tonterías esotéricas. Hablas de siete chakras y siete planos y hablas de kundalini y el poder de la serpiente y hablas de SIDDHIS, poderes espirituales y viajes astrales, y encontrarás gente que viene a ti - gente inteligente, gente mucho más inteligente que estos Muktanandas. De hecho, ¡es un milagro!

He conocido a Muktananda. Una vez pasaba por al lado de su ashram y me invitó a entrar, así que sólo estuve allí unos minutos. Me he encontrado con todo tipo de estúpidos, ¡pero él los supera a todos! Pero en California tiene muchos seguidores. ¿Y qué hace allí? - ¡Arreglando matrimonios hindúes! Ahora, cualquier tipo de tontería - como si el matrimonio hindú fuera algo espiritual. Es la cosa más absurda del mundo, pero la gente está dispuesta a hacer cualquier cosa estrafalaria.

Es difícil para un turista californiano, pero lo lograste. Eso es realmente meritorio. Te lo agradezco, porque para estar conmigo se necesitan agallas. Hay que estar dispuesto a dejar todas las tonterías. Y los californianos arrastran tanta mierda porque van de un supuesto gurú a otro gurú y la recogen de todas partes. Los lamas tibetanos están ahí, los monjes hindúes están ahí, los gurús zen japoneses están ahí y los llamados sufíes están ahí ....

De hecho, los verdaderos maestros nunca van a ninguna parte. El discípulo tiene que buscar y buscar, el discípulo tiene que venir al verdadero maestro. La persona sedienta tiene que venir al pozo; el pozo no va corriendo tras el sediento.

Si dos años no te han destruido a ti ni a tu inocencia, eso significa que ahora nada la destruirá jamás. Aunque no estés aquí, has saboreado la belleza de estar en silencio, has saboreado la belleza, la alegría de ser inocente. Estés donde estés nunca permitirás que nadie perturbe tu inocencia, que nadie destruya tu belleza.

Mantente alerta. Si puedes simplemente vivir una vida ordinaria con alegría, si puedes saborear las cosas ordinarias de la vida, entonces no hace falta nada más. La religión no es algo exótico, no es algo sobrenatural. Es la experiencia ordinaria de ser silencioso e inocente, de estar lleno de asombro y admiración.

La cuarta pregunta:

Pregunta 4:

AMADO MAESTRO,

¿QUÉ SIGNIFICA LA MADUREZ?

Prem Lalit, la madurez significa lo mismo que la inocencia, sólo que con una diferencia: es la inocencia recuperada, es la inocencia reconquistada. Todo niño nace inocente, pero toda sociedad lo corrompe. Toda sociedad, hasta ahora, ha sido una influencia corruptora para todo niño. Todas las culturas han dependido de explotar la inocencia del niño, de explotarlo, de convertirlo en esclavo, de condicionarlo para sus propios fines, para sus propios fines políticos, sociales, ideológicos. Todo su esfuerzo ha consistido en cómo reclutar al niño como esclavo para algún fin. Esos fines los deciden los intereses creados.

Los curas y los políticos han estado en una profunda conspiración, ambos han estado juntos.

En el momento en que el niño empieza a formar parte de tu sociedad, empieza a perder algo inmensamente valioso: empieza a perder el contacto con Dios. Se obsesiona cada vez más con la cabeza. Se olvida por completo del corazón. Y el corazón es el puente que conduce al ser; sin el corazón no puedes alcanzar tu propio ser, es imposible.

Desde la cabeza no hay camino directo al ser; hay que pasar por el corazón. Y todas las sociedades son destructivas para el corazón; están en contra del amor, están en contra de los sentimientos.

Condenan los sentimientos como sentimentalismo. Condenaron a todos los amantes a lo largo de los tiempos por la sencilla razón de que el amor no es de la cabeza, es del corazón. Y un hombre que es capaz de amar, tarde o temprano va a descubrir su ser. Y una vez que una persona descubre su ser, se libera de todas las estructuras, de todos los patrones. Se libera de todas las ataduras. Es pura libertad.

Todos los niños nacen inocentes, pero la sociedad los hace sabios.

De ahí que existan escuelas, colegios, universidades; su función es destruirte, corromperte.

Madurez significa recuperar la inocencia perdida, recuperar el paraíso, volver a ser un niño. Por supuesto, hay una diferencia, porque un niño normal está destinado a corromperse, pero cuando recuperas tu infancia te vuelves incorruptible. Nadie puede corromperte, te vuelves lo suficientemente inteligente. Ahora sabes lo que la sociedad te ha hecho y estás alerta y consciente, y no permitirás que vuelva a suceder.

La madurez es un renacimiento, un nacimiento espiritual. Naces de nuevo, vuelves a ser un niño. Con ojos nuevos empiezas a mirar la existencia. Con amor en el corazón te acercas a la vida. Con silencio e inocencia penetras en lo más profundo de ti mismo. Ya no eres sólo la cabeza. Ahora usas la cabeza, pero es tu sirviente. Primero te conviertes en el corazón, y luego trasciendes incluso el corazón....

Ir más allá de los pensamientos y los sentimientos y convertirse en un isness puro es madurez. La madurez es el máximo florecimiento de la meditación.

Jesús dice: Si no naces de nuevo no entrarás en mi reino de Dios.

Tiene razón, hay que nacer de nuevo. Todo el proceso de sannyas es un proceso de renacimiento.

Una vez estaba Jesús en un mercado y alguien le preguntó: "¿Quién es digno de entrar en tu reino de Dios?".

Miró a su alrededor. Había un rabino y el rabino debió adelantarse un poco, pensando que sería elegido - pero no fue elegido. Allí estaba el hombre más virtuoso de la ciudad, el moralista, el puritano. Avanzó un poco con la esperanza de ser elegido, pero no lo fue.

Miró a su alrededor. Entonces vio a un niño pequeño que no esperaba ser elegido, que no se había movido ni un centímetro. No tenía ni idea, ni duda de que iba a ser elegido. Simplemente disfrutaba de toda la escena: la multitud y Jesús y la gente hablando, y él escuchaba.

Llamó al niño, lo cogió en brazos y dijo a la multitud: "Los que son como este niño pequeño, ésos son los únicos dignos de entrar en mi reino de Dios."

Pero recuerda, él dijo, "Aquellos que son COMO este pequeño niño...." No dijo, "Aquellos que son niños pequeños". Hay una gran diferencia entre los dos. No dijo: "Este niño entrará en mi reino de Dios", porque todo niño está destinado a corromperse, tiene que descarriarse. Cada Adán y cada Eva están destinados a ser expulsados del jardín del Edén, tienen que extraviarse. Esa es la única manera de recuperar la verdadera infancia: primero hay que perderla. Es muy extraño, pero así es la vida. Es muy paradójico, pero la vida es una paradoja. Para conocer la verdadera belleza de tu infancia, primero tienes que perderla; de lo contrario, nunca la conocerás.

El pez nunca sabe dónde está el océano, a menos que lo saques del océano y lo tires a la arena bajo el sol abrasador; entonces sabe dónde está el océano. Ahora añora el océano, hace todo lo posible por volver al océano, salta al océano. Es el mismo pez, pero no es el mismo pez. Es el mismo océano, pero no es el mismo, porque el pez ha aprendido una nueva lección.

Ahora es consciente, ahora sabe: "Este es el océano y esta es mi vida. Sin él ya no soy nada, soy parte de él".

Todo niño tiene que perder su inocencia y recuperarla. Perder es sólo la mitad del proceso.

Muchos la han perdido, pero muy pocos la han recuperado. Eso es lamentable, muy lamentable.

Todo el mundo la pierde, pero sólo de vez en cuando un Buda, un Zaratustra, un Krishna, un Jesús la recupera.

Jesús no es nadie más que Adán volviendo a casa. Magdalena no es nadie más que Eva volviendo a casa. Han salido del mar y han visto la miseria y la estupidez. Han visto que no es dichoso estar fuera del océano.

En el momento en que te das cuenta de que formar parte de cualquier sociedad, cualquier religión, cualquier cultura es seguir siendo miserable, es seguir siendo un prisionero, ese mismo día empiezas a soltar tus cadenas. Llega la madurez. Vuelves a ser inocente.

Pero no todos los niños son santos. Por supuesto que todo santo -un verdadero santo- es un niño. El niño tiene la misma cualidad, pero no es consciente de ello. ¿Y de qué sirve tener algo si no eres consciente de ello? Puedes tener un gran tesoro y no ser consciente de ello; entonces es como si no lo tuvieras. Tenerlo o no tenerlo no supone ninguna diferencia.

Un hombre muy rico estaba muy desconcertado porque toda su vida intentó ser rico y rico y rico, y finalmente lo consiguió. Se hizo rico, se convirtió en el hombre más rico del mundo, pero no había dicha. Y el pensaba que una vez que te vuelves rico, la dicha es alcanzada. Estaba muy frustrado. Ese es el destino de todas las personas exitosas. Empezó a ir por ahí preguntando por algún sabio que pudiera ayudarle a alcanzar la felicidad.

Alguien le sugirió un maestro sufí. Fue a ver al maestro sufí en su hermoso caballo.

Llevaba una gran bolsa llena de diamantes, quizá las piedras más preciosas del mundo, y le dijo al maestro: "Tengo todos estos diamantes, pero ni una gota de dicha. ¿Cómo puedo conseguir la dicha? ¿Puede usted ayudarme?"

El amo saltó -el rico no podía creer lo que veía-, el amo le arrebató la bolsa y echó a correr. El rico le siguió llorando y gritando: "¡Me han robado!

¡Me han engañado! Este hombre no es un amo, este hombre es un ladrón - ¡agárrenlo!".

Pero en aquel pueblo el amo conocía bien todos los caminos y todas las veredas y todas las calles, así que esquivó al hombre rico. Y el rico nunca había corrido detrás de nadie; era difícil. Una multitud empezó a seguirle. Conocían al maestro sufí, que sus maneras eran muy extrañas.

Finalmente volvieron al mismo árbol donde el maestro había estado sentado y el hombre rico le había encontrado. El maestro estaba de nuevo sentado bajo el árbol con la bolsa. El hombre rico se acercó, el maestro le dio la bolsa y el hombre rico la acercó a su corazón y dijo: "¡Qué dichoso soy! Soy tan feliz que he encontrado mi tesoro perdido".

Y el maestro dijo: "¿Has probado un poco de dicha? A menos que la pierdas no podrás saborearla. Yo te he hecho probarla. Esta es la manera de saborear la dicha - perder algo".

Si puedes perder tu ego, te ganarás a ti mismo, lo que Buda llama no-yo. Lo llama no-yo por la sencilla razón de que ya no es tu viejo ego. No tiene sombra del ego en absoluto; por eso lo llama no-yo. Pierde el ego y gana el yo o no-yo, y de repente eres maduro. Pierde la mente y adquiere la consciencia y serás maduro.

Muere al pasado y nace al presente y estarás maduro.

Madurez es vivir en el presente, plenamente alerta y consciente de toda la belleza y el esplendor de la existencia.

La quinta pregunta:

Pregunta 5:

AMADO MAESTRO,

¿CÓMO SE LLAMA A LAS MUJERES AMERICANAS?

Vivek, también son damas, pero no en el sentido británico. El inglés inglés tiene un significado de 'ladies'; el inglés americano tiene otro significado. Una dama es alguien que tiene un buen polvo - ¡pero ese es el significado americano!

El verdugo americano vuelve a casa.

"Es terrible, cariño", le dice a su mujer. "Voy a cambiar de profesión".

"¿Por qué?", pregunta la esposa.

"¡Estoy harto de ver a uno colgado!"

"Yo también", dice su mujer. "Por eso voy a divorciarme de ti".

El americano es la persona más viva de la tierra hoy en día. Es la persona más viva por la sencilla razón de que "americano" no es una raza, es una mezcla - una mezcla de todas las razas. Es un lugar de encuentro, un lugar de encuentro de todos los países. América se ha convertido en el país más rico por la sencilla razón de que el mestizaje saca lo mejor de cada niño. Las demás razas son pequeños estanques que se reproducen entre sí; es como si uno se reprodujera en su propia familia. Cuanto más pequeña es la raza, más bajo es el nivel de su inteligencia. Por eso está prohibido que los hermanos se casen con sus hermanas, por la sencilla razón de que el niño será simplemente tonto, no tendrá sal. No será realmente un hombre, ¡será más bien un plátano o un tomate! No tendrá inteligencia.

La inteligencia viene a través del mestizaje. Y América es el país más afortunado en ese sentido, porque toda su historia es de sólo trescientos años y todo el mundo se ha reunido allí. Es el futuro del mundo; así es como va a ser el mundo entero.

Todos los demás países deberían aprender algo; el mestizaje debería convertirse en lo normal. Cásate con alguien que esté lo más lejos posible de ti. Pero la gente se casa justo al revés. Encuentran a alguien en el vecindario, alguien de la misma religión, de la misma raza, del mismo color. Eso está destruyendo la humanidad.

Pregunte a los criadores de animales: han mejorado la calidad de todo tipo de animales. Pregunte a la gente que trabaja para mejorar la calidad de las frutas y verduras; han mejorado la calidad de las frutas y verduras por la sencilla razón de que han utilizado el mestizaje. Pero en cuanto al hombre, somos muy poco científicos y muy supersticiosos.

En Estados Unidos todas estas supersticiones se han derrumbado. Tuvieron que hacerlo porque era un país nuevo y el mundo entero convergió allí. Gente de todos los países, de España, de Portugal, de Italia, de Francia, de Holanda, de Polonia, de Inglaterra...

de todas partes la gente se reunió allí. Ha nacido un tipo de ser humano totalmente nuevo que es mucho más inteligente, mucho más sano, vive más tiempo, tiene una enorme capacidad para la aventura, tiene coraje. Y ha creado el país más rico del mundo.

Un indio, un inglés y un americano paseaban por un cementerio. "Cuando mueras, ¿junto a quién te gustaría que te pusieran?", preguntó el americano a sus compañeros.

"Mahatma Gandhi", dijo el indio.

"Winston Churchill", dijo el inglés.

"Bueno", dijo el estadounidense, "me gustaría estar al lado de Raquel Welch.

"Un momento", dijo el indio, "¡todavía no está muerta!".

"Lo sé", dijo el americano. "¡Pero yo tampoco!"

Incluso los niños pequeños de Estados Unidos están mostrando una gran perspicacia, inteligencia, mucho más que en cualquier otro lugar.

Jimmy decidió que había llegado el momento de sermonear a su hijo, que era un poco chiflado.

"Bob", me dijo, "te estás convirtiendo en un hombre joven y creo que deberías tomarte la vida más en serio. Piensa que si yo muriera de repente, ¿dónde estarías tú?".

"Yo estaría aquí", respondió el chico. "La pregunta es, ¿dónde estarías TÚ?".

La última pregunta:

Pregunta 6:

AMADO MAESTRO,

ASÍ QUE ESTO NO ES EL MANICOMIO QUE YO CREÍA, ¡ES UN ZOO! HOY UNA ARAÑA, UN CIEMPIÉS, UN RATÓN, UN GATO (POR NO HABLAR DE LOS MONOS DEL TEJADO), AYER UN CERDO Y UNA VACA, Y ANTES PECES, RANAS, PRINCESAS.... ¿ERES NOAH?

Premananda, has tropezado con una verdad. ¡Yo soy Noé y ésta es el Arca de Noé!

Dices: "Así que esto no es el manicomio que yo creía".

Ahí te equivocas. ES un manicomio, ¡pero ahora tú mismo te has convertido en uno de los internos! Por eso no puedes ver que es un manicomio. Ningún loco lo verá como un manicomio. Por supuesto, también es un zoológico. Es muchas cosas....

Y tú dices: "Hoy una araña, un ciempiés, un ratón, un gato (por no hablar de los monos del tejado)....".

En eso también te equivocas. No eran monos... ¡eran turistas americanos de camino a Goa!

Y has mencionado una araña, un ciempiés, un ratón, un gato, monos, cerdo, vacas, peces, ranas, princesas... te has olvidado de los patos, así que te contaré un chiste sobre patos; si no, muchos patos naranjas se enfadarán contigo. Aquí nadie quiere ser olvidado.

Me lo recuerdan todos los días. Los australianos escriben todos los días: "¿Nos has olvidado?". Noruegos, suecos, suizos, todos escriben cartas: "Amado Maestro, ¿cuándo nos toca a nosotros?".

Cuando murió su padre, tres hermanos heredaron un pato cada uno. Decidieron vender sus patos y ver quién conseguía más dinero.

El primer hermano vendió el suyo por cinco dólares.

El segundo vendió el suyo por diez dólares.

El tercer hermano paseaba por un camino rural cuando se encontró con una joven muy guapa.

"Te doy mi pato si haces el amor conmigo."

"Claro", dijo la chica.

Cuando terminaron, la chica estaba tan contenta que dijo: "Te devolveré el pato si vuelves a hacer el amor conmigo".

"Claro", dijo el tercer hermano.

Caminando de nuevo por la carretera, el pato se soltó de los brazos del hermano y salió corriendo hacia un coche que circulaba en sentido contrario. El coche atropelló al pato. El conductor aceptó pagar quince dólares por el pato muerto.

Cuando todos los hermanos volvieron a reunirse, el primero dijo: "He conseguido cinco dólares por mi pato".

El segundo hermano dijo: "A mí me dieron diez dólares por el mío".

Entonces ambos se volvieron hacia el tercer hermano y le dijeron: "¿Qué te han dado por el tuyo?".

El tercer hermano respondió: "Tengo un polvo por un pato, un pato por un polvo y quince dólares por un pato jodido".

Suficiente por hoy.

Él es la luna

SIN DESEAR NADA, SIN DUDAR DE NADA, MÁS ALLÁ DEL JUICIO Y DE LA PENA Y DE LOS PLACERES DE LOS SENTIDOS, SE HA MOVIDO MÁS ALLÁ DEL TIEMPO.

ES PURO Y LIBRE.

LO CLARO QUE ES.

ÉL ES LA LUNA.

ÉL ES SERENO.

BRILLA.

PUES HA RECORRIDO VIDA TRAS VIDA EL FANGOSO Y TRAICIONERO CAMINO DE LA ILUSIÓN.

NO TIEMBLA NI SE AGARRA NI VACILA.

HA ENCONTRADO LA PAZ.

CON CALMA SE DESPRENDE DE LA VIDA, DEL HOGAR, DEL PLACER Y DEL DESEO.

NADA DE LOS HOMBRES PUEDE RETENERLO.

NADA DE LOS DIOSES PUEDE RETENERLO.

NADA EN TODA LA CREACIÓN PUEDE RETENERLO.

EL DESEO LE HA ABANDONADO PARA NO VOLVER JAMÁS.

LA TRISTEZA LE HA ABANDONADO PARA NO VOLVER JAMÁS.

El Buda Gautama describe lo indescriptible. Está describiendo el mundo interior de un maestro. Está definiendo qué es un maestro, cuál es la calidad de su conciencia.

¿Dónde existe? - ¿en el tiempo o más allá del tiempo, en el espacio o más allá del espacio? ¿tiene límites? ¿tiene fronteras? ¿tiene sólo una inmensidad pura, la inmensidad del cielo? El fenómeno mismo es tan misterioso que está más allá de las palabras que utilizamos, que podemos utilizar. Pero aún así hay que dar algunas indicaciones. Son sólo indicios, no te aferres a ellos. No son afirmaciones científicas; considéralas pura poesía. Sí, dedos apuntando a la luna, pero olvida los dedos y recuerda la luna.

Ninguna palabra es suficiente para definir a un maestro. Todas las palabras son injustas con el maestro porque las palabras están pensadas para describir lo ordinario y el maestro ha trascendido lo ordinario. Las palabras pertenecen al mundo; el maestro está en el mundo y, sin embargo, ya no forma parte de él. Existe aquí y sin embargo no existe aquí. No es más que un reflejo en el lago. No es más que una sombra que permanece en esta orilla; el verdadero ya ha llegado a la otra orilla.

Si puedes recordarlo, incluso estas palabras te serán de gran ayuda; de lo contrario, estarás abocado a malinterpretarlas..... Te he estado diciendo una y otra vez que la vida es un misterio que hay que vivir, no un problema que hay que resolver. Y Prem Mukta me informa: "Maestro, esto sucedió realmente: Escuché a un sannyasin italiano entusiasmado después de la conferencia, 'Maestro realmente sabe cómo es la vida. Es tan cierto lo que dice, que: Las palabras son peligrosas. Puedes oír en ellas algo que no existe. Puedes proyectar en ellas algo que es tuyo, y es imposible detectar lo que estás haciendo. Es bueno que el sannyasin se lo dijera a otra persona, pero si tú no se lo dices a nadie... y hay mil y una cosas que nunca le dirás a nadie, entonces simplemente siguen formando parte de tu mundo interior. Y si, para empezar, las has malinterpretado totalmente, entonces puedes empezar a cimentar tu vida en ellas. Las palabras pueden ser peligrosas.

Una historia real:

Se oyó a dos madres hablar de sus hijos.

"Mi hijo ha empezado a meditar", dijo uno.

El otro respondió: "Bueno, supongo que es mejor que estar sentado sin hacer nada".

Pero eso es exactamente lo que es la meditación: sentarse sin hacer nada - REALMENTE nada, ni siquiera en el interior, ni siquiera pensar, ni siquiera sentir. Cuando la acción como tal cesa in toto, comienza la meditación. Cuando el hacer cesa por completo, categóricamente, cuando no hay movimiento en tu ser, entonces por primera vez se produce el florecimiento de la meditación.

Así que escucha estas palabras. Estas palabras son hermosas si se entienden correctamente, lo cual es muy difícil porque eres tan inconsciente, tan ciego. Vives en un estado de estupor. Estás casi borracho, aunque nunca piensas en ello de esa manera. Puede que veas la embriaguez de los demás, pero nunca piensas que tú también estás borracho, borracho de codicia, lujuria, ambición, ego. Y estos son más alcohólicos que cualquier alcohol.

Uno de los mayores problemas del hombre es: puede ver muy fácilmente que los demás están equivocados, pero no puede ver que él mismo está en el mismo barco.

Dos elefantes rosas entraron en un pub.

El camarero levantó la vista y dijo: "¡Aún no ha llegado!".

¿Entiendes? Está pensando en algún otro borracho que ve elefantes rosas. Él no está borracho, es otro tipo que se emborracha y empieza a ver elefantes rosas. Ahora los ve, pero les dice a los elefantes: "Esperad, aún no ha venido. Tiene que venir tarde o temprano".

En el momento en que empiezas a ver tu propio estado, se produce un gran cambio radical.

Así que escucha estos sutras con gran atención, conciencia, no en una especie de estado medio dormido, medio despierto. La mayoría de la gente está en ese estado las veinticuatro horas del día: medio dormida, medio despierta. Siempre se les escapa algo. Y el problema es que lo que es más significativo siempre se pasa por alto porque está más allá de su capacidad.

Lo que no es esencial lo oyen inmediatamente, lo comprenden; eso está dentro de su capacidad. Pero siguen olvidando lo esencial, aunque lo oigan.

Obsérvate a ti mismo. Comprender a un Buda, a un Cristo, a un Krishna es uno de los mayores ejercicios de conciencia.

Paul iba en bicicleta en un caluroso día de verano. Pero el calor y el cansancio acabaron por afectarle tanto que se detuvo y se sentó junto a la carretera. Minutos después se detuvo un pequeño Mercedes.

"¿Pasa algo?", preguntó el hombre al volante.

"No, señor, estoy de camino a la ciudad", respondió el chico negro. "Estoy muy cansado".

"Como puede ver, no tengo espacio suficiente para usted y su bicicleta", dijo el ocupante del Mercedes. "Pero si atas tu bicicleta a mi parachoques trasero podrás sentarte en ella y te remolcaré".

En unos instantes el coche, tirando del chico negro en su bicicleta, se dirigió hacia la autopista. En el primer semáforo se detuvo un Jaguar. "Eh", dijo el hombre que iba dentro, "¿quieres echar una carrera?".

"¡Ya lo tienes!", fue la respuesta.

Pronto estaban corriendo a más de ciento veinte millas por hora, el conductor del Mercedes se había olvidado por completo del chico negro detrás de él en la moto.

Ambos coches iban a ciento cuarenta cuando se cruzaron con un coche patrulla. El policía, desconcertado, cogió rápidamente el micrófono de la radio. "¡Oiga, sargento, no se lo va a creer!", gritó. "¡Un Jaguar está corriendo contra un Mercedes a toda pastilla, y hay un chico blanco siguiéndoles el ritmo en bicicleta!".

Escucha estos hermosos sutras muy conscientemente, meditativamente, con tremenda reverencia, con profunda confianza, porque Buda está revelando los más grandes secretos de la vida.

SIN DESEAR NADA, SIN DUDAR DE NADA, MÁS ALLÁ DEL JUICIO Y DE LA PENA Y DE LOS PLACERES DE LOS SENTIDOS, SE HA MOVIDO MÁS ALLÁ DEL TIEMPO.

ES PURO Y LIBRE.

Ve despacio - cada palabra es significativa. SIN DESEAR NADA, SIN DUDAR DE NADA....

Los sacerdotes te han dicho a lo largo de los siglos: "No dudes, deja de dudar". Pero, ¿por qué dudas en primer lugar? Dudas porque deseas. Buda esta trayendo la raiz misma del problema a tu conciencia. Si un hombre no desea nada, no tiene necesidad de dudar de nada en absoluto; es el deseo el que trae consigo la duda.

Esto es algo muy especial, nadie lo ha dicho tan claramente. De hecho, nadie lo había dicho antes de Buda. Si deseas no puedes librarte de la duda porque el deseo trae la creencia y la creencia trae la duda. Y lo que hacen tus sacerdotes es simplemente ridículo. Insisten en que debes creer y no debes dudar. Te están poniendo en una situación difícil que es imposible de mantener. Si crees, estás obligado a dudar; todos los creyentes dudan. Esta es la gran intuición de Buda: ningún creyente puede librarse de la duda.

Creer significa básicamente que hay duda y que la estás cubriendo con la creencia. La duda está ahí como una herida y tú la estás cubriendo con hermosas flores de creencia. Pero al cubrir una herida con flores no la curas, no la sanas. De hecho, al cubrirla la haces mucho más peligrosa. Crecerá en lo más profundo de tu ser, seguirá extendiéndose y acabará convirtiéndose en un cáncer. ¿Por qué crees en primer lugar? Si no dudas, ¿qué necesidad hay de creer?

El enfoque de Buda es siempre muy fundamental; va a la raíz misma del problema.

Crees porque dudas. ¿Y por qué dudas? No se detiene ahí. ¿Por qué crees, por qué dudas? - Porque deseas.

Por ejemplo, usted cree en una vida después de la muerte y también duda de ella. Tanto la creencia como la duda persisten en ti lado a lado. Crees en la vida después de la muerte porque lo deseas; hay una gran lujuria por la vida, no quieres morir. Porque no quieres morir, cualquier sacerdote puede explotarte. Puede decirte: "No te preocupes, sólo el cuerpo muere; tu alma vivirá para siempre. Tu alma es inmortal". E inmediatamente estás dispuesto a creer.

¿Por qué? Sin indagar en un asunto tan importante, crees a un estúpido sacerdote que no sabe nada al respecto, que no ha experimentado nada por sí mismo, que no ha profundizado en su propio ser. Tal vez conozca las escrituras, puede citar la Biblia y el Corán y el Gita, pero ¿y qué? Por conocer el Gita o el Corán o la Biblia no sabe que el alma es inmortal. ¿Cómo lo sabe? ¿Con qué autoridad habla? ¿Con la autoridad de Cristo? - entonces es prestado. ¿Con la autoridad de Krishna? - entonces no es suya. Y a menos que sea suya debe haber duda en él.

A menos que surja alguna experiencia en tu propio ser, la duda no puede disiparse. Puedes seguir creyendo en la luz sentado en una habitación oscura, pero eso no significa que la oscuridad vaya a desaparecer por tu creencia. Puedes recitar el Gita y hablar de la luz, pero la oscuridad permanecerá. Puedes engañarte a ti mismo creyendo en la luz, puedes decir que no hay oscuridad, puedes fingir que no hay oscuridad, pero sabes que hay oscuridad. Si no, ¿por qué hablas de oscuridad si no hay oscuridad? ¿Por qué dices que no hay oscuridad? Si no hay oscuridad, no hay oscuridad. ¿Por qué pierdes el tiempo?

¿Por qué los sacerdotes enseñan continuamente a la gente que el alma es inmortal? Saben que la gente tiene miedo a la muerte y desea la vida. El miedo a la muerte y el deseo de vivir son dos caras de la misma moneda.

Buda dice: Si deseas algo, entonces tienes que creer. ¿Por qué crees en Dios? ¿Has visto a Dios? ¿Has experimentado a Dios? Puedes decir que Jesús vio a Dios, pero puede que fuera un iluso. O él mismo vivía en una ilusión o te estaba engañando. ¿Quién sabe? ¿Cómo puedes estar seguro de que lo sabía? ¿Qué pruebas tienes de que alguien haya visto a Dios?

Si te duele la cabeza, nadie más puede saberlo excepto tú mismo. Sí, si lo dices, la gente puede simpatizar contigo. Puede que no lo digan -pueden estar de acuerdo contigo, pueden estar en desacuerdo contigo-, pero ¿cómo pueden saber que sufres dolor de cabeza? Sólo tú lo sabes.

Un psiquiatra visitante, deambulando por las salas de un manicomio estatal, vio a un paciente acurrucado en un rincón rascándose sin cesar.

"Perdone", dijo el médico, "¿por qué se rasca así?".

"Porque", respondió el hombre, "soy el único que sabe dónde me pica".

Hay cosas en las que sólo se puede confiar si se convierten en tu experiencia personal.

Pero tienes miedo a la muerte, crees en una vida después de la muerte, deseas una vida después de la muerte. Tienes miedo de estar solo, quieres protección. Quieres un Dios, una figura paterna. Sigues siendo infantil. No puedes vivir solo, no puedes valerte por ti mismo. Tu verdadero padre puede estar muerto o, si no lo está, ahora sabes perfectamente que es tan limitado como tú: tiene sus propios miedos, sus propios temblores. Ahora no puedes creer en él de la misma manera que solías creer cuando eras un niño pequeño; entonces tu padre era omnisciente, todopoderoso.

Todo niño presume de su padre diciendo: "¡Es el mejor hombre del mundo!". Pero, tarde o temprano, se da cuenta de que no es más que un hombre corriente como los demás. Sabe que: "Sufre los mismos miedos que yo". Ahora ya no es una protección para él.

Ya no puedes esconderte detrás de tu madre.... Necesitas un padre mayor, de ahí la proyección de Dios. Es sólo tu necesidad, tu deseo de seguridad, de protección.

Aún no eres lo suficientemente maduro; por eso crees en Dios.

Y fíjate en las cualidades de Dios: omnipresente... obviamente. Si no está en todas partes, ¿qué sentido tiene creer en él? Puedes caerte en una zanja y él no está allí, y puedes seguir gritando y él no está allí, o está ocupado en otra parte. Y hay millones de personas en esta tierra y ésta no es la única tierra. Los científicos dicen que hay al menos cincuenta mil Tierras pobladas de vida, millones de estrellas. Si no es omnipresente, y tú eres tan pequeño y el universo tan grande, ¿cómo va a ocuparse de ti? Por supuesto que crees que es omnipresente, que está en todas partes, así que dondequiera que lo necesites está inmediatamente disponible, disponible al instante.

Puede que sea omnipresente, pero si no es omnipotente, ¿entonces? Puede que no sea lo suficientemente capaz para ayudarte; puede que sólo tenga dos manos, y con dos manos ¿cuánto puede hacer? Por eso hay gente que cree que tiene miles de manos. Pero incluso miles de manos no harán mucho, así que tienes que creer que es infinito, que su poder es infinito, que puede hacer cualquier cosa.

Y no sólo eso: también tienes que creer que es omnisciente porque puede ser omnipotente y puede ser omnipresente, pero si no es omnisciente entonces sólo puede ocuparse del presente. Es decir, cuando te has caído en la zanja, sólo entonces puede ayudarte, pero te has caído y te has roto la pierna y tienes fracturas. Él es omnisciente, puede ver el futuro, puede verlo todo, así que antes de que caigas en la zanja puede evitar que caigas en la zanja.

Solo mira las cualidades que le has dado a tu Dios. No son las cualidades de Dios, son tus deseos de cómo debería ser Dios. Entonces puedes creer en él; si faltan esas cualidades, empezarán a surgir dudas. Y Dios tiene que ser infalible; si es falible, entonces hay peligro. ¿Cómo puedes creer en un Dios falible? No se puede creer en un Dios falible porque puede gestionar mal, puede estropearte. En lugar de ayudarte, puede crearte más problemas. Tiene que ser infalible. Y cuando Dios es infalible, su hijo Jesucristo tiene que ser infalible, porque si el padre es infalible ¿cómo no va a ser infalible el hijo? Y luego su representante, el Papa del Vaticano, tiene que ser infalible.

Ahora, ves como tu logica sigue de esta manera... pero esta arraigada en el deseo. Usted cree en cosas tan tontas - que el Papa es infalible. E incluso ahora, después de dos mil años, sigues creyendo que el Papa es infalible. Y los papas han hecho tantas cosas estúpidas.

Galileo dijo que la tierra se mueve alrededor del sol, no al revés.... La Biblia dice que el sol se mueve alrededor de la tierra, todas las escrituras del mundo dicen que el sol se mueve alrededor de la tierra, porque aparentemente es así. Todos los idiomas tienen estas palabras: "amanecer", "atardecer". Lo experimentamos todos los días; todos los días vemos salir el sol por la mañana y ponerse por la tarde. Vemos todo el movimiento del sol de este a oeste, y luego por la noche desaparece; se ha ido al otro lado de la tierra, está dando la vuelta a la tierra. Es nuestra experiencia. Eso es lo que sabemos, así que antes de Galileo, todas las escrituras del mundo creían que el sol giraba alrededor de la tierra.

Galileo fue el primer hombre que dijo que la realidad es justo la contraria: la tierra gira alrededor del sol. Ahora bien, esto iba en contra de la Biblia y encontrar cualquier fallo en la Biblia es peligroso. Si una cosa puede ser defectuosa en la Biblia, ¿qué pasa con otras cosas? Tal vez también sean defectuosas; sólo necesitan a otro Galileo para encontrar los fallos. Entonces, ¿dónde acabará todo? Y si los profetas son defectuosos, ¿qué pasa con el Papa? Y todos los papas han creído....

Galileo fue llamado a la corte del Papa. Lo obligaron -era muy viejo, tenía setenta años y estaba enfermo- a arrastrarlo encadenado hasta el tribunal. Estaba en cama y tan enfermo que iba a morir cualquier día. Y no vivió mucho después. Fue obligado a disculparse.

Y Galileo debía de ser un hombre de gran perspicacia. Dijo: "Por supuesto, si la Biblia dice y si todos los profetas están de acuerdo y si todos los papas, que son infalibles, si dicen que el sol se mueve alrededor de la tierra, pido disculpas, lo siento."

El Papa estaba muy contento, la corte estaba muy contenta de haber hecho volver en sí a un pecador.

Entonces Galileo dijo: "Pero debo decirte una cosa: Puedo disculparme, puedo decir si quieres que el sol se mueve alrededor de la tierra, pero el sol no me escuchará y la tierra no tiene ninguna obligación de seguir mis órdenes. Aun así, la Tierra seguirá girando alrededor del Sol, disculpas aparte. Pido disculpas, pero ¿qué puedo hacer? Si la tierra se mueve alrededor del sol, no puedo detenerla".

Y estos papas han estado impidiendo todo crecimiento científico. Todavía en el siglo XX millones de católicos siguen creyendo que el papa es infalible. Pero esto es realmente una consecuencia lógica: si crees que Dios es infalible, entonces por supuesto su hijo es infalible, entonces los representantes de su hijo son infalibles.

Pero, en el fondo, ¿por qué creen en semejante disparate? Y esto no sólo ocurre con los católicos; ocurre con los hindúes, con los mahometanos, con los jainas, incluso con los budistas. Todos siguen creyendo en tonterías.

Los budistas creen que Buda nació mientras su madre estaba de pie en el jardín; ella había salido a dar un paseo. No sólo eso, sino que él mismo nació de pie.

Salió del vientre materno, pisó la tierra, caminó siete pasos y declaró: "¡Soy el despierto!". Ahora bien, durante veinticinco siglos los budistas han creído en esta tontería. Ningún bebé puede hacer eso, pero si lo sospechas entonces sospechas de las escrituras. Si dudas de las escrituras, entonces surge en ti un gran temblor, porque entonces tienes miedo. Dudar no es bueno, dudar es irreligioso; uno debe creer. Y cuanto más absurda es la creencia, mayor es la prueba para el creyente.

Buda dice: NADA DESEA, NADA DUDA.... El maestro no desea nada, por eso no duda de nada, porque no cree en nada. Un maestro vive sin deseo, sin creencia, sin duda. Y entonces lo que queda en el ser interior del maestro es la confianza. Confianza no es creencia; es ausencia tanto de duda como de creencia. Buda lo llama SHRADDHA. Sólo puede traducirse como confianza: confianza en la existencia.

La creencia tiene sus raíces en el deseo y cada creencia lleva su propia contrapartida, la duda, como una sombra. La confianza es ausencia de deseo, de creencia, de duda. Es la pureza del corazón, la inocencia del corazón. En ese corazón inocente hay un encuentro y una fusión con el universo. Eso es confianza; no tiene nada que ver contigo. No es que confíes; tú ya no estás ahí, sólo está la confianza.

NO DESEAR NADA, NO DUDAR NADA, MÁS ALLÁ DEL JUICIO Y LA PENA.... El maestro va más allá del juicio; por lo tanto no hay cuestión de creencia o duda. Nunca juzga; nunca dice: "Esto está bien y aquello está mal". Ha abandonado la mente, que es un proceso constante de juicio. La mente juzga continuamente; su juicio se ha convertido en una obsesión.

Ves la flor de la rosa y antes incluso de haberla visto, la mente ha dicho: "Es hermosa". Ves pasar a un hombre y antes de que lo hayas visto bien, la mente dice: "Es feo". El juicio es instantáneo, parece que no lleva tiempo. Estás continuamente juzgando.

El maestro observa el hecho pero no juzga, porque en realidad la belleza y la fealdad son proyecciones nuestras. Cuando dices que una rosa es bella es tu idea, nada más. La rosa es una rosa es una rosa; no es ni bella ni fea, es simplemente ella misma. El hombre feo no es feo y el hombre bello no es bello; es sólo una cuestión de tu idea de lo que es la belleza. De ahí que cada persona considere bella una cosa diferente.

En China la belleza tiene un color diferente, una forma diferente; en la India tiene una forma y un color diferentes, en Europa obviamente va a ser diferente. Cada país tiene su propia idea de la belleza y esas ideas van cambiando, vienen como las modas. Una cosa es bella hoy y mañana se convierte en fea; hoy es fea y mañana de repente se convierte en bella.

¿Puede creer que los cuadros de Picasso hubieran sido considerados bellos hace tan sólo doscientos años? Imposible. No se habría encontrado ni una sola persona en todo el mundo que hubiera dicho que eran bellos. Y cualquiera que hubiera dicho que eran bellos habría sido considerado loco.

Vincent van Gogh no pudo vender ni uno de sus cuadros, ni siquiera uno, por la sencilla razón de que todo el mundo pensaba que eran una locura, no sólo feos, sino también locos.

Ahora sólo existen doscientos cuadros y cada cuadro tiene tanto valor que si aquella gente vuelve y ve que los cuadros de Vincent van Gogh se venden por millones de dólares no podrá creer lo que le ha pasado al hombre. "¿Qué clase de belleza ha empezado a ver la gente de repente en los cuadros de Vincent van Gogh? A nadie le parecían bellos". La idea de belleza ha cambiado.

La poesía moderna no es bella como lo es la poesía shakespeariana; no es bella como Kalidas o Bhavabhuti, como Byron o Shelley. Es un tipo de belleza totalmente diferente. ¡Sólo nuestra idea! Si el hombre desaparece de la tierra no habrá nada bello ni nada feo. Las malas hierbas serán tan valiosas como las rosas; no habrá diferencia, habrá simple igualdad.

Un maestro es aquel que ha abandonado todas las ideas humanas sobre las cosas, por lo tanto no tiene juicios. Vive sin juzgar. ¿Y puedes ver? - cuando vives sin juzgar alcanzas una gran serenidad, naturalmente; nada te perturba, nada te ofende, nada te atrae, nada te encapricha.

Ve más allá del juicio y estarás más allá de la tristeza. Buda dice: Si realmente quieres ir más allá del dolor, ve más allá del juicio. Pero ir más allá del juicio significa ir más allá de la mente. La mente juzga; si vives en la mente, te mantendrá atado a todo tipo de juicios. Si abandonas la mente, de repente toda la existencia se vuelve disponible para ti. Por primera vez estás despejado.

"Venga, vamos a follar", le dijo el italiano a su nueva cita cinco minutos después de llamarla.

"Oh, eres tan sofisticado, Pietro", dijo ella.

"Tan sofisticado" - ¡sólo después de cinco minutos! Pero en Italia puede ser sofisticado; a los cinco minutos, en la India, será violación y la chica llamará a gritos a la policía. Tardarás meses en cortejar a la mujer, en persuadirla, en bajarla a la tierra. Es un proceso muy largo. Pero las cosas en Italia parecen ser rápidas: cinco minutos y ella dice: "¡Eres tan sofisticado, tan culto!". Todo depende de tus ideas.

SIN DESEAR NADA, SIN DUDAR DE NADA, MÁS ALLÁ DEL JUICIO Y DEL DOLOR Y DE LOS PLACERES DE LOS SENTIDOS, SE HA MOVIDO MÁS ALLÁ DEL TIEMPO. ES PURO Y LIBRE.

Hay que comprender estas cuatro cosas. La primera son los sentidos y sus placeres; ésa es la clase más baja de vida. Y recuerda, al llamarla "la más baja", Buda no la está juzgando, no es una evaluación, simplemente está constatando un hecho. Así como dices "el peldaño más bajo de la escalera", no hay juicio. No es malo, no es más especial que el peldaño más alto. Es simplemente una constatación de un hecho. Esto hay que recordarlo continuamente, de lo contrario lo olvidarás; empezarás a pensar que el propio Buda está juzgando. Entonces, ¿es un maestro o no? No está juzgando, simplemente está constatando un hecho.

Los sentidos son los más bajos porque están en la circunferencia, son parte de tu cuerpo.

Hay personas que viven sólo con los sentidos, siguen viviendo como animales. Recuerda de nuevo que no se trata de un juicio: los animales no son malos, los animales no son inmorales. No hay cuestión de jerarquía. Pero los animales viven en el cuerpo, y el hombre que vive sólo en sus sentidos está viviendo un tipo de vida animal. Vive en el porche de su palacio. No es que sea inmoral, pero ciertamente es poco inteligente. Podría haber vivido en el palacio y está viviendo en el porche - y sufriendo el calor del sol, y en las lluvias sufre las lluvias y en el frío sufre el frío. Podría haber estado en la seguridad y la comodidad del palacio. El palacio le pertenece, pero vive en el porche creyendo que eso es todo lo que hay en la vida.

El hombre que sólo vive en la sensualidad, en la lujuria, que está obsesionado con la comida, que está obsesionado con su cuerpo, pensando continuamente en el cuerpo, aún no es un hombre. Es un buen animal, pero completamente ciego al potencial con el que ha nacido, completamente ciego a lo que puede llegar a ser, inconsciente de toda la gama de su ser.

El segundo círculo, más profundo que el del cuerpo, es el de la mente. La mente tiene sus propios placeres que son un poco más elevados. De nuevo, recuerda, no tiene nada que ver con el juicio. Son un poco más profundos, están un poco más cerca del santuario más íntimo. Realizan un poco de tu potencial. El hombre que disfruta de las matemáticas, la ciencia, la filosofía, ciertamente tiene un sentido más profundo de la alegría. Platón tiene un sentido de la alegría más profundo que Nerón.

Se dice de Nerón que solía tener cuatro médicos constantemente con él, incluso cuando iba a la guerra. Esos cuatro médicos le ayudaban a vomitar porque le gustaba comer muchas veces al día. Ahora no se puede comer tantas veces al día; hay una limitación. Puedes comer tres veces, cuatro veces, cinco veces como máximo; más que eso será imposible. El cuerpo no lo contendrá, reventarás. Así que después de comer, los médicos le ayudaban a vomitar inmediatamente para que pudiera volver a comer. Solía comer al menos veinte veces al día. Debía de ser el mejor comedor del mundo. Pero, ¿qué clase de vida es ésta? - ¡Veinte veces vomitando para comer veinte veces! - como si viviera sólo en las yemas de la lengua, en las papilas gustativas.

Por supuesto, Platón es mucho más profundo. Disfruta de una vida contemplativa: contempla las estrellas, contempla el amanecer y el atardecer, contempla la posibilidad del progreso humano. Y lo disfruta, y lo disfruta tanto que muchas veces se olvida de comer, se olvida por completo de que se ha perdido una comida.

Sucedió una vez:

A Albert Einstein le trajeron el desayuno y estaba tan sumido en la contemplación -debía de tratarse de algún gran enigma matemático en el que estaba enfrascado- que estaba sentado con los ojos cerrados. Así que el criado no le molestó; dejó el desayuno delante de él y se marchó.

Mientras tanto llegó un amigo. También lo vio tan absorto que pensó: "Es mejor... el desayuno se enfría". Así que se comió el desayuno y apartó los platos.

En ese momento Einstein abrió los ojos, miró los platos vacíos, miró a su amigo y le dijo: "Perdona, has llegado un poco tarde. Ya he tomado mi desayuno".

Esto es mejor que ser un Nerón. Pero hay una tercera capa aún más alta, aún más profunda:

la capa del corazón: amor, música, poesía, danza. Las personas que disfrutan del arte, las personas que pueden disfrutar y apreciar la armonía, el color, las personas que pueden ver algo de poesía en la vida y en la existencia, que pueden sentir algo de celebración a su alrededor, por supuesto que van aún más profundo. Un Rabindranath... el poeta va más profundo que el matemático, el músico va más profundo que el filósofo. Pero siguen siendo círculos concéntricos alrededor de su centro.

El cuarto -los místicos de la India lo han llamado simplemente "el cuarto", TURIYA- es el mundo de tu ser, el núcleo más íntimo. Aquellos que no disfrutan de la meditación, ni de la comida, ni de la filosofía, ni de la poesía, sino que han ido más allá de todo esto y han entrado en el mundo del silencio absoluto, del vacío absoluto, que saben cómo no ser.... Sí, la pregunta es: "¿Ser o no ser?". Aquellos que han elegido no ser, son los meditadores. Han pasado de los sentidos al samadhi, y ésa es la experiencia más elevada de la vida.

Buda dice: NO DESEANDO NADA, NO DUDANDO NADA, MÁS ALLÁ DEL JUICIO Y LA PENA Y LOS PLACERES DE LOS SENTIDOS, SE HA MOVIDO MÁS ALLÁ DEL TIEMPO.

El hombre que ha entrado en su ser ha ido más allá del tiempo. El tiempo existe con el cuerpo, con la mente, con el corazón, pero con el ser no hay tiempo. De repente experimentas la atemporalidad, o puedes llamarla eternidad. Sólo en ese estado, cuando has trascendido la mente y el tiempo, eres puro y libre. Por primera vez sabes lo que es la pureza. No es algo que haya que cultivar; es algo así como una fragancia de meditación profunda. La alegría, la canción, la celebración que surge del silencio, el sonido del silencio sin sonido, eso es pureza, eso es inocencia; has vuelto a ser un niño. Y eso también es madurez, es crecimiento. Has alcanzado la mayoría de edad. Has nacido de verdad, has nacido de nuevo.

LO CLARO QUE ES....

Ahora el maestro tiene claridad porque han desaparecido todas las nubes, las nubes creadas por el cuerpo.... El cuerpo crea las nubes más oscuras, las nubes más densas, las nubes más espesas. A medida que avanzas hacia el interior, las nubes son menos oscuras, menos espesas, menos densas. Cuando has alcanzado el cuarto, turiya, todas las nubes han desaparecido; hay pura claridad.

Puedes ver a través y a través. Toda la existencia se vuelve transparente. Ya nada se te oculta. QUÉ CLARO ES.

ÉL ES LA LUNA.

ÉL ES SERENO.

BRILLA.

En este punto, de repente se produce un cambio alquímico en su energía. Normalmente un hombre vive como energía solar; el maestro vive como energía lunar. Son sólo metáforas, pero tremendamente significativas, indicadores muy expresivos. La energía lunar significa energía fría, la energía solar significa energía caliente. Cuando vives en la pasión, la lujuria, la ira, la codicia, los celos, la posesividad, el odio, vives como fuego. No sólo quemas a los demás, sino que te quemas a ti mismo. De hecho, si quieres quemar a los demás, primero tienes que quemarte a ti mismo; sólo entonces podrás quemar a los demás. Estás constantemente en fiebre. La energía solar es febril, crea locura, te vuelve loco. Te mantiene corriendo y precipitándote tras las ilusiones.

La meditación es el milagro que transforma la energía solar en energía lunar. La luna crea magia cada noche. La luna no tiene rayos propios, simplemente refleja los rayos del sol. Absorbe los rayos solares y los refleja; la luna sólo funciona como un espejo. De ahí que la luna represente dos cosas: primero es un espejo. El maestro es un espejo, la meditación te convierte en un espejo, sin polvo, absolutamente limpio y puro, de modo que todo se refleja en ti tal como es, sin juicios sino simplemente tal como es en su absoluta facticidad.

Y segundo, la luna, sólo con reflejarlos, transforma los rayos calientes del sol en energía fría. Eso es lo que ocurre con un maestro. Él absorbe la misma energía que tú absorbes, come la misma comida que tú comes, bebe la misma agua que tú bebes, respira el mismo aire que tú respiras, pero algún cambio alquímico está constantemente ocurriendo en él.

De tu comida te vuelves más y más sexual, de tu respiración te vuelves más y más caliente. El maestro respira el mismo aire, pero dentro de él ocurre un milagro que no es perceptible para ti. El mismo aire ya no crea para él los mismos resultados que crea para ti, la misma comida ya no crea para él los mismos problemas que crea para ti. El maestro no vive en otro mundo; vive en tu mundo y vive de la misma manera que tú.

Los que huyen del mundo no son verdaderos maestros; tienen miedo del mundo.

Tienen miedo de absorber esta energía loca. El mundo está lleno de ella; por eso escapan al Himalaya. Pero simplemente demuestran con su huida que aún no son maestros. El verdadero maestro vive aquí en el mundo. Absorbe la misma energía loca, pero cuando vuelve, cuando se refleja a través de él, ya no es loca. Se convierte en una gracia, se vuelve genial. Derrama mil y una bendiciones incluso sobre aquellos que no son dignos, incluso sobre aquellos que no son receptivos, incluso sobre aquellos que nunca se sentirán agradecidos, incluso sobre aquellos que pueden hacerle daño.

Jesús incluso besó a Judas y le lavó los pies, y sabía que el hombre le había traicionado.

Lo sabía perfectamente, porque antes de lavar los pies a Judas dijo a sus discípulos: "Ésta noche voy a ser traicionado por uno de vosotros". Pero no puede hacer otra cosa: sólo puede besar, sólo puede lavar los pies. No tiene ego, es totalmente humilde. De hecho, no tiene yo; es un no-yo. Buda lo denomina ANATTA, no-yo. E irradia constantemente la fría energía de la luna.

ÉL ES LA LUNA. ÉL ES SERENO. BRILLA - es tan sereno como la luna y brilla tan maravillosamente como la luna.

PUES HA RECORRIDO VIDA TRAS VIDA EL FANGOSO Y TRAICIONERO CAMINO DE LA ILUSIÓN.

Lo sabe por amarga experiencia. Él tiene toda la compasión por ti. Si estás hundido en el fango, sólo siente compasión por ti. Hace todo lo posible por sacarte del fango porque ha estado en el mismo fango durante vidas. Ha recorrido el mismo camino, se ha extraviado miles de veces, ha sufrido de la misma manera.

Ésa es una de las cosas más hermosas que enseñó Buda, porque todas las demás religiones trataban de demostrar otra cosa. Los hindúes decían en la India que Krishna, Rama y todos sus AVATARAS, descienden del cielo, son partes de Dios, son encarnaciones de Dios. Ese es el significado de "avatara"; avatara significa "descender de lo alto". No son parte de nosotros, han venido como mensajeros de Dios. No han recorrido el mismo camino fangoso. ¿Cómo pueden comprender nuestra miseria? ¿Cómo pueden entender nuestros problemas? Ellos nunca han sufrido los mismos problemas.

Y lo mismo ocurrió con el judaísmo. Y recuerde, estas son las dos únicas religiones; todas las demás religiones nacen de estas dos. El judaísmo también predicaba la misma idea: que Dios envía a sus mensajeros, mesías, profetas. Son personas especiales, no son corrientes como tú.

El enfoque de Buda es tremendamente humano; es el primer místico humanitario. Dice: "He recorrido el mismo camino fangoso, he sufrido de la misma manera que tú estás sufriendo, he cometido los mismos errores. Por eso puedo comprenderte, y puedo comprender por qué eres incapaz de comprenderme, porque me he encontrado con muchos budas en mis otras vidas, muchos budas; nunca los comprendí, siempre los malinterpreté. Por lo tanto, si me estás malinterpretando, no hay nada que objetar. Es sencillo, es natural, es inevitable. Así que lo que me hagas", dice Buda, "está bien. Aun así seguiré derramando mis flores sobre ti porque no tengo nada más que derramar".

Buda no es un avatara. No ha venido de lo alto, ha surgido de lo bajo.

Él es un loto: ha crecido del mismo lodo en el que usted se debate. Y estoy completamente de acuerdo con él. El concepto hindú y judío es totalmente inhumano; ese concepto no es correcto. Eso no puede ayudar a la humanidad a transformarse.

Buda aporta una visión totalmente nueva. Su enfoque no es mitológico, sino científico. PORQUE ÉL HA RECORRIDO VIDA TRAS VIDA EL FANGOSO Y TREPOSO CAMINO DE LA ILUSIÓN - así que sabe y te entiende. Puede que tú no le entiendas a él, pero él te entiende a ti.

Una niña era conducida de forma muy errática en un coche por su abuela.

"No tomes las curvas tan deprisa, abuela", me suplicó.

"Haz como yo, querida", dijo la dulce anciana, "¡y cierra los ojos!".

Los ciegos guían a otros ciegos y han creado todo tipo de supersticiones, mitologías, religiones. Sólo un buda es capaz, sólo uno que está despierto, sólo uno que hasta ahora te había pertenecido. Tú estás dormido y él está despierto, ésa es la única diferencia; no hay ninguna otra diferencia. Él puede ayudarte a despertar porque sabe cómo ha llegado a estar despierto, lo difícil que es, qué problemas hay que afrontar. Conoce tu estado.

El paciente cubierto de vendas que yacía en la cama del hospital habló aturdido a su amigo visitante. "¿Qué ha pasado?"

"Anoche te tomaste una copa de más y luego apostaste a que podías saltar por la ventana y dar la vuelta a la manzana volando".

"¿Por qué no me detuviste?", gritó.

"¡Detente, demonios! ¡Tenía veinticinco dólares sobre ti!"

La recepcionista de un hotel de cinco estrellas coge el teléfono: "¿Puedo ayudarle?"

"Sí", es la respuesta, "¿puede decirme cuándo abre su bar?".

"Sí, señor. El bar abre a las cinco".

"Gracias.

Una hora más tarde, el teléfono vuelve a sonar y la misma voz pregunta: "¿P-p-puede decirme, p-p-por favor, cuándo abre el b-b-b-bar?".

"A las cinco, señor", dice la recepcionista.

"¡G-gracias!"

Pasa otra hora y el teléfono vuelve a sonar. "Por favor, ¿cuándo (hic) abre el bar?".

"Repito, a las cinco", responde la recepcionista molesta.

Una hora más tarde, el teléfono vuelve a sonar. "¡Hic! ¡Hic! Heelloo!"

"¡Otra vez usted!", exclama el recepcionista, "le he dicho que abrimos nuestro bar a las cinco, pero en su estado de embriaguez no podemos permitirle la entrada".

"Pero... pero... pero - hic - ¡no quiero entrar!" grita el borracho. "¡Quiero salir!"

Sólo alguien que ha estado dentro conoce los entresijos. Sólo alguien que ha estado borracho como tú puede ayudarte. Por eso es tan útil la organización llamada Alcohólicos Anónimos. Ha ayudado a miles de borrachos por la sencilla razon de que otros borrachos estan ayudando. Se entienden, comprenden los problemas.

No están de pie por encima de los demás mirándoles con ojos de condena, mirándoles con esa estúpida mirada santa, "más santo que tú", y predicándoles que sean buenos. Han estado en la misma situación, han sufrido mucho; entienden el lenguaje de los demás.

De ahí que Buda ayudara a más personas a iluminarse que nadie en toda la historia de la humanidad. No creo que Krishna ayudara a nadie a iluminarse; estaba iluminado, pero no pudo ayudar a nadie más. Me temo que Jesús no pudo ayudar a nadie, ni siquiera entre sus propios doce apóstoles. Permanecieron muy ordinarios hasta el final; ninguno de ellos se iluminó.

Buda parece ser un maestro excepcional; de hecho, el primer maestro al que realmente podemos llamar maestro, porque a través de él miles de personas se iluminaron. Y la razón por la que el atractivo de Buda es tan profundo es que no es un pretendiente. No es un mesías, no ha venido de lo alto, no pretende nada. No es el Hijo Unigénito de Dios; no habla de Dios en absoluto. No dice tonterías. Es muy sensato y tiene los pies en la tierra. Habla en serio. Y puede ayudar inmensamente. Dice: porque ha recorrido - el maestro ha recorrido - VIDA TRAS VIDA EL FANGOSO Y TREATANTE CAMINO DE LA ILUSIÓN.

¿Cuándo vas a despertar? Sigues posponiendo, sigues diciendo mañana.

Lleváis siglos haciendo esto y aún no ha llegado el mañana. ¿Cuándo va a llegar? Deja de posponerlo. Posponer es un truco de la mente.

Tras un despegue sin contratiempos, el capitán del Boeing 707 da la bienvenida a sus pasajeros: "Señoras y señores, bienvenidos a bordo. Yo, el capitán Cook, y mi tripulación les deseamos un vuelo agradable. Aterrizaremos en Amsterdam dentro de unas cinco horas".

Unos minutos después se oye la misma voz por los altavoces: "Mierda, Johnny, me apetece una cerveza bien fría y un buen tornillo....".

Mientras la azafata corre hacia la cabina para informar al piloto de que los altavoces están encendidos, un pasajero la agarra del brazo y le dice: "Oiga, señora, ¿a qué viene tanta prisa? Aún nos quedan cinco horas de vuelo".

Siempre estamos pensando en el futuro. Deja de pensar en términos de futuro; esa es la forma que tiene la mente de vivir, de prolongarse, de alimentarse. El futuro es el alimento de la mente. En el momento en que te vuelves decisivo sobre el presente, la mente ha empezado a morir.

Es el principio del fin, el fin de la mente. Y el fin de la mente es el principio de tu existencia real, de tu vida real.

¿Y no ves que la vida ha sido muy traicionera, que te ha estado engañando una y otra vez? Y sigues siendo engañado. ¡Qué crédulo eres! Y sigues cayendo en las mismas zanjas -ni siquiera son diferentes-, las mismas trampas.

Un judío y un polaco están sentados juntos en un compartimento de tren. El judío está comiendo semillas de manzana.

Al cabo de un rato, el polaco siente curiosidad y pregunta al judío: "¿Por qué comes semillas de manzana?".

El judío responde: "¡Las semillas de manzana te hacen inteligente!".

El polaco, aún más curioso, pregunta: "¿Están en venta?".

El judío contesta: "Sí, por supuesto, puedes tener estas cinco semillas de manzana por sólo cinco dólares".

El polaco acepta el trato y empieza a comerse las semillas. De repente, el polaco se vuelve hacia el judío y le dice: "¡Eh, tú, escucha, por cinco dólares podría haber comprado cinco kilos de manzanas!".

El judío se vuelve hacia él con una sonrisa de satisfacción y le contesta: "Ahora lo ves: ¡ya ha empezado a funcionar!".

Sigues repitiendo los mismos errores. Sigues siendo explotado por la vida traicionera, por todo tipo de trampas que te rodean. Y los emperadores y los mendigos están todos en el mismo barco; no hay diferencia. Los pobres y los ricos están en el mismo barco; no hay diferencia porque todos están llenos de deseos. Y dondequiera que exista el deseo, existe el ego, y dondequiera que exista el ego, existe la ilusión, porque el ego es la mayor ilusión que existe. Incluso en un mendigo que no tiene nada más encontrarás el mismo ego que en Alejandro Magno, porque desear es lo mismo. Alejandro Magno puede tener mucho dinero y mucho poder, eso no importa; sigue deseando. El mendigo puede no tener nada, pero también está deseando.

La distancia entre tú y tu deseo siempre es la misma. Es como el horizonte: entre tú y el horizonte la distancia es siempre la misma. Puedes seguir moviéndote hacia el horizonte toda tu vida; la distancia nunca se acorta, sigue siendo la misma. Puedes renunciar al mundo, puedes empezar a huir del horizonte, pero entonces volverás a enfrentarte a otro horizonte. Y ahora el deseo de alcanzar el otro horizonte.... Si te dirigías al oeste, ahora te dirigirás al este, pero es el mismo horizonte, o al sur o al norte. Puedes ir en cualquier dirección, es el mismo horizonte.

Escapar no te ayudará. Puedes renunciar al mundo, pero no te cambiará.

Sólo hay un cambio - sólo un cambio, sólo una revolución y es la revolución de abandonar la ilusión del ego. Es el ego el que te mantiene en el camino fangoso y traicionero de la ilusión.

Y recuerda, no te engañes: "Alejandro Magno es un egoísta. Yo soy un hombre pobre, un hombre humilde. Voy a la iglesia todos los domingos, ¿cómo puedo ser un egoísta?". Tú estás en el mismo barco, de la misma manera. Tienes el mismo ego.

Mientras un Rolls Royce con chófer se detenía en unos semáforos, un vagabundo dio unos golpecitos en la ventanilla y extendió la mano. El caballero inglés del asiento trasero, un tanto literario, bajó la ventanilla y dijo con voz muy culta: "'Ni un prestatario ni un prestamista seas'... William Shakespeare". Y el Rolls Royce siguió su camino.

El vagabundo, al ver que el Rolls se había detenido en el siguiente semáforo, corrió carretera abajo y volvió a golpear la ventanilla. El caballero bajó la ventanilla y el vagabundo dijo: "'Vete a la mierda'... D.H. Lawrence".

NO TIEMBLA NI SE AGARRA NI VACILA.

HA ENCONTRADO LA PAZ.

No tiene miedo. Una vez que el deseo ha desaparecido, el miedo no puede existir. Cuando existe el deseo, siempre tienes miedo: ¿lo conseguirás esta vez o no? O si has alcanzado la meta de tu deseo entonces tienes miedo de si eres capaz de mantenerlo para siempre o no. Si quieres ser presidente, entonces viene el miedo: ¿cómo vas a conseguirlo? Millones de personas quieren ser presidentes. Hay mucha gente neurótica, no eres el único. El mundo entero está loco; tú no eres la única persona loca.

¿Lo conseguirás? Y tienes que ser realmente el más loco para lograrlo porque tendrás que luchar con otros locos. Siempre hay temblores.

Y si por casualidad -y siempre es una casualidad- llegas a ser presidente, entonces surge un nuevo temor: ¿vas a mantenerlo? - porque mucha gente tira de ti. Te tiran de las piernas, te empujan de la silla.

Y hay mucha gente a tu alrededor y todos son peligrosos porque todos quieren sentarse en la misma silla, pero la silla sólo puede contener a una persona.

Ahora hay mucho miedo, no puedes dormir. De hecho, ahora tienes más miedo que nunca; sabes que tarde o temprano te derribarán. Son muchos y tú estás solo. Se reunirán para derribarte.

Pero el maestro no tiene temblores porque no tiene deseos. Y no se aferra a nada porque sabe que no hay nada a lo que merezca la pena aferrarse; tiene esa claridad de visión. Todo lo que es suyo es siempre suyo, nadie se lo puede quitar. Ahora lo ve. Y todo lo que no es suyo te lo van a quitar tanto si te aferras a ello como si no, así que ¿qué sentido tiene aferrarse? ¿Por qué perder el tiempo?

Nunca duda: su claridad es tal. Para un maestro nunca es cuestión de decidir entre alternativas; simplemente ve... y actúa. No es una cuestión de lo uno o lo otro.

¡Nunca! Ve la puerta y sale por ella. No se trata de decidir si atravesar la pared o la puerta. Siempre se trata de decidir si atravesar la pared o la puerta. De hecho, el muro parece más atractivo porque millones de veces has intentado atravesar el muro y estás realmente enfadado con el muro y quieres demostrar que un día vas a derrotar a este muro.

Esta pared tonta te ha derrotado una y otra vez; quieres vengarte. De hecho, no puedes ver la puerta; sólo ves este muro y aquel otro. Siempre es cuestión de elegir qué muro quieres atravesar.

Para el maestro nunca es una cuestión de elección. Vive sin elegir porque vive conscientemente. El esta alerta, tiene ojos para ver, y tu estas ciego; por eso siempre dudas. Porque no tiene miedo, no se aferra, no duda: HA ENCONTRADO LA PAZ.

Naturalmente, hay una paz tremenda en su ser.

CON CALMA SE DESPRENDE DE LA VIDA, DEL HOGAR, DEL PLACER Y DEL DESEO.

CON CALMA SE DESPRENDE DE LA VIDA.... No hace ningún alboroto al respecto, no alardea de su renuncia. Si ve que algo es inútil, lo deja. De hecho, decir que lo deja caer no es correcto - lo deja ir, permite que lo dejen caer. No se resiste, eso es todo. No hace ningún esfuerzo por retenerlo. Y muy tranquilamente, sin ningún esfuerzo. Su vida es sin esfuerzo.

DEL HOGAR.... El hogar representa la seguridad - abandona la idea de seguridad. ¿Qué seguridad puede haber aquí cuando la muerte se lo va a llevar todo? En esta vida no puede haber seguridad, en esta orilla no hay seguridad; por eso no se preocupa por la seguridad.

Y PLACER... porque sabe que el placer siempre trae dolor. Ha visto claramente que el placer es sólo una fachada; detrás de él se esconde el dolor. Él puede ver a través y a través; por lo tanto lo deja ir. Y el deseo ha vivido muchas muchas vidas y ha visto que es insatisfactorio. Siempre busca más: cuanto más tiene, más pide.

Es un ejercicio de futilidad absolutamente absurdo.

Visto lo visto, todas estas cosas empiezan a desaparecer de su vida. No es que renuncie.... En eso insisto: nunca renuncies a nada. Si las cosas no tienen valor, caerán por sí solas. Y cuando las cosas caen por sí solas hay una tremenda belleza en ellas, porque te dejan en paz, tranquilo y sosegado, sereno y centrado.

NADA DE LOS HOMBRES PUEDE RETENERLO.

NADA DE LOS DIOSES PUEDE RETENERLO.

NADA EN TODA LA CREACIÓN PUEDE RETENERLO.

Cuando no hay deseo, ¿qué puede retenerlo? ¿Qué puede hacerle prisionero? Ni este mundo ni el otro, ni la tierra ni el paraíso.

Todas las religiones del mundo hablan del cielo y del infierno. Buda dice que hay algo más allá del cielo y del infierno y que esa es la verdadera existencia. Él lo llama nirvana. Ninguna otra religión habla del nirvana; el nirvana es una visión totalmente diferente. Significa que no estás anhelando deseos celestiales, alegrías y placeres celestiales, porque es la misma estupidez repetida de nuevo a mayor escala, en un plano superior, pero la estupidez es la misma.

El maestro conoce la futilidad del deseo; por eso no desea el cielo, no desea nada. Nada le ata y nada le retiene.

EL DESEO LE HA ABANDONADO PARA NO VOLVER JAMÁS.

... Porque ha visto que es inútil. Si lo abandonas porque yo lo digo, entonces volverá una y otra vez. Si lo dejas caer por tu propia experiencia a través de la meditación, entonces se ha ido para siempre, PARA NUNCA VOLVER.

LA TRISTEZA LE HA ABANDONADO PARA NO VOLVER JAMÁS.

Y el dolor es sólo una sombra del deseo. Recuérdalo siempre: todo tiene que sucederte a través de tu propia experiencia.

Las últimas palabras de Buda a sus discípulos fueron: Sé una luz para ti mismo. ¿Y cómo puedes ser una luz para ti mismo? Ve más allá del cuerpo, de la mente, del corazón. Encuentra el centro de tu ser y, de repente, habrá luz. Ya está ahí, ya está ardiendo. Es tu propio ser; sólo tienes que descubrirla.

Descubriéndola se descubre la verdad.

Descubriéndola se descubre la paz.

Al descubrirlo se descubre la dicha, el nirvana.

Suficiente por hoy.

Vida, amor, risas

La primera pregunta:

Pregunta 1:

AMADO MAESTRO,

RAMAKRISHNA PERMANECIÓ EN SU CUERPO MOSTRANDO INTERÉS POR LA COMIDA. AHORA DIME LA VERDAD - ¿SON LAS BROMAS LAS QUE TE MANTIENEN AQUÍ?

Anand Masta, sí, en cierto modo es cierto. Durante siglos, la religión ha carecido de muchas cosas.

Una de las más importantes es la risa; la religión ha sido demasiado seria.

La seriedad es una especie de enfermedad: es el cáncer del alma. Es muy destructiva, es suicida. Por lo tanto, si no ves florecer la religión en la tierra -aunque hay trescientas religiones, millones de iglesias, templos, mezquitas, la tierra sigue careciendo de conciencia religiosa- la sencilla razón es que la seriedad ha matado a la religión.

La seriedad tiende a convertirse en tristeza. No se puede ser serio sin estar triste; son dos caras de la misma moneda. Y sólo se puede ser serio y triste si se han perdido las raíces de la vida y de la existencia. Sólo las personas patológicas son serias; las sanas, las íntegras nunca serán serias, no pueden ser serias.

Fue uno de los accidentes más desafortunados de la historia de la humanidad que la religión se asociara con la seriedad. Hay que destruir esa asociación, destruirla sin piedad. Hay que liberar a la religión de la prisión de la seriedad. Sólo entonces estará sana, sólo entonces podrá cantar, bailar y regocijarse. La religión seria siempre ha estado arraigada en la idea de que hay algo malo en la vida, algo básicamente malo en la vida, como si la vida fuera un castigo.

La vida es un don de Dios, no un castigo. Y no hay nada malo en la vida. Si algo va mal debe de estar en ti. No conoces el arte de vivir, eres incapaz de adentrarte en la profundidad y en el misterio de la vida. Debes de ser un cobarde; por eso te aferras a la orilla, a lo conocido, a lo familiar. Y la vida siempre avanza hacia lo desconocido. La vida es aventurera y tú eres un cobarde, por eso pronto os separáis.

La vida sigue su camino de aventuras y tú te aferras a tu seguridad. Al aferrarte a tu seguridad te conviertes en un muerto, y cuando te conviertes en un muerto, la vida parece un lastre, un asunto aburrido. De hecho, has perdido el contacto con la vida.

Es como si arrancas un rosal de la tierra: pronto empezará a morir, perderá su verdor, sus rosas se marchitarán. Al rosal no le pasa nada, a la tierra tampoco, sólo que tú los has desconectado. El rosal necesita alimento, entonces puede florecer en miles de flores, puede tener todo el verde del mundo y todo el rojo y todo el oro. El hombre también es un rosal. Necesita su propia tierra, necesita echar raíces en la existencia.

Cuando naces, naces sólo con el potencial de existir, de sobrevivir, no con el arte de hacer de la vida una alegría, una dicha, una celebración. Ese arte hay que aprenderlo. Para mí, la religión es precisamente ese arte, el arte supremo: el arte de transformar lo inferior en superior. Para mí, la religión es alquimia. Es el proceso de transformar lo potencial en real. El hombre ha vivido en el mínimo; por eso parece tan aburrido. El hombre puede vivir al máximo y entonces habrá un gran brillo y un gran resplandor y entonces habrá un gran florecimiento.

La risa es tan preciosa como la oración o incluso más preciosa que la oración, porque el hombre que no puede reír tampoco puede orar. Una oración que no sale de un corazón alegre ya está muerta. No puede llegar a Dios, no puede salir de la tierra, no tiene alas. Es como una roca: caerá de nuevo a la tierra, no puede volar hacia el cielo.

La religión ha vivido sin risa, por eso la religión ha sido un cadáver. Y estáis adorando cadáveres en vuestras iglesias y en vuestros templos y en vuestras mezquitas, os habéis convertido en adoradores de la muerte. En lugar de adorar la vida, habéis estado adorando la muerte.

Mi enfoque es totalmente diferente: te traigo una nueva visión. La religión está en contra de la risa, está en contra del amor, está en contra de la alegría, está en contra de la celebración. La persona religiosa, la llamada persona religiosa, condena todo lo de este mundo; vive rodeada de mil y una condenas. Vive con miedo, temblando. No vive, sólo vegeta.

Vuestros supuestos santos y mahatmas no son personas reales, no tienen las agallas de ser reales, son falsos. Pero ustedes los han adorado durante tanto tiempo, y todavía siguen adorándolos. Y la razón por la que los adoráis es porque están muertos, porque son muy serios, porque son muy feos, porque todo su enfoque de la vida es muy negativo. Son anti-vida, anti-amor, anti-risa - ¿cómo pueden estar A FAVOR de Dios? Sólo a través del amor y de la risa y de una tremenda alegría en la vida empiezas a sentir la presencia de algo que está más allá.

Cuando la vida se convierte en una aventura, en una danza de éxtasis, sólo entonces superas el confinamiento del cuerpo y la mente y te elevas hacia el infinito.

Sí, Masta, se puede decir que vivo de tu risa. Me alegro de verte bailar, cantar y reír. Me alegro de veros profundamente enamorados. Me regocijo viéndote abandonar la basura de siglos, las podridas y estúpidas supersticiones de siglos. Me alegra veros salir de lo viejo, nacer de nuevo.

Todas las religiones nacieron hace miles de años; todo ha cambiado. Esas religiones ya no encajan, no tienen relevancia, su contexto ha desaparecido. Pero siguen sentadas sobre tu cabeza, pesadas montañas, y no te permiten moverte. De hecho, cuanto más antigua es la religión, más valiosa te parece. No es así: cuanto más antigua es la religión, más irrelevante es.

La religión tiene que ser tan nueva como la vida misma. La religión tiene que ser nueva cada día, cada momento.

Y así es como vive la persona religiosa: va muriendo al pasado a cada momento, nace de nuevo a cada momento. Se mueve con la vida. No se aferra a los Vedas, ni a la Biblia, ni al Corán. Puede leerlos como bella literatura, pero no se aferra a ellos. Aquellos que se aferran a ellos están siendo estúpidos porque algo puede haber sido relevante hace dos mil años, pero ya no tiene significado. Y tú lo sabes perfectamente, pero no tienes el valor suficiente para salir del viejo redil.

Todos los intereses creados se oponen a que salgas del viejo redil. Todos los intereses creados quieren que sigas comprometido con el pasado porque así te pueden explotar más fácilmente. Si no te comprometes con el pasado, los sacerdotes desaparecerán, porque representan el pasado. ¿Quién prestará atención al Papa o al Shankaracharya? Se convertirán en el hazmerreír. De hecho, son ridículos, totalmente ridículos. Todas sus ideas están tan pasadas de moda que sigues tolerándolas sólo porque es arriesgado decir que están pasadas de moda. Es arriesgado porque puedes perder algo en tu negocio, en tu inversión. Puedes empezar a separarte de la sociedad. Tienen miedo de ser individuos, quieren seguir formando parte de la multitud.

Y todo el propósito de la religión es haceros individuos. La religión pierde todo su sentido cuando empieza a hacerte, a obligarte, de hecho, a formar parte de la multitud. Cristianos, hindúes, mahometanos, budistas... son multitudes. No has elegido ser cristiano; es accidental que hayas nacido cristiano, judío o hindú. ¿Cómo puede ser accidental la religión? ¿Acaso un fenómeno tan importante se decide por accidente de nacimiento? Tienes que estar conscientemente alerta para elegir tu camino hacia Dios. No has elegido tu camino, ni siquiera has elegido a Dios. Has sido forzado a elegir, y has permitido que todo esto suceda. ¡Es una esclavitud! Ser cristiano es una esclavitud.

Las personas reunidas en torno a Cristo eran cristianos de verdad, eran los únicos cristianos, porque habían elegido. Iban en contra de la multitud, arriesgaban sus vidas, se movían en el peligro. Habían nacido judíos. Habrían estado más cómodos, habrían vivido más cómodamente si no hubieran seguido a Jesús. Seguir a Jesús era peligroso. Resultó peligroso para el propio Jesús; fue crucificado. Sus discípulos fueron víctimas de todas las formas posibles. Eran personas reales, auténticas. Ser cristiano ahora no significa nada.

Las personas que se reunían en torno a Gautama el Buda eran verdaderos budistas.

Eran personas religiosas, porque ir contra toda la multitud de los hindúes, contra todo el modelo de la sociedad y seguir a un hombre muy rebelde, estar con él, era aceptar la vida de la inseguridad. Eran buscadores genuinos, auténticos. Pero el hombre que nace budista no ha arriesgado nada; es sólo una coincidencia que nazca budista.

Si de pequeño te hubiera adoptado un mahometano, habrías sido mahometano; si te hubiera adoptado un judío, habrías sido judío. Y nunca habrías sabido quién eras por tu nacimiento, porque nadie nace cristiano, budista o hindú: todo el mundo nace libre. Dios te da la libertad de elegir.

Pero la sociedad no quiere que seas libre. Ni el Estado ni la Iglesia ni otros intereses creados quieren que seas libre. Quieren lisiarte y paralizarte, quieren destruir tu inteligencia. Tampoco quieren que seas muy feliz porque la gente feliz puede ser peligrosa. La gente miserable es buena, la gente miserable siempre es controlable, la gente miserable siempre está dispuesta a esclavizarse. Son tan miserables que siempre están buscando a alguien que les dé apoyo, que les haga la vida un poco más fácil. La persona feliz se vuelve independiente; cuanto más feliz es, más independiente es.

Un Jesús, un Buda, un Krishna o un Confucio son las personas más dichosas que ha conocido la Tierra. Son personas totalmente independientes. No les importa lo que digan los demás; no se preocupan por sus opiniones por la sencilla razón de que no dependen de nadie más. Su felicidad es interior.

La sociedad no quiere que seas realmente feliz. Quiere que estés triste y enfermo; quiere que seas patológico, neurótico. Sólo una sociedad neurótica puede ser dominada por los curas y los políticos. Sólo las personas que han perdido toda inteligencia pueden ser dirigidas por idiotas como Adolf Hitler y Benito Mussolini. La gente que tiene inteligencia no puede ser dirigida por gente así. Esa gente está loca. En un mundo mejor, no habrá ninguna posibilidad de Adolf Hitlers. En el momento en que haya alguien así será internado en un manicomio: tiene que ser tratado, está loco. Pero ahora mismo estos locos se han vuelto muy influyentes. Su propia locura les hace poderosos. Están tan locos que la gente que no lo está tanto empieza a seguirles. Parecen líderes.

Y la gente es diferente sólo en grados. Alguien está más loco que tú y tú estás un poco menos loco que él; por supuesto, el que está más loco que tú va a ser tu líder. Será más terco, más dogmático, parecerá más decidido, parecerá tener más fuerza de voluntad, tendrá cierta influencia hipnótica, pero eso sólo es posible si has perdido toda tu inteligencia.

Mi esfuerzo aquí es devolverte lo que es realmente tuyo. No quiero que formes parte de ninguna religión. Simplemente quiero que seas religioso, ni cristiano, ni hindú, ni mahometano, sólo religioso. Con eso basta. No hay necesidad de elegir una doctrina en particular. La religión no tiene nada que ver con doctrinas, es más existencial.

Y si no amas la vida, tampoco podrás amar a Dios. Si él es el creador, tienes que amar su creación para amarle a él. Odiar su creación y mostrar amor al creador es absurdo. Condenar la creación y alabar al creador es totalmente estúpido, ilógico, poco inteligente. Si amas la música, sólo entonces amas al músico, o viceversa. ¡Y esta existencia es tan hermosa!

Excepto en el hombre no encontrarás tristeza en ninguna parte. Los árboles no están tristes y los animales no están tristes y las estrellas no están tristes, incluso las rocas no están tristes, sólo el hombre - porque sólo el hombre ha sido manipulado, explotado, distraído de su centro.

Sí, Masta, cuando te veo reír, amar, alegrarte, bailar, cantar, me dan ganas de quedarme un poco más en el cuerpo por ti.

Te he dado el nombre de Anand Masta. ANAND significa dicha y MASTA significa loco - locamente dichoso, completamente ebrio de dicha. Y muy pocos sannyasins cumplen tan profundamente sus nombres como lo estás haciendo tú. Estoy absolutamente feliz contigo, todas mis bendiciones son para ti. Embriágate más y más.

Dios no está lejos. Justo cuando te pierdes en el amor, Él está tan cerca como nunca puede estarlo.

Cuando te pierdes en la danza, cuando te abandonas en la danza, cuando el ego desaparece en tu danza, él es sólo tu compañero en la danza, nadie más que él.

Sea quien sea el compañero, él es el compañero. Cuando tu corazón palpita de alegría y éxtasis al cantar, él está en tu corazón, en lo más profundo de tu ser. Y cuando ríes, si la risa es total, si cada fibra de tu ser se ríe....

Por eso me encantan los chistes. Los chistes son muy religiosos, muy espirituales. Todos los chistes son espirituales porque de repente desencadenan un proceso en ti y olvidas toda tu seriedad. Por un momento vuelves a ser un niño inocente, lleno de asombro y admiración. Y la risa te abruma, te ahogas en la risa. El ego no se encuentra cuando estás sumido en la risa. Y cuando el ego desaparece, está Dios.

Recuérdalo como una de las leyes más fundamentales: siempre que el yo está ausente, Dios está presente - ambos no pueden estar presentes juntos. La relación entre el ego y Dios es como la relación entre la oscuridad y la luz. Si la luz está presente, la oscuridad no puede estar ahí, porque la oscuridad no es más que la ausencia de luz. ¿Cómo puede haber presencia y ausencia juntas? Si hay oscuridad, no puede haber luz.

Hay una antigua parábola:

Después de muchos millones de años, la Oscuridad se acercó a Dios y le dijo: "¡Esto es demasiado! Ya he tenido bastante paciencia, pero tu Sol sigue torturándome sin motivo, persiguiéndome cada mañana. Ni siquiera he descansado lo suficiente y ya está de vuelta y comienza la persecución. Y yo tengo que correr y él sigue corriendo detrás de mí. Esto ya cansa. No le he hecho nada malo a este Sol. ¿Por qué me persigue tanto?

¿Por qué me tiene tanta enemistad?".

Dios también pensó: "¡Esto es injusto!". Y llamó al Sol. El Sol vino y dijo: "No sé de qué estás hablando. ¿Te has vuelto loco o algo así? ¿Qué oscuridad? Nunca me he encontrado con ninguna Oscuridad. Nunca la he visto, nunca la he conocido, así que por supuesto, ¿por qué debería perseguir tu Oscuridad? ¡Ni siquiera la conozco! ¿Dónde está? ¡Tráela ante mí! Y a menos que la traigas ante mí, ¿cómo puedo responder? Ambas partes tienen que estar presentes en la corte. Primero tengo que ver quién es esta Oscuridad que se ha quejado contra mí y a la que ni siquiera conozco. En todos estos millones de años desde que me has creado nunca la he visto, nunca la he conocido. Ni siquiera conozco su paradero".

Y Dios dijo: "Así es. La llamaré".

Y desde entonces, han vuelto a pasar millones de años y Dios lo ha estado intentando. Has oído decir que Dios es omnipotente - no lo es, porque aún no ha sido capaz de convocar a ambos. Sí, a veces viene la Oscuridad y se queja, y a veces viene el Sol y dice: "Esto es injusto, que estén presentes los dos". Pero ni siquiera Dios es capaz de hacer que eso ocurra. Así que está pendiente, está en los archivos. Un día, buscando en los archivos, me topé con él, y creo que se va a quedar para siempre en los archivos.

La oscuridad y la luz no pueden estar presentes juntas. El ego es sólo oscuridad; la ausencia de conciencia es ego. Cuando te vuelves consciente, el ego desaparece. Cuando la conciencia es total, el ego no se encuentra en absoluto. Y la totalidad de la conciencia es otro nombre para la experiencia de Dios.

Dios no es una persona, te lo recuerdo una y otra vez, Dios es sólo una experiencia de conciencia absoluta, de éxtasis último. Por eso digo: ríe profundamente, ama profundamente, vive profundamente. Arriesga todo por el amor, la risa, la vida. Deja que tu vida sea una gran exploración y avanza siempre hacia lo desconocido y lo incognoscible.

Nadie más ha utilizado los chistes de forma espiritual; de ahí que a veces la gente se escandalice.

Cuando vienen por primera vez a escucharme, naturalmente se escandalizan porque quieren oír algo muy serio, ¡como si no lo fueran ya bastante!

Quieren oír algo esotérico, algo sin sentido, algo que no tiene sentido para ellos; entonces piensan que debe haber un gran significado en ello. Cuando algo les resulta incomprensible, ¡piensan que se trata de una gran filosofía! Cuando encuentran algo escrito en una jerga estúpida, esotérica, oculta, espiritual, se interesan mucho. Piensan que van a encontrar algún tesoro en ello.

El tesoro no está escondido en grandes palabras, el tesoro está escondido en ti. Y hay que descubrirlo, no con grandes palabras, hay que descubrirlo sin palabras, hay que descubrirlo a través del silencio.

¿Y no has sentido después de una profunda carcajada que te invade un repentino silencio? - El silencio después de una tormenta. Por un momento es como si la mente dejara de funcionar...

estás totalmente relajado, en un profundo descanso.

Esos son los momentos, Masta, en los que empiezas a sentir la presencia de Dios. Esos son los primeros atisbos de que Dios está. No hay otra prueba.

De ahí que mi comuna vaya a seguir siendo un shock para la gente tradicional. Han visto muchas comunas espirituales, pero todas eran serias. Jesús entenderá lo que estoy diciendo, pero no el Papa del Vaticano, porque estos tontos siguen diciendo que Jesús nunca se rió. Y yo les digo, por mi propia autoridad, que él debe haber sido una de las personas más hilarantes.

¿Quién más puede reír tan maravillosamente como Jesús? ¿Quién más tiene el derecho? No era un santo de tipo mortal; vivía, y vivía muy cerca de la tierra. Convivió con todo tipo de gente corriente -con borrachos y jugadores y recaudadores de impuestos y prostitutas- y le encantaba comer y beber.

Los farsantes espirituales indios están muy en contra de la bebida. Por eso no pueden creer que Jesús esté iluminado. Muchos monjes jaina me han preguntado: "¿Por qué dices que Jesús está iluminado, como Buda y Mahavira? Él solía beber vino". No hay nada malo en ello, sólo hay que aprender el arte de beber vino. No hay que beber demasiado; hay que seguir la regla de oro. Nadie se ha enterado de que Jesús estaba tumbado en la calle. Debía de saber cuánto beber y cuándo beber y cuándo no beber.

Y además, el vino es absolutamente vegetariano; mucho más vegetariano que la leche, que los monjes hindúes, jaina y budistas consideran el alimento más puro. Es un alimento animal. Está más cerca de la comida no vegetariana que de la comida vegetariana. Forma parte del cuerpo humano o del cuerpo animal. El vino no tiene nada de malo. Y si uno es tonto puede beber demasiada agua y meterse en problemas. Así que no es cuestión de beber.

¿Y qué hay de malo en disfrutar comiendo? Debe haber disfrutado comiendo porque tenemos muchas referencias de que cada noche con sus discípulos la reunión solía continuar hasta tarde en la noche, comiendo, bebiendo.... ¿Y crees que él comía y bebía y todos comían y bebían y todos estaban sentados serios y sombríos y santos? ¿Es así como se bebe y se come y se disfruta? Deben haber estado contando chistes y deben haber estado chismorreando y deben haber estado hablando como seres humanos.

Era muy humano en ese sentido, mucho más que Buda y Mahavira. Ellos parecen más abstractos, más en el cielo y menos en la tierra. Él era muy terrenal. Solía quedarse en la casa de una prostituta, María Magdalena. ¡Ahora, tu Papa del Vaticano no tendrá tantas agallas! Aunque sea polaco, no creo que tenga tantas agallas.

Pero cuando la gente viene aquí, esta gente que se cree espiritual, viene con sus ideas, sus prejuicios: que no debe haber risas, ni bailes, ni cantos. Y cuando ven a los sannyasins abrazándose, eso es demasiado, ¡como si hubiera algo malo en abrazarse! Cuando ven a gente cogida de la mano con profundo amor se escandalizan. Las personas espirituales deberían ser muy anti-vida, totalmente negativas a la vida; no deberían afirmar la vida de ninguna manera. Y todo mi esfuerzo aquí es afirmar la vida de todas las formas posibles.

Masta, unos chistes para ti:

Había una vez una niña que se encontró con la palabra "frugal" y le preguntó a su madre qué significaba. Le dijeron que significaba "ahorrar". Al día siguiente, a la niña le pidieron que escribiera un cuento en el colegio, y entregó el siguiente:

"Érase una vez una princesa que se había perdido en el bosque y al caer la noche se asustó. Empezó a correr, gritando: "¡Frágil de mí! ¡Frugal yo!

"Un príncipe que pasaba por allí oyó sus súplicas y corrió a rescatarla. Él la frugalizó y vivieron felices para siempre".

"Oye, Giulio, ¿de dónde sacaste el ojo morado?"

"Estaba en casa de mi chica", explicó el joven amante, "y estábamos bailando muy juntos cuando entró su padre".

"¿Y?"

"Así que", dijo el italiano, "el viejo-a está sordo-a. No podía oír la música".

Un vaquero tejano caminaba por una calle de Tijuana. De repente, el joven Pablo se le acercó y le tiró de la manga.

"Eh, señor", dijo el chico, "¿quieres hacer el amor con mi señor?".

"Podnah", dijo el tejano, "¡Ah ni siquiera beben el agua de aquí!".

La segunda pregunta:

Pregunta 2:

AMADO MAESTRO,

USTED DIJO QUE PARA BUDA LA LIBERTAD ES LO MAS ELEVADO. PERO SU "DHAMMA" SIGNIFICA "LA LEY", QUE INHIBE LA LIBERTAD. ¿QUÉ RELACIÓN EXISTE ENTRE LA LIBERTAD Y LA LEY? POR FAVOR, COMENTE.

Anand Maitreya, la libertad para Gautama el Buda es la ley misma de la vida. Por lo tanto, no hay contradicción. La vida misma tiene sus raíces en la libertad. No somos máquinas, no estamos preprogramados. Somos libertad absoluta, ahora depende de nosotros lo que hagamos con ella. Todas las alternativas están abiertas, podemos elegir cualquier alternativa, esa es nuestra elección. Podemos convertirnos en cualquiera, esa es nuestra elección.

Es como si encuentras una roca de mármol: ahora depende de ti lo que quieras hacer con ella. Puedes esculpir un Cristo, también puedes esculpir un Judas. La roca está totalmente a tu disposición; ahora tienes que decidir, es tu decisión, tu decisión consciente, lo que quieres hacer con ella.

Miguel Ángel pasaba por delante de una tienda que vendía mármol. Vio una gran roca de mármol fuera de la tienda, la había visto allí tirada durante años. Le preguntó al dueño: "¿Qué pasa? ¿No puede venderla?"

El hombre dijo: "He abandonado la idea. No puedo venderlo. Nadie está dispuesto a comprarla, es inútil. La he tirado. Pero si te interesa puedes llevártela gratis, así al menos mi sitio estará vacío y podré poner allí otras piedras".

Miguel Ángel se llevó la roca consigo y, al cabo de un año, invitó al dueño a verla.

El dueño no podía creer lo que veían sus ojos; nunca había visto un Jesús tan hermoso. Le dijo: "¿Cómo has podido hacerlo? ¡Eres realmente un mago! Aquella roca era completamente inútil; ningún otro escultor estaba dispuesto a aceptarla ni siquiera gratis."

Y se cuenta que Miguel Ángel dijo: "No tiene nada que ver conmigo. Cuando yo pasaba, Jesús gritó desde la roca diciendo: '¡Estoy preso aquí! Ayudadme a salir de esta roca". Y yo sólo he quitado los trozos innecesarios, le he liberado".

Pero hace falta un Miguel Ángel que lo escuche, que oiga al Jesús que hay dentro de la roca llamándole para que le ayude a liberarse.

Una roca es sólo una roca; depende de ti lo que hagas de ella. Eso es lo que dicen los existencialistas: que el hombre nace absolutamente libre. Antiguamente, los filósofos pensaban que el hombre nace con una esencia. Los existencialistas dicen que el hombre nace sólo como existencia, sin esencia. Tiene que crear la esencia por su propia elección. Y estoy perfectamente de acuerdo con el enfoque existencialista.

Buda es el primer existencialista del mundo y mucho más verdaderamente un existencialista que Martin Heidegger, Jean-Paul Sartre, Jaspers y otros, porque después de todo estos existencialistas son sólo pensadores - piensan sobre la existencia. Buda se transformó realmente. No hablaba de la esencia: la creó, mostró al mundo lo que el hombre puede hacer de sí mismo.

Gurdjieff solía decir que el hombre no nace con alma. El significado es el mismo. Parece muy extraño cuando oyes por primera vez que el hombre no nace con alma. El alma tiene que ser creada, el hombre nace vacío. Y millones mueren sólo como vacíos huecos.

Sus almas nunca nacen porque nunca hacen ningún esfuerzo. La vieja idea de que todo el mundo nace con alma te libera de la gran responsabilidad de crear tu propio ser, de crearte a ti mismo. Cuando no hay responsabilidad de crear, sigues viviendo accidentalmente, como madera a la deriva.

Buda dice que la libertad es la ley misma de la vida. Lo que quiere decir es que no hay nada más elevado que la libertad. Pero por la palabra 'ley', por favor, no le malinterpretes. De hecho, para el dhamma, la palabra "ley" es sólo aproximadamente correcta. En el idioma inglés no existe exactamente la palabra correcta para dhamma. En chino hay una palabra tao que significa exactamente dhamma. La palabra más parecida en inglés es logos, pero ya no se usa.

De ahí que se utilice "la ley", pero "ley" tiene otras asociaciones: la ley ordinaria del estado, de los gobiernos, de las sociedades. Ese no es el significado de Buda. Por supuesto, estas leyes son inhibiciones; te prohíben, te impiden la libertad.

Buda está diciendo que la libertad es la única ley real y que cualquier cosa que obstaculice tu libertad va en contra de la ley de la vida. Sé libre. Hay que romper todas esas leyes, sabotearlas. Tienes que tomar tu vida en tus manos y eres responsable de ella. Ningún destino es responsable. Tienes que crearte a ti mismo con tu propio esfuerzo.

No eres más que una tabula rasa. Puedes escribir hermosos poemas en ella, hermosa caligrafía, puedes hacer hermosas pinturas en ella; o puedes dejarla como está. O puedes simplemente arrojar colores sobre ella, sin sentido, de forma insensata, como un niño pequeño. Puedes destruirlo todo. Y no hay nadie más responsable que tú; la responsabilidad total es tuya.

Eso es lo más enfático que Buda quiere que recuerdes: no eludas tu responsabilidad. Lo que eres es obra tuya y lo que quieras ser puedes serlo.

Pero sólo puedes serlo si la libertad es la ley de la vida. Si todo está destinado, si hay algo como el destino, si hay algo que ha sido preprogramado en ti, entonces no eres un hombre en absoluto, entonces no eres más que un bioordenador.

Simplemente vas a repetir el programa, eres un disco de gramófono. No tienes libertad, no puedes cambiar nada. No eres más que un juguete en manos de fuerzas desconocidas.

Buda dice que esto no es cierto. De ahí que incluso niegue la existencia de Dios por la sencilla razón de que si Dios está ahí entonces habrá problemas; entonces él será el ser supremo. Su sola presencia se convertirá en una inhibición para ti.

Esa es exactamente la lógica de Friedrich Nietzsche. Él dijo: Dios ha muerto, por lo tanto el hombre es ahora libre. Pero Nietzsche era sólo un filósofo. No podía contener tanta libertad. Se volvió loco.

Buda no es un filósofo en absoluto, es un místico. Utilizó la libertad. Se hizo realmente responsable de sí mismo. Creó su propio ser y se convirtió en la persona más bella que jamás haya vivido en la tierra. Siguió la ley de la libertad y alcanzó la dicha suprema, la verdad suprema.

Tú también puedes hacer lo mismo. Ese es su mensaje. Dice: "Lo que me ha pasado a mí puede pasarte a ti. Si no sucede, nadie más es responsable excepto tú". Así que toma la responsabilidad total en tus manos, siente y sé responsable, y utiliza la ley de la libertad porque está disponible. La vida te ha sido dada sin ningún preprograma; ahora depende de ti lo que quieras hacer de ella. Puedes convertirte en un monstruo feo -un Gengis Kan, un Tamerlán, un Nadirshah- o puedes convertirte en un Gautam Buda, un Jesucristo, un Lao Tzu, un Zaratustra. Todo depende de ti, es tu libertad. Elige.

Pero sólo puedes elegir cuando eres consciente; sólo puedes elegir cuando estás atento, alerta. Cuanto más consciente eres, más capaz eres de elegir el rumbo de tu vida. Cuanto más consciente eres, más sabes, más puedes sentir un sentido de dirección.

La libertad es el fundamento de la vida y la libertad es también el objetivo final. La libertad es la fuente y la libertad es la meta.

Utiliza la libertad para liberarte de toda esclavitud.

Utiliza la libertad para ser libre en última instancia.

Utiliza la libertad para convertirte en la libertad misma.

La tercera pregunta:

Pregunta 3:

AMADO MAESTRO,

¡NUNCA PENSÉ QUE LLEGARÍA A ESTO, PERO OJALÁ FUERA ITALIANO!

MUCHO-A AMOR-A Y-A PASTA, BIGGA PREMA.

Bigga Prema, evita tales deseos, porque si los llevas demasiado tiempo empiezan a hacerse realidad. Entonces, ¡no me hagas responsable de ello! Ten mucho cuidado con lo que deseas, porque el peligro es que el deseo se cumpla tarde o temprano.

Amo a los italianos -tanto como a los demás- pero, naturalmente, mucha gente siente celos de los italianos, por la sencilla razón de que cuento tantos chistes sobre italianos. Pero la razón no es que quiera más a los italianos que a los holandeses o a los australianos; la razón es simplemente que mi bibliotecaria es Lalita, una italiana, ¡así que no para de buscarme chistes italianos! Así que, en lugar de desear ser italiano, sólo deseo que pueda conseguir un ayudante para Lalita de cada país. En la nueva comuna, creo que Lalita debe tener al menos una docena de asistentes. Pero cuidado con tener este deseo.

¿Sabes por qué cuelgan salami en las bodas italianas?

Para alejar las moscas de la novia.

¿Y sabes quién disparó la bala en el cuerpo de Mussolini?

Cien mejores tiradores italianos.

Bianco, el barbero, melló a su cliente seis veces mientras le afeitaba. Finalmente, el hombre, que sangraba, le pidió una navaja.

"¿Por qué?", preguntó el italiano. "¿Quieres afeitarte?"

"No", dijo la víctima, "¡quiero defenderme!".

Detenido por la policía después de subir a toda velocidad por una calle de sentido único y estrellar su Ford 1949 contra el escaparate de una tienda, el borracho italiano quería saber qué demonios estaba pasando.

"Has ido contra el tráfico, cabrón", le dijo el policía enfadado, "¿no has visto las flechas ahí detrás?".

"¡Santa Madre de Dios!" dijo la guinea borracha. "¡Ni siquiera vi a los indios!"

Y si de verdad quieres cambiar en tu próxima vida, en la próxima ronda cuando vuelvas, Bigga Prema, en vez de ser italiano, ¡sé polaco! Ya ves, el polaco se ha convertido en Papa, ¡ha derrotado a todos los italianos! Ahora bien, si un polaco puede llegar a ser papa, lo próximo será que una mujer llegue a serlo.

¿Por qué los perros polacos tienen la nariz chata?

De perseguir coches aparcados.

¿Y por qué los polacos no pueden ser farmacéuticos?

¡No les caben las botellitas marrones en las máquinas de escribir!

¿Y sabes qué pone en el fondo de las botellas de leche polacas?

"Abrir en el otro extremo."

Wojawicz entró en los grandes almacenes con su perro sarnoso. Un empleado se acercó corriendo, señaló el cartel que decía NO SE PERMITEN PERROS y le dijo: "Oiga, señor, ¿no sabe leer?".

"Entonces", dijo el polaco, "¿quién fuma?".

Y justo el otro día todos los italianos naranjas y todos los polacos naranjas se reunieron para decidir quién es realmente el más grande. Por supuesto, no se trataba de una discusión intelectual... ¡tenía que ser algo existencial! Así que decidieron ir al campo de fútbol que hay junto a la estación de tren y jugar al fútbol, ganara quien ganara ....

Durante dos horas pasó de todo, menos fútbol. Volaban los golpes de kárate y se hacía yoga y boxeo y lucha libre y Meditación Dinámica y Meditación Kundalini. Y se habían olvidado por completo de que también necesitaban unos cuantos árbitros; no había árbitros en absoluto.

Al cabo de dos horas, ¡hasta el futbolista que estaba tumbado al lado empezó a reírse! "¿Qué está pasando?" Entonces pasó un tren y al oír el silbato del tren los italianos pensaron que se había acabado el partido, así que abandonaron el campo pensando: "Estamos empatados y se acabó el partido".

Pero los polacos estaban empeñados en ganar, y ahora, como el sol se estaba poniendo, el partido se volvió aún más feroz. Y finalmente, tras una hora de esfuerzo, los polacos consiguieron marcar un gol, ¡sin los italianos, pero eso no importa!

Así que si quieres ser algo realmente grande, es mejor ser polaco que italiano. ¿Por qué elegir algo de segunda categoría?

Milewski intentaba encender una cerilla. Encendió la primera cerilla, no funcionó y la tiró. Encendió una segunda cerilla. Tampoco funcionó y la tiró. Encendió una tercera y se encendió.

"Esa es buena", dijo el polaco, soplando. "¡Tengo que guardarlo!"

Un polaco y un judío caminaban por el desierto. El judío llevaba una sandía y el polaco una puerta de coche.

Al cabo de un rato, el polaco le dijo: "¿Por qué llevas esa sandía?".

El judío dijo: "Entonces, cuando hace demasiado calor, lo corto y me como un trozo".

Al cabo de un rato, el judío dijo: "¿Y por qué llevas la puerta del coche?".

"Entonces", dijo el polaco, "cuando hace demasiado calor, ¡simplemente bajo la ventanilla!".

La cuarta pregunta:

Pregunta 4:

AMADO MAESTRO,

HACE UN TIEMPO TE ESCRIBI PARA DECIRTE QUE ESTABA CONFUNDIDA Y ME DIJISTE QUE TE ESTABAS OCUPANDO. AHORA, DESDE ENTONCES, ¡ESTOY AÚN MÁS CONFUSA! ¿QUÉ ME ESTÁS HACIENDO?

Prem Asang, ¡cuidando! ¡Esa es mi manera de cuidar! Te confundes porque llevas ciertas ideas y prejuicios en la mente. Si no llevas ninguna idea, ningún prejuicio en la mente, ni siquiera yo puedo confundirte; nadie en el mundo entero puede confundirte. La confusión surge de tus propias causas internas.

Por ejemplo, si crees en una determinada idea y yo digo algo en contra, entonces hay confusión. No puedes abandonar la vieja idea; es tan vieja, tiene tantas raíces en ti y has vivido con ella tanto tiempo que se ha vuelto cómoda y acogedora. Has creído en ella tanto tiempo, te ha dado tantos consuelos, que ahora, de repente, abandonarla significará moverte en un estado de inseguridad; se ha convertido en tu seguridad y protección.

Pero escuchándome ya no puedes aferrarte a ello. No puedes dejarlo y no puedes aferrarte a él, de ahí la confusión. Ya no puedes aferrarte a ello porque lo que digo te atrae, tu corazón lo entiende. En el fondo, algo en tu ser interior dice: "Sí, es así". Entre tu corazón y tu cabeza se produce un conflicto; eso es confusión.

Confusión significa simplemente que ahora eres incapaz de decidir hacia dónde ir: seguir aferrándote a lo viejo, lo cual será imposible porque ahora has visto que eso no está bien, que te has estado aferrando sólo a una cómoda mentira. No es verdad, y tu corazón siente que no es verdad... aunque te da consuelo. Las mentiras pueden darte consuelo, son muy consoladoras; de lo contrario nadie creería en las mentiras.

Todo el mundo cree en las mentiras por la sencilla razón de que son baratas y le proporcionan un gran consuelo. No necesitas hacer ningún esfuerzo para darte cuenta de ellas. Te las transmiten otros: tus padres, tus profesores, la sociedad, el ambiente. Simplemente vas recogiendo de todas partes, de todas las fuentes.

Vives en un castillo de arena, pero todo va bien, a menos que alguien te diga que es un castillo de arena. Una vez que has oído que es un castillo de arena, surge el problema: ya no puedes vivir en él, es peligroso vivir en él. Y no puedes salir de él porque te has acostumbrado a él. De ahí la confusión. Confusión significa simplemente que eres incapaz de decidir.

A menos que te vuelvas decisivo, Asang, la confusión seguirá creciendo. Mi trabajo consiste en crear confusión en ti, porque sin crear confusión no puedo sacarte de tus castillos de arena, no puedo sacarte de tus barquitos de papel, no puedo sacarte de tus mentiras y sueños. Y sé perfectamente que cuando has invertido tanto en una determinada creencia -quizá has vivido treinta o cuarenta años en una determinada creencia- ver ahora que estaba equivocada, que era completamente estúpida, que era ridícula, te crea un gran problema. Tu autoimagen de ser inteligente se hace añicos. Durante cuarenta años has llevado algo ridículo sin verlo.

¿Qué clase de inteligencia tienes? Empiezas a sospechar de tu propia inteligencia y eso no sienta bien.

Por eso, para estar con un maestro hace falta valor. Para estar con un maestro hace falta valor para aceptar que "no lo sé".

En el momento en que aceptes, Asang, que "no lo sé", toda la confusión desaparecerá, se evaporará, simplemente se evaporará - igual que las gotas de rocío se evaporan al sol de la mañana temprano sin dejar rastro tras de sí. La confusión se debe a que te aferras a algunas cosas que en el pasado creías muy valiosas. Pensabas que eran adornos, dorados, tachonados de diamantes, y ahora te he hecho saber que no son más que cadenas -quizá cadenas doradas y quizá tachonadas de diamantes, pero ¿qué son los diamantes? - también son piedras. ¿Y qué es el oro? La diferencia sólo existe en la mente del hombre, de lo contrario el oro y el hierro son lo mismo. La evaluación es nuestra, la proyección es nuestra. Pero las cadenas son cadenas y las cadenas hay que romperlas. Ahora las cosas que has creído que eran adornos, decoraciones, se te están mostrando persistentemente como nada más que cadenas.

O tendrás que escapar de mí... pero recuerda, escapar no te ayudará. Una vez que estés en mi mesa de operaciones, ¡es mejor que pases por toda la operación! Si te escapas a mitad de la operación seguirás confundido toda tu vida, porque lo que hayas comprendido de mí no te abandonará, te perseguirá.

Así que no hay escapatoria para mí.

Una vez que estés conmigo tendrás que aprender los caminos de la transformación, tendrás que pasar por un cambio radical. Tienes que morir al pasado y nacer de nuevo. Es duro, es doloroso. Todo nacimiento es doloroso, y el nacimiento espiritual en particular es muy doloroso. No hay sedantes disponibles. Para el nacimiento espiritual uno tiene que pasar por muchos dolores, pero esos dolores merecen la pena porque creces fuera de tus aprisionamientos; creces hacia la libertad, creces.

Y una vez que has saboreado la alegría de crecer, de hacerte maduro, entonces no hay problema. Entonces sabes que todo lo que has dejado atrás no valía nada, era basura.

Pero, Asang, este momento hay que pasarlo. Este momento crítico tiene que llegar en la vida de todo discípulo, cuando el discípulo está en una especie de limbo, ni aquí ni allá, mitad en el pasado y mitad moviéndose conmigo, muchas veces pensando en escapar.

El otro día Somendra hizo una pregunta: "Pero, amado Maestro, ¿dónde está la salida?"

Aquí no hay salida. Es tráfico unidireccional. Sólo se entra... no tenemos otra puerta, sólo la entrada. Entonces tienes que renacer; esa es la única salida. Pero la salida no está en escapar, está en "inscape". Es ir hacia adentro.

Asang, ¡estoy teniendo tanto cuidado como puedes tolerar en este momento! Tomaré más....

El medicamento es amargo y debe administrarse en pequeñas dosis. Y esto no es un tratamiento homeopático, recuerda, esto es alopatía pura - ¡es veneno puro! Es crucifixión, porque sólo entonces hay resurrección. Pero eso también lleva tres días. Entre la crucifixión y la resurrección... tres días. Recuerda esos tres días; son significativos, muy significativos. Esos tres días son los más difíciles.

Piensa en Jesús: tres días en la cueva, ni vivo ni muerto. No podía estar completamente muerto, porque una vez que estás completamente muerto te vas. Tampoco estaba completamente vivo; de lo contrario no habría permanecido tres días en la cueva, habría escapado antes. Debe haber estado colgado entre estas dos polaridades de nacimiento y muerte.

Esos tres días son significativos, son simbólicos. Esos tres días representan el cuerpo, la mente y el corazón. Tienes que morir en el cuerpo, en la mente, en el corazón; sólo entonces podrás nacer como alma. Tienes que pasar por esta noche oscura del alma. Este es el periodo del vientre materno, esos nueve meses en el vientre de la madre. Exactamente del mismo modo, el discípulo tiene que estar en el vientre del maestro. Este campo búdico no es más que un útero. Tú estás en el útero. Depende de ti: si sigues aferrándote demasiado tiempo, tardarás mucho en salir.

En la India tenemos muchas historias bonitas sobre Lucknow. Lucknow es la ciudad más amanerada de la India, muy amanerada; demasiado, de hecho, según se dice. Una vez, una mujer se quedó embarazada y llevaba dos niños en su vientre que no salían. Pasaron nueve meses, luego nueve años, luego noventa años....

Finalmente la mujer murió y los médicos tuvieron que abrir el útero. Dos señores pequeños de noventa años estaban allí y se decían: "¡Señor, usted primero!".

No te tomes tanto tiempo - ¡aquí no hace falta ser tan amanerado! Sal del útero lo más rápido posible... porque el útero espiritual no tiene tiempo natural - nueve meses o nueve años - todo depende del individuo. Puede suceder en un solo momento o puede no suceder en una eternidad.

Asang, estoy cuidando de ti, y a medida que estés un poco más disponible para mí, un poco más paciente, un poco más capaz de absorber mi energía, cuidaré más de ti.

Hace unos días iba a llamarte una noche como médium invitada, pero Arup me informó de que "la primera vez que llamaste a Asang como médium invitada, durante muchos días estuvo casi en estado de locura, así que, por favor, no la llames tan pronto". Así que tuve que abandonar la idea.

Si estás preparado, ¡puedes venir esta noche! Pero luego no te vuelvas demasiado loco durante muchos días. Intenta absorberme. Cuanto más capaz te vuelvas, más te confundiré hasta que no quede nada que confundir, hasta que la mente desaparezca por completo y no haya nadie a quien confundir.

Eso es lo que les ocurre a mis discípulos que llevan aquí bastante tiempo. Ahora, todo lo que digo, lo escuchan alegremente sin hacer ninguna comparación, sin hacer ningún juicio, sin ninguna evaluación. No piensan en lo que dije ayer, porque si piensan en eso empiezan a confundirse. Así que viven el momento conmigo. Yo vivo el momento, y una vez que hayas entendido cómo vivir, también vivirás el momento conmigo. Y entonces no hay confusión, entonces todo es claridad.

Y la claridad es inocencia y la claridad es libertad.

La última pregunta:

Pregunta 5:

AMADO MAESTRO,

¿CUÁL ES SU DOGMA?

Peter, creo que debes ser un turista aquí; de lo contrario no puedes hacer semejante pregunta. No tengo ningún dogma. En primer lugar, ¡no me gustan nada los perros! Y "dogma" significa "madre de perros". ¡Ni me gusta ningún hijo de puta, ni me gusta ninguna madre de perros!

Hay dogmas cristianos y dogmas hindúes y dogmas mahometanos, ¿y qué hacen? Siguen ladrándose unos a otros. Yo no tengo ningún dogma. Hasta mis hijos lo entienden aquí, mis pequeños sannyasins. Puedes preguntarles.

Upachara me ha informado:

Acabo de escuchar en los escalones frente a la oficina. Cinco chicos sannyasin están teniendo una seria charla. Uno de ellos dice: "¡Maestro usted ni siquiera es un sannyasin!".

Suficiente por hoy.

Ni ayer, ni mañana, ni hoy

ESTÁ TRANQUILO.

EN ÉL SE HA CONSUMIDO LA SEMILLA DE LA VIDA RENOVADORA.

HA CONQUISTADO TODOS LOS MUNDOS INTERIORES.

CON OJO DESAPASIONADO VE EN TODAS PARTES LA CAÍDA Y EL LEVANTAMIENTO.

Y CON GRAN ALEGRÍA SABE QUE HA TERMINADO.

SE HA DESPERTADO DE SU SUEÑO.

Y EL CAMINO QUE HA TOMADO ESTÁ OCULTO A LOS HOMBRES, INCLUSO A LOS ESPÍRITUS Y A LOS DIOSES, EN VIRTUD DE SU PUREZA.

EN ÉL NO HAY AYER, NI MAÑANA, NI HOY.

El maestro es tranquilo, pero con una diferencia. Muchas personas son tranquilas, pero no son maestros. La calma puede cultivarse muy fácilmente desde el exterior; engañará a los demás, pero no puede engañar a la existencia. En lo más profundo de tu ser seguirás sumido en la confusión.

Por lo tanto, lo primero que hay que entender es que Buda nunca está a favor de nada cultivado. Los predicadores de la moral, los moralistas, están continuamente diciendo a la gente: "Sé esto, sé aquello. Intenta estar tranquilo, practica la calma". Y durante miles de años te han dicho estas cosas; estas cualidades han sido alabadas, apreciadas, veneradas. Naturalmente intentas estar calmado y tranquilo y sereno, pero cuando practicas algo simplemente significa que estás creando una fachada, sólo estás creando una cara. No puede transformar tu ser, es un ejercicio. Sí, te ayudará a ser más prestigioso, más respetable; la gente te admirará como a un hombre santo. Pero en realidad te has vuelto esquizofrénico, te has convertido en una doble personalidad, estás dividido. Tu superficie dice una cosa, tu realidad interior es totalmente opuesta. Vivirás en una continua guerra civil, estarás continuamente a puñetazos contigo mismo.

Es un infierno ser santo de esta manera. Los pecadores pueden ir al infierno después de morir; los llamados santos viven en el infierno aquí y ahora. No hay certeza sobre el infierno futuro, pero el infierno del santo es una realidad.

Nunca intentes cultivar ninguna cualidad.

Entonces, ¿qué hay que hacer? ¿Debe uno permanecer violento, perturbado, loco? No, Buda dice que hay otro camino, el camino correcto. El camino correcto es que estas cosas vengan como consecuencias -consecuencias de la conciencia interior. La magia de la conciencia es que cuanto más alerta te vuelves, de forma natural, más te rodea la calma. No necesitas cultivarla, te sigue como una sombra, es simplemente tu vibración. Te rodea un aura sutil de paz, de serenidad. Cuando eres consciente en tu interior, hay una gracia que irradia de tu ser. Esa gracia es espontánea, no cultivada. Y cuando algo es espontáneo tiene una belleza tremenda. No es una flor artificial, no es una flor de plástico; es algo que ha crecido en ti, que ha florecido en ti. Es tu propia floración. Tiene fragancia porque tiene raíces en tu ser.

A menos que la calma venga como una sombra de la conciencia, ten cuidado con ella. Es falsa, es completamente inútil. Todo el esfuerzo que has puesto en cultivarla ha sido un puro desperdicio.

Se podría haber puesto el mismo esfuerzo en tomar conciencia.

Ésa es la diferencia entre moralidad y religión. La moral es un fenómeno social; la sociedad la necesita porque está formada por millones de personas. Tiene que mantener un cierto orden, una cierta disciplina; de lo contrario, habrá caos. La moral mantiene ese orden.

La moral crea una conciencia en ti. La conciencia funciona como un policía interior que no te permite hacer nada que vaya contra la ley o contra el código o contra la tradición. La sociedad ha impreso en tu corazón ciertas ideas y ahora estás dominado por ellas. Incluso si vas en contra de esas ideas, te torturarán, se convertirán en una pesadilla para ti. Si las sigues, sentirás que no te torturan tanto.

Así que la persona inmoral se encuentra con dos dificultades. Una viene de fuera porque empieza a perder el respeto de la gente; y en este mundo el respeto es lo más valioso a los ojos de la gente porque es un alimento para el ego. En el momento en que pierdes el respeto, tu ego empieza a morir, tu ego está herido. En segundo lugar, algo dentro de ti empieza a crearte una tortura interior: tu conciencia. Esa conciencia también la crea la misma sociedad.

De ahí que la sociedad te presione desde ambos lados, el exterior y el interior. Estás aplastado entre estas dos rocas. Así que los cobardes no pueden ser personas inmorales; los cobardes son siempre personas morales. De hecho, no son morales sino sólo cobardes; porque son cobardes no pueden ser inmorales, eso es demasiado peligroso, demasiado arriesgado. Y la gente moral, la llamada gente moral, vive una vida superficial. Están obligados a vivir una vida superficial porque su conciencia no es propia, ¿qué otra cosa puede ser propia? Ni siquiera poseen su propia conciencia, ¿qué otra cosa pueden poseer? Son las personas más pobres del mundo.

Y no son morales porque entiendan la belleza de ser moral; son morales simplemente porque no tienen agallas suficientes para ser inmorales. Siguen los dictados de la sociedad y de la conciencia sólo por miedo. Hay miedo a la ley y hay miedo al infierno; hay miedo al policía y hay miedo a Dios. Tiemblan constantemente, su vida no es más que un temblor constante. Sus oraciones surgen de ese temblor - naturalmente esas oraciones son falsas; están orientadas al miedo. Incluso su concepción de Dios no es más que una proyección de su miedo.

Es por eso que estas personas son llamadas con razón personas temerosas de Dios. No son personas que aman a Dios. Y recuerda, quien teme a Dios nunca puede amar a Dios, y quien ama a Dios nunca debe temer. El miedo y el amor no pueden existir juntos, es imposible. Su coexistencia no es posible en la naturaleza de las cosas.

Pero la sociedad te paga lo suficiente para que seas moral, te da todo el ego que es posible dar, no sólo aquí, sino también en el más allá. También hay lugares, lugares especiales reservados para ti en el cielo. El pecador sufre aquí y el pecador sufrirá en el infierno también, y el llamado santo es respetado aquí y va a ser respetado en el otro mundo también.

Es una estrategia, una estrategia psicológica muy sutil de la sociedad: explotarte. Pero debido a esta estrategia has perdido completamente la noción de la verdadera moralidad: una moralidad que no está dictada por el miedo, una moralidad que no surge de la cobardía, una moralidad que no está orientada hacia el miedo.

Una visión totalmente diferente de la moralidad ha sido dada por los budas, por los despiertos de todas las épocas. Su visión es que la verdadera moralidad no surge de la conciencia, sino de la consciencia. Vuélvete más consciente, libera más energía consciente en tu ser, ¡explota en conciencia! - y entonces verás que estás viviendo una vida en absoluta sintonía con la existencia. A veces puede estar en sintonía con la sociedad y a veces puede no estarlo, porque la sociedad misma no siempre está en sintonía con la existencia. Siempre que la sociedad esté en sintonía con la existencia usted estará en sintonía con la sociedad; siempre que la sociedad no esté en sintonía con la existencia usted no estará en sintonía con la sociedad.

Pero a la verdadera persona moral nunca le importa, incluso está dispuesta a arriesgar su vida. Sócrates hizo eso, Jesús hizo eso. Buda vivía constantemente en peligro. Siempre ha sido así, por la sencilla razón de que vivían según su propia luz. Si encaja con la sociedad, bien; si no encaja con la sociedad es malo para la sociedad pero no tiene nada que ver contigo. La sociedad tiene que cambiarse a sí misma. Sócrates no va a cambiarse a sí mismo, Jesús no va a cambiarse a sí mismo según la sociedad, Buda no va a vivir según la multitud. La multitud está formada por gente ciega, por gente completamente inconsciente que está profundamente dormida, que no sabe nada de sí misma. Seguirlos es la cosa más estúpida del mundo que un hombre puede hacer. Uno debe ser lo suficientemente inteligente como para despertar su propia conciencia.

La religión no consiste en la conciencia, sino en la conciencia. De ahí que incluso un ateo pueda creer en la moralidad. Por supuesto, en la Rusia soviética o en la China comunista tienen que seguir un determinado código de moralidad. Puede que no crean en Dios, pero tienen que imponer la moralidad a la gente. De hecho, tienen que imponerla aún más porque se ha perdido el temor a Dios. Ahora el estado tiene que ser realmente muy peligroso, porque ese es el único miedo que mantendrá a la gente confinada dentro de los límites de la moralidad.

No es casual que el gobierno ruso y el gobierno chino no permitan ninguna libertad; no pueden permitirla. Los países capitalistas pueden permitir un poco de libertad porque Dios está ahí para ayudar. Permites un poco de libertad, Dios no permite esa libertad - - compensa. Pero en un país comunista no hay Dios así que no hay miedo a lo supremo, lo último, y no hay otra vida así que no hay miedo al infierno.

Los países comunistas tienen que crear el infierno aquí, ahora mismo, así que crean campos de concentración; utilizan Siberia como sustituto del infierno. Y han creado todo tipo de torturas muy complicadas, todo tipo de torturas inhumanas. Hasta el mismo Diablo puede aprender mucho de ellos. Ahora bien, en Rusia, si no estás de acuerdo con la sociedad, inmediatamente te declaran demente; no es que políticamente tengas una opinión diferente, no, eso es imposible. No puede haber ninguna posibilidad de que alguien sea políticamente diferente de la política del gobierno, de los principios autoritarios, de la ideología reconocida. Sólo un demente puede pensar que es diferente. ¿Cómo se puede ir contra Marx, Engels y Lenin? Imposible. Esta impía trinidad gobierna absolutamente.

El gobierno ruso es totalitario; tiene que serlo porque tiene que funcionar de tal manera que el temor a Dios tiene que ser sustituido por algo; de lo contrario, la gente se volverá ingobernable.

Los países comunistas están destinados a convertirse en totalitarios. No pueden ser democráticos, es imposible, porque ¿quién hará el trabajo de mantener a la gente temerosa y temblorosa?

A menos que acepten a Dios y el infierno.... Dios y el infierno son muy útiles porque hacen casi todo el trabajo. Para una persona religiosa -una persona supuestamente religiosa- ese miedo es suficiente para retenerla, y el resto lo puede hacer el gobierno, pero esa es una parte menor, no más del veinte o veinticinco por ciento. El setenta y cinco por ciento del miedo proviene de la creación psicológica de una conciencia. En un país comunista no existe la cuestión de la conciencia y, por supuesto, la cuestión de la conciencia no se plantea en absoluto porque no se acepta la meditación.

Algunas personas de la Rusia soviética se han interesado por mi forma de pensar. Han empezado a meditar, pero tienen que meditar escondidos bajo tierra en sus sótanos. No pueden decirle a nadie que están meditando, ¡porque meditar significa que te has vuelto loco! "No hay ninguna necesidad de meditar. ¿Por qué meditar? No hay alma que experimentar, no hay Dios que experimentar. El hombre no es más que un subproducto de la materia. Cuando llega la muerte todo termina, nada permanece más allá de la muerte, nada permanece". Así que la conciencia no puede permitirse porque la meditación no está permitida:

la meditación es la ciencia de la liberación de la conciencia. Y no se puede crear conciencia porque las viejas formas de crear miedo ya no se aceptan. Todo el trabajo lo tiene que hacer el gobierno. Por supuesto el gobierno se vuelve feo, el gobierno se convierte en un monstruo.

Pero lo mismo ocurre también en otros países, de forma más sutil. Los comunistas son burdos; los países capitalistas, los llamados países democráticos, no son tan burdos, son sutiles, pero hacen lo mismo. Te mantienen atado a la multitud, pero de una manera tan indirecta que se necesita una gran inteligencia para darse cuenta del hecho de que estás encadenado. Esas cadenas son invisibles.

La religión consiste realmente en crear otro tipo de moral, no la llamada moral ordinaria, sino una moral que es espontánea, una moral que surge por sí misma y no es impuesta, una moral que es consecuencia de tu propia inteligencia.

Buda habla de eso cuando dice: El maestro ESTÁ TRANQUILO. Quiere decir que se ha adentrado en su centro, ha penetrado en su ser hasta la médula, y se ha asentado allí; ahora está en reposo. Todo el ajetreo y el bullicio han caído, todo el correr de aquí para allá ha desaparecido. Ahora sabe que no hay adonde ir. Ha llegado a casa, ha encontrado su último refugio. Ahora sabe: "Este es mi santuario". Sentado en ese santuario está absolutamente tranquilo. No puedes ver dónde está, pero puedes sentir su calma. Puedes sentirlo como una brisa fresca, puedes sentirlo como una lluvia de silencio. Si te acercas a él, de repente te tocará algo invisible.

Tu corazón empezará a bailar. No es que te haya hecho nada, pero tu mente puede engañarte, tu mente puede empezar a racionalizar.

El otro día estaba leyendo un manuscrito. Una mujer vino hace unos meses, una amiga de Pankaja y Savita. Vino sólo para ver qué les había pasado a Pankaja y Savita. Pankaja es una novelista muy conocida y ha publicado hermosas novelas.

De repente se hizo sannyasin y abandonó su hermosa carrera. Había grandes posibilidades: podría haberse hecho mundialmente famosa. Estaba en camino: cada vez era más conocida. No solo se hizo sannyasin, sino que nunca volvió a Inglaterra. Y no sólo eso: debieron de llegar rumores a

Inglaterra de que ahora trabajaba en el ashram limpiando retretes. Su amiga debió de quedarse perpleja: ¿qué le había pasado?

Entonces Savita también desapareció. A ella también le iba bien en su profesión. Era terapeuta, ganaba mucho dinero y progresaba. Y tampoco volvió a Inglaterra.

Su amigo vino aquí sólo para ver qué les pasaba a estas personas: "Deben de estar hipnotizadas". ¿Qué otra cosa puede pensar la mente? La simple explicación viene a la mente: "Estas personas han sido hipnotizadas". De lo contrario, ¿por qué habría uno de abandonar su próspera carrera, su buen medio de vida, una carrera que estaba llena de posibilidades? ¿Por qué dejarlo de repente? O uno se ha vuelto loco o ha sido hipnotizado.

Ella vino aquí sólo para observar lo que está sucediendo. Luego también se convirtió en sannyasin.

Pero ella escapó inmediatamente - le di el nombre de Kanan. Se escapó. Ahora escribe un libro sobre toda la experiencia y dice: "No sé qué pasó, por qué me hice sannyasin. Hay algo que te atrae. Hay algo intangible -uno no puede descifrarlo, qué es exactamente- pero algo como hipnosis".

Ella infiere: "Puede ser en los ojos de este hombre o en el sonido de su voz que uno siente convertirse en sannyasin. Incluso yo me hice sannyasin, pero entonces me entró mucho miedo:

ahora estoy siendo arrastrado de la misma manera en este remolino de color naranja en el que Pankaja ha desaparecido, Savita ha desaparecido. Es mejor ir antes de que esté demasiado en ella y escapar se hace imposible. Yo escapé. Abandoné sannyas inmediatamente porque tenía miedo - llevar el mala de este hombre y su foto alrededor de mi cuello era peligroso. ¿Quién sabe lo que esconde?"

Ahora bien, esta mujer se cree muy lista, se cree muy racional, se cree que ha hecho lo correcto. Lo único que ha hecho es perder una oportunidad que sólo se presenta de vez en cuando; puede que durante muchas vidas no vuelva a encontrarse con un hombre así.

No hay hipnotismo. Nadie está tratando de tirar de ti, nadie está tratando de influir en ti.

Pero ciertamente hay una fragancia que te afecta, que te afecta profundamente. Hay una calma que penetra en el corazón y despierta al corazón que duerme rápido. Pero si estás demasiado en tus sueños, y has invertido demasiado incluso en tus pesadillas, puedes llegar a tener miedo - puedes llegar a tener miedo de ser despertado. Puedes perder la oportunidad, puedes escapar de la oportunidad. Pero entonces intentas racionalizar. TIENES que racionalizar, si no, ¿cómo te consolarás?

Ahora, al escribir este libro, intenta convencerse de que ha hecho lo correcto. Ha hecho la cosa más estúpida de su vida.

Y la oportunidad aún no está perdida, Kanan. Dondequiera que estés en el mundo, mis ojos están llegando allí también. Y todo lo que digo aquí, el sonido de mi voz sigue resonando alrededor de la tierra. Si tienes aunque sea un poco de inteligencia serás arrastrado de vuelta al remolino naranja.

ESTÁ TRANQUILO.

EN ÉL SE HA CONSUMIDO LA SEMILLA DE LA VIDA RENOVADORA.

HA CONQUISTADO TODOS LOS MUNDOS INTERIORES.

¿Qué ha ocurrido en el maestro? ¿Qué ha sucedido realmente en el mundo interior del maestro? Buda dice: Lo primero, lo fundamental, es que la semilla de la vida renovadora se quema, se quema por completo, se consume en el fuego de la conciencia. Sí, la conciencia es un fuego. Quema todo lo que es basura, pero también purifica todo lo que es oro. Hace dos cosas: quema la basura y purifica el oro. Es alquimia.

"La semilla de la vida renovadora" es el deseo. Buda lo llamaba TANHA. Tanha significa que uno quiere nacer una y otra vez, uno quiere más y más. En esta vida quieres más y más, pero ese más nunca se cumple. Cuando uno se está muriendo, todos los deseos se quedan ahí sin cumplir, así que uno empieza a desear otra vida, una oportunidad más.

Hay una hermosa historia, una gran parábola en los Upanishads:

Uno de los grandes reyes, Yayati, se estaba muriendo. Tenía cien años, lo bastante maduro para morir -uno debería estar preparado para entonces-, pero no lo bastante crecido; la semilla de la renovación de la vida aún no estaba quemada. Así que cuando llegó la muerte, Yayati cayó a los pies de la Muerte -¡un gran rey, un gran conquistador! - y le dijo a la Muerte: "Perdóname sólo cien años más. No pido más, sólo cien años más. Y no es nada para ti, puedes hacerlo. Todos mis deseos siguen sin cumplirse porque nunca había pensado en ti. Simplemente me preparaba y me preparaba. No he disfrutado de mi vida. Ahora que todo está listo - he conquistado el mundo entero, tengo todas las riquezas, las mujeres más bellas, los hijos más inteligentes y valientes, el mejor ejército del mundo, todo está resuelto, todos los enemigos muertos - sólo pensaba en relajarme y disfrutar. ¿Es este el momento de venir? Todos estos cien años los he pasado simplemente preparándome para estos momentos. Concédeme sólo cien años más para que pueda vivir a gusto".

La Muerte se rió y dijo: "Estoy dispuesta a perdonarte cien años más, pero tendré que llevarme a uno de tus hijos porque tengo que ir con alguien que se parezca a ti; si no tú, al menos uno de tus hijos. No puedo irme con las manos vacías, tengo que dar cuenta a mi jefe en persona. Me preguntará: "¿Dónde está Yayati?". ¿Qué le voy a decir? Nunca se ha hecho algo así, pero lo siento por ti. Pregúntaselo a uno de tus hijos".

Yayati tenía cien hijos; también debía de tener cien esposas. Preguntó a sus hijos.

El mayor tenía ochenta años, pero empezó a mirar hacia abajo, no estaba preparado para decir que sí.

¿Por qué habría de hacerlo? Sólo había vivido ochenta años; si su padre no está contento con cien años, ¿cómo puede estarlo él con sólo ochenta? Al menos veinte años más tiene derecho a vivir. En aquellos tiempos, dice la historia, la gente solía vivir cien años. ¿Por qué iba a tener una muerte prematura, una muerte inoportuna? Y este viejo ya ha vivido bastante. No quería herir al anciano, así que no dijo nada, se quedó callado.

El padre estaba muy sorprendido; solía pensar que sus hijos estaban dispuestos a sacrificarse. Pero en este mundo nadie está dispuesto a sacrificarse por nadie. Miró a su alrededor. Sus hijos también empezaron a mirarse unos a otros, queriendo decir: "¿Por qué no os vais VOSOTROS?".

El más joven, que sólo tenía veinte años, se levantó y dijo: "Estoy listo. Llévame contigo, voy contigo".

Incluso la Muerte sintió lástima por el muchacho. La Muerte se acercó al joven y le dijo: "¿Eres tonto o qué? Tus otros hermanos -uno tiene ochenta, otro setenta y cinco, otro setenta, sesenta, sesenta y cinco, cincuenta- no están preparados para irse y tú eres el más joven, no has vivido nada. ¿Por qué estás listo para irte?"

El joven dijo: "Si mi padre no ha podido vivir cien años, si mi hermano mayor no ha podido vivir ochenta años, si mis otros hermanos... nadie ha podido vivir, entonces todo el proyecto es una tontería. No quiero perder el tiempo. Si tengo que morir es mejor morir ahora. ¿Por qué esperar ochenta años? Si ESTA gente no ha sido capaz de gestionarlo, es absolutamente seguro que es inmanejable. Y que mi padre lo intente cien años más".

La Muerte trató de convencerlo, pero él no quiso escuchar. La Muerte tuvo que llevárselo.

Después de cien años, la Muerte volvió y la situación era la misma. De nuevo Yayati cayó a sus pies y empezó a llorar y a llorar y dijo: "Sé que ahora debería estar preparado, pero todavía no se ha cumplido nada; todos los deseos son los mismos. He VIVIDO todos los deseos, no puedo decir que no los haya vivido, pero nada se ha cumplido. ¡Quiero más!

Ahora que he vivido cien años ha surgido un nuevo deseo: ¡quiero más! Quiero vivir al menos una vez más, cien años más, sólo una vez más".

Y esto seguía sucediendo una y otra vez. Cuando Yayati cumplió mil años y llegó la Muerte, iba a caer rendido a sus pies. La Muerte dijo: "Espera, ¡ya basta! ¿No te das cuenta, Yayati? ¿Estás tan ciego? Has vivido mil años y has estado haciendo las mismas cosas una y otra vez. No has hecho nada nuevo en estos mil años, ¿y aún así quieres más? ¿No puedes ver el simple hecho de que la mente vive en el más, sigue pidiendo más? No tiene fin. Ahora ven conmigo, no voy a escucharte más. Ahora incluso mi jefe está enfadado conmigo. Dice: "¡Esto es demasiado! A este hombre se le ha dado demasiado tiempo". Pero yo también quería probar: veamos qué puedes hacer con mil años. No has hecho ningún progreso, estás exactamente en el mismo sitio, dando vueltas en círculos".

Buda llama a esto tanha -ir en círculos- a este deseo constante de más. Uno se convierte en maestro cuando este deseo de más desaparece, cuando la semilla se quema en el fuego de la conciencia. ESTÁ TRANQUILO. Entonces, por supuesto, está en calma.

Cuando no hay deseo, cuando los vientos del deseo ya no soplan, no hay olas en el océano interior, entonces el océano se vuelve absolutamente tranquilo. De hecho, el océano no es la causa de las olas, la causa son los vientos invisibles. Tú ves las olas en el océano y piensas que las olas son causadas por el océano, pero no es así. La causa de las olas son los vientos invisibles que soplan sobre el océano. Si los vientos cesan, el océano estará en calma absoluta.

¿Por qué estás tan agitado? ¿Por qué hay constantemente tantas olas dentro de ti, tantos pensamientos y tantos recuerdos, fantasías? ¿Por qué sigue todo este circo?

Por la sencilla razón de que soplan sobre ti vientos invisibles de deseo.

La persona vigilante, la persona inteligente, se da cuenta de la causa raíz: está en los vientos, los vientos del deseo. Deja de desear. Al ver la inutilidad del deseo, deja de desear. La semilla se quema y entonces llega la calma. Esta calma no es la calma del llamado hombre pulido y culto. Esta calma es totalmente diferente, su calidad es diferente, su fuente es diferente: proviene del núcleo más íntimo. El Buda está tranquilo porque los vientos ya no soplan. Y no pueden soplar porque la semilla misma ha sido quemada. HA CONQUISTADO TODOS LOS MUNDOS INTERIORES. También dentro de ti hay mundos y mundos, igual que fuera hay mundos y mundos. Los científicos siguen descubriendo nuevos sistemas solares, nuevas estrellas, nuevas galaxias de estrellas, nuevas vías lácteas. Siguen descubriendo, parece que no hay fin. Parece que hay universos y universos interminables. Lo mismo ocurre en el mundo interior: también hay muchos planos y muchos universos, pero todos están enraizados en una única semilla.

De una sola semilla puede crecer un gran árbol. No puedes verlo en la semilla, pero si la pones en la tierra pronto empieza a crecer un árbol. Una pequeña semilla produce un árbol tan grande con un follaje tan espeso que miles de personas pueden sentarse debajo de él, miles de pájaros pueden hacer sus nidos en él. Y millones de semillas crecerán en este árbol y cada semilla contiene de nuevo millones de árboles, y así sucesivamente. Los científicos dicen que una sola semilla puede reverdecer toda la Tierra; no sólo esta Tierra, sino todas las Tierras del universo pueden reverdecer con una sola semilla. ¡Qué potencial!

Todos lleváis dentro semillas congeladas que esperan su oportunidad. Tal vez te hayas olvidado por completo de un determinado deseo porque no ha habido oportunidad de provocarlo. Por eso los monjes y las monjas y los sannyasins tradicionales solían escapar del mundo, simplemente para engañarse a sí mismos, porque cuando se iban a las cuevas de las montañas se alejaban de las oportunidades en las que habrían tomado conciencia de la semilla, en las que la semilla habría tenido la oportunidad de crecer.

Pero recuerda, la semilla está ahí tanto si le das la oportunidad de crecer como si no, y la semilla puede permanecer ahí durante años; durante vidas esperará. Dale una oportunidad, una oportunidad accidental, e inmediatamente la semilla cobra vida. La semilla puede permanecer congelada, casi muerta, durante millones de vidas.

Por eso estoy totalmente en contra del escapismo, por la sencilla razón de que si quieres quemar la semilla el mejor lugar es el mundo, el mercado, porque hay todo tipo de oportunidades. No puedes evitar ver la semilla y verla significa que tienes que hacer algo al respecto. Si dejas de verla, si pones una semilla en una roca, te olvidarás de la semilla porque no puede crecer en la roca.

Por eso los monjes y las monjas se trasladaban a los monasterios, los conventos; eran rocas. Y elegían estar en las montañas. ¿Lo has observado? - que todos los monasterios del mundo se han hecho en montañas rocosas, no en montañas hermosas donde hay grandes árboles y animales y pájaros -porque hay peligro: ¡hasta dos pájaros haciendo el amor es suficiente para que te hagas una idea! Sólo dos animales en los preliminares, y a los monjes y a las monjas les surgirá un gran deseo.

De repente la semilla empezará a brotar. Así que eligieron estar en rocas, rocas extremas donde no crece ni un árbol. O los monasterios fueron construidos en algún lugar del desierto. Todos los monasterios cristianos fueron hechos en el desierto. Los antiguos cristianos vivían en el desierto, por la sencilla razón de que, en un desierto, la vida está tan ausente, tan absolutamente ausente, que puedes olvidarte por completo de ella.

Los monjes jaina eligieron montañas, pero montañas feas, sólo rocas y nada más, porque cualquier cosa bella puede crear problemas. La lejana llamada de un cuco puede volverte loco.

- porque tiene una sexualidad propia, tiene una sensualidad propia, es una llamada sensual.

¿Lo sabías? - es el cuco macho el que llama; la hembra simplemente espera. Simplemente espera a que el macho se acerque. Sí, da pistas de que "estoy disponible", y sin embargo se mantiene muy distante, muy orgullosa: ¡disponible, pero tampoco tan fácilmente disponible!

¿Has visto en los animales un fenómeno extraño? - Que siempre es el macho el que toma la iniciativa. El pavo real con hermosas plumas es el macho; uno debería haber pensado lo contrario, pero es el macho y no la hembra. La hembra no tiene plumas; la hembra es ordinaria, no parece tan hermosa. El macho tiene un aspecto muy hermoso y baila exhibiendo todas sus plumas -son plumas realmente hermosas- y baila una gran danza. Intenta seducir.

Algo extraño ha ocurrido sólo en el hombre; parece antinatural. De hecho, los adornos deberían ser utilizados por los hombres, no por las mujeres. Los hombres deberían usar ropa más colorida que las mujeres. No hay necesidad de que las mujeres se preocupen por nada más, ¡sólo con ser mujer es suficiente! Esa es toda la historia de la naturaleza si miras a tu alrededor: todas las estrategias han sido utilizadas por los hombres.

Hay que proteger a los monjes y monjas, pero este tipo de protección no va a servir de nada. Aunque la semilla pueda permanecer protegida durante muchas vidas, está ahí, aún no se ha quemado.

Desde hacía años, una solterona acudía todos los días a sentarse en el parque. Mientras daba de comer a las palomas, que siempre se posaban y revoloteaban alrededor de la estatua de bronce de un joven Apolo, sus ojos se paseaban por su forma desnuda y soñaba con tenerlo vivo entre sus brazos.

Un día, mientras estaba allí sentada, un hada buena se apiadó de ella.

Apareciendo a su lado, el hada le ofreció tres deseos. Sin demora, la solterona comenzó: "Primero quiero ser joven y muy deseable".

Esto no se hizo hasta que se dijo.

"Segundo, deseo que la estatua de Apolo cobre vida".

Un movimiento de la varita del hada y al instante bajó del pedestal, vibrante de vida. La nueva y voluptuosa doncella vaciló y empezó a sonrojarse. Agitando las pestañas tímidamente murmuró: "Me gustaría conceder el tercer deseo a Apolo".

Volviéndose hacia el joven dios desnudo, el hada buena le dijo: "¿Cuál es tu deseo?".

"Quiero cagarme en una paloma", respondió.

Ahora la estatua de mármol había estado llevando esta semilla tal vez durante cientos de años. Esas palomas le hacían esto continuamente. Esperando, esperando, esperando... un día llegó el momento - todo lo que quiere hacer es esto.

Buda dice: ÉL ESTÁ TRANQUILO. EN ÉL SE HA CONSUMADO LA SEMILLA DE LA VIDA RENOVADORA. HA CONQUISTADO TODOS LOS MUNDOS INTERIORES.

Hay tres mundos, y dentro de esos tres hay muchos mundos dentro de mundos.

El primero es el mundo del cuerpo, los misterios del cuerpo. El segundo es el mundo de la mente, los misterios de la mente. Y el tercero es el mundo del corazón, los misterios del corazón. Y cada uno contiene muchos mundos. Debido a estas tres capas han surgido tres yogas, tres ciencias. Uno es el HATHA yoga. Hatha yoga significa entrar en los misterios del cuerpo. Y el cuerpo tiene muchos misterios; si te adentras en los misterios del cuerpo, son interminables. Puedes seguir y seguir para siempre, es un infinito en sí mismo.

Pero ése no es el camino hacia la libertad y ése no es el camino hacia el nirvana: estás atrapado en una nueva red. Ya no te interesa el dinero ni ser presidente, ya no te interesa el nombre mundano ni la fama, sino que ahora todo tu interés es cómo convertirte en un superhombre, cómo alcanzar los poderes que contiene tu cuerpo. Durante miles de años muchos yoguis han estado perdiendo el tiempo en eso.

A Buda no le interesa en absoluto ese tipo de indagación. Quiere que lo atravieses.

Quiere que recuerdes que, si te adentras en los misterios del cuerpo, puede que seas capaz de caminar sobre el agua, puede que seas capaz de caminar sobre el fuego, pero ¿qué sentido tiene caminar sobre el agua o sobre el fuego? Es una estupidez. Incluso si puedes caminar en el fuego, ¿para qué? ¿Qué se gana? Puedes volar en el aire como un pájaro, ¿y qué? Los pájaros ya lo hacen, nada especial.

Tres yoguis almorzaban en la viga del decimoséptimo piso de un nuevo rascacielos.

Trabajaban en sus cuerpos, hablaban de ello continuamente, descubrían nuevos misterios.

"Vaya", dijo el segundo hombre, que era nuevo en el trabajo. "Ya veo por qué os gusta almorzar aquí. La vista de la ciudad es preciosa".

"Sí, la vista es bonita", dijo el primer hombre. "Pero, ¿quieres saber por qué nos gusta tanto almorzar aquí?".

"Sí", dijo el nuevo yogui.

"Bueno", explicó el primero, "hay una corriente ascendente increíble justo en el cuarto piso, y cuando terminamos de comer nos gusta saltar y volver a subir en esa corriente de aire. Te devuelve al mismo sitio desde el que saltaste".

"¡Y una mierda!", dijo el segundo hombre. "No te creo".

"¿No?", dijo el primero, dejando su termo de café. "Entonces te lo enseñaré".

Saltó. Bajó y, efectivamente, justo en el cuarto piso, ¡zas! Se dio la vuelta y aterrizó en la viga del piso diecisiete, en el lugar exacto desde el que había saltado.

"¡Vaya!", dijo el segundo hombre totalmente asombrado. "¡Esto es mejor que hacer ala delta o cualquier otra cosa! Déjame hacerlo ahora".

Se levantó y saltó. Bajó, luego al cuarto piso, al tercero, al segundo...

¡Splat! ¡Por toda la acera! ¡Terminado!

De vuelta en el piso diecisiete, el tercer hombre, que había permanecido en silencio hasta ahora, se volvió hacia el primero y le dijo: "¿Sabes, Supermán? ¡A veces eres un auténtico capullo!".

¿Qué sentido tiene todo esto?

Buda no está interesado en el yoga del cuerpo, ni tampoco en el yoga de la mente - MANTRA yoga y otros métodos que trabajan sobre la mente y crean poderes mentales, SIDDHIS. Sí, puedes hacer milagros... puedes leer los pensamientos de los demás, pero ¿no son suficientes los propios pensamientos? Puedes predecir el futuro de los demás, pero ¿qué hay que predecir? Va a ser casi lo mismo que su pasado.

Precisamente el otro día un sannyasin preguntó... había ido a ver a un astrólogo hindú, muy famoso. Y el astrólogo le dijo, después de una gran deliberación, cavilando, pensando en su carta astral y meditando sobre su futuro, que en esta vida no podría iluminarse. Ahora, esto lo puede decir cualquier tonto sobre ti, porque un hombre que va a un astrólogo a preguntar sobre su futuro, ¡está destinado a permanecer no iluminado! Esa es prueba suficiente. ¿Y qué sabe ese astrólogo tonto sobre la iluminación? ¿Está ÉL iluminado? Deberías haberle preguntado: "¿Y tú? ¿Estás iluminado y sigues haciendo astrología?".

¡Por culpa de estos tontos tengo que nombrar a Kabir aquí! ¿Por qué ir a otros lugares? Aquí hay alguien disponible. ¡Kabir hace hermosos gráficos, muy coloridos! Está haciendo un buen trabajo. Los tontos necesitan ... ¿qué hacer? Y si van a ir a alguna parte, es mejor acabar con ellos aquí.

Sólo los tontos se interesan por el futuro. La persona inteligente sólo se interesa por el presente. Y la iluminación no es predecible; la iluminación es absolutamente impredecible. Es un fenómeno tan misterioso que no hay posibilidad de predecirlo.

Pero ahora se le ha metido esta idea en la cabeza. Ahora se sentirá tranquilo: "Esta vez no va a suceder, así que ¿para qué molestarse?". Así que este hombre dejará de meditar, incluso puede pensar en abandonar sannyas. ¿Qué sentido tiene cuando no te vas a iluminar en esta vida? "Así que ya veremos la próxima vida cuando llegue el momento, meditaremos de nuevo y nos iluminaremos".

Pero te digo una cosa: en la próxima vida volverás a ir a un astrólogo, ¡puedo predecirlo ahora mismo! ¡Y la última vez también lo hiciste! ¿Estás realmente interesado en iluminarte o no? ¿Por qué seguir buscando excusas? Y la gente puede encontrar cualquier tipo de excusa - las personas son grandes racionalizadores. Ahora tienes una razón para no meditar, porque esta vez no va a suceder, así que ¿por qué perder el tiempo? Pero entonces, ¿cómo va a suceder? ¿Y por qué acudir a un astrólogo? Ni siquiera las estrellas están iluminadas. Al menos una cosa es absolutamente cierta: que la iluminación no está determinada por ninguna causa, es un fenómeno repentino. Tu muerte puede ser predecible, tus enfermedades pueden ser predecibles, tus tonterías pueden ser predecibles, pero no la iluminación. ¿Lo veis? (EN ESTE MOMENTO SE ENCIENDEN SÚBITAMENTE LAS LUCES DEL VIDEO...) ¿Cómo sucede? - ¡sin ninguna razón!

Alguien le preguntó a Picasso: "Parece que le interesan mucho los estudios de arte sobre el desnudo.

¿Por qué?"

"Bueno", dijo Picasso, "supongo que es porque nací así".

Siempre se puede encontrar alguna razón.

Julie: "Y si te rechazo, Edward, ¿te suicidarás?"

Edward: "Esa ha sido mi costumbre habitual."

El tercer mundo es de los misterios del corazón, BHAKTI yoga. El primero es el hatha yoga, el segundo es el mantra yoga, el tercero es el bhakti yoga. Buda dice: Continúa atravesándolos; no te muevas hacia los lados, de lo contrario te perderás en los mundos internos. De ahí que Buda no esté interesado ni en el yoga, ni en el mantra, ni en el bhakti, la devoción, la oración... nada. Su simple interés, su único interés, es la conciencia.

Y estoy absolutamente de acuerdo con él, porque esa es la única posibilidad que tenéis de libraros de todas estas tonterías que habéis estado viviendo durante millones de vidas. Y seguiréis repitiéndolas, porque por el mero hecho de vivirlas una y otra vez no os volvéis inteligentes. Cambias un poco, pero la tontería básica sigue siendo la misma.

Llegó un telegrama al campamento del ejército diciendo que el padre del soldado Smith había muerto. El coronel le dijo al sargento que le diera la noticia con delicadeza al soldado Smith. Con el coronel mirando, el sargento se acercó al soldado raso y le dijo: "Smith, tu padre ha muerto".

El coronel llamó al sargento y le dijo: "Si vuelve a ocurrir, debe ser más amable: ¡dé la noticia más fácilmente!".

Dos semanas más tarde llegó otro telegrama diciendo que la madre del soldado Smith había muerto.

El sargento puso en fila a todo el pelotón y dijo: "Todo el que tenga madre que dé dos pasos adelante.... ¡No tan rápido, soldado Smith!"

Ahora, sólo ha cambiado la estrategia, ¡pero es la misma! Y eso es lo que ha estado ocurriendo en tu vida, vida tras vida. Un poco, por supuesto, cambias en los detalles, pero la tontería fundamental persiste.

CON OJO DESAPASIONADO VE EN TODAS PARTES LA CAÍDA Y EL LEVANTAMIENTO.

Quien se ha vuelto consciente, ve en todas partes una sola cosa: que todo nace y muere, que todo empieza y acaba, que todo es un flujo. No vale la pena aferrarse a nada, no vale la pena retener nada, no vale la pena poseer nada, porque tarde o temprano desaparecerá. Por eso no es posesivo. Se mueve por el mundo desprendido, tranquilo, frío, viendo en todas partes la caída y el levantamiento. Sabe que las cosas van y vienen; observa. Cuando surge algo, lo observa y sabe perfectamente que desaparecerá. Cuando llega la desgracia, no se preocupa porque sabe que pasará.

La felicidad llega - no se emociona porque sabe que ha llegado, se irá.

CON OJO DESAPASIONADO.... La conciencia le da un nuevo tipo de ojo, una nueva visión - desapasionada. Simplemente mira sin deseo; es una visión totalmente diferente. Cuando miras sin deseo, el mundo aparece totalmente diferente; cuando miras con deseo estás confinado en tu deseo y coloreas todo según tu deseo.

"¿En qué estás pensando, John?"

"Lo mismo que tú, Jane."

"¡Oh, si lo haces, gritaré!"

Ni una sola palabra puedes oír que no esté coloreada por tus procesos internos de pensamiento.

Un granjero convenció a uno de sus vaqueros para que comprara dos boletos de una rifa cuyo sorteo se celebraría esa misma noche en un baile. Al día siguiente, el vaquero le preguntó quién había ganado el sorteo.

"Oh, he ganado el primer premio", dijo el granjero. "¿No tengo suerte?"

"¿Y quién ganó el segundo premio, granjero?", preguntó el vaquero.

"Mi esposa ganó eso. ¿No tuvo suerte?"

"Arr, ella era eso. ¿Y el tercer premio?"

"Oh, mi hija ganó eso. ¿No tuvo suerte? Por cierto, aún no me ha pagado las entradas, ¿verdad?".

"No", respondió el vaquero. "¿No tengo suerte?"

Cada uno mira con su propio mundo de deseos, expectativas, pasiones, lujuria, codicia, ira. Hay mil y una cosas que se interponen entre tú y tu mundo; por eso nunca lo ves tal como es.

Una vez que tu ojo está completamente limpio, limpio de todo el polvo, una vez que se convierte en un espejo puro, refleja lo que es. Y eso es la verdad y la verdad libera, pero tiene que ser la tuya propia. Mi verdad no puede liberarte, la verdad de Buda no puede liberarte. Sólo hay una posibilidad de liberación, que es tu propia verdad. Y todo lo que tienes que hacer es crear un ojo desapasionado.

Y CON GRAN ALEGRÍA SABE QUE HA TERMINADO.

SE HA DESPERTADO DE SU SUEÑO.

El maestro se alegra de haber acabado con todas las tonterías, con toda la estupidez, con todos los juegos de la vida. Se alegra de haber terminado, de haber salido de ello, de haber trascendido. HA DESPERTADO DE SU SUEÑO.

Willie D. dejó Harlem para visitar a unos amigos en Mobile. En su segunda noche allí conoció a Laura Mae, una bella dama a la que pronto llevó al bosque. Cuando se disponían a hacer el amor, Willie se quitó los pantalones y los colgó cuidadosamente en un árbol.

"Debes de ser del Norte", dijo Laura Mae.

"Muy bien, nena", dijo Willie, "¿pero cómo te diste cuenta?".

"¡Un chico sureño no cuelga la ropa porque cuando terminemos estaremos a tres millas de aquí!"

Y estos juegos están ahí... ¿y dónde están tus pantalones y dónde estás tú? ¡A tres millas de distancia! ¿Dónde están tus sentidos? ¿Dónde está tu inteligencia? Debes haberla colgado en alguna parte y has olvidado completamente dónde.

La enfermera apartó al caballero que estaba junto a la cama de una mujer en la sala de maternidad y le preguntó: "¿Quiere ver al bebé?".

El caballero asintió. "¡Se parece a usted!", exclamó entusiasmada cuando por fin salieron de la habitación del bebé.

Más tarde, la enfermera le contó a la mujer la alegría de su marido al ver al bebé. La mujer se horrorizó. "¿Mi marido? ¡Mi marido está de servicio en el pueblo de al lado y aún no ha llegado para ver al bebé! Ese hombre ha venido a cobrar la cuota atrasada de mi frigorífico".

La gente está dormida. Lo que les ocurre es casi accidental. Por qué te has enamorado de alguien es accidental. Tu nacimiento es accidental, tu muerte va a ser accidental.

Buda dice: El maestro mira todo cayendo y subiendo, subiendo y bajando. Todo son accidentes. Sólo hay una cosa que no es accidental, que es intrínseca, y es tu conciencia de todo ello. Esa conciencia te hace estar despierto.

La pareja desarrolló un plan perfecto para pasar el tiempo. Una noche a la semana él sale con los chicos, las otras seis lo hace ELLA.

He aquí una primicia de Detroit: Han ideado un coche rápido con frenos igualmente rápidos: puedes detenerte en sólo la longitud del coche a partir de cien millas por hora. Está equipado con un dispositivo que limpia automáticamente tus restos del parabrisas.

Altie y Big Bertha estaban ante el altar. Big Bertha pesaba doscientas libras, su novio apenas cien.

"¿Tomas a esa mujer por legítima esposa?", preguntó el ministro.

"Ah no toma nada", respondió Altie. "¡Ah está siendo tomado!"

Sólo observa tu vida, lo que está sucediendo.

Después de un largo y aburrido sermón, el ministro le pregunta a Sandy: "Bueno, ¿qué te ha parecido mi sermón, Sandy?".

Sandy responde: "Oh, un poco como el espacio exterior, Ministro".

"¿Qué quieres decir con 'un poco como el espacio exterior'?"

"Bueno", dice Sandy, "¡mucho pero poco!".

Y eso es exactamente lo que es tu vida: mucha, pero poca cosa. Sólo accidentes y nada más. Aún no has conocido lo intrínseco. Eso es lo que Buda llama sueño.

El maestro ha despertado de su sueño. Ha venido a ver lo que es eterno en él.

Ha llegado a ver su propia conciencia, se ha hecho consciente de su propia conciencia.

Y esa es la verdad última, el despertar último.

Y EL CAMINO QUE HA TOMADO ESTÁ OCULTO A LOS HOMBRES, INCLUSO A LOS ESPÍRITUS Y A LOS DIOSES, EN VIRTUD DE SU PUREZA.

Y el camino que ha tomado es invisible. No es el de ayunar; la gente puede ver que estás ayunando, pasando hambre, matando tu cuerpo. No es el de torturar tu cuerpo, no es el de distorsionar tu cuerpo a través de las llamadas posturas de yoga. El camino del buda es tan sutil que nadie puede verlo excepto tú mismo, a menos que te encuentres con otro buda.

Sólo otro buda puede verlo porque es simplemente la forma de ser vigilante. ¿Cómo puede verlo otra persona? No tiene ritual.

La religión de Buda es tremendamente hermosa -sin rituales, sin las llamadas actuaciones religiosas ordinarias- simplemente, permaneces vigilante. Pero eso es algo que está dentro de ti, nadie más puede detectar lo que estás haciendo. Puedes estar conduciendo tu coche, puedes estar sentado en tu oficina y puedes estar haciéndolo. Ni siquiera es una respiración profunda, que los demás puedan sentir, qué estás haciendo una respiración profunda. Es simplemente vipassana, es simplemente observar, observarlo todo, por fuera y por dentro.

Buda ha dado el camino más puro, sencillo y sutil, pero el más fundamental. Ha dado la llave de oro, la llave maestra que puede abrir todos los misterios de la vida y la existencia.

EN ÉL NO HAY AYER, NI MAÑANA, NI HOY.

El tiempo ha desaparecido, porque cuando te conviertes en conciencia absoluta no queda tiempo. No sólo desaparecen los ayeres... desaparecen primero. En ese orden desaparecen.

EN ÉL NO HAY AYER.... Primero desaparecen los ayeres; cada vez te despreocupas más del pasado. Lo pasado, pasado está, sólo a los tontos les importa. Y hay tontos que se preocupan tanto por su pasado que hasta me escriben cartas a mí....

Un hombre de Suiza escribió una carta el otro día, diciendo: "Viendo su foto y leyendo algunos de sus libros le he reconocido, que nos hemos encontrado en nuestras vidas pasadas. Le reconozco absolutamente. Le envío mi foto: ¿me reconoce?

Si me reconoces, entonces vendré".

Le he dicho a Laxmi: "Informa a ese tipo de que no reconozco a nadie del pasado. El pasado está acabado. No has leído mis libros y aún no me has visto. ¿Y por qué debería preocuparte que te reconozca, que yo te había visto en el pasado?

¿Qué propósito va a cumplir?". Alguna realización del ego está implicada: "Entonces vendré" - si lo reconozco, que lo he visto en el pasado.

Ahora, este tipo de persona tonta es atrapada por personas como Muktananda. Ellos dirán inmediatamente: "Sí, hemos estado juntos en el pasado. Tú también has sido discípulo mío en el pasado y estabas trabajando tan maravillosamente y estabas creciendo tan alto.

Sólo queda un poco que se puede hacer ahora, así que iniciaos en el siddha yoga".

El pasado no existe en ninguna parte. Mucha gente me escribe: "Danos métodos para que podamos recordar nuestras vidas pasadas". ¿Qué vas a hacer? Incluso si recuerdas que fuiste Alejandro Magno o Cleopatra, ¿cómo va a ayudar eso de alguna manera? Creará más complicaciones. Ya estás hecho un lío.

Por eso la naturaleza cierra la puerta cada vez que mueres. Esto es una gran compasión, de lo contrario nacerás loco. Recordando todas tus vidas pasadas estarás en tal estado que te será imposible funcionar en absoluto, porque tu madre puede haber sido tu esposa en la vida pasada y en otra vida puede haber sido tu hija.

Ahora, ¿cómo comportarse con ella? - como tu madre, como tu esposa, como tu hija? ¡Estarás muy confundido!

No hay necesidad de preocuparse por el pasado. Cuando te vuelves consciente, lo primero que desaparece de tu mente es el pasado, y el pasado es un tercio de la mente. Es la base misma de la mente, los cimientos. Una vez que desaparece, todo el edificio empieza a derrumbarse.

El segundo en irse es el mañana. Cuando no existe el ayer no se puede concebir el mañana. El mañana no es más que una proyección del ayer. Te gustaría volver a vivir mañana las alegrías de ayer y te gustaría evitar las miserias de ayer; eso es tu mañana. Si el ayer se ha ido, el mañana se ha acabado; pronto desaparecerá.

Y cuando los ayeres se han ido y los mañanas también, ¿dónde está el hoy? Existe entre los dos. Si ambas orillas han desaparecido, el río desaparecerá. Si ambas orillas han desaparecido, desaparecerá el puente. Trozo a trozo, en tres pedazos, el tiempo se disuelve: primero el pasado, luego el futuro y finalmente el presente. Entonces te quedas sin tiempo, en un estado de atemporalidad. Y esto, dice Buda, es el nirvana.

Experimentar la intemporalidad es experimentar la inmortalidad. Experimentar la intemporalidad es experimentar lo que realmente es. No es pasado, ni presente, ni futuro; simplemente es. No puede ser confinado en ningún compartimento, en ninguna categoría; no puede ser categorizado.

Simplemente experimentas cada momento con tremenda paz, silencio y alegría. Y cada momento se vuelve tan fragante, tan vivo. Cada momento se convierte en tal bendición que es imposible imaginarlo, es imposible describirlo. Hay que conocerlo para conocerlo; no hay otra manera. Nadie te lo puede explicar. No se puede expresar, no se puede explicar. Es el mayor misterio. Cuando el tiempo desaparece, la mente desaparece, ¿qué queda? Lo que queda, esa inmensidad... ese es tu verdadero ser -en palabras de Buda, tu no-ser, tu no-yo.

Jesús lo llamará el reino de Dios; es una forma positiva de describirlo. Y Buda lo llama un estado de cesación - todo ha cesado. Y CON GRAN

ALEGRÍA SABE QUE HA TERMINADO. HA DESPERTADO DE SU SUEÑO.

Suficiente por hoy.

Nacido iluminado

La primera pregunta:
Pregunta 1:
AMADO MAESTRO,
¿QUÉ ES LA INOCENCIA Y CÓMO SE LLEGA A SER INOCENTE?

Sonja, la inocencia es tu propia naturaleza. No tienes que convertirte en ella, ya lo eres.

Naces inocente. Luego, capas y capas de condicionamiento se imponen sobre tu inocencia. Tu inocencia es como un espejo y el condicionamiento es como capas de polvo. El espejo no hay que conseguirlo, el espejo ya está ahí, o mejor dicho, aquí. El espejo no se ha perdido, sólo está oculto tras las capas de polvo.

No tienes que seguir un camino para alcanzar tu naturaleza porque no puedes dejar tu naturaleza, no puedes ir a ningún otro sitio. Aunque quisieras, es imposible. Esa es exactamente la definición de naturaleza: naturaleza significa aquello que no se puede dejar atrás, aquello a lo que no se puede renunciar. Pero puedes olvidarte de ella. No se puede perder, pero se puede olvidar.

Y eso es exactamente lo que ha ocurrido. El espejo no está perdido, sino olvidado. Olvidado porque ya no funciona como espejo. No es que haya surgido ningún defecto en él, simplemente lo cubren capas de polvo. Lo único que hace falta es limpiarlo, eliminar esas capas de polvo.

El proceso de llegar a ser inocente no es realmente un proceso de llegar a ser, es un proceso de descubrir tu ser. Es un descubrimiento, no un logro. No alcanzas algo nuevo, simplemente alcanzas lo que siempre has sido. Es un lenguaje olvidado.

Ocurre muchas veces: ves a una persona en la carretera, la reconoces, su cara te resulta familiar. De repente recuerdas también que sabes su nombre. Dices: "Lo tengo en la punta de la lengua", pero sigue sin venirte. ¿Qué ocurre? Si lo tienes en la punta de la lengua, ¿por qué no puedes decirlo? Sabes que lo sabes, pero no eres capaz de recordarlo. Y cuanto más lo intentas, más difícil te resulta, porque hacer un esfuerzo te pone más tenso, y cuando estás tenso te alejas más de tu naturaleza, te alejas más de lo que ya está ahí.

Cuando estás relajado estás más cerca; cuando estás totalmente relajado, saldrá a la superficie por sí solo.

Así que lo intentas con todas tus fuerzas, pero no llega y te olvidas de él. Luego, tumbada en la bañera, o simplemente nadando en la piscina, ni siquiera intentas recordar el nombre de ese hombre cuando, de repente, sale a borbotones. ¿Qué ha ocurrido? No estabas intentando recordar y estabas relajado. Cuando estás relajado eres amplio, cuando estás tenso te vuelves estrecho; cuanto más tenso, más estrecho. El paso entre tú y lo que está dentro de ti se hace tan estrecho que nada puede atravesarlo, ni siquiera un solo nombre.

Todos los grandes descubrimientos científicos se han hecho de esta manera tan misteriosa, tan poco científica, por así decirlo.

Madame Curie estuvo trabajando en un determinado problema matemático durante tres años seguidos y, cuanto más lo intentaba, más lejos parecía estar la solución.

Lo intentó de todas las formas posibles, pero nada funcionaba, nada sucedía. Y en algún lugar había un sentimiento profundo y tácito de que "La solución existe. No estoy luchando contra algo absurdo". Este sentimiento tácito continuaba todo el tiempo como una corriente subterránea; de ahí que tampoco pudiera abandonar el esfuerzo. Se estaba cansando: tres años perdidos por un solo problema. Pero en su interior alguien le decía: "La solución ES posible. Este ejercicio no es inútil. Continúa". Y ella continuó obstinadamente, persistió. Abandonó todos los demás proyectos y se dedicó por completo a ese problema.

Pero cuanto más lo intentaba, más imposible le resultaba.

Una noche sucedió, casi como le sucedió a Gautama el Buda; por supuesto, los problemas eran diferentes, pero el proceso era el mismo. Buda había luchado durante seis años para alcanzar la iluminación y no había conseguido nada. Entonces, una noche, abandonó todo esfuerzo, se fue a dormir y, por la mañana, cuando se ponía la última estrella, se iluminó.

Esa noche, Madame Curie abandonó la idea, todo el proyecto: cerró el capítulo.

"¡Ya basta! Tres años perdidos es demasiado para un solo problema". Había otros problemas que esperaban ser resueltos. Estaba acabado en su mente, aunque el entendimiento tácito seguía ahí como un murmullo constante. Pero lo había seguido lo suficiente, ya era hora. Sólo se dispone de un tiempo limitado; tres años es demasiado para un problema. Abandonó deliberadamente la idea. Por lo que a ella respecta, dio por concluido el proyecto. Se fue a dormir para no volver a preocuparse por aquel problema.

Y por la mañana, cuando se levantó, se llevó una sorpresa. En un papel que tenía sobre la mesa estaba la solución, escrita de su puño y letra. No podía creer lo que veían sus ojos. ¿Quién lo había hecho? El criado no podía haberlo hecho, no sabía nada de matemáticas, y si Madame Curie no había sido capaz de hacerlo en tres años, ¿cómo podía haberlo hecho el criado? Y no había nadie más en la casa. Y el criado no había entrado por la noche: las puertas estaban cerradas por dentro. Miró atentamente y la letra se parecía a la suya.

De repente, recordó un sueño. En el sueño había visto que se levantaba, iba a la mesa, escribía algo.... Poco a poco, el sueño se fue aclarando.

Poco a poco, recordó que lo había hecho por la noche. No era un sueño, lo había hecho de verdad. Y ésta era la solución. Llevaba tres años esforzándose y no conseguía nada, y la noche que abandonó el proyecto, sucedió. ¿Qué ocurrió? Se relajó.

Una vez que dejas de esforzarte, te relajas, te sosiegas, te ablandas, te abres. Estaba ahí dentro de ella, salió a la superficie. Cuando la mente deja de estar tensa, aflora.

La inocencia está ahí, simplemente la has olvidado, te han hecho olvidarla.

La sociedad es astuta. Durante siglos, el hombre ha aprendido que sólo se puede sobrevivir en esta sociedad si eres astuto; cuanto más astuto seas, más éxito tendrás.

Ese es todo el juego de la política: ser astuto, ser más astuto que los demás. Es una lucha y una competición constantes por ver quién es más astuto. Quien sea más astuto tendrá éxito, será poderoso.

Tras siglos de astucia, el hombre ha aprendido una cosa: que seguir siendo inocente es peligroso, no podrás sobrevivir. De ahí que los padres intenten sacar a sus hijos de su inocencia. Los profesores, las escuelas, los colegios, las universidades existen por el simple trabajo de hacerte más astuto, más listo. Aunque lo llamen inteligencia, no es inteligencia.

La inteligencia no está en contra de la inocencia, recuérdalo. La inteligencia es el sabor de la inocencia, la inteligencia es la fragancia de la inocencia. La astucia está en contra de la inocencia; y la astucia, la astucia no son sinónimos de inteligencia. Pero para ser inteligente se necesita un tremendo viaje hacia el interior. Ninguna escuela puede ayudar, ningún colegio, ninguna universidad puede ayudar. Los padres, los sacerdotes, la sociedad, todos son extrovertidos; no pueden ayudarte a ir hacia dentro. Y los budas son muy raros, muy escasos. No todo el mundo tiene la suerte de encontrar un buda. Sólo un buda puede ayudarte a ser una persona inteligente, pero no puedes encontrar tantos budas que quieran convertirse en maestros de primaria y profesores de secundaria y catedráticos de universidad; es imposible.

Así que hay un sustituto para la inteligencia. La astucia es un sustituto de la inteligencia, un sustituto muy pobre, recuerda. Y no sólo es un pobre sustituto, también es justo lo contrario. La persona inteligente no es astuta; ciertamente es inteligente, pero su inteligencia mantiene intacta su inocencia. No la vende por cosas mundanas. La persona astuta está dispuesta a vender su alma por pequeñeces.

Judas vendió a Jesús por sólo treinta monedas de plata, sólo treinta monedas de plata. Y un Jesús se puede vender. Judas debió pensar que estaba siendo muy inteligente, pero simplemente era astuto. Si no te gusta la palabra 'astuto' puedes llamarle listo; eso es sólo un buen nombre para la misma cosa, para la misma cosa fea.

La sociedad te prepara para ser astuto, para que seas capaz de competir en esta lucha por la existencia, la lucha por sobrevivir. Es una competencia feroz, todo el mundo está detrás de la garganta de los demás. La gente está dispuesta a todo para triunfar, para ser famosa, para subir la escalera del éxito, del nombre y de la fama. Están dispuestos a utilizarte como trampolín. A menos que también seas astuto, simplemente te utilizarán, te manipularán.

De ahí que la sociedad entrene a todos los niños para que sean astutos, y estas capas de astucia ocultan tu inocencia.

La inocencia no hay que alcanzarla, Sonja, ya está ahí. Por tanto, no es cuestión de llegar a ser, es tu ser. Sólo hay que descubrirla, o redescubrirla. Tienes que dejar todo lo que has aprendido de los demás e inmediatamente serás inocente.

De ahí mi antagonismo hacia todo conocimiento que sea prestado. No cites la Biblia, no cites el Gita. No te comportes como un loro. No sigas viviendo de información prestada. Empezad a buscar y rebuscar vuestra propia inteligencia.

Se necesita un proceso negativo; ha de lograrse a través de la VÍA NEGATIVA. Ese es el camino de Buda. Tienes que negar todo lo que se te ha dado. Tienes que decir: "Esto no es mío; por lo tanto, no tengo derecho sobre ello. Puede que sea verdad, puede que no. ¿Quién lo sabe? Otros dicen que es así; a menos que se convierta en mi experiencia, no puedo estar de acuerdo o en desacuerdo. No creeré ni dejaré de creer. No seré católico ni comunista, no seré hindú ni mahometano. Simplemente no seguiré ninguna ideología". Porque, sigas a quien sigas, estarás acumulando polvo a tu alrededor. Deja de seguir.

Aquí, estando conmigo, no sois mis seguidores, recordadlo. Amigos ciertamente, pero no seguidores. Estáis enamorados de mí, pero no se trata de seguirme. Y mi trabajo aquí no es enseñaros algo, sino ayudaros a descubriros a vosotros mismos. Abandona todo conocimiento. Duele porque has cargado con ese conocimiento durante tanto tiempo y has estado presumiendo tanto de ese conocimiento: tus títulos, másteres y doctorados y doctorados, y has estado presumiendo de todos esos títulos. Y de repente te digo: Deja todas esas tonterías.

Sé tan simple como un niño. Vuelve a ser un niño como naciste, como Dios te envió a este mundo. En ese estado de espejo serás capaz de reflejar lo que es. La inocencia es la puerta al conocimiento. El conocimiento es la barrera y la inocencia es el puente.

La segunda pregunta:

Pregunta 2:

AMADO MAESTRO,

¿PUEDO CONVERTIRME TAMBIÉN EN GAUTAMA EL BUDA?

Govind, sí y no. Sí, porque la budeidad no es posesión personal de nadie.

Gautama no lo tiene como atributo personal; no es su propietario y no es el único buda. Ha habido muchos budas antes que él, ha habido muchos budas después de él. La palabra "buda" significa simplemente el despierto.

Estás dormido. Naturalmente, si puedes estar dormido puedes despertar. Quien es capaz de dormir también es capaz de despertar; el propio fenómeno del sueño implica la capacidad de despertar. Si eres incapaz de despertar también serás incapaz de dormir; son dos caras de la misma moneda.

Así que, Govind, si puedes dormir, si puedes soñar, puedes despertar, puedes ser un buda.

Por eso digo que sí, pero no puedes ser GAUTAMA el Buda; Gautama no puedes ser. Puedes ser Govind el Buda, pero no Gautama el Buda; eso no es posible.

La naturaleza nunca se repite. Dicen que la historia se repite, y ciertamente se repite porque la historia está formada por seres humanos estúpidos. ¿Qué otra cosa pueden hacer? Sólo pueden repetir.

Pero la naturaleza nunca repite; nunca vuelve a crear la misma persona, la misma forma.

La naturaleza es inmensamente innovadora.

Ese es el significado cuando decimos que Dios es un creador. Un creador nunca es repetitivo, nunca crea el mismo cuadro una y otra vez. Sigue creando algo nuevo, siempre está en una nueva aventura.

Govind, Dios nunca ha creado otra persona como tú y nunca creará otra persona como tú. Él ama la individualidad, ama la singularidad. Esa es su manera de mostrarte respeto, un respeto tremendo. Y no es sólo así con los seres humanos: ve al jardín, observa las hojas minuciosamente - no encontrarás ni siquiera dos hojas exactamente iguales.

No encontrarás en toda la tierra dos hojas exactamente iguales, ni dos guijarros exactamente iguales en todas las orillas del mar.

Todo es único, todo tiene su propia firma. Igual que tu pulgar es único y su huella es única -no hay nadie más que tenga la misma huella-, ¿qué decir de tu alma? Dios es muy cuidadoso hasta con los detalles más pequeños, o puedes decir "naturaleza", si la palabra "Dios" ha perdido su atractivo para ti. Si la palabra "Dios" ha perdido su atractivo para ti, "naturaleza" es igual de hermosa, o "existencia", o lo que quieras. A Buda le gusta la palabra "dhamma", la ley universal. A Lao Tzu le gusta la palabra "tao", la armonía de la existencia, el orden interior.

El universo no es un caos, eso es seguro. Que exista Dios o no es irrelevante, el universo no es un caos. Por eso lo llamamos universo. Tiene una cierta unidad, de ahí "universo", de lo contrario lo habríamos llamado "multiverso". No es un caos, hay un orden en su interior, un hilo que lo une todo.

Hasta la brizna de hierba más pequeña está unida a la estrella más grande. Nada está separado y, sin embargo, todo es único e individual. Esta es la tremenda belleza de la existencia: ama y respeta al individuo, lo alimenta.

Por lo tanto, Govind, no puedes ser Gautama el Buda, pero no hay necesidad de ser Gautama el Buda. Eso sería feo, eso sería imitativo. Nunca trates de imitar porque entonces siempre serás sólo un calco y nunca algo original. Y a menos que seas algo original, no estarás aprovechando al máximo la oportunidad de tu vida, la estarás desperdiciando.

No seas cristiano, sé cristo. Y no seas budista, sé un buda. El cristiano intenta ser como Jesucristo, el budista intenta ser como Gautam Buda, y esto no es posible. Lo que es posible es que te conviertas en un imitador, en un actor. Y puedes actuar maravillosamente. Puedes caminar como Buda, puedes hablar como Buda, puedes sentarte como Buda. Puedes usar las mismas palabras, el mismo lenguaje, los mismos gestos, pero en el fondo serás Govind, no Gautam. ¡Y lo sabrás! Que todo lo que estás haciendo es sólo en el exterior. Y es feo porque creará una especie de hipocresía en ti.

Por lo tanto, todos los cristianos son hipócritas y todos los budistas son hipócritas. Todos los seguidores están destinados a ser hipócritas porque son personas divididas, personas escindidas. Y lo que muestran está sólo en la superficie, y lo que realmente son está oculto detrás. Y hay un conflicto constante entre estos dos, viven dos tipos de vida.

Evita esto.

Sé que surge este deseo. Este deseo parece ser muy frecuente.

Jesús y Moisés estaban jugando al golf. Cuando llegaron a un obstáculo de agua de doscientas yardas. Jesús sacó un palo de hierro cinco. Moisés le advirtió que doscientas yardas eran demasiado lejos para un hierro cinco, pero Jesús insistió: "Si Arnold Palmer puede lograrlo con un hierro cinco, ¡yo también!".

Golpeó la pelota y aterrizó en medio del lago.

"¿Me traes la pelota, Moisés?", preguntó Jesús.

"Sólo por esta vez", respondió, se acercó, levantó su palo y abrió el agua. Luego salió y le devolvió la pelota a Jesús.

De nuevo Jesús cogió un hierro cinco y de nuevo Moisés le advirtió: "¡Si no lo consigues, no te lo voy a conseguir!".

Jesús le tranquilizó: "Si Arnold Palmer puede hacerlo, seguro que yo también".

Volvió a golpear el hierro cinco y de nuevo la bola cayó al agua. Esta vez Jesús salió al agua, se agachó y estaba recogiendo la bola cuando el siguiente cuarteto se acercó al tee donde estaba Moisés. El líder del grupo preguntó a Moisés: "¿Quién se cree que es, Jesucristo?".

"No", respondió Moisés, "¡se cree Arnold Palmer!".

Govind, tú sólo sé Govind el Buda. No hay necesidad de que seas Gautama el Buda. Gautama era hermoso, pero una vez es hermoso - dos veces es demasiado. ¿Y qué sentido tiene? ¿Cuál será tu contribución a la existencia si eres Gautama el Buda? Ninguna contribución. Gautama lo ha hecho, ha hecho lo que un Gautama puede hacer.

No se puede mejorar.

Haces algo que TÚ puedes hacer y que ningún Gautama podrá hacer jamás. Dios tiene grandes esperanzas puestas en ti: espera que aportes algo a la existencia. Nunca pierde la esperanza, por eso sigue creando personas. Aunque la gente siga engañando, la gente siga malgastando la oportunidad, la gente siga perdiendo el tiempo, Dios sigue esperando.

Con cada niño nace una nueva esperanza en el mundo. Tienes que aportar algo que sólo tú puedes hacer y que nadie más puede hacer, de ahí que TÚ tengas que hacerlo. Olvídate de la idea de ser Gautama el Buda y sé tú mismo.

Y eso es exactamente lo que Buda ha enseñado, ese es exactamente su mensaje esencial. Sus últimas palabras a sus discípulos fueron: APPA DEEPO BHAVA - sé una luz para ti mismo.

Cuando se estaba muriendo, naturalmente miles de discípulos se habían reunido y empezaron a llorar y a llorar. El maestro se iba, era natural, y el maestro había vivido con ellos durante cuarenta y dos años y habían amado al hombre, habían amado su vibración. Era uno de los hombres más bellos que han pisado la tierra. No solo era espiritualmente bello, fisicamente tambien era uno de los hombres mas bellos. No se puede decir lo mismo de Jesús. El era espiritualmente bello, pero las escrituras antiguas dicen que fisicamente no era bello. Sólo medía metro y medio y, además, era jorobado. Buda era una de las expresiones más bellas físicamente también, realmente una flor de loto. Y todos le habían amado. Habían renunciado a todo y arriesgado todo por este hombre y ahora se marchaba. Empezaron a llorar. Uno puede entender su llanto y su llanto y sus lágrimas.

Pero Buda le dijo: "¡Basta! ¡Deja de decir tonterías! ¿Por qué lloras? ¿Qué diferencia va a haber? Yo no era vuestra luz, vosotros tenéis que ser vuestra propia luz. Y", les dijo Buda, "puede ser una bendición en forma de maldición, porque cuando me haya ido intentaréis encontraros a vosotros mismos. Mientras estuve aquí os interesasteis más por mí; aunque yo insistía: ¡Entra! estabais centrados en mí. Ahora no estaré aquí, estáis obligados a entrar".

Y eso es exactamente lo que ocurrió: muchas personas se iluminaron tras la muerte de Buda. Cuando se les preguntó: "¿Por qué se iluminó tanta gente cuando murió Buda?", todos dijeron: "Ahora entendemos lo que quiso decir, que en forma de maldición es una bendición, porquc una vcz que has visto a un buda y se ha ido no hay nada que merezca la pena ver fuera". Así que cerramos los ojos.

"Hemos visto todo lo que más valía la pena ver: hemos visto a la persona más bella. ¿Qué más hay? No hay nada que merezca la pena oír, que merezca la pena ver. Cerramos los ojos, nos volvimos hacia dentro y, como Buda ya no estaba allí, oímos sus palabras por primera vez. Cuando él estaba aquí éramos capaces de posponer, mañana o pasado mañana. Estábamos encantados con su personalidad, con su carisma.

Cuando se fue, tuvimos que recurrir a nosotros mismos. Quizá ése fue su último recurso".

¡Govind, sé Govind el Buda!

La tercera pregunta:

Pregunta 3:

AMADO MAESTRO,

¿EXISTEN GRANDES DIFERENCIAS ENTRE LAS DISTINTAS RAZAS DE LA HUMANIDAD?

Meera, esencialmente no hay diferencias en absoluto. Esencialmente no puede haber diferencias. Toda la humanidad es una especie de ser. Pero las diferentes razas han desarrollado diferentes cualidades. Han vivido en climas diferentes, se han encontrado con situaciones diferentes, han pasado por historias diferentes; naturalmente, han aprendido a comportarse de maneras diferentes.

Por ejemplo, los judíos tuvieron que vivir una historia totalmente distinta a la de los demás.

Han vivido durante siglos sin un país, han vagado por todo el mundo, han vivido sin seguridad, sin un hogar; naturalmente, eso les ha hecho tener una mentalidad muy centrada en el dinero. Cuando no tienes un hogar, cuando no tienes un país, toda tu seguridad se centra en el dinero; sólo el dinero puede salvarte. Y cuando te centras en el dinero, naturalmente te vuelves más listo que los demás para ganarlo. Todo tu ser se convierte en una máquina de hacer dinero. Eso es lo que es un judío: una máquina de hacer dinero. Nadie puede derrotarlo en eso porque han vivido un pasado totalmente diferente.

Cuando vives en tu casa rodeado del mismo tipo de gente, de la misma raza, protegido por el país, por la sociedad, no necesitas preocuparte demasiado por el dinero. Incluso sin dinero no vas a morir, la gente te mantendrá, puedes depender de eso. Pero los judíos no tenían forma de depender de nada más; por lo tanto, el dinero se convirtió en su país, el dinero se convirtió en su religión, el dinero se convirtió en su hogar, el dinero se convirtió en su seguridad. Eso era lo que tenía que pasar.

En un país como la India, donde durante miles de años se ha dicho a todo el mundo que busque y busque su salvación.... Y, por supuesto, puedes buscar y buscar sólo TU salvación; no puedes buscar y buscar la salvación de otra persona, eso no es posible.

El viaje interior debe hacerse en absoluta soledad. Pero el resultado ha sido que los indios se han vuelto muy egoístas. Era de esperar. Es un fenómeno feo, pero demasiada insistencia en ir hacia dentro, insistencia extrema en ir hacia dentro, ha hecho a la gente muy egoísta, porque no hay nadie que sea tuyo. Esa ha sido la enseñanza de todos los mahatmas: "Estás solo. Naces solo, tienes que vivir solo, tienes que morir solo. Nadie va contigo. Todas las relaciones son sólo superficiales, así que no te preocupes mucho por ellas y no inviertas mucho en ellas". Eso ha hecho que India sea más egoísta que cualquier otro país.

Es uno de los países más egoístas del mundo. Es debido a este egoísmo que la India ha permanecido en la esclavitud durante miles de años - porque todo el mundo piensa sólo en sí mismo. Así que si un enemigo viene y conquista el país, ¿quién se preocupa por el país? El país no existe realmente; no hay idea de nación en la India.

Hay individuos, pero no hay nación. De ahí todo tipo de rencillas y pequeñas divisiones y subdivisiones... no encontrarás que ocurra lo mismo en ningún otro lugar del mundo. Cada partido político se divide en muchos pequeños fragmentos.

Luego, esos pequeños fragmentos empiezan a dividirse en otros más pequeños, y el proceso parece no tener fin... ¡a menos que seas tu propio partido! Tú eres el miembro, tú eres el presidente y tú eres el secretario. Cuando sólo quedes tú, sólo entonces se detendrá el proceso. ¿Y quién sabe si también allí el proceso se detendrá o no? - porque el hábito de dividirlo todo se ha hecho tan profundo que puedes empezar a decir: "Las piernas no forman parte de mi partido, la parte inferior de mi cuerpo no está en mi partido, sólo la superior. La parte superior es superior y la inferior es inferior. La parte superior significa los brahmanes, y la inferior significa los SUDRAS, los intocables".

Cada raza ha pasado por diferentes fases, diferentes climas. Este es un país caluroso.

Un país caluroso hace que la gente sea perezosa, así que no se puede competir con los indios en lo que a pereza se refiere. Son completamente perezosos. No se puede competir con ellos, es imposible; superarán a todos en eso. Ningún país puede tener superioridad en lo que a pereza y asquerosidad se refiere. Los indios son los mejores.

Como es un país caluroso y el clima no incita a la gente a trabajar más, la gente ha seguido siendo pobre. Si una persona de toda la familia gana algo, es suficiente. Si se dispone de lo justo para sobrevivir, los indios están satisfechos, más que satisfechos. Por supuesto, encuentran racionalizaciones para ello, encuentran grandes racionalizaciones espirituales para ello - "Somos gente muy contenta". Todo eso son tonterías. La realidad es que simplemente son perezosos y el clima es caluroso y no quieren trabajar, así que tienen que crear una filosofía para mantenerse: "No nos preocupan mucho las cosas mundanas, sólo pensamos en las espirituales".

India condena a todos como materialistas - ¡y esos materialistas siempre han estado viniendo y conquistando a estos grandes espiritualistas! Y todo su poder espiritual no ha servido de nada. Todos sus Sai Babas, etcétera, no han sido de ninguna ayuda. Todo lo que pueden hacer es producir ceniza, ceniza sagrada, a través de sus poderes espirituales, nada más. Sólo trucos de magia ordinarios, cualquier persona estúpida puede hacerlo - nada que ver con la espiritualidad.

Este país no ha sido capaz de crear ciencia, tecnología, porque, dirán los indios, "somos tan espirituales que no nos preocupamos por crear riqueza material". Pero todos la anhelan, en el fondo todos la anhelan. Sus corazones están llenos de deseos, pero debido a su viejo hábito de pereza no pueden hacer nada.

Los países fríos se convirtieron en potencias mundiales por la sencilla razón de que en un país frío si quieres estar vivo tienes que trabajar. De hecho, cuando el clima es frío te provoca, te reta a trabajar; de lo contrario te enfriarás, morirás. Tienes que trabajar duro, sólo entonces puedes sentirte caliente y vivo. Los países fríos se convirtieron en potencias mundiales; ningún país caliente ha sido nunca una potencia mundial, no puede serlo. Los países fríos derrotaron fácilmente a los grandes países calientes.

Inglaterra es un país pequeño, no más grande que un pequeño estado de la India, una pequeña provincia, pero dominó la India - fácilmente, muy fácilmente, sin ningún problema. Era tan simple de dominar.

Los países fríos se vuelven aventureros; los indios nunca lo han sido. No salen de sus aldeas. Hay miles de personas en la India que nunca han ido más allá de los límites de su aldea, y nunca irán. Pero los países fríos empezaron a viajar por el mundo. Ahora el mundo está acabado; intentan alcanzar las estrellas; han llegado a la luna.

El Everest es indio, la montaña es india, pero ningún indio ha intentado jamás escalarlo. "¿Para qué?" Dirán los indios. "¿Para qué? ¿Qué hay ahí? Es tan inútil". Pero durante cien años los montañeros occidentales han venido y arriesgado sus vidas; muchos han muerto sabiendo que es arriesgado. Cuanto más arriesgado era, más suponía un reto.

Cuando a Edmund Hillary, el primer hombre en alcanzar la cima del Everest, le preguntaron "¿Por qué?" - ¡por supuesto por un indio! - "¿Por qué lo intentaste en primer lugar?", ¿sabes cuál fue su respuesta?

Dijo: "¡Simplemente porque está ahí! Es un reto. Por ninguna otra razón. No podemos tolerar esta montaña a menos que la conquistemos: ¡es una humillación! La montaña está ahí tan alta y sigue diciéndonos que nadie ha sido capaz aún de subir hasta la cima. Es un desafío constante". Pero ningún indio se siente desafiado por ella.

Cada país, cada raza ha vivido de forma diferente durante siglos: el clima, las situaciones, la historia, los accidentes, las ideologías también han marcado muchas diferencias.

Por ejemplo, los judíos no habrían tenido tantos problemas si no hubieran tenido la idea de que son la raza elegida por Dios. La idea misma ha sido la causa de todos sus problemas. Si crees que eres el pueblo elegido de Dios, por supuesto que tendrás problemas, porque otros empezarán a luchar contigo y a demostrar que no eres el pueblo elegido. "Nosotros somos el pueblo elegido. ¿Quién dice que sois el pueblo elegido?" La sola idea les tortura.

Pero esto hay que entenderlo: a la gente le encanta su miseria. La gente es sadomasoquista, siempre ama el sufrimiento. Así que cualquier idea que te dé sufrimiento, te afeiras a ella. Los judíos han sufrido mucho, pero no abandonan su idea. De hecho, el propio sufrimiento y el antagonismo del mundo entero demuestran que deben de ser el pueblo elegido de Dios; de lo contrario, ¿por qué está todo el mundo en su contra?

Así que hay grandes diferencias en la superficie, y la superficie es todo lo que entra en contacto con los demás. Intrínsecamente, no hay dos seres humanos diferentes; en su núcleo más íntimo, todos los seres humanos son simplemente seres humanos.

Así que, Meera, tenemos que entender ambas cosas. Esencialmente, todos los seres humanos son uno, pero accidentalmente no son uno. Y no es malo que no sean uno. La variedad es hermosa, enriquece el mundo, lo hace más hermoso. Será un mundo feo donde sólo vivan hindúes, judíos o negros. Perderá todo su encanto, perderá toda su belleza.

Es un lío tan bonito.... Los italianos, los polacos, los alemanes y los franceses tienen sus propias maneras de entender las cosas y han desarrollado estilos diferentes.

Aunque todos los seres humanos pertenezcamos a la misma especie, hemos sido capaces de crear una gran variedad de flores en el mismo arbusto. Esto hace que el mundo sea realmente rico. No me gustaría destruir esas diferencias, sino potenciarlas, pero entendiendo que los seres humanos son seres humanos. Nadie es superior y nadie es inferior; deberíamos abandonar la idea de jerarquía, pero la variedad es buena.

¿Sabes reconocer a un italiano en un submarino? Es el único que lleva paracaídas.

¿Y cómo reconoces al polaco? Es el que corre detrás del italiano para robarle el paracaídas.

Una criada de color y su patrona blanca se quedaron embarazadas al mismo tiempo y dieron a luz el mismo día. Unos meses después, la mujer blanca entró corriendo en la cocina y exclamó a la criada: "¡Mi bebé ha dicho hoy su primera palabra!".

En la cuna, el bebé de color se incorporó y dijo: "¿Lo hizo? ¿Qué ha dicho?"

Una pareja estadounidense estaba de gira por Europa.

Cuando el autobús se detuvo en otra famosa catedral de otra famosa ciudad, la esposa se volvió hacia el marido y le dijo: "Tú haz el interior de la catedral, querido, y yo haré el exterior".

Un avión lleno de turistas vuela de Nueva York a Texas cuando uno de los motores deja de funcionar.

El capitán se dirige a los pasajeros: "Señoras y señores, para seguir con vida tenemos que tirar todo el equipaje por la borda. Así tendremos menos peso y llegaremos a salvo a nuestro destino".

Así lo hacen. Pero unas horas más tarde el segundo motor deja de funcionar y de nuevo el capitán habla a los pasajeros: "Señoras y señores, para llegar a salvo a nuestro destino necesitamos que tres personas salten del avión".

Un inglés se levanta. "Lo siento", dice, "le ruego me disculpe... pero por supuesto....". Se gira hacia el resto de pasajeros, coge su paraguas y salta del avión gritando: "¡Dios salve a la Reina!".

Un francés se levanta con lágrimas en los ojos. "¡Viva Francia!", grita y salta.

Un hombre de la India vestido con ropas de khadi blanco puro, que se parece más a Morarji Desai que el propio Morarji Desai, atraviesa el avión, agarra a una anciana por el cuello, la arroja fuera del avión y grita: "¡Viva Mahatma Gandhi!".

Una vez, un alemán se acercó a una dama británica. Como quedó prendado de su belleza, se acercó a ella y le gritó: "¡Te quiero!".

Ella dijo: "¡Si realmente me amas, salta del acantilado!"

Antes de que pudiera pensar le besó la mano y saltó.

Poco después, a la dama británica se le acercó un italiano. Se le acercó pavoneándose y le susurró apasionadamente al oído: "¡Amore mio!".

Ella respondió susurrándole al oído: "Si de verdad me quieres, salta del acantilado".

Subiendo a tomar aire entre beso y beso respondió: "¡Si de verdad me quieres, tienes que saltar conmigo!".

Impresionada por su ingenio, accedió a hacer el amor con él.

Poco después, un hombre británico se acercó a la dama británica. La conoció y la invitó a tomar el té. Tras varias horas de conversación cortés, le dijo, con cierta reserva: "Te quiero".

Ella respondió: "Si realmente me amas, salta del acantilado".

A lo que él respondió galantemente: "¡Las damas primero!".

La cuarta pregunta:

Pregunta 4:

AMADO MAESTRO,

¿REALMENTE NO HAY DIFERENCIA ENTRE UNA PERSONA NORMAL Y UNA ILUMINADA?

Narendra, todo el mundo nace iluminado. Todo el mundo nace absolutamente inocente, absolutamente puro, absolutamente vacío. Pero esa inocencia, esa pureza, ese vacío, está destinado a perderse porque es inconsciente. Hay que recuperarla, hay que ganarla conscientemente. Ésa es la única diferencia entre una persona normal y una iluminada.

La persona ordinaria vino con el mismo potencial, todavía tiene el mismo potencial, pero todavía no lo ha reclamado. El iluminado lo ha perdido y lo ha recuperado. La persona ordinaria está en un estado de paraíso perdido y la persona iluminada está en el estado de paraíso recuperado. Pero puedes ganarlo en cualquier momento, depende de ti. Nadie puede impedir que te ilumines.

No es una cuestión de talento. No todo el mundo es músico y no todo el mundo puede ser músico; eso es cuestión de talento. Sólo unos pocos son músicos y los verdaderos músicos nacen músicos. Puedes aprender la técnica; si sigues y sigues practicando música, tarde o temprano sabrás tocar, pero seguirás sin ser músico. Sólo serás un técnico, alguien que sabe tocar pero que no tiene inspiración, alguien que no está realmente en sintonía con la música de la existencia. La música no fluye a través de ti de forma natural, espontánea.

No todo el mundo puede ser poeta, ni tampoco científico o matemático; eso son talentos. Pero la iluminación no es una cuestión de talentos. Todo el mundo está iluminado; estar vivo es suficiente. La vida es la única necesidad, el único requisito. Si no estás muerto, puedes iluminarte. Si estás muerto, entonces por supuesto espera a la siguiente ronda, pero nadie está tan muerto. La gente está muerta en un noventa y nueve por ciento, pero incluso si estás vivo en un uno por ciento es suficiente. Tanto fuego es suficiente; se puede encender, se puede ayudar. Se puede utilizar para crear, para desencadenar más fuego en ti.

La diferencia entre el iluminado y la persona corriente no es de talento.

Esto es lo primero que hay que recordar, porque mucha gente piensa que es una cuestión de talento. "Un Jesús tiene talento, un Buda tiene talento; nosotros no tenemos tanto talento. ¿Cómo vamos a iluminarnos? No, no es una cuestión de talento en absoluto. No puedes convertirte en un Miguel Ángel y no puedes convertirte en un Shakespeare a menos que nazcas siendo uno, pero puedes convertirte en un Cristo, en un Buda.

Todo el mundo tiene derecho a ella, es un derecho de nacimiento de todos, pero tendrás que reclamarla.

Y el esfuerzo tiene que hacerse conscientemente. Lo has perdido simplemente porque eras inconsciente. Y si permaneces inconsciente, entonces la diferencia permanecerá. La diferencia es sólo de inconsciencia.

Buda es tan ordinario como tú, pero está lleno de conciencia en su ordinariez.

Gracias a la conciencia, su cotidianidad se vuelve luminosa. Vive la misma vida ordinaria, recuérdalo. Esa es otra ilusión que la gente lleva dentro de sí:

que un Buda tiene que ser extraordinario, que un Jesús tiene que caminar sobre el agua. No puedes caminar sobre el agua, así que ¿cómo puedes ser un Jesús? Un buda tiene que ser especial, desde el principio.

Cuentan las historias que antes de nacer Buda su madre tuvo unos sueños. Esos sueños son absolutamente necesarios. Si la madre no ha tenido esos sueños antes del nacimiento, entonces la persona no puede ser un buda. Esto es pura estupidez. Unir a Buda con los sueños de su madre es un puro disparate, no puede haber una idea más estúpida.

¿Y qué tipo de sueños? Los Jainas tienen diferentes sueños. Antes de que Mahavira nazca, la madre tiene algunos sueños. Ella ve un elefante blanco - eso es imprescindible. Cada TIRTHANKARA, cada profeta de los Jainas, antes de nacer tiene que ser precedido por un sueño de la madre de un elefante blanco - ¡como si el hijo fuera a ser un elefante blanco!

La madre de Buda tiene que ver unos sueños, una serie de sueños.... Estas son solo historias, ficticias, creadas por los seguidores a posteriori. La historia es que la madre de un buda tiene que morir inmediatamente cuando él nace, no puede vivir. ¿Cómo puede vivir después de un fenómeno tan grande? Es tan vasto y tan grande, la experiencia es tal que es más grande que la muerte, ella simplemente desaparece. Pero la madre de Mahavira vive, la madre de Jesús vive; ellos no tenían esa idea allí. Pero tienen otras ideas: que cuando Jesús nace tiene que nacer de una madre virgen.

Ahora la gente puede ir a los absurdos, a los extremos mismos de los absurdos, sólo para hacer una cosa asentada en sus mentes: que Jesús ES especial mientras que usted es ordinario. Ahora, ¿dónde vas a encontrar una madre virgen?... y ya has fallado. La próxima vez quizás intentes de nuevo encontrar una madre virgen - y a menos que conspires con el Espíritu Santo, es imposible. ¿Cómo te las arreglarás? Y entonces tienen que venir tres reyes magos y una estrella tiene que guiarlos. Ahora las estrellas no hacen eso en absoluto, ninguna estrella puede hacerlo. Las estrellas siguen sus rutas; no pueden guiar a los reyes magos desde Oriente hasta el lugar exacto donde nace Jesús en un establo, en casa de un pobre. Las estrellas no pueden hacer eso, es imposible.

Estas historias ficticias se han inventado sólo para dar la idea de que tú eres corriente y estas personas son especiales.

Todo mi esfuerzo aquí es proclamarte que si ellos son especiales tú eres especial, si tú eres corriente ellos son corrientes. Una cosa es cierta: no pertenecéis a categorías diferentes, pertenecéis a la misma categoría.

El milagro no es caminar sobre el agua, el milagro no es caminar sobre el fuego; el milagro es despertar. Ese es el verdadero milagro. Todo lo demás son tonterías.

Despierta... ¡y serás un buda! ¡Despierta y estarás iluminado! Y cuando despiertes no es que te vuelvas totalmente diferente de tu yo ordinario; serás la misma persona pero luminosa. Comerás de la misma manera, pero no será lo mismo, habrá una diferencia intrínseca. Vivirás de la misma manera, pero no será la misma porque TÚ serás nuevo. Aportarás un nuevo toque a todo y todo lo que toques empezará a convertirse en oro, empezará a convertirse en algo significativo. Antes no tenía sentido, ahora tendrá significado y sentido. ¡Y ya es hora de que despiertes!

El maestro no puede obligarte a despertar; el maestro sólo puede crear una situación en la que se pueda desencadenar un proceso en ti. Y CUALQUIER situación puede ser útil.

Lao Tzu se iluminó con sólo ver una hoja, una hoja seca que caía de un árbol. Cuando la hoja empezó a caer hacia la tierra, se iluminó. ¿Y ahora qué pasó?

Al ver la hoja muerta que caía en las alas del viento, sin ninguna idea propia, totalmente relajada, totalmente entregada a los vientos, tuvo una visión. Debía de encontrarse en un estado muy vulnerable. Y desde ese mismo instante se convirtió en una hoja muerta en los vientos.

Renunció a su ego, renunció a su aferramiento, renunció a sus propias ideas de lo que debería ser y lo que no debería ser. Abandonó toda su mente, simplemente se convirtió en un dejarse llevar. Y así es como se iluminó.

Cualquier cosa puede desencadenar el proceso. El maestro sólo crea mil y una situaciones. ¿Quién sabe qué situación va a desencadenar el proceso?

Aquí estás pasando por cientos de grupos, haciendo todo tipo de meditaciones, porque nadie puede predecir en qué momento, en qué situación, qué va a desencadenar el proceso. Siempre ha sucedido de una manera tan misteriosa, no es un fenómeno científico. No es una cuestión de causa y efecto, de lo contrario las cosas habrían sido más fáciles. Calientas el agua a cien grados y se convierte en vapor, pero no es así. Unas pocas personas se evaporan a cero grados, unas pocas personas se evaporan a cien grados, unas pocas personas se evaporan a mil grados. Las personas no son materia; las personas son conciencia, las personas son libertad, así que nadie sabe qué desencadenará el proceso.

Ni siquiera el maestro puede decir que esto va a desencadenar el proceso. Él puede disponer todo tipo de dispositivos y puede esperar pacientemente, amorosamente, compasivamente, en oración, y tú tienes que moverte a través de todo tipo de dispositivos.

Te estoy hablando. Cualquier palabra puede desencadenarlo... o tal vez sólo una pausa puede desencadenarlo...

y de repente el sueño se ha ido, los sueños han desaparecido. Has nacido, has nacido espiritualmente, has nacido dos veces. Te has convertido de nuevo en un niño. Eso es la budeidad, eso es la iluminación.

Narendra, me preguntas: "¿Realmente no hay diferencia entre una persona corriente y una iluminada?".

No hay diferencia en este sentido: que ambos pertenecen al mismo mundo de conciencia. Uno está dormido, el otro despierto; de ahí la diferencia. Pero la diferencia es sólo periférica, no central, no intrínseca, sino accidental.

Respeta a los budas y eso te enseñará a respetarte a ti mismo. Respeta a los budas, pero no te condenes a ti mismo. Ámate a ti mismo porque también llevas un buda dentro de ti. También llevas un capullo que se convertirá en un buda. En cualquier momento, cualquier día... puede ser ahora, puede ser aquí....

La quinta pregunta:

Pregunta 5:

AMADO MAESTRO,

UN PERIÓDICO ALEMÁN LE HA CALIFICADO COMO EL LÍDER RELIGIOSO MÁS FAMOSO DESPUÉS DEL PAPA PABLO Y DE KHOMEINI. ¿CÓMO SE SIENTE EN ESA COMPAÑÍA?

Veet Vivarto, prefiero estar en el infierno que estar en esa estúpida compañía - ¡Papa Pablo el Polaco y Jomeini el Jomeiniaco! No he hecho nada tan pecaminoso en mi vida para sufrir esa compañía. No tengo karmas que castigar - eso será un castigo.

Lo he oído:

Un mahatma, un gran santo, murió - debe haber sido alguien como Muktananda. Uno de sus seguidores murió al día siguiente. Cuando el seguidor llegó al cielo, lo primero que le interesó fue: "¿Dónde está nuestro gurú, nuestro Muktananda? Debe estar disfrutando - se le deben haber dado todas las alegrías que sólo el cielo puede proporcionar".

Y de repente vio a Muktananda debajo de un hermoso árbol... ¿con quién, sabes? - ¡Con Sophia Loren! ¡Sophia Loren sentada en su regazo, ambos desnudos, abrazándose! El seguidor cayó a los pies de Muktananda. Dijo: "Guru Deva, oh Gran Maestro, siempre supe que eras el más grande maestro; ahora lo estoy viendo con mis propios ojos. Dios está tan complacido contigo, ¡que te ha dado a Sophia Loren como recompensa!".

Muktananda miró muy enfadado al hombre y le dijo: "¡Idiota, deja de decir tonterías!

No entiendes nada. Ella no es mi recompensa, ¡yo soy su castigo!"

No he cometido ningún pecado, así que no creo que pertenezca a esa compañía. Pertenezco a gente muy corriente, borrachos, jugadores, no a gente tan estúpida, llena de estiércol de vaca sagrada.

Pero ese periodista debe pensar que me está alabando. Eso es lo que pasa en el mundo:

la gente es tan inconsciente que no sabe lo que es la alabanza y lo que es la condena. ¡Esto es condenación, no alabanza!

Jomeini no es religioso en absoluto. Jomeini es la persona más irreligiosa de la actualidad.

¿Y crees que el Papa Pablo es religioso? Si es religioso ni siquiera puede ser católico, ¿qué decir de ser el Papa Pablo? No puede ser Papa. Una persona religiosa no puede ser católica ni cristiana ni hindú ni mahometana. No son más que políticos que juegan al mismo juego de poder en nombre de la religión.

He visto el artículo. El artículo es uno de los más positivos que se han escrito sobre mí, a excepción de esta pequeña condena. Así que el periodista no está realmente intentando condenarme; en su visión, en su idea, me está alabando como el tercer líder religioso más importante.

No soy religioso en el sentido ordinario de la palabra, y no soy líder en absoluto. No me gusta liderar a nadie. Ciertamente soy un dedo que apunta a la luna, pero no soy un líder. Tú tienes que hacer todo el camino, yo no voy contigo. No voy a ir delante de vosotros guiándoos. No tienes que seguirme, tienes que ser tú mismo. Simplemente puedo compartir mi experiencia.

Si esa experiencia toca algo en ti, si esa experiencia te hace consciente de que la vida no es lo que crees que es, que es mucho más, eso es suficiente. Si puedo crear una sed en ti, eso es suficiente - una sed de Dios. No soy un líder. Si puedo crear suficiente sed en ti, entonces buscarás y buscarás. Y los que buscan encuentran, y los que buscan están destinados a encontrar, están absoluta e inevitablemente destinados a encontrar. Todo lo que se necesita es una sed auténtica, una sed en el corazón mismo, en el centro mismo de tu ser.

Pero esta gente está profundamente dormida. Este periodista nunca ha estado aquí, no entiende nada de lo que digo. Si no, no me habría comparado con Jomeini y el Papa Pablo.

El Príncipe de Gales estaba de vacaciones en París. Tras una suntuosa cena y muchas copas, pidió al director del hotel una bella joven que le hiciera compañía durante la noche. El gerente le indicó su habitación y le envió a una joven.

Aunque el príncipe estaba bastante borracho, intentó hacer el amor con la encantadora mujer.

Sin embargo, cada vez que lo intentaba, ella gritaba: "¡MATOUSKA! MATOUSKA!" Tras varios intentos se durmió exhausto.

A la mañana siguiente, el príncipe fue a pasear a un pueblo cercano, donde vio a unos chicos que tiraban canicas en unos agujeros en el suelo. De repente, uno de los chicos gritó: "¡Matouska! Matouska!"

El príncipe, sorprendido de volver a oír esta palabra, sintió curiosidad y preguntó qué significaba.

Un chico respondió: "Matouska significa el agujero equivocado".

¿Qué más se puede esperar de un hombre borracho y profundamente dormido? Pero hacía lo que podía, al menos intentaba hacer el amor.... Fallar el objetivo, eso es otra cosa.

La sexta pregunta:

Pregunta 6:

AMADO MAESTRO,

¿QUÉ ES UN PADRE?

Anand Sugeet, un padre es un sacerdote católico - que no es ni marido ni padre; pero los católicos son bien conocidos por hacer cosas tan extrañas. Por qué llaman "padre" a sus sacerdotes es realmente extraño. Papa también significa "padre"; es otra forma de "papa".

El padre Francesco y el padre Viggiani estaban sentados en una gruta charlando.

"¿Cree que el Papa permitirá alguna vez que los curas se casen?", preguntó el padre Francesco.

"No ocurrirá en nuestra época", respondió el padre Viggiani. "Quizá en la de nuestros hijos".

La séptima pregunta:

Pregunta 7:

AMADO MAESTRO,

¿PUEDO SER TAMBIÉN PRESIDENTE DE AMÉRICA?

¡Dios mío, Tom! Creo que debes ser el mismo Tom - ¡Tom el Turista! ¡Ahora te están pasando grandes cosas! Leyendo tu pregunta por primera vez he entendido el significado de la palabra "payasada". Siempre me había preguntado, ¿por qué esta palabra 'tomfoolery'?

Ahora lo sé.

Sí, puedes ser el presidente, sólo que creo que Presidente Tom no quedará bien. Cámbiate el nombre por Plátano, Tomate, Patata. Sr. Patata

Presidente, ¡qué poesía más pura! Y creo que reúnes las condiciones necesarias para ello. Lo primero es que tienes que ser estúpido.

¿Usted ha visto lo que Jimmy Carter hizo apenas hace dos días? Cuando Vivek se lo dijo a Asheesh, Asheesh pensó que era una broma... porque nuestra gente naranja no lee periódicos. ¿Quién se preocupa de todas estas tonterías? Pero lo que él ha hecho es tan estúpido que uno no puede creerlo.

Deben de haber enviado a sus mejores hombres para esta misión de rescate, y lo que ocurrió es realmente genial, ¡fantástico! Los dos aviones americanos chocaron entre sí y ocho personas murieron y la misión de rescate fue cancelada. ¡Ahora el mundo entero se ríe!

Pero cuando se nombra presidente a un cultivador de cacahuetes, es normal que ocurra algo así. ¿Qué otra cosa puede hacer? Toda su vida cultivando cacahuetes, y ahora ha crecido y se ha convertido él mismo en un loco.

Así que el primer requisito es: tienes que ser estúpido. Si no lo eres, al menos finge serlo.

Eso es lo que Nixon intentaba hacer; no era tan estúpido, pero fingió lo suficiente. Pero finalmente los americanos descubrieron que no era tan estúpido; lo echaron inmediatamente. Así que no te dejes atrapar, sigue haciendo estupideces. Si te pillan, te espera el mismo destino. Sé como Ford, pura estupidez, ¡sin adulterar!

El segundo requisito ... que he estado tratando de encontrar para usted. ¡He estado investigando mucho desde tu pregunta! El segundo requisito es: necesitas una esposa fea.

Esto es algo extraño. Nixon, Ford, Carter, tienen unos patitos tan feos. Es extraño, no puede ser coincidencia. Sólo Kennedy tenía una hermosa esposa, y lo mataron, recuerda. ¡Así que evítalo!

Ahora Reagan tiene todas las posibilidades, porque justo el otro día, estaba mirando la fotografía de su mujer. Dije: "Este hombre parece tener todas las posibilidades. Ahora puede derrotar a cualquiera; por lo que respecta a su mujer, puede derrotar a Nixon, Ford, Carter, a todos". Y están sentados juntos en un sofá y el pie de foto dice: "Reagan está siendo acusado por su esposa". Yo simplemente me preguntaba... ¡esta mujer puede Descargar a cualquiera! Si tienes una esposa así, ¡renunciarás al mundo inmediatamente! Y Reagan está siendo acusado por su mujer....

Así que estas dos cosas que he encontrado - la estupidez y una esposa fea. Y cámbiate el nombre:

conviértete en el Reverendo Plátano, el Reverendo Tomate, la Reverenda Patata... cualquier cosa vale. Tom no queda bien, es demasiado corriente; necesitas un nombre especial, y entonces podrás convertirte en presidente. Y ya has hecho suficientes giras: vuelve a casa. Este es el momento. Carter está perdiendo terreno cada día, no pierdas esta oportunidad. Cásate con una mujer fea, finge ser estúpido. Aprende a reír sin razón, sin rima. Sólo ejercita tus labios, mantenlos abiertos tanto como sea posible. Y creo que tienes todas las posibilidades, como cualquier otro americano. No pierdas más tu tiempo aquí, porque no perteneces a este lugar. Este no es el lugar. No preparamos a la gente para ser presidentes y primeros ministros.

La última pregunta:

Pregunta 8:

AMADO MAESTRO,

BUDA DICE: "EL MAESTRO RENUNCIA A LA TRAVESURA". PERO COMO TE CONOZCO, ERES POR EXCELENCIA MAESTRO DE LA TRAVESURA ¿TIENES ALGO QUE DECIR AL RESPECTO?

Dharma Bodhi, ¿crees que tengo que decir algo al respecto? Pero Buda no tenía conocimiento de mí. Cuando dijo eso, yo no estaba incluido en ello. Cuando haga sutras, ¡entonces lo verás!

Suficiente por hoy.

No poseer nada, no desear nada

SIN POSEER NADA, SIN QUERER NADA.
ESTÁ LLENO DE PODER.
INTRÉPIDO, SABIO, EXALTADO.
HA VENCIDO A TODAS LAS COSAS.
VE EN VIRTUD DE SU PUREZA.
HA LLEGADO AL FINAL DEL CAMINO, SOBRE EL RÍO DE SUS MUCHAS VIDAS, DE SUS MUCHAS MUERTES.
MÁS ALLÁ DEL DOLOR DEL INFIERNO, MÁS ALLÁ DE LA GRAN ALEGRÍA DEL CIELO, EN VIRTUD DE SU PUREZA.
HA LLEGADO AL FINAL DEL CAMINO.
TODO LO QUE TENÍA QUE HACER, LO HA HECHO.
Y AHORA LO ES.
Estos son los últimos sutras de oro del DHAMMAPADA:
SIN POSEER NADA, SIN QUERER NADA.
ESTÁ LLENO DE PODER.

¿Por qué el hombre quiere poseer? Es una de las cosas más fundamentales que hay que comprender. A menos que comprendas por qué hay un anhelo constante de poseer más y más cosas, dinero, poder, no podrás librarte de esta locura de posesividad. El hombre quiere poseer porque no ha sabido quién es; no es consciente de su reino interior. Piensa que es un mendigo, por eso mendiga.

Los deseos son mendigos. Cuanto más deseas, más demuestras que no eres consciente de tus propios tesoros. Esa misma inconsciencia te conduce al desierto de la posesividad.

Es un desierto porque no alcanzarás nada. Puedes poseer el mundo entero, pero seguirás siendo la misma persona hueca, vacía, tu vida sin sentido, tu visión nublada, tu corazón muerto, tu alma nonata.

El hombre quiere poseer porque siente tácitamente que le falta algo. No es capaz de descifrar qué es exactamente lo que falta, pero algo falta -eso lo siente todo el mundo-, así que corre a llenar el vacío. Naturalmente, empezamos a imitar a los demás.

Los niños son imitadores; la única forma que tienen de aprender cosas es imitando a sus padres y a la gente que les rodea. Todos corren detrás del dinero, del poder, del prestigio, de la respetabilidad. Naturalmente, el niño piensa que esas son las cosas que hay que conseguir, lograr. "Cueste lo que cueste, tengo que arriesgarlo todo. Y la vida es corta; por eso tengo que concentrar mis energías. Tengo que moverme en una dirección concreta con mi totalidad. Tengo que estar loco por el dinero si realmente quiero poseerlo, porque no soy el único que corre tras él; millones de personas corren tras él. Va a ser una gran lucha y sólo aquellos que sean astutos, inteligentes, astutos, van a ganar la carrera". Así que sé astuto, sé astuto, pero de cualquier manera tienes que ganar la carrera. Tienes que demostrar que eres alguien, que tu vida no ha sido en vano.

El niño aprende todo esto de forma muy inconsciente del ambiente en el que nace. Y sea cual sea la sociedad, el juego es el mismo. En algún lugar lo más importante es el dinero. Si naces en América, el dinero es más importante; eso da poder. Si naces en la Rusia soviética, entonces el dinero no es tan importante; entonces el poder político es dinero de verdad, oro de verdad. Tienes que estar muy arriba en la jerarquía del Partido Comunista, pero el juego es el mismo. Si naces en un país supuestamente religioso como la India, tienes que convertirte en un gran santo, tienes que derrotar a todos los demás santos. Es el mismo juego que se juega ahora en nombre de la religión. Tienes que ser el mayor asceta, el más famoso; tienes que dejar a todos muy atrás.

Mira en el fondo: es un único juego que se practica en los llamados países religiosos, en los países capitalistas y en los países comunistas. Sea cual sea el formato, la estructura, el juego es el mismo. El juego es el juego del ego.

Y estamos tremendamente interesados en satisfacer nuestro ego, pero no puede ser satisfecho. Es imposible satisfacerlo porque, en primer lugar, el ego es una nulidad. No es real, es ficticio. Si tienes hambre real hay una manera de satisfacerla, pero si tu hambre es irreal no hay manera de satisfacerla. Si tienes una enfermedad real se puede curar, pero si eres hipocondríaco y te inventas enfermedades que no existen en ninguna parte, nadie puede curarte. Es imposible curarte: no hay nada que curar. Y si de alguna manera estás convencido de que una enfermedad se ha curado, tienes la misma mente vieja e inventará otra enfermedad. Seguirá inventando.

El ego es tu invención. El hambre del ego es tu invención. Tienes que mantenerte ocupado porque te sientes en un estado de vergüenza. Ni siquiera eres consciente de quién eres, ¿cómo puedes estar tranquilo? Sientes un profundo malestar, siempre está ahí. Para ocultarlo te mantienes ocupado con el dinero, con el poder, con la religión, con la política.

Todo esto son escapes. Puedes encontrar cualquier escape -hay muchas alternativas disponibles-, pero te mantienes ocupado para que no haya necesidad de ser tan consciente de tu temblor interior.

Siempre que tienes tiempo, siempre que estás desocupado, de repente el vacío interior empieza a abrirse y te entra miedo. Es como un abismo, tienes miedo de caer en él. Agárrate a algo, inventa algo si no hay nada más a lo que agarrarse.

Por eso la gente está dispuesta incluso a aferrarse a su miseria; nadie está dispuesto a abandonar su miseria fácilmente. Esa es mi experiencia de trabajo con miles de personas. Todos sus problemas se pueden reducir a un solo problema, que se aferran a su miseria. Es muy difícil para ellos dejar sus miserias porque sus miserias los mantienen ocupados.

Sus miserias les ayudan a evadirse de sí mismos y de su vacío interior, de su vacuidad, de su falta de sentido. Sus miserias no son más que una vía de escape. Por supuesto que esas miserias hacen daño; por eso hablan de cómo librarse de ellas, pero no pueden abandonarlas porque abandonarlas significa que se quedarán vacíos.

Así que están en un doble aprieto: no quieren ser miserables y, sin embargo, no pueden abandonar sus miserias. Recuerda que las miserias no se aferran a ti, sino que tú te aferras a tus miserias.

Sólo podrás abandonar tus miserias cuando empiece a florecer en ti algún significado interior.

Las miserias sólo pueden abandonarse cuando la meditación empieza a florecer en ti, porque entonces empiezas a disfrutar de tu vacío, ya no está vacío. El vacío mismo empieza a tener una fragancia positiva; ya no es negativo. Esa es toda la magia de la meditación: transforma tu vacío en una plenitud positiva, en algo abrumador.

El vacío se convierte en silencio, el vacío se convierte en paz, y el vacío se convierte en divino, se convierte en piedad.

No hay mayor magia que la meditación. Transformar lo negativo en positivo, transformar la oscuridad en luz, ése es el milagro de la meditación. Transformar a una persona temblorosa en un alma sin miedo, transformar a una persona que se aferraba a cualquier cosa estúpida en un no aferrador, en un no poseedor, eso es lo que sucede a través de la meditación.

Buda solía llamar a la meditación una gran espada, que corta tus problemas de raíz. Te hace consciente de que no debes temer a tu abismo interior. Es hermoso, es dichoso. No has experimentado su dicha y belleza porque nunca has entrado en él, siempre has estado escapando. No lo has probado; es néctar, no es veneno. Pero, ¿cómo vas a saberlo sin probarlo? Estás huyendo de algo que puede convertirse en la plenitud de tu vida. Estás huyendo de algo que es lo único que vale la pena alcanzar. Huyes de ti mismo.

SIN POSEER NADA, SIN DESEAR NADA.... Buda dice que ahí es donde la meditación lleva al maestro. Ya no está interesado en poseer y ya no desea nada. Todos los deseos le han abandonado porque ha encontrado lo último más allá de lo cual no hay nada más. Ha encontrado el tesoro inagotable de la dicha, de la felicidad, del éxtasis. ¿Qué más puede desear? Ha encontrado una mina de diamantes; ahora no puede seguir coleccionando piedras de colores y conchas en la playa. Ahora toda esa actividad es estúpida, no es que renuncie a ella.

Esa es una de las cosas más significativas que hay que recordar: el verdadero sannyasin nunca renuncia a nada, simplemente comprende su propio mundo interior: su belleza, su bendición, su bienaventuranza. Y comprendiéndolo, la gran renuncia sucede por sí misma. Todo lo que es inútil se le escapa de las manos, ya no puede aferrarse a ello. Se vuelve no posesivo. Ya nada es tan importante como para aferrarse a ello. Todo lo de este mundo se convierte en un juguete con el que jugar, bueno para aquellos que aún no han crecido, pero un meditador se ha convertido en adulto.

Sólo un meditador se convierte en adulto. De lo contrario, tu edad cronológica puede ser setenta, ochenta o noventa, no importa - sólo eres un niño viejo... noventa años pero todavía inmaduro porque todavía te interesan los juguetes, todavía llevas tus ositos de peluche, todavía te interesa poseer más y más juguetes. Los niños pueden ser perdonados, pero tú no puedes ser perdonado. Sólo un meditador alcanza la mayoría de edad; por primera vez se vuelve maduro, adulto. Todo infantilismo desaparece de él.

Y lo bonito es que, cuando todo lo infantil desaparece de ti, vuelves a ser como un niño, pero en un plano diferente. Sin infantilismo, pero absolutamente infantil: la misma pureza, la misma inocencia, la misma maravilla, el mismo asombro. De nuevo la existencia se convierte en un misterio. Pero no es que seas infantil, eres como un niño. Es un fenómeno totalmente distinto. El infantilismo es inmadurez; tener una pureza infantil es madurez. Son polos opuestos.

SIN TENER NADA, SIN QUERER NADA... el maestro está en casa. Ya no corre tras las sombras, no corre en absoluto. Ahora mismo deciros que vosotros también sois budas os parecerá absurdo; al menos a vosotros os parecerá absurdo. Me escucharéis, me querréis e intentaréis comprender lo que digo, pero en el fondo no estaréis convencidos de que sois budas.

Por eso hemos estado encontrando todas las racionalizaciones posibles para demostrarnos a nosotros mismos que los budas son una raza totalmente diferente. Cada país ha intentado demostrar hasta la saciedad que "Buda pertenece a otro plano de existencia, Cristo pertenece a otro plano de existencia. Están entre nosotros, pero son totalmente diferentes de nosotros. Son extraños, son forasteros. Lo que digan es cierto, pero no es aplicable a nosotros, no tiene relevancia en nuestro mundo. Vivimos en un mundo ordinario y ellos vienen de una existencia extraordinaria, del más allá".

Cada país, cada raza se ha convencido a sí misma de que Moisés, Krishna, Lao Tzu, Buda, Jesús, Mahoma no son personas corrientes. De un modo u otro, hemos intentado demostrar que son extraordinarios. No es que estemos muy interesados en que sean extraordinarios, simplemente estamos interesados en una cosa: si son extraordinarios, entonces no necesitamos preocuparnos. Entonces podemos seguir como vamos, no necesitamos cambiar. Podemos seguir siendo los mismos, tal y como somos. Para evitar un cambio radical creamos estas grandes racionalizaciones.

Te digo que todos ellos son tan corrientes como tú, o tan extraordinarios como tú.

No hay ninguna diferencia. Sólo una diferencia muy pequeña que en realidad no es tal: tú estás dormido y ellos despiertos. Tú puedes despertar, puedes despertar, a menos que decidas no despertar. Pero ahora mismo os resulta difícil comprender que sois budas.

La función del maestro es recordaros que podéis estar creyendo que sois esclavos, pero no lo sois, eso es sólo vuestra creencia. Sois amos. La función del maestro es recordaros, recordaros una y otra vez que sois budas.

Si os comportáis como tontos, es vuestra elección. Tienes la libertad de comportarte como un tonto, pero también tienes la libertad de transformar tu ser totalmente, de volverte tan centrado como un Buda.

Mirándote a ti mismo te será difícil creer, mirando tu vida te será difícil a ti mismo creer que alguna vez puedas ser maduro, que alguna vez puedas ser un maestro, que alguna vez puedas decir de ti mismo: QUE NO POSEES NADA, QUE NO QUIERES NADA.

Siempre estás deseando. La gente es tan ridícula que si se convence de no desear nada, entonces empieza a desear este estado de no desear nada. Pero es el mismo juego; ahora el deseo ha venido por la puerta de atrás.

Lo he oído:

Después de que Beethoven terminara su alegre Cuarta Sinfonía, atravesó un periodo de sequía.

La inspiración le abandonó, su imaginación se quedó en blanco y no pudo componer música nueva.

Esto era demasiado para su energía inquieta y cayó en la bebida en las tabernas locales, donde a menudo terminaba en peleas de bar o se iba con putas.

Una noche, tras perder una pelea de bar y ser rechazado por la puta más barata de la ciudad, Beethoven se sentó a gastar sus últimas monedas en vino barato. Como era el último cliente de la taberna vacía, el camarero se le acercó y le dijo: "Oye, colega, siempre estás causando problemas por aquí. ¿A qué te dedicas?".

Beethoven levantó la vista, con la cara magullada y el labio sangrando, y dijo entre dientes apretados: "Soy compositor".

El camarero dijo: "¡¿Tú, un compositor?! Ja, ja, ja - ¡Ja!"

Así nació la Quinta Sinfonía.

Mirándoos es muy difícil creer que sois budas: cara magullada, labios sangrantes, incluso rechazados por la puta más barata, bebiendo vino barato. ¿Quién va a creer que sois un buda? ¡Pero yo lo creo! Y no sólo lo creo. Lo sé.

Sólo se necesita algo para desencadenarla. Sólo se necesita algo para despertarte.

Beethoven regresó a casa y de nuevo volvió la inspiración, de nuevo fluyeron las fuentes.

El maestro no puede hacer nada directamente, pero puede empujarte, tirar de ti de forma indirecta, para ayudarte a ver el punto. Una vez visto se convierte en tuyo y a menos que se convierta en tuyo no sirve de nada, no tiene sentido, no tiene validez.

No eres consciente de ti mismo. Por eso corres tras el dinero, el poder, el prestigio. Sé un poco más consciente de quién eres. Presta un poco más de atención a ti mismo.

Lukowski fue al banco a cobrar un cheque. Como Lukowski no tenía cuenta en el banco, el empleado le preguntó si podía identificarse.

"Dime", preguntó Lukowski, "¿hay algún espejo por aquí?".

"Sí", dijo el cajero, "en el puesto a su lado".

Lukowski se miró en el espejo y lanzó un suspiro de alivio. "Sí", dijo, "sí soy yo".

Así es como te reconoces, mirándote siempre en el espejo. Los espejos difieren.

Miras a los ojos de los demás; si piensan que eres un buen hombre, piensas que eres un buen hombre. Si piensan que eres guapo, tú piensas que eres guapo. Si piensan que eres inteligente, tú piensas que eres inteligente. Todo lo que sabes de ti mismo lo obtienes de los demás, de otros que ni siquiera se conocen a sí mismos.

Este es un mundo muy extraño: preguntas a la gente "¿Quién eres?" y ellos no se conocen a sí mismos, y tú dependes de lo que digan de ti, dependes de ello.

Sigues recopilando información. Por eso duele cuando alguien dice que eres tonto. ¿Por qué duele? Deja que te diga que eres tonto; sólo por decirlo no te conviertes en tonto. Pero, ¿por qué duele entonces? Duele porque todo lo que sabes de ti mismo depende de la opinión pública. Ahora esa opinión viene de la misma fuente -del exterior- de donde has estado recogiendo la opinión de que eres muy inteligente. Ahora se encuentra en una contradicción, por eso está molesto, perturbado. Ahora ha creado una contradicción. Ahora te ha creado problemas, te ha creado un dilema. Ahora estás de nuevo confundido, no sabes quién eres.

Una parábola sufí:

Un sufí se alojó en un caravasar, pero no había ninguna habitación libre. Así que el encargado le dijo: "Tendrás que compartir la habitación con otra persona".

El sufí dijo: "Eso va a crear problemas porque cuando estoy solo en mi habitación, por la mañana al despertarme sé perfectamente que soy yo, pero cuando hay dos personas por la mañana, ¿cómo voy a decidir quién es quién?".

Mientras se desarrollaba esta extraña conversación, el hombre con el que el sufí iba a compartir la habitación también estaba escuchando todo. Tuvo una gran idea. El encargado dijo: "Parece un punto relevante", porque el encargado se había topado muchas veces con estos sufíes locos: "Siempre están diciendo cosas extrañas. Ahora, ¿de qué está hablando?".

Pero el sufí decía algo realmente significativo: ¿cómo saber por la mañana quién es quién? Cuando hay dos personas y ha habido un intervalo de toda la noche de sueño, ¿cómo reunir de nuevo ese "yo soy yo mismo"?

El director dijo: "Me he encontrado con muchos sufíes y poco a poco he aprendido muchas cosas sobre ellos. Haz una cosa: lleva esta cuerda contigo y cuando te vayas a dormir ata esta cuerda alrededor de tus pies, así cuando por la mañana veas la cuerda alrededor de tus pies sabrás que eres tú."

El sufí dijo: "Eso parece sensato".

Por la noche, en mitad de la noche, cuando el sufí estaba roncando, el otro hombre cogió la cuerda sólo para hacer alguna travesura, se ató la cuerda alrededor de sus propios pies y se fue a dormir. Y por la mañana, ¡hubo caos! El sufí se despertó y el otro hombre seguía durmiendo. Lo sacudió y le dijo: "Ahora sé que tú eres el sufí, pero entonces ¿quién soy yo?

Estoy perfectamente seguro de que tú eres el sufí -la cuerda está ahí- pero el problema es, ahora, ¿quién soy yo? Y yo le había dicho a este tonto gerente que algún problema iba a surgir; ahora ha surgido este problema".

Esta parábola sufí es significativa, trata de ti. Así es como sabes quién eres. Sí, no tan visiblemente; pero invisiblemente ¿cómo te reconoces? - ¿en el espejo o en el espejo de los ojos de los demás, en el espejo de sus opiniones?

Sólo un buda no se ve afectado por las opiniones de los demás porque sabe realmente quién es. No necesita ningún método arbitrario, ni cuerdas, ni espejos, ni información de nadie; se conoce a sí mismo directamente. Tiene un sentimiento intuitivo sobre su propio ser, pero tú no tienes ningún sentimiento intuitivo sobre tu propio ser.

Dices que eres cristiano. Es una soga que tus padres te han puesto al cuello; ni siquiera a los pies, ¡al cuello! Y te estás muriendo porque sigues creciendo y la cuerda estaba atada cuando eras un niño pequeño; cada día está más tensa. Unos pocos mueren como cristianos, unos pocos como hindúes, unos pocos como mahometanos, y todos tienen una soga alrededor del cuello.

¿Cómo sabes que eres cristiano? Nunca te encontraste con Cristo. Si no te hubieran dicho que eres cristiano, no es posible que nunca hubieras amado a Cristo o pensado en él. Ningún Jaina piensa nunca en Cristo, ningún judío se preocupa nunca por Cristo, aunque Cristo nació judío, vivió como judío, murió como judío. Pero es lo mismo. Ningún cristiano se preocupa por Mahavira. ¿A quién le importa Mahavira?

Incluso si te encuentras con una estatua de Mahavira, puede que la veas como una bella pieza de arte, una antigüedad, o puede que te quedes un poco perplejo por qué este hombre está de pie y desnudo.

En uno de los hoteles de Bombay... hace sólo unos días se inauguró el hotel. Pertenecía a una familia Jaina, así que colocaron una estatua de Mahavira desnudo, una estatua de mármol, una hermosa estatua, en el recinto del hotel, en un hermoso lugar rodeado de plantas y fuentes. Inmediatamente se convirtió en una gran atracción para los turistas. Y la familia jaina estaba muy contenta, pensando: "Estamos difundiendo el mensaje de Mahavira". Pero a los turistas no les interesaba Mahavira ni su mensaje; sólo les interesaba su desnudez. Estaban haciendo fotografías.

El encargado le preguntó: "¿Por qué te interesa tanto esta estatua? ¿Le interesa la filosofía jaina?".

Dijeron: "¿Qué filosofía Jaina? No sabemos nada de la filosofía Jaina, ni siquiera sabemos quién es este hombre. Todo lo que sabemos es que está desnudo y nos interesa la desnudez".

Una vez conocido esto, la comunidad jaina se mostró muy en contra: "Esto es un insulto a Mahavira. Quitad la estatua". Primero estaban muy contentos, ahora están en contra.

Ahora saben perfectamente por qué la gente hace fotos y por qué los turistas se acercan a la estatua: por la sencilla razón de que es una estatua de un cuerpo desnudo y hermoso - - y Mahavira tiene un cuerpo hermoso.

De hecho, sólo a un hombre como Mahavira, que tiene un cuerpo tan hermoso, se le debería permitir estar desnudo, a nadie más; esa debería ser una condición. He visto a muchos monjes Jaina - ¡son tan repugnantes! Deberían ser obligados a llevar ropa, ¡porque mirarlos es nauseabundo! Son una monstruosidad.

Ningún cristiano está interesado en Mahavira, ningún jaina está interesado en Cristo, ningún mahometano está interesado en Buda, ningún budista está interesado en Mahoma. A ti sólo te interesa la soga que te ataron al cuello cuando eras niño.

Sigues llevándolo, se ha convertido en tu identidad.

¿Quién eres tú? Si lo escribes, entonces escribirás tu nombre que ha sido dado por otros - naciste sin nombre. Y escribirás los títulos que te han otorgado otros: naciste sin títulos. Si escribes toda la descripción de ti mismo te sorprenderás: no hay nada que dependa de tu propia experiencia, todo depende de los demás. Esto no es autoconocimiento, es autoengaño.

A menos que abandones todo este engaño y empieces a descubrirte desde el ABC nunca podrás conocer esta hermosa experiencia de: NO POSEER NADA, NO DESEAR NADA. Este continuo querer algo es simplemente para rellenar tu vacío interior. Y este constante anhelo de estar en la cima no es más que la proyección de un profundo sentimiento de inferioridad. Todos los políticos sufren complejos de inferioridad; todos los Alejandros y los Napoleones y los Hitler y los Stalin, sin excepción, sufren profundos complejos de inferioridad. En algún lugar de su interior saben que no son nada; tienen que cubrir esta nada con algo bello. Saben que son como una herida, tienen que cubrir la herida con bellas flores.

Un político estaba muy enamorado de su perro. Un día fue al mercado a comprar galletas para perros.

Entró en una tienda y gritó: "¿Tiene galletas para perros?".

El tendero respondió con calma: "¿Quiere comérselos aquí o quiere llevárselos a casa?".

Los políticos luchan como perros. Son perros, y tienen que serlo, porque es una lucha muy difícil por la que tienen que pasar. Tienen que ser muy tercos y estúpidos, tenazmente estúpidos y tenazmente tercos, sólo así existe la posibilidad de que algún día lleguen a la cima. Por supuesto, no encontrarán nada allí, pero seguirán sonriendo porque ahora no tiene sentido decir: "Aquí no he encontrado nada". La gente se reirá. La gente dirá: "Lo sabíamos desde el principio: no hay nada". Así es la gente. Siempre dicen: "Lo sabíamos desde el principio. Te dijimos antes que eras un tonto intentando subir una escalera vacía - en el último peldaño no encontrarías nada". Así que el que ha llegado al último peldaño tiene que seguir sonriendo como si hubiera conseguido algo, sólo para no mostrar su idiotez; que ha sido un idiota, que ha desperdiciado toda su vida.

En realidad no hay necesidad de luchar, la vida es suficientemente espaciosa. Si abandonamos esas estúpidas ideas de jerarquía, de quién está en la cima y quién es el primero y quién es el presidente y quién es el primer ministro... si abandonamos esas estúpidas ideas de jerarquía, si simplemente empezamos a vivir seamos lo que seamos, estemos donde estemos, la vida puede ser infinitamente rica porque toda la energía disponible puede transformar esta tierra en un paraíso.

Noé estaba cerrando la puerta del arca dispuesto a partir cuando el elefante apareció en el horizonte corriendo como un loco.

"Vamos", animó Noah, "¡más rápido!".

El elefante dio los últimos pasos para entrar en el arca. En ese momento, el mosquito, que también llegaba tarde, se precipitó y tropezó con el trasero del elefante: ¡pica!

El elefante se volvió enfadado y le dijo: "No empujes, por favor. Hay sitio de sobra para todos".

Hasta los elefantes entienden que hay sitio de sobra para todos - ¡y sólo para un mosquito! Hay suficiente espacio para ti si hay suficiente espacio para un elefante - no empujes. Pero estos mosquitos políticos siguen empujando como locos; toda su vida depende de empujar. Sigue empujando hasta que llegues al final, y entonces no habrá nada.

Nunca ha habido nada, pero nos educan, nos condicionan, para ser ambiciosos, para ser egoístas. Sí, la gente deja de desear y de querer sólo cuando está casi en el lecho de muerte, pero entonces ya es demasiado tarde.

La antigua idea de sannyas era que debías convertirte en sannyasin después de setenta y cinco años. Buda lo cambió; revolucionó el concepto mismo de sannyas.

De ahí que la India nunca haya podido perdonarle. Incluso ahora la India no le ha perdonado, aunque nació en la India. Fue el mejor florecimiento del genio indio, ninguna otra persona puede compararse a él. En toda la historia del subcontinente indio es la estrella más brillante, pero la India le rechazó. Hubo muchas razones para rechazarlo; una de las más importantes fue que destruyó la vieja idea de sannyas.

La vieja idea de sannyas era, cuando eres demasiado viejo para vivir, cuando la vida misma se te escapa de las manos, entonces renuncia. Buda dijo: "¿Qué sentido tiene renunciar entonces?

La vida renuncia a ti. Ahora, ¿por qué intentas engañarte a ti mismo? Te has engañado a ti mismo toda tu vida: ¿quieres seguir engañándote?". Buda dijo: "Si quieres renunciar a la vida, renuncia a ella cuando los deseos sean muy jóvenes, cuando la posesividad sea muy fuerte, cuando todo tu ser sea ambicioso. ÉSE es el momento. Si no puedes hacerlo entonces, habrás perdido una vida".

La señora Silver y la señora Gold cotilleaban por encima de la valla trasera mientras tendían la colada.

"Mi marido, ¡ah, un hombre tan fiel!" se jactó la Sra. Silver. "Ni siquiera mira a otra mujer".

"Lo mismo con mi marido", dijo la Sra. Gold. "Él tampoco persigue a las mujeres. Es demasiado bueno, demasiado decente... ¡demasiado viejo!"

Buda dice: NO POSEER NADA, NO DESEAR NADA....
ESTÁ LLENO DE PODER.

Cuando intentas poseer, tu poder se invierte en cosas sin sentido. Cuando deseas, tu poder se convierte en deseos y los deseos son infinitos. Cada deseo se convierte en una fuga de tu poder. Cuando toda la posesividad y todos los deseos han sido entendidos como fútiles, y abandonados, te conviertes en una reserva de poder. Y ser un depósito de poder es la única experiencia que te da la sensación de que Dios es - porque Dios es poder.

Cuando también experimentas poder dentro de ti, poder desbordante y abundante, sabes que Dios existe. Si estás vacío, sin poder, cansado, desperdiciado en tus deseos, ninguna prueba de que Dios existe puede ayudarte. Todas esas pruebas son para gente impotente.

La persona real no necesita pruebas de Dios. Llega a conocer a Dios a partir de la experiencia del poder interior, de su propio resplandor interior.

INTRÉPIDO, SABIO, EXALTADO.

HA VENCIDO A TODAS LAS COSAS.

VE EN VIRTUD DE SU PUREZA.

Y cuando estás lleno de poder, la muerte desaparece. La muerte aparece sólo porque eres tan impotente. La muerte aparece sólo porque tus deseos están explotando tu poder, están chupando tu poder. Los deseos son chupadores, parásitos; te dejan vacío. Cuando estás rebosante de energía no hay muerte. Esa experiencia de poder desbordante te hace estar absolutamente seguro, sin ninguna duda, de que no puedes morir. El cuerpo se irá, la mente se irá, pero este poder que has sentido permanecerá. Se va a expandir; no hay forma de destruirlo. Si tú mismo no lo malgastas en deseos, la muerte no puede arrebatártelo.

Y cuando no hay muerte no hay miedo. Todo miedo está orientado a la muerte, todo miedo es la sombra de la muerte. Cuando no posees nada no tienes miedo, cuando no deseas nada no tienes miedo. Nadie puede quitarte nada porque no posees nada. Nadie puede obstaculizarte porque no tienes ningún deseo.

Nadie puede obstruir tu camino, nadie es tu enemigo. De repente, toda la existencia se vuelve amistosa.

Y cuando hay poder, intrepidez, surge la sabiduría. Sabiduría significa tu capacidad de ver la verdad. Te conviertes en vidente. No es que conozcas el Corán, el Gita o la Biblia, sino que ahora conoces la escritura interna de la conciencia misma. Conoces al Cristo interior, conoces al Krishna interior. Sabes que al igual que Mahoma recibía mensajes de Dios, tú también recibes mensajes de Dios; no eres menos que ningún Mahoma. También eres un profeta y un mensajero, también eres un mesías. Cuando estás lleno de poder te vuelves receptivo.

Dios sólo puede conectar contigo cuando tienes poder. Ahora mismo eres impotente; no hay posibilidad de comunión entre tú y Dios. El poder sólo puede conectarse con el poder. La impotencia no puede conectarse con el poder. Sólo lo mismo puede encontrarse con lo mismo. Tienes que ser algo divino por derecho propio; sólo entonces te ganas, mereces que Dios se comunique contigo.

Se vuelve sabio, exaltado - exaltado por la existencia misma. Puede que la sociedad no te respete, puede que la sociedad te condene, puede que la sociedad te crucifique, pero ¿a quién le importa la sociedad?

La sociedad está hecha por el hombre. La existencia misma exalta al hombre de sabiduría - el hombre que se ha conocido a sí mismo, el hombre que ha experimentado a Dios, el hombre que puede decir con autoridad: "Conozco a Dios, no a través de las escrituras sino a través de mi propia experiencia", la existencia lo exalta.

Se dice que cuando Buda se iluminó, los árboles florecieron fuera de temporada. Cuando Mahavira se iluminó, los dioses descendieron del cielo y le arrojaron flores. Son sólo metáforas, recuerda, no hechos históricos, pero indican algo. Cuando un hombre se convierte en buda, cuando un hombre se ilumina, toda la existencia lo exalta, toda la existencia se inclina ante él. Ha vuelto a casa. Toda la existencia le da la bienvenida.

¿Y por qué toda la existencia lo exalta? - Porque la existencia misma se enaltece a través de él. Uno de sus miembros ha alcanzado la cima última del despertar; a través de él toda la existencia ha avanzado un poco en la evolución. Basta con anular una docena de nombres de la historia de la humanidad: Lao Tzu, Moisés, Abraham, Krishna, Buda, Mahavira, Cristo, Kabir, Nanak... basta con anular una docena de nombres y ¿dónde estaría la humanidad? Todos habríais sido Reverendos Plátanos o Reverendos Tomates, Reverendas Patatas, pero no seres humanos en absoluto. Puede que lo sepas, puede que no; puede que seas consciente, puede que no, pero estas pocas personas han contribuido inmensamente al crecimiento de la conciencia humana. Sin Buda y Mahavira y Krishna y Cristo, la humanidad seguiría colgada de los árboles, ¡como los turistas americanos!

Vinieron hace unos días y hacían mucho ruido en el tejado. Los conocías como monos, pero no podías verlos porque estaban en el tejado. ¡Puedo ver a través del tejado! Inmediatamente los reconocí: eran turistas estadounidenses de camino a Goa, que sólo venían a rendir homenaje un momento aquí y luego se iban. ¡Todos ustedes habrían sido turistas estadounidenses!

Estas pocas personas han liberado tanta conciencia en el mundo. Con cada buda, con cada persona que se ilumina, la humanidad avanza un poco, un paso adelante. De ahí que todo el universo lo exalte.

HA VENCIDO A TODAS LAS COSAS. Buda entiende por "todas las cosas" el mundo de la mente; no que haya vencido todas las cosas que existen realmente. Tú no vives en la realidad, vives en tus proyecciones.

"El agua está absolutamente divina esta mañana", se entusiasmó la guapa muchacha al salir a la playa. "¡Está llena de hombres!"

Es tu proyección. Vives en un mundo de tus propias ideas.

"Mi mujer me abandonó", gimió el infeliz marido. "Cogió el coche y se fugó con un viajante de comercio".

"¡Es terrible!", exclamó su amigo, atónito. "¡Tu flamante coche!"

Cada uno vive en su propio mundo de ideas.

Buda dice: HA VENCIDO TODAS LAS COSAS. Ahora no existe el mundo de las ideas, ha vencido a la mente. Una vez que la mente desaparece puedes ver las cosas como son en realidad. De otro modo nunca las ves como son, las ves según tus ideas. Siempre miras a través de tus propias proyecciones; esas proyecciones son sutiles, pero lo colorean todo. Siempre miras a través de tus propios prejuicios; esos prejuicios están tan cerca de ti que no eres consciente de que están ahí. Es como si en los cristales de tu ventana se hubiera acumulado una capa de polvo.

Lo he oído:

Una anciana estaba mirando por una ventana y le dijo al niño pequeño que jugaba fuera, que debía de ser su nieto: "Bobby, hoy la mañana parece estar muy nublada".

Y el niño dijo: "Abuela, el día está perfectamente como siempre. No hay nubes, sólo que en nuestra ventana se ha acumulado mucho polvo".

Pero la anciana no es consciente, puede que no sea capaz de ver; sus ojos se están debilitando. No es capaz de ver que los cristales están polvorientos y cree que la mañana está nublada.

Los cristales de tus ventanas están polvorientos, pero cuando están tan cerca de tus ojos no te das cuenta; están coloreados, de ahí que el mundo entero parezca coloreado.

Buda dice: Cuando estás lleno de poder y todos los deseos y toda posesividad han desaparecido de ti, eso significa que tu mente ha muerto, ha dejado de existir. Ahora puedes ver las cosas como son. VE EN VIRTUD DE SU PUREZA. Ahora todo es puro.

No ve a través de ninguna pantalla, ve a través de la pureza. Ahora recupera de nuevo la maravilla de la infancia, el mismo asombro, el mismo misterio.

HA LLEGADO AL FINAL DEL CAMINO, SOBRE EL RÍO DE SUS MUCHAS VIDAS, DE SUS MUCHAS MUERTES.

Y éste es el final. Cuando la mente termina, el viaje termina. Ahora ya no habrá nacimiento ni muerte. Has nacido millones de veces y has muerto millones de veces. ¿Qué has estado haciendo todo este tiempo? En realidad nada, sólo jugar a los mismos juegos una y otra vez y olvidar de nuevo las lecciones. Parece que el hombre nunca aprende nada. Cada vez que muere olvida todas las lecciones de esa vida.

La próxima vez, el próximo nacimiento, vuelve a empezar desde el ABC.

Sucedió:

Un gran rey pidió ser iniciado por Buda y se hizo BHIKKHU, se convirtió en su sannyasin. Pero era sólo un sannyasin junior; había ancianos que habían meditado durante treinta o cuarenta años. Así que donde Buda se alojaba en un caravanserai, los sannyasins más jóvenes -no más jóvenes según la edad, más jóvenes según el tiempo de iniciación.... Este rey era viejo y era un gran rey, pero en el mundo de Buda esas cosas no cuentan, ni la edad ni el dinero ni el reino. Era el más joven porque justo ese día había tomado sannyas, así que tuvo que dormir en el porche porque no había otro sitio.

El rey no podía dormir; era difícil, y se comprende su dificultad. Nunca había dormido en un lugar así. Y ya conoces los mosquitos indios... y el rey nunca había experimentado los mosquitos. Y el suelo era duro y los bhikkhus no usan almohadas, sólo sus manos, sus brazos. Daba vueltas y vueltas pero no podía dormirse.

En mitad de la noche pensó: "¿Qué he hecho? ¡Esto parece una estupidez! Debería estar durmiendo en mi palacio, lo tenía todo. Esto no tiene sentido.

Mañana por la mañana lo primero que voy a hacer es pedir permiso al señor:

Por favor, discúlpeme. No puedo tolerar tanta miseria innecesaria. Pero en mitad de la noche salió Buda y dijo: "¿Por qué esperar a la mañana? Si quieres abandonar sannyas, ¡déjalo ahora mismo! ¿Por qué sufrir toda la noche?".

El rey se quedó asombrado. No se lo había dicho a nadie; no había nadie más, estaba solo en el pórtico. Dijo: "¿Pero cómo lo has sabido? Fue sólo un pensamiento en mí".

Buda dijo: "Si tus pensamientos desaparecen puedes empezar a ver los pensamientos de los demás, porque los pensamientos de los demás son entonces como las cosas. Es debido a tus pensamientos que no puedes ver los pensamientos de los demás. Estás tan cubierto con tus propios pensamientos que no hay espacio para los pensamientos de los demás. Pero tú, por favor, vete".

El hombre dijo: "Ahora no puedo ir. ¿Cómo puedo dejar a semejante amo?"

Buda dijo: "Pero mi sugerencia sigue siendo ésta, porque volverás a pensar en marcharte.

Es mejor que te vayas. Sólo tengo que recordarte una cosa: tú también tomaste sannyas en tu vida pasada, y surgió la misma dificultad, y renunciaste a sannyas. Ahora ha surgido la misma dificultad y surgirá una y otra vez. No has aprendido nada de tu vida pasada".

Mientras Buda decía esto, el hombre sintió de repente un tremendo afloramiento de los recuerdos de la vida pasada. Podía ver, podía recordar que sí, que esto había sucedido.

Toda la situación era la misma. El amo era diferente, el serai era diferente, los mosquitos debían de ser diferentes, pero el rey era la misma persona y la dificultad era la misma.

El rey dijo: "Ya basta, ahora no me voy a ir; me voy a atener a ello.

Ahora pasa lo que pasa.... He vivido en palacios muchas veces y no he ganado nada, así que no voy a desperdiciar más esta vida".

Y un día se iluminó. Persistió; debió de ser necesaria una gran perseverancia.

HA LLEGADO AL FINAL DEL CAMINO, dice Buda, SOBRE EL RÍO DE SUS MUCHAS VIDAS, DE SUS MUCHAS MUERTES.

¿Qué has estado haciendo en todas tus vidas pasadas? No has sido más que una madera a la deriva a merced de los vientos, sin sentido de la dirección. No has logrado ninguna integridad. No desperdicies ESTA vida; haz algo de ella, crea algo a partir de ella.

Bailey, un violinista de Nueva York, encuentra por fin trabajo en la orquesta de un pequeño restaurante. Pero en su primera noche de trabajo toca tan mal que los demás músicos deciden despedirlo en el acto.

Bailey les explicó que realmente podía tocar mucho mejor, pero que llevaba dos meses de viaje y no había podido ni tocar su instrumento.

Mañana entrenaría todo el día para recuperar la forma.

Llegó el segundo día de trabajo y sonaba igual de mal. Ahora sí que lo iban a despedir, pero explicó a los demás que su mujer lo había estado regañando todo el día, de modo que no había podido tocar ni una nota. Los otros músicos lo comprendieron y le dieron otra oportunidad. Bailey dijo que mañana su mujer se iría a casa de su madre para que él pudiera practicar todo el día.

Pero al tercer día Bailey sonaba tan mal que ahora hasta los camareros se quejaban. Eso fue todo: le despidieron.

Justo cuando estaba a punto de marcharse, uno de los otros músicos se le acercó y le dijo: "Perdone, pero sólo por curiosidad, ¿de verdad se gana la vida como músico?".

"Sí", respondió Bailey.

"Oh, ¿pero dónde trabajas?"

"Bueno, tres noches aquí y tres noches allí", respondió Bailey.

Y eso es lo que has estado haciendo durante muchas noches: tres noches aquí y tres noches allá, de alguna manera ganándote la vida, de alguna manera simplemente tratando de mantenerte unido. ¿Pero para qué? ¿Qué has conseguido? ¿Qué has ganado?

Ciertamente ha pasado el tiempo, pero la vida es un fenómeno tan valioso que no es sólo para pasar. Es una oportunidad para crecer, para ser.

MÁS ALLÁ DEL DOLOR DEL INFIERNO, MÁS ALLÁ DE LA GRAN ALEGRÍA DEL CIELO, EN VIRTUD DE SU PUREZA.

... El maestro trasciende MÁS ALLÁ DE LA PENA DEL INFIERNO, MÁS ALLÁ DE LA GRAN ALEGRÍA DEL CIELO.... Ya no le interesan ni el dolor ni el placer. Recuerda, si buscas el placer tendrás que sufrir el dolor en la misma medida; siempre vienen en la misma proporción. Si tienes tanto placer tendrás que sufrir tanto dolor; eso es inevitable. Esta es una ley fundamental de la vida, la vida mantiene un equilibrio. Cuanto más placer tengas, más dolor tendrás que sufrir.

El infierno y el cielo no son lugares geográficos, sino experiencias psicológicas. Y tampoco están separados, son dos caras de la misma moneda. Si tienes una, la otra está ahí esperando la oportunidad para manifestarse.

El hombre comprensivo, el hombre consciente, el hombre que ha profundizado en la meditación, en la no-mente, se da cuenta de todo este fenómeno; deja caer toda la moneda. No está interesado ni en el infierno ni en el cielo. No está preocupado por el infierno ni desea el cielo, porque sabe que si deseas el cielo sufrirás en el infierno.

Esto es algo tremendamente hermoso - recuérdalo. Las llamadas personas religiosas están todas deseosas del cielo y de las alegrías celestiales; no son religiosas en absoluto. Y estas son las personas que sufrirán en el cielo... en el infierno. Dondequiera que estén no va a haber mucha diferencia porque si deseas uno, el otro te sigue como una sombra.

He oído hablar de un man.... En la mitología hindú se dice que en el cielo hay KALPAVRIKSHAS. Un kalpavriksha significa un árbol que cumple deseos. Te sientas debajo del árbol y cualquiera que sea tu deseo se cumple inmediatamente. Pides un deseo y se cumple al instante. Incluso el café instantáneo tarda un poco, no es tan instantáneo, pero bajo un kalpavriksha no hay intervalo de tiempo entre el deseo y su cumplimiento; ni siquiera has deseado y ya se ha cumplido.

Un hombre, muy religioso, llegó al cielo. Estaba cansado: el largo viaje de la tierra al cielo. Se sentó debajo del primer árbol que encontró. Estaba cansado, agotado por el viaje, y el árbol estaba fresco, a la sombra. Descansó bajo el árbol.

De repente sintió hambre. Inmediatamente apareció una hermosa comida. Estaba tan hambriento que ni siquiera se preocupó de dónde había aparecido la comida. Comió hasta saciarse.

Entonces pensó: "Si hubiera algo para beber....". Inmediatamente una bebida fría -¡quizás Coca-Cola! - apareció. Se puso muy contento y pensó: "Ahora me gustaría descansar un poco, pero el suelo es muy irregular. Si hubiera alguna cama disponible en algún sitio...." De repente, de la nada, apareció una cama preciosa: nunca había visto una igual en su vida. Se durmió; estaba tan cansado que no era cuestión de ponerse curioso. Pero cuando se despertó el sol se estaba poniendo, iba a ponerse. Ahora estaba fresco, bien, alimentado. Empezó a sospechar un poco: "¿Qué ocurre? Deseaba comida y apareció comida. Deseé bebidas y aparecieron bebidas. Deseé la cama y la cama apareció. Parece que este árbol está embrujado por fantasmas. ¡Dios mío! ¿Hay fantasmas?", pensó.

Y de repente aparecieron fantasmas, tan terribles, grandes monstruos, listos para saltar sobre él.

Dijo: "¡Estoy acabado! Esta gente no me va a dejar". Y, por supuesto, estaba acabado; no le dejaron, porque lo que quieras.... Saltaron sobre él, lo despedazaron y se lo comieron allí mismo, ¡en carne viva!

La persona religiosa, la llamada persona religiosa, no va a encontrar la paz ni siquiera en el cielo porque todo su deseo del cielo es básicamente erróneo. El deseo de placer es erróneo porque contiene el otro lado, el dolor. No puedes dividirlos, son indivisiblemente uno.

Esta es una de las mayores contribuciones de Buda: que ayudó a la conciencia religiosa a ir más allá del cielo y el infierno. De lo contrario, el judaísmo, el cristianismo, el mahometismo, el hinduismo, todos están confinados al mundo del cielo y el infierno.

Su deseo último es cómo alcanzar las alegrías celestiales. Buda dice que lo último es cómo abandonar todo deseo, incluso el del cielo, porque sólo cuando todo deseo desaparece te encuentras en un estado de libertad absoluta. Él lo llama nirvana. Cuando la mente cesa, tú mismo eres la dicha. Pero esto no ocurre por desear, sino sólo cuando se ha alcanzado el estado de ausencia de deseo. Cuando los deseos te han abandonado, en ese espacio, la dicha comienza a crecer en ti.

HA LLEGADO AL FINAL DEL CAMINO.

Por supuesto, ya no hay adónde ir: ha vuelto a casa.

TODO LO QUE TENÍA QUE HACER, LO HA HECHO.

Y AHORA LO ES.

... Uno consigo mismo y uno con el todo. Ustedes son muchos, son una multitud. El maestro es uno, no es una multitud. Tú no eres uno, eres muchos yoes. Así que en un momento eres una cosa, en otro momento eres otra cosa. Sigues cambiando. Observa tu mente: a cada momento cambias, porque un yo te dice que hagas esto, luego viene otro yo y te dice que no hagas esto, luego viene otro yo y te dice que hagas otra cosa. Y tienes muchos yoes - eres multipsíquico. No tienes una mente, tienes muchas mentes. Y estás siendo torturado por todas estas mentes, arrastrado en diferentes direcciones.

El maestro no tiene mente, por lo tanto se convierte en uno. Sin deseos, sin posesiones, sin deseos ni siquiera del cielo, se convierte en uno. Se integra. Es realmente individual, literalmente individual. La palabra "individuo" significa alguien que es indivisible. No sois individuos, sólo sois personas, personalidades, y eso tampoco es uno. Tenéis muchas personalidades, muchas caras, lleváis muchas máscaras. El maestro no tiene máscaras, ni caras; sólo tiene una cara: su cara original. Él es simplemente natural. No tiene mente, por eso es uno.

Y ocurre el milagro: cuando eres uno contigo mismo, cuando eres uno dentro de ti, te conviertes en uno con el todo. Y ése es el estado supremo. Llámalo nirvana, llámalo reino de Dios, llámalo realización de Dios, o cualquier nombre que quieras darle - - no tiene nombre. Pero este ha sido el objetivo real de todos los buscadores de la verdad.

Que éste sea tu único objetivo. Prepárate para ello. Espero que estos hermosos sutras de Buda te ayuden enormemente. Medita sobre ellos. No son filosofía; son sólo declaraciones de verdades internas, declaraciones de su experiencia. Y también son declaraciones de mi experiencia. Lo que estoy diciendo aquí no es sólo un comentario sobre los sutras de Buda; los sutras de Buda son sólo una excusa. Estoy diciendo algo que es mi propia experiencia. Me gustaría que un día pudieras decir que ésta también es tu experiencia. Es posible. Todos tenéis el potencial de ser un buda. No os conforméis con menos que eso. Sacúdete y despierta.

Olvídalo

La primera pregunta:

Pregunta 1:

AMADO MAESTRO,

USTED HABLA CONTINUAMENTE DE ABANDONAR EL EGO, PERO ¿CÓMO PUEDO HACERLO SI NO PUEDO DISTINGUIR ENTRE LO QUE ES EL EGO Y LO QUE ES MI VERDADERA NATURALEZA?

Anand Vedant, el ego no puede ser abandonado. Es como la oscuridad: no puedes dejar caer la oscuridad, sólo puedes traer la luz. En el momento en que hay luz, ya no hay oscuridad. Puedes decir que esta es la manera de abandonar la oscuridad, pero no lo tomes literalmente. La oscuridad no existe en absoluto, es ausencia de luz. Por lo tanto, no puedes hacerle nada directamente. Sólo puedes hacer algo con la luz: traer luz o sacarla. Si quieres oscuridad, apaga la luz; si no quieres oscuridad, enciende la luz. El ego no se puede dejar caer.

La meditación se puede aprender. La meditación funciona como una luz, la meditación ES luz.

Conviértete en luz y no encontrarás el ego en ninguna parte.

Si quieres dejarlo, tendrás problemas, porque ¿quién es el que quiere dejarlo? Es el ego mismo, que ahora está jugando un nuevo juego, el juego llamado espiritualidad, religión, autorrealización. ¿Quién está haciendo esta pregunta? Es el ego mismo, engañándote. Y cuando el ego pregunta cómo se puede dejar caer al ego, naturalmente piensas: "Esto no puede ser el ego. ¿Cómo puede el ego pedir su propio suicidio?". Así es como el ego sigue engañándote.

Tu naturaleza no tiene preguntas, no necesita respuestas. Tu naturaleza es absolutamente luz, llena de luz. No conoce la oscuridad, nunca ha conocido la oscuridad.

Bodhidharma llegó a China. Fue uno de los budas más grandes de todos los tiempos. Después de Gautam Buda, Bodhidharma parece ser la persona más preciada de la herencia budista. Cuando llegó a China, su fama había llegado muy lejos. Incluso el emperador Wu, que gobernaba toda China, vino a recibirle a la frontera.

Y la conversación que tuvo lugar entre ambos es de inmensa importancia. Hay que meditarla una y otra vez. Tiene un mensaje tremendo para todos vosotros.

El emperador Wu no sólo era un gran emperador, sino también muy religioso, y había hecho mucho por el mensaje de Gautam Buda. De hecho, ninguna otra persona, excepto el emperador Ashoka, había hecho tanto por el budismo como el emperador Wu. Transformó toda China en un mundo budista. Construyó miles de templos para Buda, hizo cientos de monasterios - millones de monjes budistas fueron mantenidos por el tesoro real. Tradujo todas las escrituras budistas al chino. Miles de eruditos trabajaron durante años, casi toda su vida. Él había hecho un gran trabajo. Naturalmente, quiso saber de Bodhidharma: "¿Cuál es mi mérito?".

Lo primero que le preguntó a Bodhidharma fue: "He hecho tanto, ¿cuál es mi mérito? ¿Qué he ganado? ¿Qué virtud?"

Bodhidharma le miró muy severamente. Si has visto los retratos de Bodhidharma, te quedarás perplejo. Parece más un león que un hombre, muy feroz; sus ojos son muy penetrantes, como espadas. Debió de reducir a Wu a su tamaño adecuado sólo con su mirada.

Wu empezó a temblar, nunca se había enfrentado a un hombre así. Había vencido a muchos enemigos, había vencido a muchos reyes peligrosos, pero Bodhidharma era la persona más peligrosa con la que se había topado. Era una mañana fresca, pero empezó a sudar.

Y Bodhidharma dijo: "¿Mérito? ¿Virtud? ¡Eres un estúpido! Esto es el ego y nada más alimentándose y engordando en nombre de la religión y la espiritualidad. Estás destinado al séptimo infierno, ¡ojo!".

Wu no podía creer lo que oía, ni lo que veían sus ojos. Dijo: "Pero miles de otros monjes han venido de la India y todos han dicho: 'Wu, has hecho un gran servicio a la religión de Buda. Eres un amado de Buda, eres bendecido por Buda'.

Pero tú dices justo lo contrario".

Bodhidharma dijo: "¡Olvídate de esos monjes! Te apoyaban, te alababan porque sabían que eso era lo que esperabas de ellos. Son gente astuta y taimada. No saben nada de Buda ni de su mensaje. Yo mismo soy Buda, no soy un monje budista. Hablo con mi propia autoridad, y les digo: ¡Estás maldito!"

El emperador Wu preguntó: "¿Quieres decir que no hay nada sagrado, nada espiritual, en todos estos bellos actos?".

Bodhidharma dijo: "Ninguna acción es santa, porque toda acción surge del ego. Cuando te olvidas de todas las acciones, cuando desapareces y las cosas empiezan a suceder por sí solas y no puedes afirmar que son TUS acciones, sólo entonces penetra en tu vida algo de inmenso valor, de inmensa belleza.

"La espiritualidad no tiene nada que ver con el hacer, la espiritualidad es la fragancia del ser, y tú todavía no eres un ser. Todavía te preocupa haber hecho esto, haber hecho aquello.

"El ego es un hacedor, tu auto-naturaleza es un no-hacedor. Tu auto-naturaleza simplemente permite que la existencia fluya a través de ella, simplemente permite que la ley última funcione a través de ella.

Tu propia naturaleza no es más que un bambú hueco. En manos de la naturaleza última se convierte en una flauta y de ella nace una hermosa canción. Pero la flauta no puede decir: "Esta es mi canción".

¿Cuál es mi mérito? ¿Qué voy a ganar con ello? ¿A qué cielo, a qué alegrías voy a llegar?". La flauta de bambú no es nada. Todo su ser consiste en la nada.

Por eso la canción puede fluir a través de él, está completamente vacío".

Sorprendido -pero se daba cuenta-, Wu le dijo: "Eres el primer hombre que no se deja impresionar por mi gran poder, mi dinero, mi imperio. Eres el primer hombre con el que siento que algo es posible. ¿Cómo puedo abandonar este ego? Sí, puedo entender tu punto de vista. Primero reclamaba un gran imperio, ahora reclamo algo del más allá. Pero la reivindicación es la misma y el reivindicador es el mismo. Entiendo lo que quieres decir. Inclino la cabeza ante usted. Le agradezco que no haya sido cortés conmigo, que me haya golpeado con dureza. Me has herido, pero te estoy agradecido. ¿Cómo puedo dejar este ego?"

Y Bodhidharma preguntó: "¿Qué ego quieres abandonar? Otra vez quieres hacer algo. Si lo dejas, el ego persistirá. Éste es el sutil juego del ego: si lo dejas caer, el ego empieza a salir por la puerta de atrás. Empieza a decir: "Mira, he dejado caer el ego. Mira qué humilde soy". No hay nadie más humilde que yo. Soy la persona más humilde del mundo, sólo polvo bajo tus pies". Pero mira a los ojos, mira al corazón del hombre que afirma que es la persona más humilde: es el mismo ego. No es falta de ego. La falta de ego no puede pretender ser humilde. La falta de ego no puede reclamar falta de ego. El ego no puede reclamar nada, simplemente se calla. Ni siquiera puede decir: "Yo no soy, yo no soy nadie", porque el "yo" puede existir en cualquier afirmación".

El emperador preguntó: "Entonces ayúdame porque no puedo salir de este ego".

Bodhidharma dijo: "Ven temprano por la mañana, a las tres. Ven solo, no traigas a nadie contigo. Y no te preocupes - lo terminaré de una vez por todas".

El emperador no pudo dormir en toda la noche. "¿Qué querrá decir? - este monje loco.

¿Acabará con él de una vez por todas? Y el hombre parece tan peligroso... y las tres de la tarde no es hora de encontrarse con una persona así. Puede hacer cualquier cosa, es tan impredecible. Y me ha pedido que venga solo".

Muchas veces decidió no ir, pero la atracción era grande, el hombre tenía algo magnético. Tenía que ir. A las tres en punto se encontró preparándose. Se fue.

Bodhidharma estaba en las afueras de la ciudad, en un pequeño templo. Estaba oscuro, y Bodhidharma esperaba... con su bastón en la mano.

Y dijo: "¡Así que has venido! aunque dudaste mucho. Decidiste muchas veces no venir. No pudiste dormir en toda la noche, ni me dejaste dormir a mí, porque tenía que seguir tirando de ti. Pero ahora que has venido las cosas pueden arreglarse para siempre. Siéntate frente a mí, cierra los ojos, entra y averigua dónde está el ego.

Y no te duermas porque estoy sentado frente a ti con mi bastón. Te golpearé en la cabeza inmediatamente si te duermes. Estate alerta porque cuando golpeo, golpeo muy fuerte.

Y encuentra .... Si puedes encontrar el ego, sólo muéstrame que es el ego y lo acabaré. Primero tienes que encontrarlo, dónde está".

El emperador siguió la lógica. Cerró los ojos. Era imposible dormirse.

Bodhidharma estaba sentado allí. Incluso con los ojos cerrados podía ver a Bodhidharma sentado allí, y de vez en cuando Bodhidharma golpeaba el suelo con su bastón para hacerle saber que "estoy aquí. Tú sigue buscando".

Pasaron dos horas, pasaron tres horas. Wu miró y miró. Por primera vez miró dentro. De hecho, si miras dentro y puedes permanecer alerta, sólo durante cuarenta y ocho minutos.... Ese es el límite. El ego puede seguir eludiéndote sólo durante cuarenta y ocho minutos, no más que eso. Esta ha sido la experiencia de todos los budas a lo largo de los tiempos.

Ahora, no preguntes por qué cuarenta y ocho minutos, porque eso es imposible de responder. Es igual que a cien grados el agua se evapora, nadie pregunta por qué. ¿Por qué no a noventa y nueve grados? ¿Por qué no a ciento un grados? No hay ninguna pregunta al respecto, es simplemente así, la ley de la naturaleza. A cien grados el agua se evapora. Exactamente así, si puedes permanecer alerta y vigilante continuamente, sin vacilar, durante cuarenta y ocho minutos, todo tu ser interior se vuelve tan tranquilo, tan silencioso, tan pacífico, tan alerta. Por primera vez hay claridad, claridad transparente. Puedes ver todo lo que hay.

Y Wu buscó y buscó y no pudo encontrar ningún ego, porque el ego no se puede encontrar. Es ficticio, es sólo tu idea, no tiene sustancia. Ni siquiera es una sombra, ¿qué decir de la sustancia? Existe sólo porque no has mirado dentro.

Mirando dentro, se descubre tu luz - que siempre está ahí, sólo tienes que mirar dentro y encontrarla. Buscaba el ego pero encontró la luz, porque el ego no está ahí y la luz está ahí. Había ido a buscar el ego pero encontró la luz.

Y una vez encontrada la luz no hubo oscuridad.

Pasaron tres horas y entonces salió el sol, y el rostro de Wu se transformó. Tenía una nueva belleza, una nueva gracia. Bodhidharma se rió y dijo: "Ahora, abre los ojos. No has sido capaz de encontrarlo... así que lo he terminado para siempre".

Wu abrió los ojos, tocó los pies de Bodhidharma y dijo: "Maestro, no has hecho nada y sin embargo lo has terminado". Ése es el milagro de un maestro: nunca hace nada y, sin embargo, el milagro supremo sucede en su presencia. Su presencia es el milagro, su presencia tiene la cualidad mágica.

Anand Vedant, no necesitas dejar caer el ego. Sólo mira dentro, busca dónde está - primero encuéntralo. No te preocupes ahora por la auto-naturaleza. Sólo entra, busca el ego, y no lo encontrarás; en su lugar encontrarás tu auto-naturaleza, luminosa, fragante como una flor de loto.

Uno nunca se encuentra con tanta belleza en ningún otro lugar. Es la experiencia más hermosa de la vida. Y una vez que has visto tu propio loto de luz, tu propio loto floreciendo, el ego se acaba para siempre. Entonces no harás preguntas sin sentido.

"¿Cómo distinguir", dices, "entre lo que es el ego y lo que es mi verdadera naturaleza?".

O el ego está ahí, entonces no se conoce la verdadera naturaleza; o se conoce la verdadera naturaleza, entonces no queda ego. No puedes tener ambos, por lo tanto no puedes hacer distinciones; no puedes distinguirlos, ambos no pueden estar presentes juntos. Sólo uno puede estar presente.

Ahora mismo, lo que eres es ego, así que no te preocupes por distinguir. Si no hubiera ego, la pregunta no habría surgido en absoluto. La auto-naturaleza no conoce preguntas, la auto-naturaleza es éxtasis, no un problema.

La segunda pregunta:

Pregunta 2:

AMADO MAESTRO,

POR FAVOR, DIME ¿CUÁL ES LA DIFERENCIA ENTRE RENDIRSE A UN MAESTRO Y SEGUIR A UN MAESTRO?

Edward Kiefer, hay una gran diferencia. Son polos opuestos. Entregarse a un maestro es algo del corazón, es una cuestión de amor, no es una convicción intelectual. No es que estés convencido intelectualmente de que lo que dice el maestro es correcto. No es algo filosófico. Lo que el maestro dice puede ser absurdo - de hecho, esta destinado a ser absurdo, porque el habla desde un tipo de vision totalmente diferente, desde la cima donde los opuestos se encuentran, donde la síntesis final ha ocurrido, donde la vida y la muerte son una, donde el hombre y la mujer son uno, donde lo negativo y lo positivo son uno. Por lo tanto, todo lo que diga será paradójico.

Entregarse a un maestro significa que has sentido su gracia. No es una cuestión de conocimientos. Puede que no tenga ningún conocimiento. Jesús no sabía nada.

Mahoma ni siquiera sabía leer ni escribir, ni siquiera era capaz de firmar con su propio nombre. Pero miles de personas se enamoraron profundamente de él. No tenía perspicacia lógica. Si te adentras en el Corán no encontrarás una gran filosofía: simples afirmaciones que pueden refutarse muy fácilmente. Pero el hombre debe haber tenido algo totalmente diferente. Mucha gente gravitó hacia él. Ahora no puedes ver la gravitación; es una energía, es una fuerza, invisible. Es una comunión, de corazón a corazón. La presencia del maestro te abruma, entonces se produce la entrega.

No es algo que hagas. No puedes hacer la rendición, recuerda. La rendición hecha no es rendición en absoluto, porque puedes retirarte. Cualquier día puedes decir: "Retiro mi rendición". La rendición es algo que sucede. A veces sucede incluso a pesar de ti, nunca quisiste que sucediera, te resististe a ello. La gente se resiste hasta el final; cuando se hace imposible resistirse, sólo entonces se rinden, porque la rendición va en contra del ego, destroza tu ego. La idea misma de rendirse ante alguien va en contra de toda tu educación, de toda tu psicología. Te educan con la idea de tener un ego fuerte.

Rendirse significa que dejas de lado toda tu educación, que apartas todos tus conocimientos, que pasas por alto tu mente, que permites que el corazón diga "¡Sí!".

- un sí total. Es un acontecimiento, no un hacer. Es como enamorarse.

¿Cuál es la diferencia entre enamorarse y casarse, un matrimonio concertado?

Exactamente esa es la diferencia entre rendirse a un maestro y seguir a un maestro.

Entregarse a un maestro es como enamorarse. La fuerza es irresistible. Te comportas como un loco. El maestro esta loco, ahora tu te estas volviendo loco. El maestro es como una llama, y tu te estas moviendo hacia la llama como una polilla, hacia tu propia muerte.

Seguir a un maestro es un fenómeno seguro, como un matrimonio concertado. Te mueves en terreno seguro. Piensas en todo: en la familia de la mujer o del hombre, en su situación económica, en su prestigio social, en todo menos en el amor. Es un fenómeno calculado. No hay riesgo en ello. Y para no arriesgarse se acude al astrólogo para que incluso prediga el futuro, cómo irán las cosas en el futuro: "¿Voy a navegar con seguridad?"

Lo haces todo seguro antes de dar el paso. No es un salto, es un paso calculado. Y eso es seguir a un maestro. Es intelectual, es de la mente, es de la cabeza. Intentas comprender intelectualmente, lógicamente, lo que dice. ¿Te atrae?

¿Y quién eres tú y qué sabes? ¿Y cómo vas a juzgar si tiene razón o no? - ¿Según tus prejuicios, según tu condicionamiento? Un cristiano que se encuentra con Jesús puede quedar impresionado, pero no un judío, porque su condicionamiento es distinto.

He oído hablar de dos hippies:

Tenían hambre y no tenían dinero, y un domingo por la mañana pasaban por delante de una iglesia cuando se les ocurrió una idea. Ambos llevaban el pelo largo, barba, ropas andrajosas... tenían exactamente el mismo aspecto que habrían tenido Jesús y sus seguidores.

Uno le dijo al otro: "Deberíamos encontrar una cruz; deberíamos ir al cementerio y coger una cruz de alguna tumba. Tú llevas la cruz, te pareces más a Jesús, y yo voy delante proclamando que el Señor ha venido. Vamos a ver, tal vez algo sea posible".

Así que entraron en la iglesia. Era una iglesia protestante. El primero entró y gritó con fuerza: "¡Despertad! ¡Mirad! ¡El Señor ha vuelto! Ha cumplido su promesa".

Todos miraron y entonces entró el segundo hippie con la cruz. Algunas mujeres se desmayaron, algunos ancianos cayeron a sus pies. Y la gente empezó a dar dinero. Cuando salieron habían reunido cincuenta dólares. Estaban muy contentos.

La semana transcurrió estupendamente, con marihuana y todo. Disfrutaron espiritualmente al máximo.

A la semana siguiente entraron en una iglesia católica. Aún más cosas se hicieron posibles. Los católicos se volvieron locos. No podían creer lo que veían. La gente lloraba y temblaba y gritaba "¡Señor!". Recaudaron ciento cincuenta dólares. Esa semana fueron realmente altos....

La tercera semana, sólo por diversión, pensaron ¿por qué no probar en la sinagoga? Así que entraron en la sinagoga. Proclamaron: "¡He aquí! El Señor ha vuelto como prometió".

El viejo rabino se arregló las gafas, miró y luego pidió a su ayudante: "Ve a traer el martillo y los clavos, parece que ese tonto ha vuelto".

Te comportas según tu condicionamiento.

Si Mahavira aparece repentinamente en la carretera M.G., sólo los jainas -y sólo los jainas DIGAMBARA- le reconocerán. Los SVETAMBARA Jainas, otra secta de los Jainas, no lo reconocerán porque no creen que viviera desnudo. Vivía con ropas blancas - por supuesto esas ropas eran invisibles. Así que preguntarán: "¿Dónde están las ropas invisibles?". Y los hindúes y los mahometanos y los cristianos simplemente correrán a la comisaría, porque un hombre desnudo está de pie en M.G. Road - ¡parece ser un friki del Maestro!

¿Cómo vas a juzgar? Según tus prejuicios. Cuando te convences de que este hombre está diciendo lo correcto, eso significa simplemente que está diciendo lo que tú crees que es correcto. Pero si ya sabes lo que es correcto, no hay necesidad de preocuparse por este hombre.

Seguir es inútil, es innecesario. Simplemente estás recogiendo apoyos para tus propias creencias. No te va a ayudar, no te va a cambiar. Sólo la entrega transforma.

Cualquier cosa que ocurra a través del corazón puede traer una revolución radical a tu ser.

La cabeza es impotente: evita la cabeza.

Señor, ¡evita la cabeza! Escucha al corazón y sigue al corazón, entonces la entrega sucede por sí misma.

La tercera pregunta:

Pregunta 3:

AMADO MAESTRO,

¿QUÉ ES UN MALENTENDIDO?

Sahajananda, la incomprensión le ocurre sólo a la gente entendida, nunca le ocurre al inocente. Nunca les ocurre a los que saben que no saben nada; sólo a ellos les ocurre la comprensión. Pero para aquellos que piensan que ya saben, su propio conocimiento es una perturbación, una distracción. Es el conocimiento el que crea el malentendido.

Si ya llevas algo en la cabeza y luego me escuchas, sólo hay dos posibilidades: o me encuentras de acuerdo contigo o me encuentras en desacuerdo contigo. Si me encuentras de acuerdo contigo, debes haber entendido mal, porque no puedo estar de acuerdo contigo. Es imposible, sólo puedo estar de acuerdo contigo si tú también estás despierto, si tú también estás en el mismo espacio, sólo entonces. Así que debes haber distorsionado las palabras, eliminado algunas palabras, añadido algunas palabras, dándoles nuevos significados - tus significados, coloreándolos, tiñéndolos de acuerdo con tu filosofía, forma de vida, o como quiera que lo llames. Es una especie de ajuste. Y entonces puedes estar muy contento de que esté de acuerdo contigo.

No puedo estar de acuerdo con usted. Es imposible. El acuerdo sólo es posible si ambos existimos en el mismo espacio, de lo contrario no. En tu confusión, en mi claridad, no hay posibilidad de acuerdo. Así que ese es el primer tipo de malentendido, que es mucho más peligroso que el segundo tipo de malentendido.

El segundo tipo de malentendido es: yo digo una cosa y tú saltas inmediatamente en contra porque has venido con un enfoque negativo. El primer malentendido proviene de quien ha venido con un enfoque positivo. Normalmente, la gente piensa que si vienes con un enfoque positivo no puedes malinterpretar. El enfoque positivo es muy apreciado en todo el mundo. Por supuesto, tus sacerdotes, tus líderes alaban tu enfoque positivo porque estás de acuerdo con ellos. Yo no puedo alabarlo porque tu acuerdo no significa nada para mí.

Su enfoque negativo significa desacuerdo, pero ambos son malentendidos. Si ya has venido con una mentalidad negativa -que estás en mi contra, que este hombre está equivocado- debes haberla recogido de la opinión pública, de los periódicos, de las revistas. Y si ya has venido con una actitud negativa, entonces todo lo que yo diga te parecerá mal. Estás empeñado en encontrarle algo malo. Ese es otro tipo de malentendido.

Para mí, ambos son malentendidos. Y el primero es más peligroso, porque el segundo malentendido no va a hacer ningún daño. Te irás con las manos vacías, eso es todo; no has perdido nada. Pero el primer malentendido puede ser peligroso.

Te quedarás con la idea de que estoy de acuerdo contigo. Te volverás más egoísta, pensarás que tus ideas son las correctas, y eso es más peligroso. Si piensas que mis ideas están equivocadas, no hay problema, sigues siendo el mismo. Pero si piensas que tus ideas son correctas porque están de acuerdo conmigo y yo estoy de acuerdo contigo, entonces vas con un ego más fortalecido.

El enfoque positivo es mucho más peligroso que el negativo.

El verdadero buscador no viene ni con la mente positiva ni con la mente negativa. Viene sólo con una mente abierta. Viene en silencio. No tiene ninguna idea a priori de este o aquel modo. Simplemente escucha, no interfiere. No juzga continuamente.

Permanece en una especie de let-go: silencioso, abierto, vulnerable. No se trata de estar de acuerdo o en desacuerdo. Simplemente escuchas. Lo que este hombre tiene que decir, tú simplemente lo escuchas. Y no estás continuamente comentando en tu interior: "Sí, esto está bien, esto está mal. Esto está de acuerdo con el Gita y esto no está de acuerdo con el Gita. Si no concuerda con el Gita, ¿cómo puede tener razón? El Gita está obligado a tener razón".

¿Y qué sabes tú del Gita? Todo lo que sabes del Gita es tu idea del Gita. No puedes entender a Krishna. Para entender a Krishna tienes que ser un krishna, para entender a Buda tienes que ser un buda - no hay otra manera. Y cuando eres un buda, ¿por qué deberías molestarte en entender a Buda? Cuando eres un krishna, ¿qué necesidad hay de comprender a Krishna? Tú mismo lo sabes.

El verdadero buscador escucha con la mente vacía, completamente vacía. Escucha totalmente, sin evaluar, sin juzgar. Entonces no hay posibilidad de malentendidos. Y el milagro de la escucha correcta es que, si escuchas en silencio, todo lo que es verdad toca inmediatamente en lo más profundo de tu corazón un acorde, un ritmo. En lo más profundo de tu corazón se produce una sincronía. Ese es el milagro de la verdad. Si la mente está en silencio y se dice la verdad, tu corazón inmediatamente empieza a latir con ella, empieza a bailar con ella. Y eso es verdadero acuerdo, no el acuerdo de la cabeza, no el acuerdo del ego, sino algo existencial, algo total. Entonces has comprendido. Y si algo no es verdad, tu corazón permanece frío.

Así que no hay que preocuparse de si está bien o mal. Si está bien, toca algo tan profundo en ti que ni siquiera sabías que existía. Y si no está bien, nada se mueve en ti. Así que todo tu ser se vuelve decisivo, no sólo tu cabeza, que es sólo un fragmento. Nunca permitas que el fragmento decida por el todo; deja que el todo decida.

El fanático pescador le contaba a un amigo su gran sueño: "Soñé que estaba en un lago solo en una barca con Elizabeth Taylor".

Su amigo le dijo: "Vaya, ¿cómo te ha ido?".

Me dijo: "Genial, ¡he pescado una platija de tres kilos!".

Conoces a los pescadores, conoces a la gente que está loca por pescar, ¿a quién le importa Elizabeth Taylor? Eso no viene al caso. Atrapa una platija de tres kilos.

Le encantaba el golf. Estaba a punto de salir al primer hoyo cuando se le acercó corriendo una chica preciosa vestida de novia.

El golfista le hizo un gesto con la mano y le dijo: "Sylvia, te lo dije: ¡sólo si llueve!".

Dos borrachos conducían por un puente y uno dijo: "Cuando llegues al final del puente, gira a la izquierda".

El otro babeó: "¿Para qué me lo dices? Estás conduciendo".

En tu estado de sueño, en tu estado de embriaguez, ¿qué acuerdo? ¿qué desacuerdo? ¿qué entendimiento? ¿qué malentendido? Todo es lo mismo.

Aquí, escuchándome, vuélvete cada vez más silencioso y alerta. Olvídate de estar de acuerdo o en desacuerdo. No me interesa convertirte, no soy un misionero. No me interesa crear seguidores, en absoluto. Sí me interesa compartir contigo mi alegría, sí me interesa compartir contigo mi verdad. Pero eso es algo totalmente distinto.

Dave y Mabel acababan de casarse y volvían a casa, a la granja. Su viejo caballo era cada vez más lento y, a pesar de los esfuerzos de Dave, justo antes del anochecer el jamelgo se cayó y murió. No hubo más remedio que acampar para pasar la noche bajo un árbol cercano.

Los recién casados se acurrucaron bajo la manta, y Dave se volvió hacia Mabel, diciendo: "Bueno, ¿qué te parece, amor?".

"¿Sobre qué, querida?" contestó Mabel.

"Oh, no importa", dijo Dave.

Poco después, Dave dijo: "Bueno... ah, hum, ¿qué te parece?".

Mabel respondió: "¿Y QUÉ, querida?".

Dave preguntó: "¿Tu madre nunca te habló de para qué sirve el matrimonio?".

Mabel respondió: "¡No sé a qué te refieres, querida!".

Dave dijo: "Bueno - ah - um - ah - tú eres una mujer, y yo soy un hombre, y ves - bueno - un hombre tiene esto - y da vida".

"Bueno, por el amor de Dios, Dave", dijo Mabel, "¡ve y méteselo al caballo y pongámonos en marcha!".

La cuarta pregunta:

Pregunta 4:

AMADO MAESTRO,

EN SU VISIÓN PROFÉTICA, ¿CUÁL CREE QUE SERÁ EL FUTURO DE LA CIENCIA?

Raju Bharathi, no tengo visión profética. No soy profeta, no soy tan anticuado. ¿Crees que estoy saliendo del Antiguo Testamento?

Soy un hombre del siglo XX y sigo plenamente vivo, y no me importa nada el futuro; tampoco el pasado. Toda mi preocupación es el presente, porque sólo existe el presente. El pasado ya no existe, el futuro aún no existe. Ambos son inexistenciales. Debían de estar locos aquellos profetas que se preocupaban por el futuro. Siempre estaban hablando del futuro.

Sólo hay dos tipos de locos en el mundo: unos pocos que siempre están hablando del pasado y otros pocos que siempre están hablando del futuro. Los que hablan del pasado son los historiadores, arqueólogos, etcétera. Y los que hablan del futuro son los profetas, los visionarios, los poetas. Yo no soy ni lo uno ni lo otro.

Toda mi preocupación es este momento... ahora... aquí.

Así que abandona esa idea, Raju. Raju es un científico, y naturalmente está interesado en el futuro de la ciencia. Yo no soy un profeta, pero una cosa puedo decir, y no tiene nada que ver con el futuro realmente. Está ocurriendo ahora mismo. Como la gente está ciega, no puede verlo. Yo puedo verlo. Ya es una realidad.

Lo más grande que está ocurriendo -que sólo se comprenderá más adelante- es el encuentro de la ciencia y la religión, es el encuentro de Oriente y Occidente, es el encuentro del materialismo y el espiritualismo, es el encuentro de lo exterior y lo interior, es el encuentro de lo extrovertido y lo introvertido. Pero eso está ocurriendo ahora mismo. Crecerá en el futuro, pero mi preocupación es el presente. Y estoy tremendamente feliz de que algo de gran importancia esté en camino.

La semilla ha brotado. Estás tan preocupado por el pasado o por el futuro que no puedes ver el pequeño brote que está creciendo ahora mismo. Aquí, bajo tus ojos... el encuentro de los opuestos - los opuestos se están convirtiendo en complementarios.

La ciencia por sí sola es sólo la mitad y no puede ser una plenitud para el hombre. Puede darte un cuerpo mejor, puede darte mejor salud, una vida más larga. Puede darte más comodidades, más lujo. No estoy en contra de nada de esto. No soy un asceta, no soy estúpido en absoluto. Pero sólo puede darte cosas del mundo exterior, que son bellas en sí mismas.

Me gustaría que todo el mundo viviera con más comodidad, con más lujo, con mejor salud, mejor nutrido, mejor alimentado, mejor educado. Pero eso no es todo, eso es sólo la circunferencia de la vida, no el centro.

La religión proporciona el centro. Te da un alma. Sin ella, la ciencia es un cadáver, quizá un hermoso cadáver. Puedes pintar el cadáver, puedes lavarlo y ponerle ropa bonita, ¡pero un cadáver es un cadáver! Y, recuerda, lo mismo ocurre con la religión. La religión por sí sola no basta en absoluto. La religión por sí sola te convierte en un fantasma, tal vez en un fantasma sagrado, pero te convierte en un fantasma.

Puedes ver que esto ocurre en la India. Todo el país se ha convertido en un fantasma sagrado: el cuerpo ha desaparecido, la salud física ha desaparecido, la riqueza material ha desaparecido. Y cuando no hay cuerpo que sustente un alma, no se dice más que tonterías. Puedes seguir hablando del Brahman, la realidad última, pero con el estómago hambriento no sirve de nada. Puede ser sólo un escape de la realidad.

Si la religión no es realista, se convierte en una vía de escape de la realidad. Si la religión no es lo bastante materialista, se convierte en una evasión, en un mundo de ensueño, en Disneylandia.

Eso es lo que ha ocurrido en Oriente: hablamos demasiado del espíritu y nos olvidamos por completo de la realidad que nos rodea. Nos hemos vuelto introvertidos, demasiado preocupados por nosotros mismos. Nos olvidamos de la belleza de los árboles, las montañas, el sol, la luna y las estrellas. La humanidad en Oriente se volvió fea. Tiene un centro pero no tiene circunferencia. Todo se ha encogido hacia el centro.

Occidente tiene una circunferencia pero no tiene centro. La gente lo tiene todo, pero falta algo esencial.

La ciencia y la religión se están unificando. Ya se están unificando. No digo que vayan a unirse, sino que ya lo están haciendo. Todos los grandes científicos - Eddington, Planck, Einstein - personas del más alto calibre en el mundo de la ciencia, se dieron cuenta de que la ciencia por sí sola no es suficiente. Hay algo mucho más misterioso que no puede ser captado sólo a través de la metodología y los medios científicos, algo que necesita un enfoque diferente, que necesita más conciencia meditativa.

Eddington dice en su autobiografía: "Cuando empecé mi carrera como científico solía pensar que el mundo consistía en cosas, pero a medida que envejezco soy cada vez más consciente de que el mundo no consiste en cosas, sino en pensamientos."

La realidad está mucho más cerca de los pensamientos que de las cosas. La realidad es mucho más misteriosa de lo que se puede pesar, medir o experimentar. La realidad no es sólo objetiva, sino también subjetiva. La realidad no es sólo contenido, sino también conciencia. Y los más grandes religiosos, como J. Krishnamurti, son conscientes de que la religión ya no puede existir como ha existido hasta ahora. Es necesario un cambio radical.

Mi planteamiento es que tenemos que crear a Zorba el Buda.

Hoy, por casualidad, es el cumpleaños de Buda, también el día de su iluminación y también el día de su muerte. Nació este día, se iluminó este día y murió este día. La luna llena de hoy le pertenece. Es una extraña coincidencia que esta larga serie de conferencias sobre Buda -ciento veintiséis conferencias en total-... cuando empecé no tenía ni idea de que terminaría hoy.

La otra noche, Laxmi me dijo: "Mañana es Buddha Purnima", la luna llena de Buda.

Que este día sea también el nacimiento de un nuevo buda. El nuevo buda será una síntesis de Zorba el Griego y Gautama el Buda. No puede ser sólo Zorba, ni tampoco sólo Buda.

Y ese es todo mi esfuerzo aquí, Raju, crear un puente entre Zorba y Buda - crear un puente, un puente dorado, o un puente arco iris, entre la tierra, esta orilla, y la orilla más lejana, el más allá. Está ocurriendo aquí. No se puede ver en ninguna otra parte....

Tenemos todo tipo de científicos aquí. Ahora, Raju mismo se ha convertido en un sannyasin. Tiene una gran inteligencia científica. Es joven, pero de una inteligencia tremenda. Es uno de los científicos que puso al primer hombre en la luna, pertenece a ese proyecto. Hay muchos otros científicos aquí. Hay poetas y músicos, pintores, todo tipo de gente, y todos se han unido en un gran esfuerzo: la meditación. Aquí sólo hay un punto de encuentro: la meditación. Sólo se reúnen en un punto; de lo contrario, todos tienen sus propias individualidades. De esta reunión es posible una tremenda explosión. Ya está ocurriendo. Aquellos que tienen ojos pueden verlo.

Puede que sea el único lugar del planeta donde están representados todos los países. Nos faltaban los rusos, pero ahora me alegra decir que también están aquí. Aquí se reúnen todas las razas, aquí se reúnen todas las religiones. Este es un universo en miniatura, un mundo pequeño, y todos nos reunimos aquí como seres humanos. Nadie es cristiano, hindú o mahometano. Nadie sabe quién es científico, músico, pintor o actor famoso. Nadie sabe siquiera....

Justo el otro día me encontré con la noticia: una de nuestras sannyasins ha ganado un gran premio mundialmente famoso. Ha estado aquí durante meses, pero nunca le había dicho a nadie que era una gran actriz. Y ahora es mundialmente famosa; ahora se piensa que es una de las más serias aspirantes al premio más importante. Pero nunca le dijo nada a nadie.

Hay músicos de gran calibre, poetas, autores, pintores, escultores, magos... todo tipo de gente está aquí. Y todos se han encontrado en una profunda fusión. Su único punto de encuentro es la meditación y el amor por su maestro.

Una ciencia totalmente nueva está destinada a llegar. Será a la vez ciencia y religión, sólo entonces podrá ser total. Será ciencia tanto interior como exterior. De hecho, los días de la religión han terminado, sólo la ciencia bastará, una palabra bastará. Ciencia' es una palabra hermosa; significa conocimiento, sabiduría.

La ciencia debería dividirse en dos categorías: ciencia objetiva -química, física, matemáticas, etcétera- y ciencia subjetiva. Entonces no habrá necesidad de dividir la religión y la ciencia. Y la reunión de la religión y la ciencia en un todo creará por primera vez un hombre completo sobre la tierra. De lo contrario, hasta ahora la humanidad ha sido esquizofrénica, escindida, demente, dividida.

Estoy a favor del hombre completo, porque para mí el hombre completo es el hombre santo.

La quinta pregunta:

Pregunta 5:

AMADO MAESTRO,

¿CUÁL ES LA DIFERENCIA ENTRE ESTAR LOCO Y ESTAR ILUMINADO?

Deva Sadyo, no mucho. La única diferencia es que el iluminado sabe que está loco y el loco no sabe que está loco.

La sexta pregunta:

Pregunta 6:

AMADO MAESTRO,

SI LOS ITALIANOS SON "MUJERES", LOS BRITÁNICOS SON "SEÑORAS" Y LAS ALEMANAS SON "HEMBRAS", ¿QUÉ HAY DE LAS BRUJAS SUDAMERICANAS? ¿PUEDE HACER ALGÚN COMENTARIO SOBRE ELLAS?

Deva Samya, son increíbles.

La séptima pregunta:

Pregunta 7:

AMADO MAESTRO,

ME VOY MAÑANA A FRANCIA. POR FAVOR, CUÉNTAME UN CHISTE PARA HACER REÍR A LOS FRANCESES.

Toshen, un francés agitado, entró en un bistró de París y le dijo al camarero que le trajera un triple trago de coñac. Se bebió la enorme copa de un trago y pidió otra.

El camarero lo trajo y preguntó: "¿Qué pasa, monsieur? ¿Le ha pillado su mujer haciendo el amor con la criada?".

"No", suspiró. "¡La criada me pilló en la cama con mi mujer!"

La octava pregunta:

Pregunta 8:

AMADO MAESTRO,

¿POR QUÉ DICE SIEMPRE EL BUDA: SÉ UNA LUZ PARA TI MISMO?

Parit, simple. Buda dice: Sé una luz para ti mismo, porque no puedes confiar en la electricidad india.

De hecho, no se puede confiar en nada fabricado en la India.

¿Cuál es la diferencia entre un ordenador estadounidense y uno indio?

El ordenador estadounidense tiene memoria; el indio, un vago recuerdo.

¿Cuántos polacos hacen falta para poner una bombilla?

Cuatro: uno para sujetar la bombilla y tres para darle vueltas.

¿Cuántos judíos hacen falta para poner una bombilla?

Tres: uno para ponerlo y dos para supervisarlo.

¿Cuántos californianos hacen falta para poner una bombilla?

Cuatro: uno para meterla y tres para compartir la experiencia.

¿Cuántos italianos hacen falta para poner una bombilla?

Unos dieciséis: uno para dar las órdenes, otro para manejar el dinero, otro para conseguir la bombilla, otro para decirle al conductor del rickshaw adónde ir, otro para limpiar los cristales rotos, otro para traducir, tres para llevar la escalera, otro para comprobar el interruptor, otro para espantar a los mendigos, cuatro para entretenerte mientras esperas dos o tres minutos, dos o tres minutos, dos o tres minutos... etcétera.

¿Y cuántos indios hacen falta para cambiar una bombilla?

Doscientos uno para sujetar la bombilla... ¡y ciento noventa y nueve para darle la vuelta a la casa!

Y la última pregunta:

Pregunta 9:

AMADO MAESTRO,

EN UNA VIDA ANTERIOR DEBIÓ DE SER ITALIANO. ¿PODRÍA CONTAR ALGO SOBRE ESA EXPERIENCIA?

Satyen, yo no soy californiano, así que no puedo compartir la experiencia contigo. Pero te contaré algunos chistes....

"Me cuesta creer que hayas asesinado a ese anciano tullido por cincuenta céntimos", le dijo el juez indignado al atracador italiano.

El italiano se encogió de hombros. "Cincuenta céntimos aquí, cincuenta céntimos allá... suma y sigue".

Martinelli siempre se lleva a su superguapa mujer cuando viaja por negocios.

Explica: "Es más fácil llevársela que darle un beso de despedida".

María se quejaba a su vecina, Donna Arminda: "Estos dolores me vuelven loca.

Todas las noches es lo mismo. Si giro a la derecha, el dolor ataca al hígado; si giro a la izquierda, ataca a mi corazón. Es un verdadero infierno".

"¿Pero por qué no duermes boca abajo?", preguntó el vecino.

"¿Sobre mi barriga? ¡Si duermo boca abajo, Roberto me ataca!"

Un italiano caminaba por la calle con un cerdo bajo el brazo.

"¿Cuánto te ha costado?", preguntó un transeúnte.

"Cincuenta céntimos", respondió el cerdo.

"Veo que no eres un caballero", siseó la mujer de la esquina al italiano, que se rió mientras el viento le barría la falda por encima de la cabeza.

"No", respondió, "y veo que tú tampoco lo eres".

Un sufrido marido italiano estaba enterrando a su mujer. Sucedió que, al atravesar la verja, el féretro se golpeó con fuerza contra uno de los postes. Casi inmediatamente, ante el asombro de los dolientes, se oyó un grito ahogado. La tapa se desenroscó apresuradamente y la mujer no estaba muerta. La llevaron a casa y vivió tres años. Después volvió a morir.

En el funeral, mientras bajaban el féretro del coche fúnebre, el marido se dirigió muy solemnemente a los portadores: "¡Chicos, cuidado con el poste!"

Suficiente por hoy.